# 아메리카 제국의 희생양 코리아

*Scapegoat of the American Empire - Korea*

# 아메리카 제국의 희생양 코리아
## Scapegoat of the American Empire - Korea

| | |
|---|---|
| 발행일 | 2015년 6월 22일 |

| | | | |
|---|---|---|---|
| 지은이 | 이 병 규 | | |
| 펴낸이 | 손 형 국 | | |
| 펴낸곳 | (주)북랩 | | |
| 편집인 | 선일영 | 편집 | 서내좀, 이소현, 김아름, 이은지 |
| 디자인 | 이현수, 윤미리내, 임혜수 | 제작 | 박기성, 황동현, 구성우, 이탄석 |
| 마케팅 | 김회란, 박진관, 이희정 | | |
| 출판등록 | 2004. 12. 1(제2012-000051호) | | |
| 주소 | 서울시 금천구 가산디지털 1로 168, 우림라이온스밸리 B동 B113, 114호 | | |
| 홈페이지 | www.book.co.kr | | |
| 전화번호 | (02)2026-5777 | 팩스 | (02)2026-5747 |

ISBN    979-11-5585-555-3 03900(종이책)   979-11-5585-556-0  05900(전자책)

이 도서의 국립중앙도서관 출판예정도서목록(CIP)은 서지정보유통지원시스템 홈페이지(http://seoji.nl.go.kr)와
국가자료공동목록시스템(http://www.nl.go.kr/kolisnet)에서 이용하실 수 있습니다.
( CIP제어번호 : CIP2015016553 )

미국은 한국을 우방으로 생각하는가,
희생되어야 할 속죄양으로 생각하는가?

# 아메리카 제국의
# 희생양 코리아

## Scapegoat of the American Empire – Korea

이병규 지음

북랩 book Lab

# 머 리 말

우리가 사는 이 지구상에는 약 2백여 개의 나라가 있다. 그리고 이 2백 개 나라 중 외세의 침략을 받아 지배받지 않은 나라는 거의 없으며 그중에서도 한국만큼 강대국들에 의해 그토록 철저히 난도질 당하고 희생된 나라는 아마 없을 것이다.

지리적으로 중국, 일본, 러시아와 같은 강대국들에 둘러싸여 있고 나라 크기는 미국의 미네소타 주보다는 약간 크고 대영제국보다는 약간 작은 나라 한국은 고대로부터 이웃 강대국들로부터 끊임없이 침략을 받았으며 역사가 기록되기 시작한 지난 2천 년 동안에만도 900번의 침략을 받았다. 한국은 오랫동안 중국의 속국이었으며 몽고로부터는 43년간, 일본으로부터는 36년간, 그리고 2차 대전 후에는 미국과 소련으로부터 4년간 지배되었으며 이 중 미국만큼 한국을 그들의 이기적 제물로 희생시켜 온 나라는 없다.

1854년 무력함대를 앞세워 일본을 위협해 일본과 강제적으로 우호 조약을 맺은 미국은 그로부터 28년 후인 1882년에는 일본과 강제로 우호통상조약을 맺었을 때처럼 무력함대를 앞세워 한국과 우호조약을 맺어 향후 한국을 지배할 발판을 마련했다. 그러나 비록 미국은 한국과 우호관계를 맺긴 했지만 한국을 우호국으로 예우한 적이 한 번도 없었으며 오히려 한국을 일본의 지배하에 넘겨주는 등 한국을 배신하고 압살하는 행위만을 끊임없이 되풀이해왔다.

1904년에 일어난 러-일 전쟁(Russo-Japanese War)에서 승리를 한 일본이 러시아에 거액의 전쟁보상금을 요구하자 이 두 나라 간의 다툼을 종식시키기 위해 스스로 중재에 나선 시어도어 루즈벨트(Theodore Roosevelt) 미국 대통령은 일본의 러시아에 대한 전쟁보상금 지불 요구 포기 조건으로 한국을 일본의 보호국으로 설치할 권리를 일본에 줌으로써 일본과 러시아 간의 강화조약인 포츠머스 조약(Treaty of Portsmouth)을 성사시켰다. 포츠머스 조약 체결 두 달 전인 1905년 7월 미 육군 장관(Secretary of War) 윌리엄 하워드 태프트(William Howard Taft)가 루즈벨트의 러-일 전쟁 중재 예비 교섭을 위해 일본의 국무대신인 다로 가쓰라(Taro Katsura)를 찾아가 일본이 필리핀에서의 미국의 위치에 도전하지 않겠다는 보장에 대한 답례로 한국에 대한 일본의 종주권을 인정하는 합의에 서명을 했다.

루즈벨트는 일본과 러시아 간의 전후 문제를 타결하기 위해 이 두 나라의 전쟁과는 아무 관련이 없는 한국을 협상의 제물로 희생시켜 그의 중재를 성사시켰고 윌리엄 태프트 미 육군 장관은 필리핀에서의 미국의 권익을 보호하기 위한 수단으로 한국에 대한 일본의 종주권을 인정하였다. 루즈벨트는 러-일 전쟁을 종식시킨 위대한 대통령이 되기 위해 한국을 일본의 보호국이 되게 하여 포츠머스 회담을 완결 지었고 윌리엄 태프트는 미국이 차지하고 있는 필리핀에 일본의 접근을 방지하기 위해 일본이 한국의 종주국임을 인정하였다. 이를테면 필리핀은 미국이 가질 테니 일본은 한국을 가지라는 식의 물물교환이었던 것이다. 미국으로부터 한국을 그들의 보호국으로 선물 받은 일본이 포츠머스 조약 체결 5년 후인 1910년에 한국을 일본에 합병시킬 때에도 미국은 한국을 일본에 합병하도록 격려하였으며 이후 36년간 일본이 한국을 무력으로 통치하도록 허락을 하였다. 이후로도 미국은 국제무대에서 그들의 목표달성을 위해 끊임없이 한국을 농락하였고 또 희생시켰다.

1945년 2월 연합군의 승리로 2차 대전이 거의 끝나갈 무렵 미국, 영국, 소련이 흑해의 크리미아(Chrimea) 반도에 있는 항구도시 얄타(Yalta)에서 전후 처리 문제로 회담을 열었을 때 병약한 미국의 프랭클린 델라노 루즈벨트(Franklin Delano Roosevelt) 대통령은 태평양 전쟁에서 미국 단독으로 일본에 승리를 하여 놓고도 소련을 극동의 대일전에 참여하도록 촉구를 하였으며 루즈벨트로부터 대일전 참여 기회를 얻은 소련이 한국에 소련식 공산국가를 세울 야심으로 루즈벨트 미국대통령이 죽은 넉 달 뒤인 1945년 8월 그의 대군을 한국에 진주시켰을 때 이에 당황한 미국은 소련군의 한국 점령을 저지하기 위해 임시방편으로 허둥지둥 북위 38도선을 중심으로 남과 북을 갈라놓는 소위 38선을 그어 놓았다.

미국은 이 선을 그어 같은 한국민족이 서로 대립토록 하였고 급기
야는 소련으로부터 전쟁무기 지원을 받은 북한이 남침을 감행하도록
유도하여 수백만의 한국인들의 목숨을 앗아가도록 했다. 이것이 미국
이 1905년 한국을 일본의 보호국으로 바쳐 장장 36년 동안 일본이
지배하도록 한 뒤 한국과 한국인을 그들의 희생양으로 삼은 두 번째
케이스다.

이외에도 미국이 한국을 농락하고 그들의 희생양으로 삼은 사례는
한두 가지가 아니다. 한국전쟁에서 그들의 패배를 커버하고 남북분단
을 고착화시키기 위해 또다시 휴전신을 그어 서둘러 휴전을 성립시킨
것이 바로 그것이다. 그 이래 미국은 북한의 재남침을 억제하기 위한
구실로 그들의 군대를 한국에 주둔시켜 왔으나 미국 군대의 한국 주
둔은 북한의 무력을 강화시킬 뿐만 아니라 한민족의 염원인 남북통일
을 저해할 뿐이었다. 미국은 남과 북이 통일되는 것을 원치 않고 있
다. 그들이 만일 그들이 그어놓은 38선을 없애고 남과 북을 통일시키
고자 했다면 한국전쟁 때 북한을 완전히 무찔러 그들이 남과 북을
갈라놓기 이전 상태로 벌써 돌려놓았을 것이다.

미국이 한국에 어떤 영향을 끼쳤는지 그 모든 구체적인 내용은 본
문에서 하나하나 상세히 기술될 것이다. 이 글을 대하는 독자 중에는
이 책의 저자를 반미주의자 내지는 좌익으로 매도할지도 모른다. 그
러나 나는 한국 정치에는 관심이 없으며 한국인들이 흔히 말하는 반
미주의자나 좌익은 결코 아니다. 이 책의 저자는 한국전쟁을 직접 체

험한 세대로 북한 내무서원이 내가 사는 마을의 양민들에게 가한 가혹행위를 두 눈으로 똑똑히 목격하였으며 내 큰형이 국군이었다는 이유로 내 아버지와 어머니가 남다른 고통을 받은 것도 잊지 않고 있다. 어릴 때 북한 공산주의자들의 잔악한 행위를 목격한 이후 성년이 되어서도 나는 줄곧 공산주의를 미워했다. 이런 면에서 볼 때 나는 철저한 반공주의자다. 그러나 이 글을 쓰는 동안 나는 그 어느 이념에도 구애받지 않고 모든 역사적 사실과 사건들을 일어났던 그대로 엮는 데에만 주력했다.

나는 학교 다닐 때부터 내 전공과목은 아니지만 한국역사와 세계사는 물론 국제정치에 대해 공부하기를 좋아하였으며 특히 미국역사와 정치를 비롯해 한국을 둘러싸고 있는 강대국들의 역사적, 정치적 배경은 물론, 이들 국가 간의 상호관계에 대해 깊은 관심을 가지고 독자적으로 많은 공부와 연구를 해왔다. 나는 내 나름대로의 이러한 연구를 토대로 책을 내고 논문도 발표하였으며 이 책은 앞서의 책을 보완하여 내놓는 두 번째 책이다.

그러나 한 가지 유감스러운 것은 외국에 나와 오래 살아 한국말도 별로 쓰지 않고 게다가 한국 서적을 대할 기회가 없다 보니 한국말 표현을 많이 잊어버려 이 책을 쓰는 데 여러 가지 어려움과 애로가 있었다. 저자의 부족한 한국말 표현에 이 책을 대하는 독자 여러분들의 깊은 이해를 바란다. 그리고 이 책에서 부족한 부분은 재판을 통하여 계속 수정하고 보완해갈 것이며 부족한 부분에 대해서도 독자 여러분의 따뜻한 조언을 바라마지 않는다.

이 책에는 한국 근대사를 포함해 간추린 미국역사와 한국에 가장 많은 영향을 끼친 일본역사는 물론 한국과 관련된 세계 제1, 2차 대전의 부분적인 소개와 함께 1950년 6월 일어난 한국전쟁에 관해서도 언급했다. 그리고 이 책의 저자는 한국과 밀접한 관련이 있는 이들 역사를 통해 미국이 어떻게 한국을 희생시켜 왔는지 증명하기 위해 최대한으로 노력하였음을 밝히고 싶다.

이 책은 단순한 역사의 재편이 아니다. 많은 사람들이 이미 알고 있는 판에 박힌 역사를 되풀이하는 것은 아무런 의미가 없을 뿐만 아니라 가치도 없다. 이 책에는 한국인들이 흔히 알지 못하는 사실들이 많이 소개되어 있으며 그들은 이 책을 통하여 그 동안 역사의 그늘 속에 감추어져 있던 은밀한 부분들을 새로이 접할 수 있을 것이다. 그것만으로도 이 책은 상당한 가치가 있다고 믿는다.

2014년 9월
캐나다 밴쿠버에서

# 目次 목차

# 01
# 미국과 한국의
# 역사적 관계

미국과 한국이 처음 관계를 맺은 것은 1882년 이 두 나라가 우호친선 조약을 맺고부터였으며, 미국은 그 이래 한국에 많은 영향을 끼쳐왔다. 미국이 한국에 어떤 영향을 끼쳐왔는지 알기 위해서는 1882년 미국과 한국이 관계를 맺을 당시로 거슬러 올라가 그 이후 한국에 영향을 끼치기까지의 모든 역사적 과정을 하나하나 더듬어 살펴보지 않으면 안 된다.

그리고 이제부터 미국이 언제 탄생하여 어떻게 세계강국이 되어 한국에까지 손을 뻗쳐 이 나라에 무슨 영향을 끼쳤는지 미국 역사를 통해 상세히 알아보도록 하겠다.

# 02
# 미국의 탄생

## 간추린 미국 역사

미국의 역사는 15세기 말 크리스토퍼 콜럼버스(Christopher Columbus)가 미 대륙을 발견할 때부터 시작되었으나, 콜럼버스의 뒤를 따라 들어온 유럽인들이 미국이라는 나라를 세우기 시작한 것은 17세기 초부터였다. 콜럼버스가 미 대륙을 발견하기 전에는 미국은 다른 나라와 완전히 고립되어 있었고, 아시아 대륙에서 건너온 미개 몽고족들이 살고 있었다. 미 대륙에 이들 몽고족들이 언제 어떻게 들어왔는지는 분명치가 않다. 그들은 문자가 없어 그들이 살았던 역사를 기록으로 남겨두지 못했기 때문에 콜럼버스가 미 대륙을 발견하기 이전의 역사는 당시의 지세 변화와 몽고족들이 쓰던 석기류 등을 근거로 한 추리에 의해서만 알 수 있을 뿐이다. 미국 역사에 따르면 몽고족들이 미 대륙으로 건너온 것은 25,000년에서 40,000년 전이라고 하며 그들은 그들이 살던 오늘날의 고비 사막(Gobi Desert)이 메말라 가고 있었기 때문에 그들이 살던 곳을 버리고 미 대륙으로 이동했다고 한다.

그들은 몇 년 동안 짐승을 길러 먹고 살기도 하고 토착민(The Natives)과 싸워가며 3천 마일이나 되는 멀고 고난에 찬 여행을 했다. 그들은 해가 뜨는 방향의 새로운 나라를 향해 끊임없이 나아갔으며 마침내 한 육지 끝에 다다라 베링해협(Bering Strait) 건너 동남쪽을 바라보았을 때 그들은 겨우 25마일밖에 떨어져 있지 않은 곳에 해면 위로 솟은 1,700피트 높이의 둥근 모양의 섬을 목격했다. 그들은 항해 경험은 없었으나 손에 넣을 수 있는 통나무와 부목浮木을 서로 단단히 동여매거나 이 지역에 사는 에스키모들로부터 그들이 만든 가죽배(Kayak)를 훔쳐 대大 디오메데 섬(Big Diomede Island)으로 건너갔다. 대 디오메데와 그의 짝인 오늘날의 미국과 러시아의 경계를 이루고 있는 소小 디오메데(Little Diomede)는 암석이 많은 불모지로 먹을 것이 거의 없었다. 이에 몽고인 개척자들은 그들이 운명을 지배하는 사람들임을 의식하지 못하고 25마일 동쪽에 보이는 높은 바위투성이의 땅으로 그들의 항해를 다시 계속했다. 이 땅이 바로 현재의 미국대륙의 최서단 지점인 바다에 면한 알래스카(Alaska) 반도였다.

그들에게 과연 알래스카는 희망의 땅이었다. 왜냐하면 그 땅은 그들이 아주 오래고 오랫동안 먹었던 최초의 푸짐한 식사를 제공해 주었기 때문이었다. 강과 바다에는 연어와 물개와 해달이 무진장이 있었고 털투성이의 커다란 짐승들이 포효를 하며 배회하고 있었다. 이들 물고기와 짐승들은 굶주림에 지친 신대륙 발견자들의 배를 마음껏 채워 주었으며 짐승들의 가죽은 추운 겨울에 이들을 따뜻하게 보호해 주었다. 더구나 거기에는 이러한 풍요를 서로 차지하기 위한 경쟁자들이 하나도 존재하지를 않았다. 이후 그들은 남으로 남으로 조금씩 이동해 가며 전미대륙에 널리 퍼져 살기 시작했다.

이탈리아의 항해가 크리스토퍼 콜럼버스가 몇만 년 동안 몽고족들이 살던 고립된 이 미개 대륙을 처음 발견한 것은 1492년이었으며 크리스토퍼 콜럼버스는 이들 강대한 몽고족 후예들을 인도인으로 잘못 알고 인디언(Indian)으로 명명함으로써 그때부터 아메리카에 살던 몽고인 원주민들은 아메리칸 인디언으로 불러지게 되었다. 이와 같이 미국 인디언들의 모든 선조들은 아시아로부터 시베리아를 거쳐 미 대륙으로 건너갔으며 미국은 적어도 25,000년 동안 다른 곳으로부터 몽고족 이외의 다른 종족을 받지 못했다. 한때 아프리카는 남아메리카 대륙과 연결이 되어 구세계와 신세계 사이에는 식물과 곤충들의 서식을 위한 다리가 있었으나 그것은 인류가 지구상에 나타나기 훨씬 전의 일이었다.


## 유럽인들의 신대륙 진출 및 식민지 각축전

크리스토퍼 콜럼버스는 동방의 나라 일본과 중국을 찾다가 우연히 미 대륙을 발견하였으며 그가 미국을 발견하였을 때 이 신대륙에 대해 관심을 두는 사람들은 거의 없었다. 그러나 콜럼버스가 미 대륙을 발견했다는 소식은 당시 새로운 인쇄술의 발명으로 전 유럽으로 삽시간에 퍼져갔다. 콜럼버스는 1493년에 뉴 월드(The New World), 즉 남북 아메리카 대륙에 최초의 식민지 구축을 선도했다. 그는 1498년에 또다시 남아메리카 대륙을 발견함으로써 태평양에 대해 최초로 정확한 뉴스를 획득했다.

크리스토퍼 콜럼버스가 신대륙을 발견할 당시의 유럽은 몹시 암울했다. 14세기부터 15세기 초까지 전 유럽을 강타한 흑사병(Black Death)으로 2,500만이나 되는 많은 인구가 사망을 함으로써 살아남은 생존자들은 유럽에서의 그들의 삶에 대한 회의를 느끼기 시작했으며 허무주의와 냉소적인 염세관과 깊은 환멸과 음울한 절망이 그들에게 팽배해 있었다. 여기에 하나님을 유일하게 의지했던 크리스천들도 로마 주도의 교회가 부패하고 타락하여 신에 대한 회의를 느끼기 시작했다. 그들은 새로운 변화를 원했으며 막연하나마 새로운 미지의 세계를 동경하기 시작했다.

그로부터 불과 몇 년 내에 철저한 변화가 일어났다. 교회는 종교개혁(Protestant Reformation)으로 청결해지고 새로이 정돈되었으며 신사상이 이탈리아, 프랑스, 독일 그리고 전 북부국가에 번득였다. 신에 대한 믿음도 되살아났고 사람들의 마음도 일신되었다. 변화는 철저하였으며 매우 놀라웠다. 사람들은 새로운 세계를 향하여 시야를 펼치기 시작하였으며 먼 과거의 상상적인 황금시대를 한탄하지 않고 가까운 장래의 황금시대를 위한 계획을 세웠다. 크리스토퍼 콜럼버스가 신대륙을 발견했다는 소식이 전해진 것은 유럽인들이 미지의 세계에 대한 꿈과 희망으로 부풀어 있던 바로 이 무렵이었다.

콜럼버스가 아메리카 대륙을 발견한 후 유럽인들은 금과 보물을 찾으러 서로 앞다투어 신대륙 아메리카로 건너갔으며 이 중 최초의 선구자는 스페인과 포르투갈 인들이었다. 유럽 왕국 중 가장 진보적이고 탐험적이며 서구 지향적인 포르투갈은 이미 1439년과 1453년 사이 포르투갈 앞바다에 있는 아조레스(Azores) 제도를 발견하여 식민지화하였으며 이후 계속하여 세계 여러 곳을 탐험했다. 1475년에는 아프리카 서부해안에 있는 기니(Guinea) 만 탐험을 완전히 끝낸 후 금과 상아와 후추의 교역을 개설함으로써 포르투갈 수도 리스본(Lisbon)은 전 유럽 국가들의 선망의 대상이 되었다.

포르투갈과 함께 항해술이 발달한 스페인도 세계 곳곳을 누비며 영토를 확장해 갔다. 콜럼버스의 첫 항해 20년 후 스페인은 히스패니올라(Hispaniola: 서인도 제도 중 둘째로 큰 섬으로 아이티(Haiti)와 도미니카(Dominica) 두 공화국이 포함됨)에 아메리카 최초의 식민지를 구축한 다음 필리핀에도 식민지를 건설했다. 그리고 스페인과 포르투갈은 1,500년 초부터 중남미에 그들의 식민지를 세우기 시작하였으며 1,600년대에 이들 두 나라는 멕시코와 전 중남미에 거대한 식민제국 건설을 완성했다. 스페인은 멕시코와 칠레에 이르기까지 거의 모든 나라들을 차지하였으며, 포르투갈은 남 아메리카 대륙 전체의 절반을 차지하고 있는 광대한 나라 브라질을 손에 넣었다. 이들 식민국가 중 몇몇 나라들은 금과 은과 보석이 풍부하여 스페인과 포르투갈 인들은 그들이 세운 식민제국으로부터 그들의 노예와 원주민들이 채굴한 금과 은과 다른 보물들을 배에 선적해 본국으로 가져왔다. 스페인의 신속한 남미 제국 정복은 스페인의 융성을 위해 대성공이었을 뿐만 아니라 이러한 성공은 모든 유럽 강대국으로부터도 많은 부러움을 샀다. 스페인의 남미 정복으로 인한 원대한 세력과 그들의 식민지로부터 들여오는 막대한 황금에 자극을 받은 영국과 프랑스는 북아메리카에 그리고 네덜란드는 북미 일부와 극동(Far East)에 확고한 식민지를 구축했다. 그러나 이들 나라들이 북미 대륙에 식민지를 세우기 시작한 것은 아메리카에서 스페인 제국이 설립된 지 거의 일 세기가 지난 뒤였다.

프랑스 왕은 프랑스도 이 같은 부를 찾는 데 함께하기로 결심을 한다음, 1534년에 프랑스 탐험가인 쟉 카티에(Jacques Cartier)를 아메리카로 보내 금과 은을 찾도록 하였으나 카티에는 금과 은 대신 이러쿼(Iroquois) 원주민 추장 도나코나(Donacona)의 두 아들과 그가 목격한 무진장한 물고기와 우거진 삼림으로 뒤덮인 땅에 관한 이야기만을 가지고 돌아왔다. 쟉 카티에로부터 그가 발견한 산림이 우거진 땅과 물고기와 원주민에 대한 이야기를 흥미 있게 들은 프랑스 왕은 카티에를 또다시 아메리카로 보냈다. 쟉 카티에는 두 번째로 아메리카에 도착해 거기에서 무시무시하게 추운 겨울을 맞이했다. 눈은 그치지 않고 내렸으며 북극으로부터 광풍을 동반한 사나운 추위가 프랑스 탐험대원들의 몸속으로 사정없이 파고들었다. 굶주림과 혹독한 추위에 견디지 못한 그들은 팔과 다리가 붓고 피가 나는 괴혈병(scurvy)에 걸려 죽어가기 시작했다. 원주민들이 프랑스인들에게 괴질을 치료하는 방법을 알려 주었으나 그것은 별 효험이 없었다. 원주민들은 그 후에도 프랑스인들을 정답게 맞이해 주었으나 날이 감에 따라 그들은 프랑스인들이 그들의 땅에서 영구히 머무르는 줄 알고 차츰차츰 그들을 멀리하기 시작했다. 추위와 괴질에 가까스로 살아난 카티에와 몇몇 생존자들은 이듬해 봄 본국을 향하여 출항을 했다. 그러나 그들은 그곳을 떠나기 전 이러쿼 원주민들을 초청하여 잔치를 베풀었으며 그 잔치에서 프랑스인들은 도나코나 추장을 납치하여 프랑스 왕에게 데리고 왔다. 도나코나는 프랑스 왕에게 신비스런 새거네이(Saguenay) 왕국과 그 왕국에는 모든 사람들이 원하는 금과 빨간 보석이 많이 있으며 거기에는 프랑스인들과 같은 백인들이 살고 있다고 말했다. 도나코나는 프랑스가 아메리카로 또다시 항해할 때 그를 집으로 데리고 갈 희망으로 이런 말을 한 것 같았으나 그는 프랑스에서 사망하고 말았다.

프랑스 왕은 도나코나의 말을 시험하기 위해 세 번째 항해를 하기로 결정한 다음 1541년에 카티에를 또다시 아메리카로 보냈다. 이번에는 다섯 척의 배와 많은 승무원들을 카티에에게 딸려 보냈다. 쟉 카티에는 프랑스 캐나다의 콜럼버스였다. 그러나 겨울은 여전히 추웠고 사람들은 혹독한 추위와 먼저 번과 같은 괴질에 걸려 고통받고 죽어갔다. 이러쿼 원주민들도 그들의 추장과 추장의 두 아들을 프랑스로 끌고 간 프랑스인들을 하나도 반가이 대해 주지 않았다. 이듬해 봄이 되자 풀이 죽은 카티에와 그의 부하들은 도나코나가 한 말을 더 이상 믿지 않고 본국으로 돌아왔으며 프랑스는 이후 60년 동안 북아메리카에 식민지를 세울 노력을 하지 않았다.

## 북아메리카에서의 영국 식민지 구축

스페인과 포르투갈이 단시일 내에 남미대륙에서 거대한 식민제국을 건설하자 이에 불안과 시기를 느낀 영국은 1585년 북미에 최초로 버지니아 식민지를 건설했다. 그러나 버지니아에 식민지 구축을 이끌었던 영국군이자 탐험가이며 정치가인 월터 롤리(Walter Raleigh)와 그가 데리고 온 이주자들은 더 먼 북쪽의 프랑스 식민지 개척자들처럼 추운 겨울과 질병과 원주민들과의 싸움에 시달렸으며 결국 그들의 이주는 실패했다. 하지만 많은 영국 상인들은 아직도 아메리카스(Americas: 북미, 중미, 남미의 통칭)에 영국의 식민지를 개발하기를 원했다. 그들은 스페인 식민지 북쪽에 있는 땅을 점유하기를 희망했다. 그들은 또한 이 땅에서 금과 은의 발견을 기대했다. 하지만 영국 왕은 이들 식민지에 돈을 투자하지 않았다. 그 대신 그는 영국 회사들에게 특허권을 부여했다. 영국 회사들은 이 땅에 식민지들을 세울 수 있는 권리를 가지고 있었으며 그 대신 영국 왕은 이들 식민지로부터 세력과 다소의 부를 얻기를 희망했다.

이후 월터 롤리가 식민에 실패한 버지니아에 영국은 1607년에 최초로 버지니아의 제임스 타운(James Town)에 성공적으로 식민지를 건설했다. 버지니아는 영국이 북미에 최초로 설립한 식민지가 되었으며 제임스라는 말은 영국 왕의 이름을 따 지은 것이었다. 그러나 버지니아 식민지는 영국 정부가 세운 것이 아니며 영국 왕으로부터 북미에 식민지와 전 세계에 교역소를 설치할 독점권(Monopoly)을 부여 받은 두 자산가 그룹, 즉 브리스톨(Bristol) 회사와 런던 회사가 설립한 것이었다.

그로부터 13년 후에는 버지니아 식민지에 이어 두 번째 식민지가 아메리카스에 수립되었다. 1620년 일단의 영국 식민지 이주자들이 메이플라워(Mayflower) 호를 타고 영국을 떠나 매사추세츠(Massachusetts)의 플리머스(Plymouth) 항구 근처에 도착했다. 그들은 자신들을 청교도(Puritans)라고 칭하였다. 16세기 중엽 영국에는 엘리자베스(Elizabeth) 1세 여왕 통치 때 영국 국교를 신봉하는 앵글리칸(Anglicans), 로마 교황의 수장령(The Act of Supremacy)을 거부하는 침례교도(Baptists), 그리고 신교 교회의 개혁을 요구하는 청교도 등 3대 종파가 있었으며 이 중 청교도들은 엘리자베스 여왕에게 영국 국교(Anglican Church)가 예배의 순수성을 회복하고 로마 가톨릭(Roman Catholic)의 부패한 요소 및 관행들을 제거하라고 건의했다가 감옥에 투옥되고 종교적 박해를 받았으며 그러한 박해와 투옥을 피해 청교도들은 미국으로 건너왔다. 그들은 영국교회로부터 지배를 받지 않고 그들 자신의 종교를 신봉하기를 원했다. 그들은 신대륙에 도착 즉시 메이플라워 협약(Mayflower Compact)이라고 불리는 한 협정서를 작성했다. 이 협정에 따라 그들은 그들이 협정서에 정한 모든 규칙과 법을 식민지의 이익을 위해 준수하기로 동의했다. 이는 영국과 결별을 하고 그들 자신의 나라를 세우겠다는 결의나 마찬가지였다. 그들이 맞은 최초의 겨울은 그들에게 가장 어려운 때였다. 왜냐하면 청교도들은 추운 날씨가 오기 전에 집을 짓고 곡물을 심을 준비를 할 시간이 없었기 때문이었다. 많은 사람들이 추운 겨울을 견디지 못하고 죽어갔다. 그러나 그들의 식민지는 살아남았으며 매사추세츠에 세운 이 식민지가 영국인들이 아메리카스에 세운 두 번째 식민지였다.

## 캐나다에서의 프랑스 식민지 건설

혹독한 겨울과 프랑스 탐험대원들의 무서운 죽음의 기억으로 프랑스는 60년 동안 아메리카로 이주 노력을 하지 않았다. 다소의 상인들이 모피를 구하러 세인트 로렌스(St. Lawrence: 지금의 퀘벡으로 당시는 모피무역 중심지였음)로 왔으며 프랑스 어부들이 대구(codfish)를 잡으러 매년 캐나다 동부 바다로 왔을 뿐이었다. 그러나 캐나다에서 살기 위해 오는 프랑스인들은 없었다.(캐나다의 유래: 대부분의 나라에서처럼 캐나다(Canada)라는 이름도 캐나다 원주민에게서 비롯되었다. 1534년 프랑스 탐험가 쟉 카티에가 처음으로 세인트 로렌스에 왔을 때 동부 삼림지대에는 원주민들 중 가장 강인하고 공격적인 이러쿼(Iroquois) 원주민들이 살고 있었으며 그들은 그들이 사는 오늘의 퀘벡 지역인 스타다코나 마을을 카나타(Kanata)라고 부르고 있었다. 이후 프랑스 이민자들도 세인트 로렌스 강 전 계곡을 Kanata로 불러오다 Canada로 고쳐 부르면서 오늘의 Canada가 되었다.)

다른 나라들도 탐험을 계속했다. 북쪽으로는 영국 탐험가들이 중국에 이르는 북서 항로를 탐험하고 있었으며 영국은 1497년 이탈리아의 탐험가인 존 캐벗(John Cabot)이 영국의 후원을 받아 캐나다 동부 해안에서 발견한 섬인 뉴펀들랜드(Newfoundland)를 영국의 식민지라고 주장했다. 프랑스는 영국의 아메리카 출현에 불안을 느끼기 시작했다. 프랑스는 동쪽 항로를 찾아낼 수 있는 기지를 원했다. 그들은 또한 모피와 새로운 땅에서 발견되는 금에서 들어오는 부를 나누어 갖기를 원했다. 그리고 쟉 카티에가 이 목적을 달성하기 위해 세 번째 탐험을 했다. 1541년 이후 60년 만인 1604년에는 새 프랑스 탐험대가 탐험대 선장이자 해도사인 사무엘 드 샹플랭(Samuel de Champlain)의 인솔 아래 프랑스를 출발했다. 그들은 오늘날의 펀디 만(Bay of Fundy)에 도착하여 닻을 내렸으며 그들은 크루아 강(Croix River) 어구 근처 한 섬에서 겨울을 나기로 결정했다.

그러나 추위와 굶주림과 괴혈병은 또다시 무시무시한 희생자를 냈다. 총 79명의 탐험대원 중 35명이 사망을 했다. 나머지 생존자들은 이 황폐하고 늪투성이 섬에서 살아갈 수가 없어 이듬해 봄이 되어 펀디 만을 건너 그들이 포트로열(Port Royal)이라고 명명한 장소로 이동을 했다. 그들의 이 이주는 캐나다에서 프랑스 최초의 성공적인 이주가 되었다. 그러나 포트로열의 위치는 프랑스 이주자들을 실망시켰다. 모피를 구할 수 있는 요새를 둘러싸고 있는 지역이 거의 없었다. 포트로열로부터 내륙을 탐험하기가 쉽지 않았으며 서부 항로를 찾아내기도 어려웠다. 결국 샹플랭 이주자 일행은 다른 곳에 이주지를 건설하기로 결정하고 아카디아(Acadia)와 퀘벡에 식민지 건설을 시작했다. 프랑스인들이 이 두 곳에 식민지를 건설하는 동안 영국인들은 남쪽에 그들 자신의 식민지 구축을 시작했다. 그리고 이들 식민지들은 새 영국 식민지들로 알려지게 되었다.

새 영국 식민지들은 프랑스인들이 세운 아카디아보다 더욱 빠르게 발전했다. 더욱 많은 사람들이 새 영국으로 살러 왔으며 조선과 공구 제작과 같은 산업이 새 영국에서 발달했다. 영국과 카리브 해(The Caribbean Sea) 제도로부터 무역선들이 보스턴(Boston)과 같은 항구들에 정기적으로 도착을 했다. 아카디아인들은 그들이 생산할 수 없고 그들 스스로가 만들 수 없는 물건들을 다른 곳으로부터 구입하지 않으면 안 되었다. 새 영국으로부터의 무역상인들이 이러한 물건들을 아카디아로 가지고 올 수 있었다. 그들은 프랑스인들보다 더욱 자주 아카디아로 배를 타고 왔으며 프랑스인들보다 더욱 좋은 가격에 그들의 물건을 팔았다.

아카디아는 영국과 프랑스에 매우 중요한 요충지로 이들 두 나라는 서로 아카디아를 손에 넣으려고 투쟁을 벌이기 시작했다. 그리고 이 지역에 세력을 확보하기 위해 그들 본국으로부터 더욱 많은 이주자들을 이 지역으로 끌어들였다. 영국은 뉴펀들랜드에 식민지를 확보하였으며 그랜드 뱅크스(Grand Banks: 뉴펀들랜드 남동부 근해의 얕은 바다로 세계 4대 어장의 하나) 앞 바다의 대구어장을 장악하고 있었다. 한편 프랑스는 세인트 로렌스를 따라 식민지를 가지고 있었으며 원주민들과의 모피 무역을 장악하고 있었다. 누구든 아카디아를 장악하면 세인트 로렌스 진입로와 모피 무역을 지배하게 되어 있었다. 그들은 또한 케잎코드(Cape Cod: 미국 매사추세츠의 반도) 연안의 대구 어장을 장악하게 될 것이다. 이외에도 아카디아 식민지는 프랑스가 북미에 세운 다른 어떤 식민지들보다 천연자원이 더욱 풍부했다. 원주민들로부터 모피도 입수할 수 있고 뛰어난 항구들도 있으며 세계 제일의 대구어장이 가까이 있을 뿐만 아니라 거대한 목재 및 무진장한 석탄 생산지에다 기후마저 온화했다. 이후 100년간 영국과 프랑스는 천연자원의 보고이자 어업과 모피무역의 요충지인 아카디아를 서로 차지하기 위해 치열하게 다투었으며 아카디아는 양측의 전세에 따라 이들 두 수중을 왔다갔다 했다. 그러나 아카디아는 영국과 프랑스를 위한 유일한 싸움터가 아니었다. 이 두 나라는 전 북미에서 서로 땅을 차지하기 위해 끊임없이 격투를 벌였다. 두 나라 간의 이러한 싸움은 1713년에 맺은 유트레트 조약(Peace of Utrecht)에 의해 잠시 끝이 났다. 이 조약으로 영국은 캐나다 동부의 광활한 허드슨만(Hudson Bay)과 뉴펀들랜드와 아카디아의 지배권을 얻었다.

아카디아가 영국의 수중에 들어오면서 아카디아인(아카디아에 살던 프랑스인 이주자)들은 영국의 피지배자가 되었다. 영국 지배하에 놓인 아카디아인들은 영국 왕에 충성하는 충성 맹세를 강요 받았으나 그들은 이를 거절했다. 그 대신 그들은 만일 영국과 프랑스 간에 전쟁이 재발하면 그 어느 편도 들지 않고 중립을 지키겠다고 약속을 했다. 그러나 프랑스 아카디아인들은 3대 1의 비율로 영국인 이주자들보다 그 수가 훨씬 더 많았기 때문에 영국인들은 아카디아인들이 중립을 지키겠다고 한 약속을 의심하였으며 프랑스 선교사들이 그들을 선동하여 반란을 일으킬지 모른다고 생각했다. 영국인들은 수적으로 우세한 프랑스인들을 두려워하기 시작했으며, 1755년에는 4천 명의 프랑스 군대가 아직도 프랑스 식민지로 남아 있는 케잎 브레튼 섬(Cape Breton Island) 항구에 주둔해 있다는 말이 들렸다.

영국 총독은 아카디아인들에게 영국 왕에 충성 맹세를 하라고 또다시 요구하였으나 그들은 이번에도 거절했다. 아카디아인들부터 충성 맹세를 거절당한 영국인들은 기분이 좋지 않았으며 그들은 이뿐만 아니라 아카디아인들이 믿는 종교도 못마땅해 했다. 영국의 개신교도(Protestant) 들은 가톨릭을 믿는 아카디아인들을 좋아하지 않았다. 프랑스 가톨릭 선교사들이 프랑스 편을 드는 미크막스(Micmacs) 원주민들에게 영국 이주자들을 공격하라고 설득시켰을 때 영국인들의 불쾌감은 더욱 강렬했다. 마침내 1755년 영국인들은 아카디아인들에게 아카디아를 떠나라고 명령을 했다. 일만 명의 프랑스인들 중 8천 명 이상이 그들의 땅에서 쫓겨가 가축처럼 영국 배에 실려갔다. 가족들은 흩어졌으며 다시는 서로 만나지 못할 것이었다. 많은 사람들이 항해 도중 죽어갔으며 생존자들은 남쪽에 있는 영국 식민지로 보내졌고 어떤 생존자들은 그들의 후예들이 지금도 살고 있는 먼 루이지애나(Louisiana)로 보내졌다. 영국인들과 스코틀랜드인들 그리고 독일인 이주자들이 펀디 만을 끼고 있는 비옥한 땅을 차지하였으며 영국은 아카디아에서 그들의 구획을 확고히 장악했다.

하지만 영국이 프랑스가 북미에서 최초로 세운 아카디아 식민지를 빼앗았다고 해서 프랑스가 캐나다에서 가지고 있는 다른 식민지까지 장악한 것은 아니었다. 프랑스는 비록 그들이 세운 북미 최초의 식민지를 영국에 내주기는 했으나 그들이 가지고 있는 나머지 식민지를 보호하고 북미에서 더욱 많은 식민지를 확보하기 위해 캐나다에 있는 영국인들과 싸울 준비를 하기 시작했다. 그들의 군대를 캐나다에 보내기도 하고 현지에 있는 프랑스군에게 전투훈련을 시켰다. 영국도 프랑스와의 전쟁에 대비해 그들의 전투력을 강화시켰다. 그러나 새 프랑스는 인구 수에서 영국보다 훨씬 열세였다. 새 프랑스는 고작 6만 명의 이주자들을 가지고 있었으나 영국이 세운 새 영국에는 25만이 되는 이주자들이 살고 있었다. 영국과 프랑스 군대들은 수시로 접전을 벌이고 충돌을 하였으며 이후 1756년부터 1763년까지 양측은 7년간(The Seven Year's War) 최초의 근대 전쟁을 벌였다. 그러나

1758년이 되면서 캐나다의 전쟁의 흐름은 영국에 호의적이 되어가기 시작했다. 루이스버그 요새(Fortress of Louisbourg)가 최초로 영국 군들에게 함락되었다. 6천 명의 프랑스 선원과 군대와 의용군들이 지키고 있던 요새는 2만 8천 명의 영국 군대들의 공격에 견디지 못하고 프랑스 군대들은 영국군들에게 루이스버그를 넘겨주었다. 루이스버그의 함락과 함께 영국인들은 새 프랑스의 생명선인 세인트 로렌스 강 어구와 그 인근을 지배하게 되었으며 그들의 다음 목표는 새 프랑스의 수도인 퀘벡이었다.

1758년에 새 프랑스는 급속히 약해져갔다. 기근과 음식공급 부족으로 농부들은 그들의 말을 잡아먹었으며 빵도 배급을 받았다. 북아메리카에 있는 프랑스군은 전투원이 부족했다. 많은 프랑스 병사들은 보급품을 운반하는 데 사용되어 그들은 전투임무를 수행할 수 없었다. 영국군들은 새 프랑스의 모든 보급로를 끊어 놓은 다음 프랑스의 모든 어촌들을 공격한 후 불태워 없앴다. 영국군들의 공격에마다 패퇴한 프랑스군 장군 몬트캄(Montcalm)은 심한 패배의식에 젖어 있었으며 이러한 그의 패배주의 사고방식은 프랑스에까지 전달되었다. 프랑스 정부 요원들은 캐나다에서의 식민지 가치에 의문을 던지기 시작했으며 이러한 느낌은 영국해군의 해양지배에 의해 더욱 강화되었다. 프랑스는 캐나다에서 영국과의 전쟁에 이길 수 없을 것이라고 결정을 했으며 유럽에서만 영국을 이길 수 있다고 생각했다. 이러한 생각으로 프랑스는 영국에 해양 침입을 시도해 보았으나 이 불운의 침략군들은 강력한 영국해군 함대에 대항할 수가 없었다. 영국 함대들은 프랑스함대를 일순에 전멸시켜 프랑스 해군에 종지부를 찍어 놓았다. 해군력이 없이는 퀘벡을 사수하는 프랑스의 능력도 약해질 수밖에 없었다.

1759년 여름 캐나다를 장악하기 위한 최후 단계의 격전이 임박해 오기 시작했다. 영국군과 프랑스군은 전투에서 일진일퇴를 거듭하여 오다가 1759년 후반이 되면서 전세는 영국에 유리하게 돌아갔다. 그해 9월 새 프랑스의 가장 큰 도시인 퀘벡이 영국인들에게 함락되었다. 프랑스 식민지의 심장부는 퀘벡이었으며 여기에 있는 고지 요새에서 세인트 로렌스 강을 한눈에 감시할 수 있었다. 누구든 퀘벡을 지배하면 세인트 로렌스를 지배하고 누구든 세인트 로렌스를 지배하면 새 프랑스를 지배하게 되어있었다. 이 같이 새 프랑스의 운명을 결정짓는 퀘벡이 영국인들에게 함락되기 직전 프랑스 인들은 나이아가라 요새(Fort Niagara)를 영국인들에게 잃었다. 서쪽에 있는 그들의 최후 주요 요새를 잃은 프랑스인들은 몬트리올(Montreal)의 함락을 두려워했다. 퀘벡의 함락으로 이제 새 프랑스에 남아있는 것이라곤 몬트리올 주변지역 뿐이었다. 몬트리올을 사수하기 위해 남아있는 병력이 집결하였으나 새 프랑스의 후미가 와해되었다. 1760년 봄 프랑스 군대들은 영국인들을 퀘벡 밖으로 물리치기 위해 최후의 시도를 하여 퀘벡 근처의 스테 포이(Ste Foy)에서 전투를 벌려 영국군을 물리쳤으나 프랑스군들은 그들의 성공을 뒤따라 주고 퀘벡시를 재탈환할 힘이 결여되어 있었다.

그해 봄 세인트 로렌스 강의 얼음이 녹자 영국군들은 전력을 보강한 다음 대포와 박격포로 프랑스군에 대공세를 가하며 새 프랑스의 전략 요충지인 에이브러햄(Abraham) 고지로 기어올라가 전투를 벌여 불과 십 분 만에 프랑스 군대들을 대패 시켰다. 프랑스군들은 또다시 몬트리올로 후퇴를 했다. 이제 캐나다에 있는 프랑스인들은 본국으로부터 모든 지원이 끊긴 채 포위가 되었다. 드디어 1760년 9월 8일 그들의 마지막 사수지인 몬트리올마저 영국군에게 내줌으로써 새 프랑스는 영국인들에게 완전히 정복되었다. 이로써 약 100년간에 걸친 북미에서의 영국과 프랑스 간의 식민지 쟁탈전은 영국의 승리로 마침내 막을 내렸다. 그리고 캐나다를 장악해 세력을 넓힌 영국은 전 북미에 그들의 제국을 건설하기 위해 더욱 분발을 했다.

## 네덜란드(Netherlands)의 식민지 구축 참여

새 영국과 버지니아 사이에 불굴의 네덜란드인들이 그들의 상업적인 모험으로 거둔 부를 기반으로 북 아메리카에 후일 미국의 뉴욕(New York)이 된 한 식민지를 건설했다. 1602년 네덜란드 자본가들은 영국의 버지니아 회사(Virginia Company)보다 규모가 큰 네덜란드 동인도 회사(Netherlands East Indies Company)를 설립했다. 이 회사는 끈기 있게 그리고 냉혹하게 포르투갈인들이 극동에 세운 부유한 제국에 있는 대부분의 교역소 밖으로 그들을 내몰았다. 새 네덜란드는 캐나다 동북부의 허드슨(Hudson)에 최초의 교역소를 설치하였으며 이후 북미 곳곳으로 교역소를 넓혀가며 그들의 상권을 확장해 갔다. 그러나 영국 정부와 왕실과 식민지 이주자들은 네덜란드의 실재를 영미(English America)에 대한 침입으로 간주하고 끊임없이 반항을 했다. 유럽에서 네덜란드와 영국은 그들의 전통적인 동맹관계로부터 갈라져 해전과 상업전쟁을 벌였으며 뉴월드(New World)에서의 충돌도 불가피했다. 그리고 1654년 영국계 미국인과 네덜란드인들의 전쟁이 뉴펀들랜드에 대한 영국의 크롬웰(Cromwell) 원정대를 취소할 바로 그 시기에 끝이 났다.

네덜란드인들이 영국계 미국인들에게 패한 후 서인도 제도회사(West Indies Company)는 브라질에서 많은 비용을 들여 투기를 했다가 파산하였으며 부패한 관리들로부터 모피무역 이익금조차도 확보하지를 못했다. 이로 인해 네덜란드 서인도제도 회사는 북 아메리카 식민지 건설에도 점점 흥미를 잃어갔다. 이 무렵 소규모 영국 함대가 1664년 여름에 네덜란드인들이 세운 새 암스텔담(New Amster-dam) 연안에 나타나 네덜란드인들에게 항복을 명령했으며 네덜란드 총독이 영국에 항복함으로써 새 네덜란드는 단 한 차례의 전투나 다툼 없이 영국인의 소유가 되어 오늘날의 뉴욕이 되었다.


## 영국인들의 13개 식민지 건설

1607년 최초로 버지니아 식민지 건설에 성공한 영국은 이후 150년 간 조지아에서 매사추세츠와 플로리다까지 그들의 식민지를 넓혀 갔으며 대부분의 식민지 이주자들은 영국인들이었다. 다른 이주자들은 아일랜드(Ireland), 스코틀랜드, 독일, 그리고 네덜란드에서 왔다. 식민지 인구는 급속히 성장하였으며 이들 식민지들은 새 영국, 중부 식민지, 그리고 남부 식민지 등 세 집단으로 나눌 수가 있었다.

새 영국 식민지(New England Colonies)인 매사추세츠, 뉴 햄프셔, 로테 아일랜드 그리고 코네티컷(Connecticut)은 북쪽에 있었다. 대부분의 이주자들은 해안을 끼고 있는 소도시에 살고 있었으며 대다수 이주자들은 어부나 조선업자들이거나 무역업자들과 상인들이었다. 이들 식민지에 있는 도시 중 매사추세츠의 보스턴(Boston)이 가장 컸다. 중부식민지인 뉴욕, 펜실베이니아, 뉴저지, 델라웨어는 평평하고 비옥한 지역이었다. 이주자들 대부분은 농업종사자들이었으며 그들은 새 농토를 찾아 미개척지인 서부로 나아갔다. 서부로 진출하는 동안 그들은 인디언들과 싸움을 하여가며 미지의 세계를 개척해야 했기 때문에 많은 어려움이 있었다. 비록 중부 식민지들은 영국 식민지였으나 독일, 네덜란드, 스웨덴, 스코틀랜드와 아일랜드에서 온 사람들이 대부분이었다. 남부 식민지들인 메릴랜드, 버지니아, 북부 캐롤나이나, 남부 캐롤나이나, 조지아는 평평한 해안 평야에 있었다. 이들 지역은 기온이 따뜻하였으며 땅과 기후는 쌀과 담배와 염료와 같은 농작물을 재배하는 데 적합했다. 후일 이 지역은 목화를 재배하는 지역이 되어 1619년에는 최초 노예들이 아프리카로부터 들여와졌다. 그리고 점차적으로 대규모 남부 목화 농장들이 흑인 노예들에 의존해 목화를 심고 수확을 했다. 1770년까지 이 13개 주의 인구는 약 2백10만이나 되었으며, 이들 중 40만이 흑인 노예들이었다. 흑인들은 대부분 남부에 살고 있었고 이들 흑인들의 출현은 미국역사 진로에 큰 영향을 미쳤다.

# 아메리카 합중국(The United States of America) 탄생

상기 13개 식민지 중 버지니아를 제외한 다른 12개 식민지는 1775년 아메리카 합중국(The United States of America)으로 연방에 가입함으로써 북아메리카 영국 식민지에 처음으로 아메리카 합중국이 탄생하였다. 그리고 이 12개 식민지를 대표하는 의회(Congress)와 식민지들을 다스릴 식민지 행정부(Colonial Administration)가 구성 되었다. 버지니아는 영령 식민지 또는 직할 식민지(Crown Colony)가 되었다. 그러나 대규모의 자치정부기구는 잃지 않았다. 의회와 법원과 그리고 각 지방정부 조직이 이미 서서히 형성되고 있었다. 그러나 주지사와 주의회는 영국 왕이 임명을 하였으며 왕의 지시에 복종해야 했다. 하지만 영국의 직할 식민지로 영국 왕의 지시를 받았던 버지니아도 다음 해에 일어난 독립전쟁에서 아메리카 합중국에 속하게 되었다.

자치정부 체제를 갖춘 13개 식민지는 그 힘이 더욱 강화되었다. 새 영국 식민지의 공통점은 모두가 독립심이 강한 한편 영국에서 지배하고 있는 어떤 권력에도 충성을 인정하는 것이었으나 그들은 그들 자신의 법을 제정하고 그들이 마음이 드는 곳에서 자유로이 무역을 하며 본국으로부터의 도움 없이 방어를 하고 그들 자신의 제도를 세우는 것이었다. 그들의 모국과의 관계는 감상과 전통뿐이었으며 모국에 대한 복종심은 차츰 사라져 갔다.

# 미국혁명(American Revolution)

북아메리카에 있는 새 영국 식민지들이 그들 자신의 자치정부를 세워 그 세력을 점점 키우고 있는데도 영국은 그들 식민지 이주자들에 대한 관리를 거의 행사하지 않았다. 영국 정부는 아직까지 그들의 식민지들과 본국 간에 식민지 무역과 식민지 발전이나 행정 관계에 대한 뚜렷한 정책을 가지고 있지 않았다. 영국 정부와 국민들은 발전해가는 영국제국을 프라이드를 가지고 바라보고 있었다. 영국 자체에 대한 지배가 안정되자 영국은 북아메리카 백성들 지배로 그 주의를 돌렸다. 다양한 식민지 국민들을 다스리는 데에는 지혜롭고 주의깊은 지도력이 요구될 것이다. 그러나 새로운 영국왕 조지 3세(George Ⅲ)는 영국의회와 끊임없이 충돌을 하고 있었다. 그는 매사를 자기 자신의 방법으로 운영하기를 원했다. 그는 계속하여 식민지들 담당 장관들을 갈아치웠으며 가혹하고 모순된 권력이 식민지들을 다스렸다.

1763년 그 첫 번째 시험이 닥쳤다. 미국 식민지 이주자들은 7년전쟁에서 프랑스로부터 얻은 오하이오 강을 끼고 있는 비옥한 농토로 이주해 들어오고 있었다. 이러한 이주는 거기에 살고 있는 오타와 인디언(Ottawa Indians)들을 격분시켰다. 인디언들은 그들의 추장 폰티액(Pontiac)의 인솔로 디트로이트로부터 서부 펜실베니아까지 퍼져있는 이주자들을 공격했다. 그들의 공격으로 많은 이주자들이 희생되었으며 이러한 공격은 영국군들에 의해 중지가 되었다. 폰티액의 반란에 대응하여 영국인들은 미국 이주자들의 서부 이주를 금지시켰다. 그 대신 영국인들은 이주자들에게 노바스코샤(Nova Scotia)와 플로리다로 이주하도록 제의했다. 그러나 영국인들의 이러한 제의는 이주자들을 분노케 했다. 더욱 중요한 것은 영국 정부는 아메리카 개척자들(아메리카 개척자들은 영국인 이주자들을 포함해 다른 모든 나라로부터 이주한 이주자들을 뜻함)에 대해 더욱 직접적으로 지배를 하려고 노력하기 시작한 것이었다. 1760년대 초까지 북아메리카의 15개 영국 식민지들은 그들 자신들이 선출한 의회를 가지고 있었으며 플로리다와 노바스코샤 외의 모든 식민지들은 앞서 언급한 것처럼 100년 이상 동안 그들 자신의 업무를 운영하고 있었다. 영국 정부는 오래전에 설립된 13개 식민지들의 활동에 아주 조금밖에 간섭을 하지 않았다.

한편 영국은 많은 빚을 안고 있었다. 7년간의 전쟁으로 대영제국의 나라 빚은 무려 13억 파운드에 달했으며 이는 1754년 빚의 두 배였다. 이러한 거대한 부채에 더해 두 개 반구에서의 행정비가 몹시 증가되었다. 아메리카에서만 내정 및 군사시설을 유지하는 데 드는 연간 비용이 1748년에는 7만 파운드였으나 1764년에는 35만 파운드 이상으로 껑충 뛰었다. 영국 정부는 아메리카 식민지들이 7년 전쟁(The Seven Years War: 1756에서 1763년까지 영국-프로이센 연합과 프랑스, 오스트리아, 러시아, 스웨덴, 작센 연합과의 전쟁) 수행으로 발생한 부채를 지불하는 데 도와주기를 원했다. 식민지들이 북아메리카에서 프랑스인들을 몰아내기를 원했으므로 영국인들은 이들 식민지들이 전쟁비용을 나누어야 한다고 생각했다. 전쟁이 끝난 후 영국의회는 식민지들에 직접적으로 영양을 끼치는 여러 개의 법을 통과시켰다. 이 여러 개 법 중 1774년의 강제법령(Coercive Act), 1776년의 세입법령(Revenue Act: 일명 설탕법령(Sugar Act)으로도 알려짐), 그리고 1766년의 선언법(Declaratory Act) 등이 이에 속했다. 그리고 영국의회는 이러한 법에 의해 식민지들로부터 세금을 징수하기 시작했다. 영국의회의 이러한 세금징수는 식민지 이주자들이 영국의회 의원들을 선출하지 않았기 때문에 그들을 성나게 했다. 그들은 그들 자신의 의회만이 법을 만들고 식민지를 위한 세금을 올려야 한다고 느꼈다. 영국인들은 설탕, 당밀 그리고 다른 수입 상품에 대해 관세를 징수했다. 그리고 그들은 새 영국 상인들에 의한 밀수를 막기 시작했다.

영국의 새 영국 식민지들로부터의 세금징수는 더욱 가혹해져 갔다. 1765년 11월 영국의회는 새 영국 식민지로부터 더욱 많은 세금을 징수하기 위해 스탬프 법(The Stamp Act)을 통과 시켰다. 스탬프 법은 영국의회가 영국 식민지에 부과한 최초의 직접적인 내국세로 일반 관세와 다른 최초의 세금이었다. 이 법은 모든 신문과 신문지상의 맹렬한 비난 기사에는 물론 팜플렛, 허가증, 상업어음, 증서와 약정서, 광고, 책력, 임대차 계약서, 놀이카드, 법정서류 및 이와 유사한 다른 많은 서류에 세금을 냈음을 나타내는 인지를 붙이도록 요구했다. 13개 식민지들의 모든 곳에서 이러한 인지법에 대한 반응은 격렬했다. 왜냐하면 이 법은 이들 식민지에서 가장 강력하고 유기적으로 연관이 있는 단체들, 즉 상인들과 사업가들, 변호사들, 신문 발행업자들, 그리고 성직자들의 감정을 상하게 하는 특수한 법이었기 때문이었다. 그들의 모든 선하증권에 세금이 붙는 그리고 터무니없는 태환화폐 고갈 가능성에 직면한 뉴욕, 필라델피아와 보스턴 상인들은 곧 항의 단체를 조직하고 수입거부 협회를 구성했다. 변호사들, 은행가들, 토지거래인들, 그리고 신문업자들이 들고 일어났으며 심지어 성직자들마저 이러한 항의 운동에 합류를 했다. 사회 저명인사들은 자유의 아들들(The Sons of Liberty) 이라는 단체를 조직하여 새 영국 상인들이 인지 부착을 요구하는 사업을 하지 말도록 유도를 하였다. 그들은 또한 인지 판매자들을 강제로 사직시키고 인지가 붙은 서류들을 불태워 버렸으며 주민들을 설득하여 평판이 좋지 않은 인물들을 공격토록 했다. 그 결과 사업이 일시적으로 멈추었으며 본국과의 무역도 뚝 떨어졌다. 식민지 주민들도 세금 지불을 거절하였고 뉴욕, 보스턴, 핼리팩스, 몬트리올 그리고 다른 도시들의 신문들 역시 인지 표시 없이 발행이 되었다. 새 영국 식민지에서의 인지 불매운동은 잘되어 갔으며 결국 새 영국 식민지 주민들의 피를 착취하는 이러한 스탬프 법은 영국의회에 의해 폐지되었다. 미국인들은 정치적으로 영국에 승리를 하였다. 이와 함께 식민지 주민들은 그들이 영국에 도전할 힘을 가지고 있다는 것도 새로이 알게 되었다.

그러나 영국의회는 아직도 인지법의 교훈을 알지 못했다. 그들은 식민지들에 악영향을 미치는 더욱 많은 법을 통과시켰다. 이 법들은 불용不容법(Intolerable Acts)으로 알려지게 되었으며 그 첫 번째 법이 차茶에 세금을 붙이는 차법(The Tea Act)으로, 이 법은 1773년 5월에 통과되었다. 이 법에 따라 영국 정부는 재정적 곤경에 처해있는 강력한 동인도 회사(The Powerful East India Company)에게 영국의 식민지로 수출되는 모든 차의 독점권을 부여하였으며, 이 회사는 자영업 상인들을 제거하고 회사 자체의 대리점을 통해 외국이나 영국에서 거래되는 통상가격보다 낮은 가격으로 차를 팔기로 결정했다. 자유의 아들들의 일원인 새뮤얼 애덤스(Samuel Adams)가 이끄는 한 이주자 단체는 차법(The Tea Act)이 통과되었을 때 차 화물을 보스턴 항구에 던짐으로써 그들의 분노를 나타내기로 선택을 하였으며 1773년 초여름 인디언들로 가장한 이들은 차를 실은 배로 몰려들어가 342개의 차 상자를 바다로 던졌다. 영국의 태도에 대한 식민지 이주자들의 항의는 날로 거셌지만 영국 정부는 그들의 항의에 전혀 아랑곳하지 않고 차에 세금을 부과하는 차법에 이어 세 개의 불용법을 또다시 제정했다. 하나는 영국 정부에 대한 항의가 가장 거센 매사추세츠 주민들의 정치적 권리를 박탈하는 것이고, 두 번째 불용법은 살인혐의로 기소된 영국 정부관리들이 현지 배심원들의 손이 닿지 않는 영국에서 재판 받을 것을 허락하는 것이었으며, 세 번째 법은 식민지 주민들에게 영국 군대를 위한 병영을 제공할 것을 요구하는 것이었다. 이들 세 개의 불용법에 이어 다섯 번째로 퀘벡법(The Quebec Act)이 나왔다. 이 법은 정복당한 새 프랑스 중 퀘벡 식민지를 창설하였으며, 이 새 식민지에는 오하이오 강 유역이 포함되었다.

이 퀘벡법은 다음 몇 가지 이유로 미국인들을 분노케 했다. 첫째, 이 법은 새 식민지에 선거로 선출된 의회를 두지 못하게 했다. 이 때문에 오하이오 영토에서 자리 잡기 위해 이동하는 식민지 개척자들은 그들을 다스릴 의회를 선출할 권리를 잃었다. 두 번째로, 이 법은 퀘벡에 로마 가톨릭 교회의 권리를 보증해 줌으로써 13개 식민지에 있는 개신교도들을 화나게 했다. 무엇보다도 퀘벡법은 오하이오 지역으로 확대해 나가기를 원했던 이들 식민지들을 혼란케 했다. 이들 식민지들은 이제 그 땅을 잃었다. 이러한 행위들은 분노에 잠긴 아메리카 식민지 이주자들을 단합시켰다. 이전에 13개 식민지들은 그들끼리 종종 다투어 왔었다. 이제 그들은 그들이 함께 행동할 때가 되었다고 느끼게 되었다. 그들은 이제부터 영국 정부에 변화된 새로운 모습을 보여줄 각오가 되어 있었다.

1774년에 최초의 북미대륙 연방의회가 개최되었다. 조지아, 퀘벡, 플로리다, 노바스코샤 그리고 프린스 에드워드 아일랜드를 제외한 모든 식민지 대표들이 필라델피아에서 회의를 했다. 식민지 이주자들은 영국에 대한 그들의 불만 사항 리스트를 작성하였으며 그들은 그들의 요구를 뒷받침하기 위해 영국상품의 불매동맹을 요구했다. 그러나 그들은 영국과의 전면적인 유대를 끊자고 요구하기 까지는 하지 않았다. 그 대신 그들이 1763년 이전에 있었던 방식으로 환원되기를 원했다. 영국이 만일 식민지 이주자들이 원하는 대로 동의를 했더라면 미국혁명은 결코 일어나지 않았을지도 모른다. 미국혁명은 자유를 얻기 위해 싸운 게 아니라, 식민지 이주자들이 이미 가지고 있었던 자유를 보존하기 위한 싸움이었으며, 독립은 의도적인 목표가 아니라 삶과 자유와 행복의 추구를 보존하기 위해 어쩔 수 없이 채택한 최후 수단이었다. 1774년 9월 5일 필라델피아에서 회합한 첫 번째 북미대류 연방의회는 통속적인 요구에 의해 소집된 것이었으며, 독립이 아닌 자유를 찾기 위한 회합이었다. 회의 참석자들은 연방의회가 영국 의회의 분노를 피하고 식민지 권리를 열렬히 옹호하고 대영제국과의 관계를 이전의 유쾌한 상태로 적절히 복구하기 위한 조치를 취하기를 기대했다. 영국 정부는 의회가 새 식민지정치를 주도하고 독립전쟁을 촉진시키는 법들을 통과시켰기 때문에 미국혁명에 매우 중요했다.

# 독립전쟁(The War of Independence)

미국혁명은 1775년 4월 19일 사소한 충돌로 시작되었다. 식민지 민병대 대원들은 무기와 탄약을 감추어 왔다. 영국 군대들의 한 파견대가 매사추세츠의 콩코드(Concord) 근처에 은닉되어 있는 무기를 찾으러 보스턴으로부터 파견되었다. 콩코드로 향하는 도중 렉싱턴(Lexington)에서 영국군들은 마을광장에 집결해 있는 일단의 식민지 민병대와 마주쳤다. 영국군 지휘관은 민병대원들에게 광장을 떠나라고 명령을 했다. 민병대원들이 광장을 떠나기 시작했을 때 한방의 총성이 울렸다. 그 발사가 영국군의 총에서 나온 것인지 또는 민병대원 총으로부터 나왔는지 아는 사람은 아무도 없다. 이것은 '전 세계에 울려퍼진 총성'으로 알려진 게 전부였다. 그리고 이 한발의 총성과 함께 근대에서 가장 중요한 정치적 혁명의 하나가 시작되었다.

그들이 총소리를 들었을 때 영국군들은 광장을 떠나는 민병대원들을 향해 발사를 했다. 그들의 총격으로 8명의 민병대원들이 죽었고 10명이 부상을 입었다. 이 총격으로 영국군들은 콩코드로 행진하는 도중 15분이 지연되었다. 콩코드에 이르렀을 때 영국군과 식민지 민병대 간에 또다시 일시적 충돌이 일어났다. 보스턴으로 돌아가는 행진 도중 영국군들은 민병대 집단에 의해 내내 공격을 받았다.

식민지들에 있는 영국의 권위는 순식간에 무너졌다. 사소한 접전들은 마침내 주요한 전투로 옮겨갔다. 13개 식민지들은 조지 워싱턴(George Washington)의 지휘 아래 대륙군(Continental Army)을 구성하는 데 협력을 했다. 그러나 13개 식민지들은 아직 영국으로부터의 독립을 선언하지는 않았다. 1775년 7월 식민지 이주자들은 영국인으로서의 그들의 권리를 되돌려 달라고 요구하는 탄원서를 영국 왕에게 보냈다. 그러나 영국 왕 조지 3세와 영국의회는 식민지 이주자들의 탄원에 답변하는 대신 2만 5천 명의 더욱 많은 군대를 식민지들에 보냈다. 영국과의 최초의 단절이 남부 캐롤라이나(South Carolina) 의회가 식민지를 공화국으로 선포했을 때인 1776년 3월에 일어났다. 5월에는 로데 아일랜드(Rhode Island)가 그 뒤를 따랐고 1776년 4월에는 독립선언이 조인되었다. 전쟁은 8년간이나 계속되었다. 어떤 때는 영국인들이 우세하였고 때로는 식민지 이주자들이 우월했다. 1780년에는 프랑스가 미국 편을 들어 전쟁에 참가하였으며 프랑스의 도움으로 미국인들은 1781년 버지니아의 욕타운 전투(The Battle of Yorktown)에서 대승을 거두었다. 이로써 영국은 아메리카 식민지에 그들의 지배를 더 이상 유지할 수 없게 되었다. 전쟁은 1783년 9월 파리 조약 조인(The Treaty of Paris)과 함께 끝이 났으며 두 달 후 영국군들은 영국 손에 남아있던 마지막 주요 요충지인 뉴욕을 떠났다.

## 미국의 캐나다 침입

미국인들의 최선의 노력에도 불구하고 캐나다인들의 식민지인 퀘벡, 노바스코샤, 프린스 에드워드 아일랜드와 뉴펀들랜드는 중립을 지키거나 영국에 충성을 했다. 실제로 캐나다에 살고 있는 영국인들은 대부분 영국 왕에 충성을 하는 왕당파(Tory)들이었다. 독립전쟁이 한창 무렵인 1775년 11월 영국 왕에 충성하는 충성파들을 무찌르기 위해 한 아메리카 병력이 캐나다 동부를 침입하여 몬트리올을 점령하였으며 캐나다 식민지 정부는 퀘벡으로 도주했다. 베네딕트 아놀드 (Benedict Anold) 장군이 거느리는 미국 군대들은 퀘벡시를 포위하였고, 이러한 포위공격은 길고 추운 겨울 내내 계속되었다. 1776년 5월 영국 함대가 퀘벡시의 수비대를 보강하기 위해 도착함으로써 미국 군대들은 곧 물러났다. 미국인들은 정복당한 프랑스 주민들이 그들을 도와줄 것으로 기대했었다. 그러나 프랑스 캐나다 주민들과 심지어 원주민들까지 영국인들에 합세하여 미국군인들에게 대항했다. 실망을 한 미국인들은 캐나다 점령을 포기하고 더 이상 캐나다를 침입하지 않았다. 1776년 노바스코샤(Nova Scotia)의 컴버랜드 주에서 새 영국 이주자들 간에 일시적 반란이 일어났으나 이 봉기는 영국 군인들에 의해 즉시 진압되었다.

# 03
# 미국의 영토확장

1776년 영국과의 전쟁에서 승리를 하여 영국으로부터 독립을 한 신흥 공화국 미국은 최초의 13개 새 식민지를 중심으로 다른 주를 연방에 가입시키거나 다른 나라로부터 영토를 매입하거나 또는 전쟁을 일으켜 빼앗아 가며 그 세력을 점차 확대시켜 나갔다. 미국은 1803년 미국 내에 있는 프랑스 식민지 루이지애나(Louisiana)를 프랑스로부터 사들였다. 미국남부에 위치한 광대한 땅 루이지애나는 1682년 프랑스 탐험가 라살 로베르 카블리에가 미시시피 강을 따라 내려와 강 유역 전체를 프랑스 영토로 선언했다. 앞에서도 언급했듯이 1775년 영국인들은 프랑스가 북미에 최초로 세운 아카디아(Acaida) 식민지를 점령한 후 아카디아 인들에게 아카디아를 떠나라고 명령하였다. 이때에 일만 명의 프랑스 아카디아인들 중 8천 명 이상이 그들이 살던 땅에서 쫓겨가 남쪽에 있는 영국식민지로 보내졌으며 어떤 사람들은 카블리에가 100년 이상 전에 프랑스 영토로 선언한 후 프랑스 후예들이 아직도 살고 있는 먼 루이지애나까지 갔다.

미국이 프랑스로부터 루이지애나를 매입할 때는 프랑스의 나폴레옹(Napoleon)이 히스패니올라(옛 아이티-Haiti)에 3만 5천 명의 군대를 투입하고 영국과의 전쟁을 재개하기 위해 전비조달에 급급할 때였다. 토마스 제퍼슨(Thomas Jefferson) 대통령의 제임스 먼로(James Monroe) 전권 공사는 프랑스로 가 미국의 프랑스 상주대표인 로버트 리빙스턴(Robert Livingston)과 함께 프랑스 정부와 루이지애나 매입 협상을 벌였으며 1803년 4월 30일 프랑스와 양여 조약(The Treaty of Concession)을 체결한 후 프랑스에 일금 1,200만 불을 지불한 후 미국 중앙부의 광대한 지역 루이지애나를 사들였다. 그 후 1812년에 루이지애나는 18째로 연방에 가입을 했다.

1844년 제11대 미국 대통령에 당선된 제임스 녹스 포크(James Knox Polk)는 서쪽으로는 태평양으로 남쪽으로는 적어도 리오그란데(Rio Grande: 미국과 멕시코의 국경을 이루는 강)까지 뻗어야 하는 것이 미국의 명백한 운명이라고 확신하고 있었다. 오리건(Oregon)의 재소유, 텍사스(Texas)의 재합병은 미국이 또다시 움직이고 있는 명백한 사실에 잠정적인 찬양을 부여했다. 오리건과 텍사스의 획득 전망은 1837년에서 1843까지의 고난 이후 자신감을 되찾고 있는 평민에게 호소력이 있었다. 포크 대통령은 오리건과 텍사스와 덤으로 캘리포니아(California)를 차지하기로 하였으며 그는 결국 이 세 개 지역을 모두 그의 손에 넣고야 말았다.

포크 대통령은 나이가 50이 되지 않았음에도 건강이 좋지 않아 20

년은 더 늙어 보였다. 그는 슬프고 야윈 모습에 날카로운 회색 눈을 가진 딱딱하고 모가 난 사람이었다. 그는 노스 캐롤라이나(North Carolina) 대학에서 수학을 전공하였으며 그의 마음을 단련시키기 위해 고전문학을 전공하기도 했다. 백악관(The White House)에서 그가 하루 일하는 시간은 8시간이 아닌 18시간에 가까웠다. 그리고 4년 임기 동안 그가 워싱턴에서 부재한 날은 겨우 6주밖에 안 되었다. 단호하고 끈기 있고 거의 웃지 않으며 쉴 줄 모르는 포크 대통령은 일기 작가(diarist)인 6대 대통령 존 퀸시 애덤스(John Quincy Adams)와 비교된다고 그의 정치 지지자들은 말을 했다. 그의 국내 정책은 양극처럼 널리 벌어져 있었으나 포크는 애덤스 대통령과 똑같은 외교정책을 채택하였으며 형세를 완성시키는 특유한 방법을 가지고 있었다. 그는 관세를 내리고 자치적인 재무부를 재설립하고 오리건 문제를 해결하며 캘리포니아를 획득하기를 열망했다. 그리고 그의 임기 4년 내에 그의 야망은 모두 달성되었다.

캘리포니아라는 말은 신비와 낭만을 암시하기 위해 사용되는 순수한 단어다. 그것은 콜럼버스 생애 속에 쓰인 한 신화적인 왕국에 주어진 이름이었다. 포크 대통령은 스페인 소설을 읽지는 않았지만 온갖 종류의 기후와 땅, 거대한 소나무와 삼나무가 우거진 산림, 밀재배에 적합한 광대한 계곡, 포도나무가 무성하게 자라는 좁은 골짜기, 광대한 목초지, 뛰어난 경치가 풍부한 산과 광물의 보고, 그리고 샌프란시스코(San Francisco)와 샌디에이고(San Diego) 등 장엄한 항구가 있는 황금 땅인 캘리포니아를 원했다. 오리건은 몇 년 동안 잘 선전이 되었지만, 1843년 프리몬트(Fremont)의 탐험 전까지 미국에서는 캘리포니아에 관해 아무것도 알려진 게 없었다.

포크 대통령은 캘리포니아가 훌륭한 세 개의 항구, 즉 샌프란시스코, 몬터레이, 그리고 샌디에이고를 가지고 있다는 점 외에는 캘리포니아에 관해 아는 것이 거의 없었다. 그러나 그는 오리건 문제로 영국과 텍사스에 관해 멕시코와 전쟁에 돌입하면 영국이나 프랑스가 캘리포니아를 가로챌 것이 두려워 미국을 위해 필사적으로 캘리포니아를 손에 넣고 싶어 했다. 포크 대통령의 이러한 염려에는 과연 몇 가지 이유가 있었다. 영국과 프랑스는 태평양 제국들을 재빨리 손에 넣어가고 있었다. 1840년 뉴질랜드(New Zealand)도 영국에 의해 합병되었다. 영국은 뉴질랜드를 원치 않았으나 이 지역으로 급속히 손을 뻗어가며 뉴질랜드를 갖고 싶어 하는 프랑스로부터 뉴질랜드를 지키기 위해서였다. 1842년 프랑스는 1813년 미국의 포터(Porter) 제독이 미국국기를 올린 마르케사스(Marquesas)를 점령하였으며 1843년에는 하와이 왕 카메하메하 3세가 샌드위치 섬(Sandwich Islands: 하와이 섬의 별칭)과 그의 왕족들을 빅토리아 여왕(Queen Victoria)의 보호 하에 두겠다고 제의를 했다. 몬터레이 주재 영국 영사는 영국 성부에 캘리포니아를 차지하라고 여러 차례 촉구를 했다. 멕시코 주재 영국공사는 영국에 진 멕시코 빚을 캘리포니아 교환조건으로 취소할 것을 제의하였으며 영국 해군본부도 샌프란시스코 만을 원했다. 포크 대통령은 이러한 사실들을 알지 못했으나 최악의 사태를 의심했다. 그는 멕시코로부터 캘리포니아 매입을 선호하였지만 텍사스에 관한 유사한 제의가 거절되어 멕시코로부터의 캘리포니아 매입은 포기를 했다.

포크가 대통령에 취임한 직후 멕시코는 텍사스 합병에 항의를 하며 미국과의 외교관계를 단절했다. 멕시코가 보기에는 텍사스는 아직 반란을 일으킬 수 있는 주였다. 포크 대통령은 멕시코에 전쟁을 일으켜 텍사스와 캘리포니아를 차지할 수밖에 없다고 생각을 하고 1845년 7월 재커리 테일러(Zachary Taylor) 장군 휘하의 정규군 파견대에게 있을 수도 있는 멕시코 공격에 새 주를 보호하기 위해 텍사스 남쪽 국경의 누에써스 강(Nueces River)에 진지를 정하라고 명령을 했다. 포크 대통령은 본격적인 전쟁에 돌입하기 전에 멕시코와 협상을 하려 하였으나 멕시코는 이를 물리쳤다. 멕시코로부터 협상거절을 받은 포크 대통령은 테일러 장군에게 누에써스 강을 건너 리오그란데 왼쪽 강기슭을 점령하라고 명령했다. 그 지역을 지휘하고 있는 멕시코 장군은 테일러 장군에게 누에써스 강 건너로 물러가라고 명령하였으나 테일러는 그의 명령을 듣지 않았다. 1846년 4월 25일 멕시코 기병대는 리오그란데 강을 건너 미국 기병들과 접전을 벌여 수 명의 미국 병사를 살해하고 나머지는 생포를 했다. 이 소식을 접한 포크 대통령은 긴급 내각 회의를 열고 의회에 전쟁 메시지를 상정했다. 포크는 이 메시지에서 멕시코는 반복적으로 위협을 한 후 미국국경을 넘어 우리의 영토를 침략하여 아메리카 땅에서 미국인들을 희생시켰다고 선언했다. 그리고 2일 후 의회는 멕시코 공화국의 행위에 의해 멕시코 정부와 미국 간에 전쟁상태가 존재하고 있다고 선언했다. 포크 대통령은 멕시코가 캘리포니아를 미국에 팔지 않으리라고 결정한 후 캘리포니아를 얻기 위해 텍사스 경계 문제로 멕시코를 전쟁에 유인하였음이 분명했다. 미국국경을 넘어 미국의 군대를 살해하고 체포를 하여 미국과의 전쟁을 촉발시킨 멕시코는 미국의 힘을 당해내지 못했으며 1846년 말까지에는 캘리포니아는 완전히 미국의 수중에 들어가 있었다. 결국 미국과의 전쟁에서 참패한 멕시코는 1848년 2월 2일 과달룹 히달고 조약(The Treaty of Guadalupe Hidalgo)에 의거 미국에 항복하는 한편 리오그란데와 경계를 이루는 텍사스, 뉴멕시코(New Mexico), 그리고 샌디에이고를 포함한 상부 캘리포니아(Upper California)를 미국에 양도했다. 이 지역은 광대한 뉴멕시코와 애리조나(Arizona) 부분을 에워싸고 있었다.

멕시코와의 전쟁에서 이겨 일거에 다섯 개의 광활한 영토를 차지한 미국은 남과 북은 물론 서부로도 진출해 영토를 확장해가며 서부제국을 건설해 갔다. 1806년 루이스(Lewis)와 클라크(Clark)가 오리건(Oregon) 지역을 여행하고 돌아온 이래 미국 정부는 로키산맥(The Rocky Mountains) 서쪽 태평양 연안 일대에 걸친 극서부 지방(The Far West)에는 별 관심을 두지 않았다. 1819년 롱 소령의 탐험대(Major Long's Expedition)는 대초원지대(The Great Plains)는 거의 완전히 농작물 경작에 적합지 않다며 지금은 수백만의 번성하는 인구를 지탱해 주는 전설의 광대한 미국 사막(The Great American Desert)인 그 지역의 지도를 버렸다. 미국의 대초원지대는 유러시아(European Russia)의 지역과 맞먹는 범위를 포함한다. 평탄하고 완만한 기복을 이루고 있는 표층은 무성하고 짙은 목초 융단으로 덮여 있어 수많은 버팔로(buffalo: 들소) 떼들이 이 광대한 초원에서 풀을 뜯어 먹고 있었으며, 짧은 지류를 가지고 있는 플랫(Platte)과 미주리(Missourie) 강은 드문드문 서 있는 버드나무와 미루나무와 야생 자두나무에 물을 대주었다.

이 대초원지대에 사는 인디언들은 좀처럼 농사를 짓지 않았으며 도기제조와 바구니 세공이나 뜨개질에 대해서는 거의 알지를 못했다. 그러나 그들은 가장 뛰어난 육체적 표본을 가진 종족들이었으며 전투에서 한번 총 쏘는 방법을 익히면 천천히 백인들에게 굴복을 하는 동부 부족들보다 더욱 무시무시했다. 1830년 전에 이 지역에 침투한 백인들은 탐험가들과 모피 상인들과 덫 사냥꾼들뿐이었다.

이때 오리건은 미국과 영국이 공동으로 점유하고 있었으며 오리건 주위에는 아이오와(Iowa), 미주리, 일리노이(Illinois), 그리고 켄터키(Kentucky)가 있었다. 미국 정부로부터 외면 받은 이 미개발지역에 1843년과 1845년 사이에 5천 명의 이주자들이 몰려 들었으며 미국 정부는 이제야 겨우 이 외딴 식민지에 식민지 정부와 법과 토지소유권을 제공할 준비를 했다. 그러나 연방정부는 우선 대영제국과 타협하기를 원했다. 1843년 전 오리건 지역과 알래스카까지 합병을 하라는 동요가 서부 주들에서 시작되었다. 바로 이 무렵 영토확장주의자인 제임스 포크(James K. Polk)가 미국 대통령이 되었으며 1845년 그의 연례 메시지에서 포크 대통령은 영국에 대한 도전을 소리 높이 외쳤다. 그리고 그 해 12월 전 오리건에 대한 미국의 권리는 분명하며 논의의 여지가 없다고 언명했다. 그런 다음 1818년의 공동점유 합의를 종료시킬 권한을 의회에 요구했다. 포크는 오리건 전 지역을 획득하기 위해 전쟁을 감행할 의사는 없었다. 그의 야망은 멕시코와 전쟁을 해서라도 캘리포니아를 미국에 합병시키는 것이었으며 영국으로부터 오리건을 손에 넣기 위해서는 영국과의 전쟁도 불사하겠다고 생각을 했다. 그러나 미국은 오리건 문제에 대해 영국과 협상을 벌였으며 영국은 7백 명 이상의 영국인들이 사는 캐나다 밴쿠버 섬(Vancouver Island)을 캐나다에 남기는 조건으로 협상에 응했다. 그리고 멕시코와의 전쟁에서 이겨 캘리포니아를 차지하기 전인 1846년 6월 6일, 오리건 조약(The Oregon Treaty)이 비준되었으며 이 조약 비준과 함께 미국은 전 오리건 지역을 차지하게 되었다.

# 미국의 극동 진출

## 중국과의 통상 개설

미국은 태평양과 아시아로 진출하여 이 광대한 지역에 그들의 영향력을 행사하는 것이 하늘이 그들에게 준 숙명(Destiny)이라고 여겼다. 국내의 거의 모든 주를 연방에 흡수시킨 후 거대한 태평양 관문인 전 서부 땅을 손에 쥔 미국은 산업을 발전시키고 배를 만들어 가며 그들에게 주어진 숙명을 달성시키기 위해 박차를 가했다. 1850년대 미국의 스팀 엔진(Steam Engine) 군함과 상선과 원해조업어선 및 각종 기계의 총 생산량은 66퍼센트가 넘었으며 목화직물은 77퍼센트, 석탄은 182퍼센트, 양말과 메리야스 상품은 608퍼센트나 되었다. 미국으로 오는 이민자 숫자도 급격히 늘어 1860년까지 뉴욕시의 인구만도 100만이 넘었다. 미국이 양적으로가 아닌 질적으로 그의 운명을 달성할 전망은 1850년대보다 더 밝은 적은 없었다.

이전에 미국은 그들의 운명을 실현시키기 위해 극동에 발을 들여놓았다. 1832년 싱가포르(Singapore)를 식민화한 후 1839년에서 1842년까지 중국과 제1차 아편전쟁(The Opium War)을 일으켜 승리를 한 영국은 난징조약(The Treaty of Nan King)에 따라 홍콩(Hong Kong)을 손에 넣었다. 이후 영국은 스톤 커터(Stone Cutter) 섬과 주룽반도를 포함해 홍콩 주변의 영토를 더 차지하였으며 홍콩을 포함한 신계지역에 대한 99년간의 조차권을 중국으로부터 얻어냈다. 미국은 극동으로 뻗어가는 영국의 세력에 시기가 났으며 영국을 견제하기 위한 미국의 외교는 이제 태평양을 가로 질렀다. 1844년 처음으로 중국으로 발령 받은 미국공사인 갈렙 쿠싱(Galeb Cushing)은 영국이 중국에서 향유하고 있는 유사한 무역과 관세 특혜를 허가해주는 조약을 중국과 협정하였으며 이 조약에 따라 미국 배들은 일정한 중국항구에 출입권을 얻음과 동시에 미국 상인들은 치외법권 특전을 획득했다.

## 미국의 일본 노크

미국이 중국 다음으로 일본을 노크한 내용은 이후 제 8장에서 상세히 다룰 것이며, 다음으로는 남북전쟁을 상술하고자 한다.

# 05
# 남북전쟁
## (The American Civil War)

## 북부 주(The Northern States)

1850년대 정치가들과 정당들은 미국을 고동쳐 흐르게 하는 물질적, 정신적 힘을 형성하기 위해 많은 업적을 달성했다. 그들은 충돌 없이 새로운 계층과 지방단체에 권력을 이양했다. 그들은 주의 연방 법령 실시거부(Nullification) 쇄도를 타개해 나갔으며 1820년대 정치적 혼란으로부터 아메리카 합중국(The Union: 남북전쟁 때 연방정부를 지지한 북부 여러 주들의 단결체)을 보존하기로 서약한 두 개의 국가정당을 창설했다. 그러나 그들의 노력에도 불구하고 사회적, 경제적 힘은 북부와 남부를 따로따로 끌어내고 있었다. 북부와 남부는 둘 다 진보하고 있었으나 그 진보는 각기 달랐다. 확실히 북부와 남부는 모두 공통적인 경험, 즉 민족주의, 자본주의, 복음주의와 서부 이동에 의해 영향을 받았다. 그러나 북부사회는 산업혁명에 의해, 값싼 운송에 의해, 그리고 북부와 경계를 이루는 노예 주들(남부 주들을 말함)에 아주 조금 작용한 교육적, 인도주의적, 그리고 이주활동에 의해 변형되고 있었다. 그러나 하부 남쪽(The Lower South)은 전혀 아니었다. 남부사회는 노예들에 의해 경작되는 목화재배에 그 자체를 재조정하고 있었다. 이에 반해 북서부 주들은 젊은이들의 꿈이 실현되는 땅이었으며 그곳에서 대다수는 계급이나 당국의 억제 없이 그들이 하고 싶어 하는 일들을 하고 있었다. 또한 산업과 기술과 운송이 발달한 북부에는 많은 숙련공들이 북부유럽, 즉 아일랜드, 영국, 스코틀랜드, 웨일즈(Whales), 그리고 독일에서 이주해 왔으며 북부 주를 형성하고 있는 뉴욕, 필라델피아, 볼티모어 그리고 보스턴의 총 인구는 1820년에서 1850년 사이 343,000명에 불과했었으나 1,162,000명으로 폭증했다. 웨스트 버지니아(West Virginia)의 주도 찰스턴(Charleston)에도 인구가 1790년에 16,359명밖에 안 되었으나 1850년에는 42,985명으로 늘었으며 뉴올리언스(New Orleans)는 1810년 인구가 고작 17,242명이었던 것이 1850년에는 116,375명으로 증가했다. 북부에는 인구뿐만 아니라 각종 산업시설도 나날이 늘어갔다. 1815년 이후 세대들에게는 목화가 미국경제의 가장 큰 요소였다. 남부는 목화를 재배하고 남동부는 목화를 가지고 옷과 피륙을 만들어 남부로 공급했으며 그 대신 남부는 중서부 지방으로부터 많은 부분의 식량을 들여왔다. 1840년까지 미국에는 1,200개의 목화공장들이 있었다.

1850년대 미국의 경제적 변화는 미국의 정치적 사건에 거대한 영향을 끼쳤다. 산업이 발달한 북부와 아프리카 흑인 노예에 의존해 목화를 생산하여 경제를 일으키는 노예경제주 남부는 정치적, 사회적으로 그 간격이 점점 벌어져 갔다. 여기에 노예문제가 가장 큰 이슈였다. 노예가 필요 없는 산업경제주 북부는 남부로부터 추방당하거나 도주해 오는 노예들로 골치를 앓고 있었으며 이들 노예들을 그들의 본래 주인들에게 돌려 보내는 데 많은 경비가 들었다. 노예문제로 골치를 앓고 있던 북부는 결국 노예제도 폐지까지 들고 나왔으며 이에 반대하는 남부는 오히려 노예제도를 점점 강화시켜가며 영구화시키려 했다. 노예제도 폐지를 추구하는 북부와 이에 반대하는 남부가 노예 해방문제로 결국 전쟁까지 일으켜 1861년에서 1865년까지 싸운 전쟁이 바로 남북전쟁(The American Civil War)이었으며 다음에 이러한 남북 전쟁 배경을 그 요점만 간추려 보고자 한다.

## 남부 주(The Southern States)

남부 국경주들인 델라웨어(Delaware), 매릴랜드(Maryland), 버지니아 그리고 켄터키(Kentucky)는 1815년에서 1861년까지 목화가 지배를 했다. 이들 주를 떠받쳐주는 주요한 보루는 노예제도였다. 1850년에는 거의 60퍼센트의 노예들이 목화재배에 사용되었다. 쌀과 설탕과 담배와 같이 목화는 가장 무지한 손들이 감독을 받으며 생산할 수 있는 그리고 지속적인 주의를 요하는 재배 농작물이었다. 1820년 목화 생산량은 160만 파운드였으며 목화는 이미 남부에서는 없어서는 안 될 가장 중요한 경제적 수입원이었다. 서구세계에서는 더욱 많은 사람들이 린넨과 양모로부터 목화로 전환하고 있었으며 1830년까지 목화 생산량은 두 배에 달했고 그 후 10년간 또다시 두 배 이상이 증가했다.

목화 생산량의 증가에 따라 노예 숫자도 급속히 늘어갔다. 알칸사스(Alkansas)주만 해도 노예 숫자가 1,600명에서 무려 111,000명으로 불어났다. 노예 숫자가 늘어나면서 그들의 직업도 다양화되어 갔다. 농장 노동자들 거개가 노예들로 구성되었으며 또한 가장 이득이 컸다. 그 다음 계층이 목수나 대장장이나 이발사와 같은 기술을 배운 사람들이며 이들은 종종 그들 주인들에 의해 고용이 되었다. 1820년 노예들은 남부도시들 인구의 20퍼센트를 차지했다. 그리고 1860년까지 30만 명의 노예들이 공장이나 철도공사 같은 비농업 분야에서 노동을 했다.

남부에 흑인들이 많다 보니 남부인들은 일상생활에서 이들과도 친숙히 지냈다. 보통의 백인 유럽인이나 북아메리카인들은 흑인(Negro) 그 자체를 싫어했지만 남부에서는 그들의 피부색깔에 육체적 혐오를 가지고 있지 않았다. 백인 아기들은 흑인 유모의 젖을 먹었으며 흑인 유모의 아기들과 잘 어울려 놀았다. 백인 숙녀들도 뚱뚱한 니그로 여자 옆에 마차를 타는 데 반대를 하지 않았다. 남부의 모든 지역에서 적은 숫자의 노예들을 소유하고 있는 농장주들은 들에서 그들의 남자 노예들과 나란히 일을 했으며 그들 부인들은 백인의 어린아이들을 그 자신의 아기들처럼 잘 보살펴 주었다. 흑인들과의 결혼은 어디에서나 법으로 금지되었다. 그러나 전쟁 전의 남부는 백인들과 유색 여인들 간의 비정상적 결혼에는 기묘하게도 관대했다. 리차드 존슨

(Richard M. Johnson) 부통령은 그의 부친으로부터 물려받은 백인과 흑인의 혼혈 여자와 공공연하게 살았으나 워싱턴 사교계는 존슨 부통령이 그들의 두 딸들을 무대에 세우려고 시도할 때에는 선을 그었다.

1850년까지 목화 왕국(Cotton Kingdom) 남부는 그 스스로를 고립시켜가며 모든 개혁 수단을 배척하고 니그로 노예제도를 미국사회의 영구기초로 삼기로 결의를 했다. 그러나 이와 반대로 북부 주들은 남부의 노예제도에 반대하기 시작하였으며 모든 인도적 개혁운동 중 유니언(Union)을 그 뿌리까지 흔들어 놓은 하나는 노예제도 폐지를 추구하는 것이었다. 미국혁명의 분기分岐인 초기의 노예제도 반대는 의회가 노예무역을 반대하는 법을 통과시켰을 때인 1807년 그 마지막 승리를 거두었다. 그러나 목화왕국이 노예제도에 새로운 기득권을 안출해 가고 있었던 1820년에는 노예제도의 서부진출을 억제하는 노력이 미주리(Missouri) 주의 승인에 의해 좌절되었다. 니그로들이라고 모두 자유가 속박된 것은 아니었다. 통제받지 않는 니그로들은 미국전체에 위협으로 느껴졌다. 이 때문에 대부분의 북부 주들은 니그로들의 북부 이주에 반대하는 엄격한 법을 유지하고 있었다. 한편 대부분의 남부 주들은 자비심이 있는 주인들이 그들 노예들을 다른 곳으로 가게 하는 조건으로 그들을 해방시키도록 허락했다. 하지만 비록 목화주(Cotton Sates)들은 보상과 노예추방에 의해 누그러질 때에도 노예해방은 철저히 억압을 했다.

## 링컨(Abraham Lincoln)의 대통령 당선 및 남부 주들의 연방 탈퇴

휘그당(The Whig Party: 일명 독립당으로 1834년에 결성되어 민주당(The Democratic Party)과 대립한 정당) 당원인 링컨은 1847년 연방의회 의원으로 선출된 후 민주당 출신 대통령인 제임스 포크(James K. Polk)의 정책을 비난하고 멕시코 전쟁의 영웅이며 휘그당원이었던 재커리 테일러(Zachary Taylor)가 대통령에 선출되도록 노력을 했다. 그러나 링컨은 그가 지지한 테일러가 대통령이 되었음에도 아무런 관직을 얻지 못하고 정계에서 물러났다. 그러나 1854년 링컨의 경쟁자이며 약삭빠르고 북서부 최고 웅변가에 북부 민주당원들의 우상인 일리노이 출신 상원의원 스티븐 더글러스(Stephen A. Douglas)가 1803년 프랑스로부터 사들인 루이지애나 전체에 노예제도를 허용하고 캔자스와 네브레스카 준주에 노예제도 도입 여부를 그 지역 주민에게 맡기는 법을 통과시키려고 했을 때 링컨은 다시 정계에 복귀했다. 이때 링컨이 속해있던 휘그당이 급속히 몰락하고 공화당(The Republican Party)이 등장하면서 링컨은 수천 명의 휘그당원들과 함께 공화당으로 들어갔다.

공화당원이 된 링컨과 민주당 상원의원인 더글러스 간에는 노예제도 문제에 대해 견해가 완전히 달랐다. 더글러스는 준주로 노예제도를 확대시키려 했지만 링컨은 의회가 준주에 노예제도가 도입되는 것을 막아야 한다고 주장했다. 1854년 10월 링컨은 일리노이 출신 상원선거에 더글러스의 경쟁후보가 되었으며 이어 벌어진 링컨과 더글러스 간의 논쟁에서 링컨은 더글러스를 앞지르기 시작했다. 링컨은 캔

자스 투쟁 이전에도 수백 명의 북서부 변호사와 정치가들로부터 커다란 지지를 받았다. 오래 전부터 노예제도를 사악한 것으로 간주한 그는 악의나 증오 없이 새로운 노예제도 반대 신조를 설교하기 시작했다. 노예제도 반대 언급 외에도 링컨은 국가통일을 역설하고 준주(Territories)는 자유주가 되어야 하며 국가는 가난한 사람들이 보다 나은 삶을 살아가도록 하기 위한 안식처가 되어야 한다고 강조했다. 이러한 역설과 논쟁을 통해 그는 전국적 지지를 받았으며 1860년 대통령 후보로 물망에 오르기 시작했다. 공화당원들은 1858년 의회 선거에서 대승을 하였으며 이러한 승리로 1866년 대통령 선거에서도 승리할 가망이 있는 좋은 기회가 되었다. 링컨도 상원선거에서 민주당의 더글러스 의원에 승리를 했다. 공화당원들의 단결과 의회 선거에서의 승리와는 달리 민주당은 분열하기 시작했으며 1856년 연방탈퇴 정서가 가장 진한 본부인 찰스턴(Charleston)에서 열린 전국 민주당 집회에서 앨라배마(Alabama) 대표단을 비롯해 남부 캐롤라이나, 조지아, 플로리다, 루이지애나 및 알칸사스 대표단들 대부분이 집회로부터 탈퇴를 했다.

1860년 5월 18일 시카고에서 열린 공화당 전당대회에서 링컨은 3차에 걸친 투표 끝에 대통령 선거후보자로 지명되었다. 그리고 같은 해 11월 6일 실시한 대통령 선거에서 3명의 후보를 제치고 그는 마침내 제16대 아메리카 합중국의 대통령에 당선되었다. 그가 대통령에 당선된 것은 아무도 의심하지 않는 그의 탁월한 공적 때문이 아니라 정치적인 전략 결과 때문이었다. 그의 비천한 출생, 소박한 기지, 그리고 뛰어난 논쟁술은 이전에 민주당 대통령 후보였던 앤드루 잭슨

(Andrew Jackson)에게 표를 던졌던 같은 류의 북부인들을 매혹시켰다. 그리고 링컨 외에 그 누구도 그 의심스러운 인디애나(Indiana)와 일리노이 주들을 감동시킬 수는 없었을 것이다.

1858년 미네소타(Minnesota)와 오리건이 유니언(Union)에 가입함으로써 이제는 18개의 자유주들과 15개의 노예주들이 있었다.


## 남부 주들의 연방탈퇴(Secession)

링컨이 대통령에 당선되면 남부 캐롤라이나가 제일 먼저 연방에서 탈퇴하리라는 것은 기정의 결론이었다. 로버트 반웰 레트(Robert Barnwell Rhett) 같은 급진주의자 지도자들은 남부를 새 동맹(Confederacy)에 통합시킬 계기를 기다려 왔으며 선거 결과가 분명해지자 남부 캐롤라이나 주의회는 주집회를 소집했다. 1860년 12월 20일 주의회는 회합을 하여 만장일치로 남부 캐롤라이나와 다른 주들 사이에서 아메리카 합중국의 이름으로 존속하는 유니언은 이로써 해체된다고 선언을 했다. 그 뒤를 이어 미시시피(Mississippi), 앨라배마, 그리고 플로리다가 탈퇴를 했다. 1861년 1월 19일에는 조지아가 연방탈퇴를 하였으며 1861년 2월 1일까지 루이지애나와 텍사스가 이들 5개 연방탈퇴주에 가세를 했다. 2월 4일에는 7개 연방탈퇴주 대표들이 앨라배마의 몽고메리(Montogomery)에서 회합을 하였으며 2월 8일에는 아메리카 연맹정부(The Confederate States of America)를 구성했다. 다음날 이 의회는 제퍼슨 데이비스(Jefferson Davis)를 임시 대통령에, 알렉산더 스티븐스(Alexander Stephens)을 남부연맹 부통령으로 선출하고 헌법기초에 착수했다. 그리고 에이브러햄 링컨이 남부 주들의 연방탈퇴에 뒤이어 대통령에 취임된 것은 1861년 3월 4일이었다.

## 전쟁 개시

링컨이 대통령에 취임될 때까지 연방탈퇴를 한 주들에 있는 찰스턴(Charlston)의 섬터 요새(Fort Sumter)와 플로리다 연안에 있는 두 개의 작은 수비대 등 모든 요새들과 해군 구내들이 펜서콜라(Pensacola)의 피킨스 요새(Fort Pickens)를 제외하고 아무런 방해 없이 남부 당국에 떨어졌다. 당시 섬터 요새는 앤더슨 소령(Major Anderson)이 지휘하는 미국 군대가 수비하고 있었으며 남부연맹은 섬터 요새의 소유권을 주장하며 항구의 다른 요새들로부터 그곳을 위협했다. 앤더슨 소령은 육군성(War Department)에 그의 물자가 바닥이 나고 새 남부연맹 포대들이 그의 진지를 지배하고 있다고 통고를 했다. 남부연맹 정부는 섬터를 보강하거나 물자공급을 하는 어떠한 시도도 적대행위로 간주할 것이라고 위협을 하며 앤더슨 소령에게 즉시 물러갈 것을 요구하였다. 앤더슨 소령이 그들의 요구를 거절하자 1861년 4월 12일 새벽 4:30분에 찰스턴 항구에 있는 남부연맹 포대가 섬터 요새를 향해 최초의 포문을 엶으로써 남북전쟁이 시작되었다. 4월 13일 아침 9시에 막사들에 불이 붙었고 그날 이른 오후에는 깃대가 총에 날아갔으며 몇 시간 후에는 그의 진지가 결코 절망적이 아님에도 앤더슨 소령은 남부군의 항복조건을 받아들였고 4월 14일 일요일 오후 섬터 수비대는 북을 울리며 진지 밖으로 행군해 나아갔다.

4월 15일 미국 군대의 최고 지휘권을 가진 링컨 대통령은 남부연맹을 침묵시키기 위해 7만 5천 명의 지원군 소집을 요구하는 명령을 내리는 한편 섬터 요새에 군대를 급파하고 항구봉쇄를 명령하는 등의 긴급 조치들을 취했다. 그러나 그러한 결정을 실행에 옮기기 위해서는 전략안과 명령체계가 필요했다. 1813년 4월 캐나다 침략 시 조지 요새(Fort George)를 성공적으로 공략하고 그 후 1847년 멕시코 전쟁에서 혁혁한 공을 세운 북군 총사령관 윈필드 스콧(Winfield Scott) 장군은 버지니아에서의 접전을 피하고 미시시피 강을 장악하여 남부를 포위해 들어가는 우회 전략을 링컨에게 제시했다. 그러나 링컨은 소극적이고 적과 마주쳐 싸우지 않으려는 스콧의 작전이 마음에 들지 않았으며 전쟁에서 이기려면 적극적으로 싸워야 한다고 생각한 링컨은 스콧 장군에게 버지니아 전선으로 바로 진군할 것을 명령했다. 어빈 맥도웰(Irvin McDowell) 장군은 3만 명의 대군을 이끌고 포토맥(Potomac)을 건너 버지니아로 쳐들어 갔으나 훈련 부족의 병사들과 많은 병사를 통솔해 보지 못한 장교들의 무경험으로 불런(Bull Run)이라고 부르는 한 작은 냇가 뒤 고원에서 1861년 7월 21일 북부군들은 대패를 했다.

이 전투의 패배로 스콧 장군은 사임을 하였으며 1861년 11월 1일 링컨 대통령은 스콧의 후임으로 34살밖에 안 된 조지 매클렐런(George McClellan)을 전 북군 총사령관으로 임명을 했다. 매클렐런은 멕시코 전쟁 날 웨스트 포인트(West Point) 미 육군사관학교를 졸업하였으며 멕시코 전쟁에서 뛰어난 임무를 수행했다. 그러나 매클렐런은 대통령을 냉대하고 어떤 때는 링컨에게 무례하게 행동을 했다. 그러나 링컨은 매클렐런이 전쟁에 승리하기만을 바라며 그의 무례를 묵과했다. 매클렐런은 11월이 지나도 아무런 전쟁준비를 하지 않고 있다가 12월이 되어서야 남부군의 요새인 리치먼드(Richmond: 버지니아의 주도)로 직접적인 진격을 하는 대신 45도 각도의 우회 공격 계획을 세웠다.

링컨은 몹시 애절하게 무언가를 보여주기 위해 열망하였으며 미국의 초대 대통령인 조지 워싱턴(George Washinton)의 생일날인 2월 22일에 맞추어 전 해상과 육지 병력의 총진군을 계획하여 매클렐런 장군에게 그의 계획을 실천하도록 명령하였으나 매클렐런은 진군을 뒤로 미루었다. 그러나 이미 북부연합을 위한 최초의 상당한 승리가 무명의 한 장군으로부터 생각지도 않은 부대에서 나왔다. 이 무명 장군은 멕시코 전쟁에서 스콧장군 밑에서 싸웠던 중위 율리시스 그랜트(Ulysses S. Grant)였다. 그는 전쟁을 싫어하였고 판에 박힌 군대 생활에 질색을 하였으며 대위직에 승진한 후 음주로 군사법원에서의 재판을 피하기 위해 군대를 사임했던 장교였다. 군대를 사임한 후 율리시스 그랜트는 부동산 매매업을 시도하였으나 실패를 하였으며 그의 부친은 일리노이 갈레나(Galena) 읍에서 가족이 운영하는 가죽가게의 사환직을 율리시스에게 주었다. 율리시스의 형제들은 그를 아래로 내려다 보았으며 동네 사람들도 율리시스를 조소했다. 율리시스를 신뢰를 한 사람은 그의 아내 하나뿐이었다.

섬터 요새가 남군에게 함락된 것은 그랜트의 29번째 생일이 되기 2주 전이었다. 그는 링컨이 모집하는 지원군에 신청했으나 여러 번 퇴짜를 맞은 후 겨우 지원군 대령직을 얻었다. 그리고 그가 속한 일리노이(Illinois) 21연대는 미주리로 가 남군대령 해리스가 지휘하는 연대를 격퇴하라는 급명을 받았다. 그랜트는 그가 받은 명령을 성공적으로 수행하였으며 1861년 8월 그는 준장 임관을 받았다. 이어 벌어진 헨리 요새(Fort Henry)와 도널슨 요새(Fort Donelson) 전투에서 그리고 실로 전투(Battle of Shiloh)에서도 그랜트는 연전연승을 거두었다.

한편 북부군 총사령관인 매클렐런 장군, 그랜트 장군 그리고 셔먼(William Sherman) 장군과 맞서 싸운 대표적인 남부군 장군은 로버트 리(Robert E. Lee) 남부군 총사령관과 토마스 잭슨(Thomas J. Jackson), 그리고 존스턴(Joseph E. Johnston) 장군이었다. 그의 용감성으로 스톤월 잭슨(Stonewall Jackson)이라고도 불리는 잭슨은 북부군 장군 매클렐런과는 육군사관학교 동창이었으며 1847년 멕시코 전쟁에서 대위였던 리(Lee)는 매클렐런 대위와 그랜트 중위와 스콧 장군 밑에서 함께 싸워 눈부신 전투를 벌인 경험이 있었으며 이중 잭슨 장군은 노예제도 폐지에 반대하는 남부 토박이였다. 잭슨은 1861년 7월 21일 스콧 장군이 이끄는 북부군을 불런(Bull Run) 전투에서 패퇴시켜 스톤월(Stonewall)이라는 별명까지 얻게 되었다. 1862년 6월 26일 리 장군은 전투의 주도권을 잡았으며 중대한 7일 전투(The Seven Day's Battle)가 시작되었다. 이 전투에 최초로 참여한 북부군은 3만 4천 명이었으며 이 전투에 투입된 남부군은 5만 7천 명이나 되었다. 7일간의 전투 초기에 병력 수에서 압도되었던 매클렐런은 상대편에 대대적인 손실을 입혔다. 그의 군대는 아직 충분히 싸울 수 있었으며 적절히 보강만 되면 리치몬드 진격을 재개할 준비까지 되어 있었다.

여름은 아직 한창이었다. 매클렐런은 링컨에게 피터즈버그(Petersburg)를 경유하여 리치먼드를 공격할 기회를 달라고 간청했다. 그러나 작전을 장악하고 있던 스탠턴(Stanton) 장군을 대신한 핼럭(Halleck) 장군은 매클렐런의 계획이 실행 불가능하다고 반대를 했다.(그 후 그랜트 장군은 피터즈버그를 경유하여 리치몬드를 공략하는 이 계획에 의거 남북전쟁을 끝냈다) 이렇게 전쟁최초의 웅대한 전투는 북군과 남군의 일승일패로 끝이 났으나 링컨은 그의 정부가 매클렐런을 더 이상 신뢰하지 않을지 몰라 우려를 했다. 한편 대담한 전략가인 리 장군과 리 장군의 명령을 눈부시게 수행한 잭슨은 적의 실수를 최대한 이용하여 리치몬드를 수호했다. 이들과 달리 매클렐런은 부족함이 많았다. 그의 전략은 견실하였으나 그의 전술은 결함이 있었다. 그래서 그는 전쟁을 신속히 끝낼 기회를 잃었다. 7일 전쟁 후 8주 동안 남부연합은 팔팔하게 약동하고 있었다. 리 장군의 군대를 보충할 수천 명의 병력이 리치몬드로 쏟아져 들어왔다. 거기에는 거의 만장일치의 신념만이 있었다. 그리고 리의 군대는 북군에 공세를 취할 만반의 준비를 하고 있었다.

## 링컨의 노예 해방 선언

링컨은 전쟁 일 년을 넘긴 1862년 중반부터 이 전쟁의 불씨이자 그의 염원이었던 노예제도 폐지에 본격적으로 착수했다. 북군이 남부로 전진했던 초기부터 남부 백인 소유의 노예들이 북군 라인 안으로 떼를 지어 몰려들었다. 그들은 남부와 북부 양측 정부를 당혹시켰다. 이들 흑인노예들은 근로대에 편성되었으며 학교 선생들이 그들의 생활보호를 돌보아 주기 위해 동원되었다. 유니언 군대들이 1861년 11월 찰스턴과 서배너(Savannah: 대초원, 특히 미국 남동부의 나무가 없는 평원) 사이의 해안섬을 점령했을 때 목화경작인들은 도주를 하였으며 그들의 농장과 약 일만 명의 노예들은 재건 실험을 수행한 재무부 관할 하에 놓이게 되었다. 흑인 노예들은 중세기 토지에 부속되어 토지와 함께 매매되었던 농노(serf)들처럼 그들을 소유하고 있는 주인들의 자산이었다. 그들의 적과 때로는 그들의 친구들에 의해 배신당한 니그로들은 그들이 땅을 소유하고 임금을 벌었던 자유사회에 참여할 수 있음을 증명했다. 1862년 4월과 6월에 의회는 콜럼비아(Columbia) 지역과 준주들에 있는 노예제도를 폐지함으로써 마침내 정당서약을 수행했다.

그리고 중대한 순간이 다가왔다. 1862년 7월 22일 각료 회의에서 링컨은 다음해 1월 1일 남부백인의 준주에 있는 모든 노예들의 해방을 선언할 것이라고 발표를 함으로써 전 세계의 자유견해를 그의 편으로 이끌어 들였다. 링컨의 노예해방 발표로 세계로부터 남부연합 정부를 승인 받으려는 남부의 노력은 큰 타격을 입었다. 링컨의 노예해방 선언(Emancipation Proclamation)은 1863년 1월 1일부터 시행이 되었으며 미국에 도전하는 주나 지역 내에 있는 모든 노예들은 이제부터 그리고 영원히 해방이 될 것이다. 이 선언은 1776년 미국이 영국으로부터 독립한 이래 미국 역사상 그 어느 사건보다도 인간관계에 있어 어쩌면 더욱 혁명적이었다. 그리고 이후 진행되는 남북전쟁은 십자군의 전쟁과 같은 존엄으로 향상되었다. 링컨의 노예해방 선언과 이후의 미국헌법 개정이 미국 땅에서 노예제도를 파기한 이래 일세기 이상이 경과되었다 그러나 노예제도 문제는 아직도 해결되지 않은 인종과 계층문제의 양상에 불과했으며 분노의 포도(The Grapes of Wrath)는 아직도 그 쓰디쓴 열매를 맺지 않았다.

## 북군에 유리하게 펼쳐지는 전쟁 양상

전쟁이 중반에 접어들면서 전쟁 양상은 북군에 유리하게 전개되었다. 병력 숫자도 남군에 우세하였으며 특히 해군력은 남군의 해군력을 훨씬 능가했다. 남군이 섬터 요새에 발포를 한 5일 후 링컨 대통령은 남부항구들의 봉쇄를 선포했다. 그러나 불런(Bull Run)에서 북군이 대패한 것처럼 북군은 막대한 무기저장고와 탄약과 메리막 프리키트함 선체가 있는 놀퍽(Norfolk)의 해군항을 남군에 점령당했다. 그러자 북군의 해군부는 분기하였으며 이 무렵 링컨이 지든 웰즈(Gideon Welles) 지휘관을 발견한 것은 큰 행운이었다. 전쟁이 끝나기 전 유니언 해군은 거의 7백 척의 각종 함선을 가지고 있었으며 이들 함선에는 5만 명 이상의 수병이 타고 있었다. 여기에 데이비드 글래스고우 패러컷(David Glasgow Farragut) 같은 50년 해군 복무 경험을 가진 함장을 두었다는 것도 유니언 해군에는 여간 행운이 아니었다. 패러컷 함장은 남부출신임에도 불구하고 유니언에 남아 있기를 선택했다.

1861년 여름에 유니언 해군은 남부해안에 기지를 설치하기 시작했다. 그리고 8월과 11월 남부 캐롤라이나 연안에 있는 로열 항구를 점령했다. 이 점령은 그 해 유니언 해군의 중대한 승리였으며 1862년 2월과 3월에 남부해군이 장악하고 있는 섬과 주요 해군기지를 더 빼앗았다. 링컨은 북군의 군사력을 더욱 보강하기 위해 1862년 7월 2일 북부 주에 30만의 군대 증원을 호소했다. 1862년과 1863년 겨울 동안 이를 주저한다면 게임이 끝나리라는 것은 명백했다. 그래서 의회는 1883년 3월 3일 미국 최초의 강제 징집법을 통과시켰다. 그리고 보강된 군대를 가지고 그랜트 장군은 피터즈버그를 포위하기 시작했다.

전쟁이 진행되면서 군사 작전은 더욱 단순해져 갔다. 1863년 양측은 그들이 전년도에 달성하지 못한 목표에 집중을 했다. 유니언은 봉쇄를 강화하고 미시시피 강가에 있는 빅스버그(Vicksburg)와 테네시 강에 인접한 채터누가(Chattanooga)와 같은 군사작전의 장애물들과 리 장군의 군대를 압박하고 있었으며 방어적 위치에 있는 남부연맹은 켄터키와 펜실베이니아(Pennsylvania), 그리고 공해를 뚫고 나아갔다. 그해 남부연맹 해군은 눈부신 전과를 올렸다. 즉흥적으로 건조한 두 대의 목화로 덮힌 목화함(Cotton Clads)은 갤버스턴(Galveston)을 재탈환하였으며. 섬터 요새의 포대들은 찰스턴에 대한 세 차례의 공격을 물리쳤다. 영국이 건조한 앨라배마와 플로리다 함은 자유로이 미국 선박들을 파괴하였으며 남부연맹은 유니언의 봉쇄를 차단할 만한 강력한 장갑함을 영국과 프랑스에 주문해 놓고 있었다. 남북전쟁 당시 영국과 프랑스는 남부연맹을 지지하였으나 전쟁에 적극적으로 개입하지는 않았다.

## 빅스버그 전투(Vicksburg Campaign)

미시시피 강가에 있는 빅스버그는 작은 촌락에 불과했지만 북군과 남군 양측 모두에 중요한 전략요충지였다. 미시시피는 남부연맹의 심장부였으며 이 심장부에 있는 빅스버그가 함락되면 남부연맹은 나머지 주요 요새를 차례로 잃고 말 것이기 때문이었다. 결국 남부연맹의 인정은 군사적 성과에 의해 결정될 것이다. 1862년과 1863년 겨울 동안 모든 눈은 미시시피 전투에 고정돼 있었다. 비록 멤피스(Memphis: 미국 테네시 주의 미시시피 강에 면한 도시) 하부에 있는 미시시피 양쪽은 남부연맹의 준주였지만 강에는 빅스버그에 이르기까지 적 함대와 군대의 통과를 대항할 만한 것이 아무것도 없었다. 그 지점에서 계곡을 경계 짓는 절벽 라인은 강 자체에 이르게 되며 강물은 루이지애나의 허드슨(Hudson) 항구까지 백마일 이상 강의 동쪽둑 옆 가까이로 흐르고 있었다. 양쪽지점에서 남부군들은 절벽 요새를 강화하였으며 이 절벽사이로 군대와 보급품이 알칸사스, 루이지애나, 텍사스로부터 남부 연맹의 심장부에 도착했다.

빅스버그는 깨기 어려운 단단한 견과, 즉 다루기 힘든 어려운 문제였다. 남부군 장군 존 펨버튼(John C. Pemberton)에 의해 튼튼히 강화되어 유지되고 있는 빅스버그 전면은 강으로부터의 공격에 끄떡이 없는 난공불락 지대였다. 그리고 그 후미는 멤피스의 그랜트 장군의 군사 기지로부터 약 2백 마일이 떨어져 있었고 우측은 야주(yazoo)의 울창한 나무와 물에 잠긴 목재 계곡에 의해 보호받고 있었으며 이 야주계곡에는 헤아릴 수 없는 역류와 늪지가 가로 질러 있었다. 그럼에도 불구하고 하부 야주의 진흙투성이 정글에서 펨버튼 측면 공격에 헛된 시도를 하면서 춥고 습기찬 몇개월을 보낸후에도 그랜트는 매클렐런 장군이 풀이 꺾였던 것과는 달리 조금도 용기를 잃지 않았다. 앞으로 진격하려면 그는 그의 보급기지로부터 거리낌 없이 행동하고 미시시피 서쪽둑을 따라 빅스버그 하부로 그의 군대를 진군시켜 건조한 땅을 가로질러 후미로부터 요새를 공격하지 않으면 안 되었다. "나는 이 조용하고 작은 친구 그랜트가 무엇을 할지 모른다."라고 그랜트의 계획을 아직 모르는 링컨은 말했다.

그랜트의 계획은 남부군 리 장군의 전략처럼 대담하였으며 리가 결코 부딪치지 않았던 어려움들을 만났다. 그러나 지원을 기다리지 않고 그랜트는 용감하게 2만 명의 군대를 이끌고 빅스버그 후미를 공략했다. 펨버튼은 그랜트와 조우하기 위해 앞으로 나왔으며 조 존스턴(Joe Johnston)은 다른 군대와 함께 채터누가로부터 남쪽으로 이동을 하고 있었다. 그랜트는 한 중요한 철도 교차점을 점령한 다음 재빠른 추적으로 펨버튼을 공격했다. 일련의 능란한 결합과 신속한 전진에 의해 3주일도 안 되어 다섯 개의 정점 전투에서 승리를 함으로써 빅스버그의 적군들을 꼼짝 못 하게 해 놓았다. 1863년 5월 22일 빅스버그의 포위공격이 시작되었다. 민간인들은 방공호 안에서 살았고 보급이 끊긴 남부연맹 방어군들은 뱀과 쥐를 잡아 먹어가며 연명하였으며 7월 3일 펨버튼이 협상을 요구하며 흰색의 휴전기를 보냈을 때에는 군사반란 조짐까지 보이고 있었다. 다음날 즉 1863년 7월 4일 펨버튼은 그의 군대와 남부연맹의 지브럴터(Confederate Gibraltar: 남부연맹의 견고한 요새)를 그랜트 장군에게 넘겨주었다. 허드슨 항구는 7월 9일 저항을 그만두었다. 일주일 내에 한 증기선이 적의 사격이나 도전에 의해 방해받지 않고 미시시피의 전 코스를 통과해 세인루이스(St. Louis)로부터 뉴 올린즈(New Oleans)에 도착했다. 링컨 대통령은 그랜트의 빅스버그 승리에 기뻐하는 한 유명한 편지에서 엉클 쌤(Uncle Sam)의 공헌에 깊은 찬사를 바쳤다.

남북전쟁 전투는 이따금씩 산림 개척지에서도 싸웠지만 주로 험하고 산림이 우거진 지역에서 싸웠다. 앤티텀(Antietam), 게티스버그(Gettysburg), 프레더릭스버그(Fredericksburg), 실로(Shiloh), 그리고 앞서의 빅스버그(Vicksburg) 전투가 산개한 지역에서 싸운 유일한 큰 전투들이었다. 앤티텀 전투에서 매클렐런 북군 장군은 남군장군 리(Lee)에게 이길 기회가 있었으나 매클렐런은 이 기회를 이용하지 못했다. 7일 전쟁(The Seven Day's War)에 포함되어 있는 프레더릭스 전투는 매클렐런의 전술결점으로 남군의 승리로 돌아갔으며 앞서도 언급했거니와 매클렐런은 피터즈버그를 경유하여 리치몬드를 공격할 기회를 잃음으로써 전쟁을 신속히 끝낼 수 있는 기회를 놓쳤다.

실로 전투는 많은 사상자를 낸 유니언의 승리였다. 1862년 4월 6일 테네시강 유역의 실로에서 유니언 라인의 고립된 부분과 위세 당당한 남군 간에 12시간 동안 혼전이 벌어졌다. 날이 다 되어 남군들은 실로 교회에 있는 중요한 위치를 점령했다. 유니언 라인은 위태롭게 강 가까이 있었고 수천 명의 패잔병들이 피츠버그 상륙(Pittsburg Landing)의 절벽 밑에서 움츠리고 있었다. 그러나 공격을 이끈 남군의 앨버트 시드니 존스턴(Albert Sidney Johnston) 장군은 치명적인 상처를 입어 남군들은 지휘자가 없는 처지에 놓였다. 밤새 내린 폭우로 양쪽 군대들은 물에 흠뻑 젖었으며 유니언 포함들은 남군에 포탄을 퍼부었다. 4월 7일 새벽 전투가 재개되었을 때 그랜트는 루 월씨스(Lew Wallce's)사단과 오하이오(Ohio)의 돈(Don) 장군 선봉군에 의해 보강되었다. 열 시간 이상의 결사적 교전 끝에 남군의 보리가드(Beauregard) 장군은 남부연맹 군대들을 코린스(Corinth)로 철수시켰다. 그랜트 군대들은 너무 지쳐 추적을 할 수가 없었다. 결국 그랜트는 승리는 했지만 많은 사상자를 냈다. 전투에 참여한 6만 3천 명의 유니언 군대들 중 사상자는 1만 3천 명이었으며 남부연맹 군대들은 4만 명 중 11,000명이었다. 그랜트에 대한 논란이 빗발쳤고 링컨 대통령에게 그랜트를 해임시키라는 압력이 가해졌다. 그러나 링컨은 "나는 이 사람이 꼭 필요하다. 잘 싸우고 있지 않은가?"라며 그랜트 해임을 반대했다.

## 게티즈버그(Gettysburg) 결전 및 링컨의 게티즈버그 연설

전쟁이 후반에 접어들면서 최후 결전決戰의 날이 가까이 다가오고 있었다. 1863년 6월 3일 리 장군은 펜실베이니아에 이르는 잘 차폐된 고속도로를 골라 셰넌도어(Shenandoha) 계곡으로 이동하고 있었다. 그리고 7월 1일 각 부대가 도착해 싸움에 합류하면서 3일간의 대전투가 시작되었다. 주벌 얼리(Jubal A. Early) 장군이 공동묘지 능선에 있는 유니언 방어선을 무너뜨리고 리처드 이월(Richard S. Ewell) 장군이 유니언 우측 컬프스 언덕 비탈을 돌격해 올라갔을 때인 7월 2일 밤 리 장군에게 중대한 기회가 왔다. 그러나 이 중대한 순간에 증원

부대가 나타나지 않았다. 얼리 장군은 한 시간 내에 반격 당했으며 이튿날 아침 궤멸적인 포화가 이윌스의 정예 부대원들을 물리쳤다. 아침에 리는 총력으로 유니언 경계선을 공격할 준비를 했다. 그리고 오후 1시에 양측 군대는 상대방에 집중포화를 퍼부었다. 뒤이어 피비린내 나는 혼전이 벌어졌다. 비명과 아비규환, 총검이 부딪치는 소리, 처참한 살육과 신음소리와 붉은 피가 병사들의 흰 살에서 낭자하게 흘러 나왔다. 게티즈버그에서 최후의 그리고 가장 피비린내 나는 싸움은 이렇게 끝이 났으며 드디어 이 전투에서 승리가 결정되었다. 이 전투에서 15명의 남군연대 지휘관들이 목숨을 잃었다. 아미스테드 (Armistead) 장군은 그의 모자를 총검 끝에 매단 후 돌담을 뛰어 넘어 유니언 경계선으로 돌진하였으며 일백 명의 그의 부하들이 그의 뒤를 따랐다. 그러나 아미스테드와 그의 모든 부하들은 총검에 쓰러지거나 포로로 잡혔다.

다음날 7월 4일 리는 여전히 반항적인 자세를 취하고 있었다. 그날 밤 그의 군대는 군용행낭을 짊어지고 포로들과 함께 샾스버그(Sharpsburg) 서쪽 한 위치로 후퇴를 했다. 그러나 거기에는 홍수가 진 포토맥(Potomac) 강이 그들의 후퇴를 가로 막고 있었으며 북군의 미드(Geroge C. Meade) 장군에게 그들을 붙잡을 기회를 주었다. 링컨은 미드에게 전쟁위원회를 소집하지 말고 적을 도주하지 못하게 하라고 전보를 쳤으나 미드는 전쟁위원회를 소집하였으며 포토맥은 함락되었고 적은 도주했다. 리의 군대도 도망을 하였으며 그의 군대의 꽃이 유니언의 포 아래 시들어 가는 것이 목격되었다. 리 장군은 게티즈버그 전투 참패에 책임을 느끼고 1863년 8월 8일 남부 버지니아 사령관직 사임서를 제출했다. 그러나 남부 연맹 정부 데이비스(Davis) 대통령은 그의 사임을 받아들이지 않았다.

링컨은 리스 군대 도주에 깊은 굴욕을 느끼는 한편 게티즈버그에서 승리를 한 미드(Meade)에게는 크게 감사를 했다. 링컨은 미드는 용감하고 능숙한 장교이며 진실한 사람으로 그의 신임을 받고 있다고 말을 했다. 그는 전쟁 중 가장 중대한 전투에서 정정당당하게 승리를 하였으며 모든 전투에서 그랜트의 오른팔이었다고 미드를 칭찬했다. 그로부터 4개월 후인 1863년 11월 19일 한 국립묘지가 게티즈버그 싸움터에서 개관되었을 때 링컨은 다음과 같이 불멸의 명연설을 했다.

"87년 전 우리 조상들은 이 대륙에 자유가 잉태된 그리고 모든 사람이 평등하게 창조된 명제에 공헌된 새로운 나라를 탄생시켰다. 지금 우리들은 그렇게 잉태되고 공헌된 나라 또는 다른 나라가 얼마나 오래 견딜 수 있는지를 시험하는 중대한 싸움에 교전을 하고 있다. 우리들은 그 전쟁의 한 중대한 싸움터에서 대결하고 있다. 우리들은 그 전장의 한 부분을 여기에서 그들의 생명을 바친 사람들을 위한 최후 무덤으로 헌납하기 위해 왔다. 우리들이 이렇게 해야 하는 것은 완전히 적절하고 또 타당하다.

그러나 넓은 면에서 우리는 이 땅을 헌납할 수도, 신성하게 할 수도, 그리고 깨끗하게 할 수도 없다. 살아있거나 또는 죽었거나 여기에서 싸웠던 용감한 사람들은 가감할 우리의 빈약한 힘을 훨씬 초월하여 그것을 바쳤다. 세계는 우리들이 여기에서 말하는 것을 거의 주목하지 않거나 오랫동안 기억하지 않을 것이다. 그러나 그들이 여기에서 한 것은 결코 잊을 수가 없을 것이다. 여기에서 싸운 그들은 이와 같이 훨씬 고결하게 진척시켜 놓은 미완성 작업에 오히려 살아있는 우리들이 더욱 전념케 해놓았다. 우리들 앞에 남아있는 위대한 과제 즉 명예롭게 죽어간 이들로부터 우리는 그들이 부족함이 없는 마지막 헌신을 한 대의를 위해 더욱 헌신하는 것, 여기에 있는 우리들은 죽어간 이들이 헛되이 죽지 않았을 것이라는 것을 높이 결심하는 것, 이 나라는 신의 가호 아래 새로운 자유의 탄생을 하리라는 것, 그리고 국민의, 국민에 의한, 국민을 위한 정부는 지구로부터 사멸하지 않을 것이라는 것에 우리는 도리어 이 점에서 헌신되어야 할 것이다."

## 남부연맹 붕괴 및 링컨의 최후

그랜트는 게티즈버그 전투에서의 승리 여세를 몰아 남부군을 더욱 압박해갔다. 1864년 초 그는 최고 참모가 되었으며 3월 9일에는 육군 중장으로 승진하여 전 미국 육군의 참모장에 임명되었다. 그랜트는 전에 한 번도 가본 적 없는 워싱턴에 소환되어 역시 전에 한 번도 만난 적이 없는 링컨과 담화를 했다. 조금 누추하고 매우 보통사람다워 보이는 그랜트는 그칠 새 없이 담배를 피우거나 시가를 씹고 있어 포토맥(Potomac)군의 화려한 장군들에 익숙한 사람들 사이에 다소의 염려를 불러 일으켰다. 보다 예리한 옵저버들은 그랜트의 거칠거칠한 위엄과 단순성과 조용한 대담함에 깊은 인상을 받았다. 그는 그의 대통령의 위대함을 결코 의심하지 않는 동부의 모든 사령관들 중 최초의 장군이었다. 링컨은 마침내 북부군의 총책임자로 행동할 한 장군을 가졌다는 것을 깨닫게 되었다.

그랜트는 버지니아 전투에서 리에 대항하라는 직접적인 지시를 받았다. 1864년 5월 4일 그랜트는 잭슨이 챈슬러스빌에서 조지프 후커(Joseph Hooker)를 공격한 월더니스(Wilderness)로 10만 2천 명의 군대를 행군시켜가며 리의 군대에 공격을 시작했다. 리는 잭슨의 군사작전을 되풀이하며 그랜트의 공격을 막아냈고 2일간의 치열한 전투에서 그랜트는 그의 부하 17,700명을 잃었다. 결국 5월 5일에서 7일까지 벌어진 이 첫 번째 월더니스 전투는 무승부였다. 이어 10일 이상 동안 벌어진 전투는 더욱 처참했다. 전쟁은 이제 제1차 세계대전(World War Ⅰ)을 연상케 하는 전율을 가져왔다. 전투선 사이에서 부상을 입고 방치된 병사들은 갈증과 기아와 피를 잃고 죽어갔다. 장교들과 병사들은 희망 없이 기계적으로 싸웠다. 전쟁은 오래 전에 시작된 것 같았으며 그 밖에 다른 것이나 심지어 전쟁은 무엇 때문에 하는지조차 기억할 수 없었다.

한 달 후 그랜트는 래피단(Rapidan)으로부터 매클렐런이 2년 전에 멈추었던 정확한 장소인 치카호미니(Chickahominy)로 전진을 했다. 그러나 그는 이 전투에서 리의 3만 군대의 손실에 비해 6만 명의 부하를 잃었다. 하지만 그랜트는 계속 유입되는 지원병의 보충에 의지할 수 있었지만 리는 그렇지 못했다. 1864년 6월 12일 그랜트는 그의 기지를 제임스(James)로 옮겼다. 이후 헤아릴 수 없는 교묘한 솜씨로 그랜트는 리에 방해받지 않고 나룻배로 그의 방대한 군대들을 넓은 강 너머로 실어 날랐다. 그러나 무방비의 피터즈버그로 밀고 들어가 리치몬드를 측면에서 포위할 기회를 잃었다. 리는 내륙선으로 빠져나가 때맞추어 참호를 파고 세 번의 총공격으로 8천 명의 유니언 병사를 희생시켰다. 그랜트의 군대는 피터즈버그를 포위하기 위해 진을 치고 있었고 거기에서 9개월 동안 머무르고 있었다. 이른바 배치전이 도래한 것이다.

그랜트는 피터즈버그 라인을 공격으로 감당해 낼 충분한 병사나 포대를 결코 가지고 있지 못했다. 1864년 7월 18일 링컨 대통령은 지난해 9월 징병모집으로 채웠어야 할 결핍을 보충하기 위해 50만의 지원병을 더 요청했다. 그러나 여느 때처럼 미국은 링컨의 위업에 좌우되는 것은 아니었다. 어마어마한 사상자 수로 보아 전쟁은 가까운 시일 내에 끝날 것 같지 않았으며 그랜트는 리를 결코 패퇴시킬 수 없을 것 같았다.

1865년 2월까지 남부연합은 급속히 가라앉아 가고 있었다. 심지어 노예제도조차 버려지기 시작했다. 남부연맹의 데이비스 대통령은 1865년 1월 남부연맹 인정 교환으로 노예제도 폐지를 제안하기 위해 유럽으로 사절을 보냈다. 남부연합 정부의 급속한 몰락과 함께 일선에서 싸우는 군대들도 지리멸렬해져 갔다. 전투를 피해 달아나는 도망병들이 속출했으며 군의 사기도 점점 떨어져 갔다. 1865년 3월 무렵 리의 군대는 사상자와 탈주자들 때문에 그 수가 현저히 줄어들었고 물자도 크게 부족했다. 3월 25일 리치몬드 의회는 줄어들어 가는 병력 수를 채우기 위해 노예무장을 허락하였다. 북군의 셔먼(Williams Sherman) 장군은 북으로 전진을 하며 전쟁이 남긴 지옥 같은 처절한 광경을 목격하고 있었다. 콜럼비아는 거의 불타 있었고 모든 물품도 마찬가지였다. 그럼에도 불구하고 대담한 셔먼은 초조한 몇 시간을 보냈으며 그때 그는 리와 그의 냉혹하고 노련한 전투병들이 다시 도망치고 있음을 알아냈다.

9개월 동안 그랜트와 리의 군대는 피터즈버그의 외곽을 통하는 긴 참호선을 가로질러 서로 맞부딪쳤다. 포위 초기에는 그들 군대들은 필사적이 아니었으나 1865년 3월 중순까지 그랜트는 리의 5만 4천 명에 비해 무려 11만 5천 명의 실전병력을 가지고 있었다. 만일 리가 참호 밖으로 이동하지 않으면 그랜트는 곧 그를 포위할 것이다. 그러나 만일 피터즈버그를 포기한다면 리치몬드는 함락됨에 틀림없었다.(리치몬드는 버지니아의 주도로 남부 연맹의 정부가 여기에 있음) 처음에 리는 유니언 좌측을 공격해 보았으나 손실 큰 실패만 있었을 뿐이었다. 북군의 필립 셰리든(Philip Sheridan) 장교는 계곡으로부터 버지니아를 건너 행진한 후 4월 1일 파이브 폭스(Five Forks) 전투에서 리의 우측을 공격하여 후퇴시켰다. 그리고 다음날 그랜트는 남부연맹 방어선 중앙으로 침투를 했다. 이제 리의 유일한 희망은 서부로 후퇴하여 북부 캐롤라이나에서 그의 이전 군대의 잔류병들을 지휘하는 존스턴과 결합하는 것이었다. 4월 2일과 3일 밤, 리의 군대는 피터즈버그 라인을 빠져 나갔으며 다음날 저녁 유니언 군대들은 리치몬드로 들어갔다. 그랜트는 쉬지 않고 리를 추적했다. 셰리든 장교는 연맹군의 남쪽 도주를 봉쇄하였다. 리치몬드에서는 실수로 리의 군대들에게 식량이 전달되지 않았다. 리의 3만 병사들은 춘계에 인구가 희박한 지역에서 식량 없이 살지 않으면 안 되었다. 4월 9일 셰리든은 서쪽 퇴로 길마저 막아 놓았다. 사방으로 포위된 리는 그의 부하들에게 백기를 게양하라고 명령하였으며 같은 날, 즉 1865년 4월 9일 그랜트는 애퍼매톡스 코트 하우스(Appomattox Court House)의 작은 촌락의 한 집에서 리로부터 항복을 받아냈다. 셔먼은 북쪽으로 이동하여 북부 캐롤라이나 주까지 들어갔으며 4월 26일 존스턴의 항복을 받았다. 이로써 무수한 희생자를 내며 4년간을 끌어온 남북전쟁은 마침내 북군의 승리로 끝이 났다.

참고로 북군의 총 병력 수는 2백20만이었으며 이 중 전투에 직접 가담하여 사망한 숫자는 11만. 참전 부상자 수는 27만 5천에 달했다. 그리고 비전투원을 포함한 총 사망자는 36만이나 되었다. 한편 남군의 총 병력수는 1백 6만 4천이었고 전투에 직접 참여하여 사망한 병사는 9만3천, 그리고 부상자는 13만7천이나 되었으며 비전투원을 포함한 총 사망자는 25만 8천이나 되었다. 남북전쟁 중 발생한 총 사망자 수는 전 세계 내란(Civial War) 중 최고였으며 세계 제2차 대전 시의 미군의 총 사망자인 36만2천5백61명보다 두 배에 가까웠다.

남북전쟁이 고비를 넘기고 있을 때인 1864년 6월 링컨 대통령은 공화당원들과 전쟁 민주당원들(War Democracts)을 대표하는 전국 유니언 집회의 발성투표에 의해 대통령직에 재지명되어 민주당으로부터 대통령 후보지명을 받은 북부군 총사령관인 매클렐런을 과반수로 누르고 대통령에 재당선 되었다. 남부군이 북부군에 항복하기 한 달 전쯤인 1865년 3월 4일 링컨대통령은 두 번째 대통령 취임연설을 했다. 그리고 리 장군의 항복 이틀 후인 4월 11일 링컨은 그의 마지막 대중연설을 했다. 4월 13일 목요일 밤 워싱턴은 리의 항복으로 인해 찬란히 조명되고 있었으며 군중들은 열을 지어 거리를 행진했다. 총체적인 쾌활함이 감돌고 있었으며 모든 사람들은 전쟁이 실제로 끝났음을 실감하고 있었다. 해병 군악대가 링컨 대통령을 위해 세레나데를 연주했을 때, 그는 그들에게 딕시(Dixie: 남북전쟁 때 남부에서 유행한 쾌활한 노래)를 연주하라고 요청했다. 성 금요일(Good Friday)에 링컨은 그랜트 장군이 참여한 그의 마지막 각료회의를 열었다. 그리고 4월 13일 밤 잠자리에 들었을 때 그는 이상한 꿈을 꾸었다. 서먹서먹하고 형언할 수 없는 꿈속에서 그는 어두우나 깨끗한 물가를 향해 굉장히 급히 움직이고 있는 듯이 보였다. 그는 이와 똑같은 꿈을 섬터와 불런을 비롯해 주요 전투가 있을 때마다 꾸었다. 링컨은 그러한 꿈을 항상 전투 전에 꾸었다.

이러한 사건을 기록하고 있는 대통령 비서인 웰즈가 그날 밤의 무서운 사건을 우리에게 알려주는 게 좋을 것 같다. 그는 일찍 잠자리에 들어 막 잠이 들려고 했을 때 어떤 사람이 거리로부터 대통령이 총에 맞았으며 윌리엄 수어드(William H. Seward) 국무장관과 그의 아들이 암살당했다고 소리를 쳤다. 웰즈(Welles) 비서는 급히 옷을 입고 라파잇트 광장(Lafayette Square)을 가로질러 15가에 있는 국무장관 집으로 달려갔다. 웰즈는 수어드가 피에 젖은 채 침대에 누워 있는 이층 방으로 올라갔다. 그의 아래턱은 마치 죽은 것처럼 처져 있었다. 그의 아들은 다음 방에 누워 있었으며 수어드는 그의 부인을 보호하다가 입은 부상으로 의식을 잃고 있었다.

이 집의 책임자이며 전 병참감이었던 에드윈 스탠턴(Edwin M. Stanton) 육군 장관과 합세한 웰즈는 마차를 타고 10가로 급히 내려갔다. 빈사상태에 놓여 있는 링컨 대통령은 그 거리를 지나 포드극장(Ford's Theatre)으로부터 초라한 한 하숙집으로 운반되어 이 하숙집의 한 좁은 뒷방 침대 위에 뉘어 있다가 1865년 4월 14일 오전 7시 반 조금 전에 이 위대한 영웅은 맥박을 멈추고 조용히 눈을 감았다. 링컨대통령은 4

월 13일 목요일 밤 포드 극장에서 관람 중 남부출신의 급진주의자인 존 윌크스 부스(John Wilkes Booth)가 쏜 총에 맞아 미국 역사상 가장 위대한 업적을 남기고 56세의 황금기 나이에 비운의 생애를 마쳤다.

웰즈의 기록은 다음과 같이 끝을 맺고 있다. "나는 아침을 먹고 백악관의 대통령 관저(Executive Mansion)로 갔다. 밖에는 쓸쓸하고 찬비가 내렸으며 모든 것이 울적해 보였다. 백악관 앞 대로에는 수백 명의 흑인들, 주로 여자들과 어린이들이 눈물을 흘리며 비통에 차 그들의 손실을 울부짖고 있었다. 이 군중들은 그 춥고 축축한 날씨에도 불구하고 수그러들 기미가 전혀 보이지 않았다. 그들은 그들의 위대한 은인이 죽인 이후 그들의 운명이 어떨지를 전혀 모르는 것 같았다. 그리고 그들의 절망적인 비탄은 강건하고 용감한 사람들이 눈물을 흘리고 있음에도 불구하고 거의 다른 어느 것보다도 나를 더욱 감동시켰다."

링컨은 미국 역사에서뿐만 아니라 전 세계 역사상 가장 위대한 대통령 중 한 사람이다. 이러한 위대한 대통령이 언제 어디에서 태어났고 그가 위대한 대통령이 되기까지 어떤 어려움이 있었는가를 추가로 간략히 소개한다. 링컨은 1809년 2월 12일 켄터키 주의 호젠빌 (Hosenville)에서 남쪽으로 4.8Km 떨어진 외딴 오두막에서 태어났다. 그리고 링컨이 두 살이 되었을 때 그의 가족은 이웃마을의 한 농장으로 이사를 했다. 그는 집이 가난해 학교에도 못 가고 낮에는 농장에서 일을 해가며 혼자 공부를 했다. 1830년 3월 링컨 가족은 일리노이 주로 두 번째 이사를 했다. 일리노이에 도착한 뒤 농부가 될 마음이 없던 링컨은 여러 가지 일에 손을 댔다. 그는 아버지의 새로운 농장을 경작하는 한편 선원이 되어 배를 타고 미시시피 강을 따라 뉴

올리언스까지 항해하기도 했다. 그러나 결국 법률을 공부하기로 결심을 했다. 그가 법률을 공부하기로 결심한 동기는 1816년 12월 링컨 가족의 켄터키 농장이 소송에 걸려 법의 중요성을 일찍부터 인식했기 때문이었다. 링컨은 남의 책을 빌려 이미 문법과 수학을 혼자 공부하였으며 법률 책을 파고들어 1836년 27세의 나이에 법률시험에 합격한 뒤 변호사 일을 시작했다.

링컨은 31세 때 변호사업을 중단하고 사업을 시작했으나 실패하였고 32세 때 주 입법 의원에 출마했으나 패배의 고배를 마시지 않으면 안 되었다. 33세에 다시 사업을 시작했으나 또다시 실패를 했다. 35세 때 사랑하는 여인과 사별을 하였으며 36세 때에는 심한 신경쇠약에 걸려 신경쇠약으로부터 건강을 회복하는 데 무려 4년이나 걸렸다. 링컨은 건강을 회복한 후 40세 때 주선거인 유권자에 출마를 하였으며 43세 때 의회의원에 출마했다가 패배를 했다. 48세 때 재출마하였으나 또다시 낙선했다. 55세 때 상원의원에 출마했으나 패배하였으며 58세 때 다시 상원에 출마하였으나 또 실패를 했다. 그러나 링컨은 거듭되는 패배에도 불구하고 결코 뒤로 물러나지 않았다. 그는 최후까지 포기하지 않고 끊임없이 도전하였으며 그러한 노력과 인내의 결과 1860년 11월 마침내 미합중국의 제16대 대통령에 당선이 되었다. 링컨이 대통령이 되기까지의 길은 결코 순탄치가 않았다. 그가 대통령이 된 것은 아무리 실패해도 절망하지 않고 포기하지 않는 불굴의 투지와 인내와 용기 때문이었다. 그렇기 때문에 대통령 링컨은 그 어느 대통령보다 더욱 두드러져 보였으며 또한 미국 역사상 노예해방과 국가통일을 가져온 가장 위대한 업적을 남겼다.

# 06
# 미국의 끝없는 영토 확장 및 태평양 진출

미국의 남북전쟁은 노예를 해방시키려는 북부 주와 노예 해방에 반대하는 남부 주가 일으킨 전쟁이었다. 남부 주는 노예해방에 반대할 뿐더러 연방에서 탈퇴하여 남부에서 독립국가를 세우려고 했다. 연방에서 탈퇴한 남부 주는 전쟁 중 유럽 강대국인 영국과 프랑스로부터 독립국가로서의 승인을 받기 위해 줄기차게 노력을 했다. 만일 남부 주가 북부 주에 승리해 국제적으로 승인을 받아 독립을 했다면 미국은 남과 북으로 갈라져 두 개의 나라가 되었을 것이다. 남북 전쟁의 중대성은 바로 여기에 있다. 결국 북부 주가 전쟁에 이겨 독립을 하려던 남부 주를 연방으로 다시 끌어들이긴 했지만 미국의 남북전쟁은 1775년의 독립전쟁이나 그 후 1846년에 일어난 멕시코 전쟁보다 훨씬 중요했다. 미국 영토가 남북으로 갈라지는 아슬아슬한 위기를 모면했기 때문이다. 이렇게 한 나라로 단합된 미국은 그 저력을 바탕으로 또다시 영토 확장에 나서 제국주의 국가로서의 면모를 서서히 갖추기 시작했다. 미국은 1787년의 북서법령(The Northwest Ordinance) 공포와 함께 종전의 13개 주로부터 48개 주를 가진 국가가 되었으며 후일 하와이와 알래스카(Alaska)를 합병 또는 매입함으로써 50개 주를 가진 세계 최대 강대국의 하나가 되었다.

앤드루 존슨(Andrew Johnson) 대통령 행정부에서 상원지도자였으며 그의 후임으로 남북전쟁 영웅이었던 율리시스 그랜트(Ulysses S. Grant)가 대통령이 되었을 때 국무장관을 지낸 윌리엄 수어드(William Seaward)가 러시아 소유인 알래스카를 매입해 미국에 합병시켰다. 1867년 러시아는 나폴레옹과의 전쟁으로 국가 재정이 바닥나 있었으며 아무 쓸모없는 알래스카를 처치하기 위해 오래 전부터 몹시 골몰하고 있었다. 찰스 섬너(Charles Sumner) 상원의원과 국무장관인 수어드가 하원과 상원에 알래스카 매입을 제안했을 때 수어드는 상하양원으로부터 아무 쓸모도 없는 땅을 매입하려 한다고 바보 소리까지 들었으며 의회로부터 가까스로 승인을 받은 수어드는 러시아에 단돈 7백20만불을 지불하고 알래스카를 매입했다. 수어드 폴리(Seaward's Folly: 수어드의 어리석은 행동)라는 말은 바로 이때 생겨난 말이다.

1844년 일찍이 칼렙 쿠싱(Galab Cushing)은 중국과의 협상을 통한 한 조약에서 대영제국이 중국에서 누리고 있는 것과 비슷한 무역과 관세 특혜를 받아냈으며, 그로부터 9년 뒤인 1853년 페리 제독은 서구세계 교역에 일본을 개방시켰다. 장차 미국의 태평양 정책에 중요성을 예견한 페리는 다가오는 여러 사건들의 과정은 머지않아 미국이 그 지배권을 서구대륙의 한계를 넘어 뻗어가야 할 필요성을 역설하며 미국 정부에 극동지역에 해군기지 설치를 권고했다. 태평양에 대한 미국의 관심은 캘리포니아 남서쪽으로 2천 3백마일 떨어진 하와이 섬에 점차로 집중되어갔다. 샌드위치 섬(Sandwich Islands)이라고도 불리는 하와이는 1778년 영국 선장 쿡(Captain Cook)에 의해 발견되었으며 일찍부터 중국에 편리한 기항으로 그리고 양키 포경선(Yankee Whalers)들을 위한 모집기지로 이바지했다. 1842년에 이미 미국의 정치가 다니엘 웹스터(Daniel Webster)는 섬 주민들에게 미국은 하와이를 다른 외국 세력의 소유가 되는 것을 허락하지 않을 것이라고 확신시켰다. 그러나 1843년 하와이는 영국의 보호국이 되는 것을 간신히 모면했다. 몇 년 후에 마시(Marcy) 국무장관은 하와이의 카메하메아 왕(King Kamehameha)과 하와이의 미국 합병을 협상하였으나 실패했다. 수어드 국무장관도 하와이 합병을 추진하기 위해 존슨 대통령과 그의 후임자인 그랜트 대통령의 승인을 얻어 냈으나 합병을 하지 않고 미루어 오다가 해리슨(Benjamin Harrison) 대통령 때인 1893년 2월 14일 하와이 섬은 미국에 합병되어 알래스카 다음으로 미국의 50번째 주가 되었다. 이보다 앞서 그랜트 대통령은 수어드 국무장관의 카리브 해 기획(Seaward's Caribbean Projects)에 지대한 관심을 가지고 있었으며 이 기획에 따라 산토 도밍고(Santo Domingo)를 합병했다.

태평양 상의 대부분 섬들을 미국에 합병시킨 미국은 멀리 아시아 대륙 남동에 위치한 섬나라 필리핀과 그 인근의 마리아나 군도(Mariana Islands)와 북태평양 섬에 눈을 돌리기 시작했다. 첫째는 이들 지역으로 영토를 확장시키기 위해서였지만 세계 강대국으로 떠오르는 일본이 이들 섬에 진출하는 것이 두려워서이기도 했다. 필리핀은 16세기말 스페인의 무력에 의해 스페인의 식민지가 되어 약 200년간 그 나라의 통치를 받았다.

15세기 말 스페인은 남아메리카 전 지역에 거대한 식민지 제국을 건설할 당시 미국의 문전에 있는 카리브 해의 조그만 나라 쿠바(Cuba)에도 식민지 손을 뻗쳤다. 미국은 그들의 코앞에 있는 쿠바가 스페인의 통치를 받고 있는 것이 눈엣가시 같았으며 1889년 4월 20일 스페인 통치로부터 쿠바를 해방시키기 위한 공동결의(The Joint Resolution)에 따라 스페인과 전쟁을 벌였다. 그리고 5월에 조지 듀이(George Dewey) 해군제독은 태평양 전대를 이끌고 마닐라 만(Manila Bay)으로 진입하였으며 듀이 제독은 한 사람의 희생자 없이 스페인 함대를 헌 폐물로 감소시켜 놓았다. 한편 제5군 병력은 안전하게 쿠바에 상륙하였으며 세 개의 전투에서 모두 성공하여 산티아고 만(Santiago Bay)을 손에 넣었다. 이후 10주 간의 싸움에서 미국은 단 한 명의 선원을 잃고 스페인으로부터 한 개의 제국을 빼앗았다. 대서양 연안의 항구 수비는 매우 허약했으며 포격으로 인한 인명 피해를 우려한 북대서양 함대는 둘로 나뉘어 하나는 하바나(Havana) 항구를 봉쇄함과 동시에 다른 하나는 햄프턴 도로(Hampton Roads)에 주둔했다. 스페인 해군은 상상할 수 없을 정도로 나태하였으며 무장도 허술한 데다 훈련도 되지 않았다. 전쟁은 불과 2개월 만에 미국의 일방적인 승리로 끝났으며 1898년 10월 1일 파리(Paris)에서 열린 공식 평화 협상에서 스페인은 미국의 요구대로 필리핀, 괌(Guam), 그리고 푸에르토리코(Puerto Rico)를 미국에 양도했다. 미국은 스페인으로부터 할양받은 서인도제도섬, 푸에르토리코는 미국의 자치령으로, 그리고 괌은 미국영토에 합병시켰으며, 필리핀은 쿠바를 스페인으로부터 해방시킨 것과 같이 필리핀의 독립을 보장하고 보호하거나 루존(Luzon) 섬만을 손에 넣고 나머지 다른 군도는 필리핀인들에게 남겨 놓는 등 몇 가지 계획을 세웠었다. 그러나 결국 미국은 필리핀의 자치와 궁극적 독립을 위해 필리핀 국민을 훈련시킨다는 명목으로 필리핀을 보호하며 준식민지 통치를 했다. 미국 역사에 나와 있다시피 미국의 팽창주의는 명백한 미국의 숙명(Manifest Destiny)이며 이러한 숙명에 따라 치외법권 땅인 푸에르토리코, 하와이, 웨이크(Wake), 괌, 투튈라(Tutuila), 그리고 필리핀을 손에 넣었으며 쿠바와 파나마(Panama), 그리고 니카라과(Nicaragua)에 대하여는 보호정치를 행사하는 한편, 극동에서는 이익과 영향력을 주장했다. 공화당과 민주당원들은 다함께 광범위한 무역, 그리고 더욱 큰 힘을 위한 외침에 참여했다. 리오그란데(Rio Grande)로부터 북극해(The Arctic Ocean)까지 오로지 한 개의 국기 그리고 한 개의 나라만 있어야 한다는 것도 그들의 외침이었다. 간추린 미국 역사는 이상으로 마치며 다음 장부터는 이 책의 주제대로 미국이 약소국 한국을 어떻게 배신하고 농락하고 이용하고 희생시켰는지를 세세히 파헤쳐 보겠다.

# 07
# 미제국의 한국 진출

한 나라의 위대한 힘은 그 나라의 위대한 역사 속에서 나온다. 미국은 역사는 짧으나 불과 2백 년도 안 되어 위대한 역사를 창조해냈고 이 얼마 안 된 역사 속에서 세계에서 가장 위대한 국가로 떠올랐다. 미국은 독립전쟁, 멕시코 전쟁, 남북전쟁, 스페인 전쟁을 거치며 영토를 확장하여 국력을 튼튼히 길렀으며 막대한 천연자원의 혜택과 세계 각처를 향한 무역의 신장으로 순식간에 세계에서 가장 부강한 나라가 되었다. 이외에도 미국이 세계에서 가장 부강한 나라가 된 것은 강인한 개척정신을 지닌 국민들의 창조력과 단결력 때문이었다. 이러한 힘과 부를 바탕으로 태평양에서 가장 힘센 제국이 된 미국은 광대한 태평양을 건너 아시아에서 그 힘을 과시하기 시작했다. 그리고 그러한 미국의 힘에 가장 큰 영향을 받은 나라는 바로 한국이었으며 미국이 한국에 어떠한 영향을 끼쳤는지를 알기 위해서는 우선 한국과 일본, 일본과 미국 그리고 미국과 한국과의 역사적 관계를 세밀히 고찰해 봐야 한다. 이제부터 이들 세 나라 간의 관계는 한국 역사에 잘 소개되어 있지 않은 역사적 사실史實들을 토대로 하나하나 펼쳐질 것이다.

# 08
# 일본과 한국과의 관계

## 일본 역사 요약

일본은 섬나라이면서도 오랜 역사를 가지고 있다. 일본 영토에 사람이 살기 시작한 것은 약 10만 년 전인 홍적세(洪積世: The Pleisto-cene Epoch) 말기로 고고학적으로는 구석기 시대에 속한다. 이때의 일본 열도는 동아시아 대륙의 끝부분으로 대륙과 일본은 빙하기 미국의 알래스카와 소련의 시베리아가, 그리고 남미 브라질과 호주가 육지로 연결되었었던 것처럼 육지로 연결되어 있었다. 그리고 빙하기가 쇠퇴하면서 일본과 대륙을 연결했던 육지가 사라지고 오늘의 일본 열도가 형성되었다. 일본의 본래 명칭은 지팡구(Jipangu)였으나 저팬(Japan)으로 개칭된 것은 17세기경이었다. 그리고 다른 모든 나라와 같이 일본의 역사도 기담奇談과 신화神話로 시작되었다. 한 기담에 따르면 야마토(Yamato) 왕은 하늘은 그의 형이고 태양은 그의 동생이라고 생각했다. 이 기담이 설명하듯이 토착 신토(Shinto) 종교는 근본적으로 태양숭배 종교였으며 그 중심은 이세(Ise)에 있는 태양여신인 아마테라수(Amaterasu) 신전이었다. 후일 일본 사가史家에 따르면 이 신전은 기원전 5세기 때 건축되었다는 것이다. 신토라는 말은 중국어로 순천의順天意로, 신의 뜻을 따른다는 의미이며 이 신토神道에 중국의 불교 전도사들이 일본에 막 들여온 공자의 효도윤리를 동화시키는 데에는 거의 어려움이 없었다. 불교는 6세기 말 서법(書法: Writing)과 함께 중국으로부터 일본에 소개되었으며 이때 처음으로 일본의 고대국가가 형성되었다.

이후 668년 신라 통일의 여파로 중국의 영향이 본격적으로 일본에 침투하기 시작했다. 북경으로부터 경멸적인 책망에 의해 적절히 누그러진 쇼토쿠(Shotoku)는 그 신성이 신토의 물활론(物活論: 세상 만물은 본디 생명이나 영혼, 마음이 있다고 믿는 주장)적인 숭배 목표에 의해 쉽게 적절해진 불교의 공식적 채택을 시작으로 우수한 중국 문화를 선호하여 일본에 현존하는 생활방식을 버리기로 결정을 했다. 40년 동안 뻗어나간 그의 다른 개혁들은 중국의 필적과 달력, 법전과 세금제도, 의약, 도로와 교량 건설 방법 도입에 이르기까지 매우 다양하였으며 그중 가장 중요한 것은 지방의 관료제도 조직을 통하여 효과적으로 운용되는 중앙정부에 의한 중국의 정부조직 부과에 이르기까지 일상생활의 모든 면에 골고루 영향을 끼친 것이었다. 옛 부족들은 해체되었으며 그들의 멤버들은 통일된 새로운 니혼(Nihon: 후에 Nippon) 국가 또는 '태양이 낳은 땅' 대신 일반공민이 되었다.

중국에서 도입한 이러한 전면적인 개혁은 물론 낡은 부족장들, 특히 궁정관리들의 새로운 귀족 계급과 지방행정관리 및 불교 승려들에 의해 제거된 지배적 소가(Soga) 일족의 지도자들에 의해 강력한 저항을 받았다. 소가 부족의 경쟁자인 후지와라스(Fujiwaras)는 그의 세력을 장악할 기회를 포착하였으며 나머지 17세기는 주로 소가와 후지와라스 부족 간의 끊임없는 싸움에 의해 지배되었다. 고지키(Koji-ki)와 니혼기(Nihongi)의 편찬 착수에 책임이 있는 것은 바로 후지와라스였다. 황제의 신격과 일본 군도의 백성을 그의 지배하에 단결시키는 것이 하늘이 정한 그의 사명임을 강조함으로써 그들은 제국 가문의 권위를 합법화시키려고 했을 뿐만 아니라 궁정에서 그들 자신의 위치를 강화시키려고 했다. 794년에 후지와라스는 수도를 교토(Kyoto)로 이전시킴으로써 그들의 권력을 거듭 확고히 하려 하였으나 그러한 움직임은 그들의 쇠퇴를 가속화시켰을 뿐이었다. 지방 태수들은 정부 영지로부터 그들 자신을 위한 막대한 땅을 손에 넣고 다이묘(Daimyo: 대지주)의 소유권을 확보하여가며 새 수도로부터 점점 자주적이 되어갔다. 땅의 소유권을 주장하는 경쟁자들로부터 그들이 새로 소유한 땅을 지키기 위해 그들은 그들 사유의 군대를 모집하였으며 이렇게 하여 사무라이(Samurai) 무사 계급이 새로이 탄생되었다.

사설 무사까지 거느린 다이묘의 권력이 증가함에 따라 궁정의 힘은 더욱 쇠퇴하였으며 1086년 황제는 그의 아들에게 왕위를 물려주고 퇴위한 다음 경건한 성직생활을 시작했다. 그로부터 1세기 후 강력한 미나모토(Minamoto) 일족 지도자는 사실상의 통치권을 떠맡았고, 그의 새로운 지위를 인정하여 궁정은 그에게 세이이 다이 쇼군(Sei-i

Dai Shogun), 즉 위대한 야만인 집안 장군의 칭호를 주었다. 정부수
도는 가마쿠라(Kamakura) 동쪽으로 약 3백 마일 가량 떨어진 에도
(Edo)의 선구자이자 오늘 날의 도쿄(Tokyo)로 이전을 했다. 황제는
성직자들의 감시 및 왕권표상의 수호자로서의 이름뿐인 역할과 함께
교토(Kyoto)에 그대로 남겨두었다.

새로운 막부 정권(The Shogunate Regime)과 그의 동맹인 다이묘
와 사무라이는 선종(禪宗: Zen Buddhism)의 도입과 함께 그들의 신
분에 한층 더 지지를 받았다. 1274년까지 육체적 훈련과 자립의 군국
주의관이 충분히 그리고 광범위하게 스며들어 중국의 정복자 쿠빌라
이 칸(Kublai Khan: 11세기 전 아시아와 유럽을 정복한 징기스 칸의
손자)의 몽고(Mongol)군이 일본을 침략했을 때 일본이 그들의 침략
에 대항해 성공적인 방어를 하도록 고취하였으며 이러한 위업은 7년
후 쿠빌라이 칸이 일본을 재침하려고 했을 때 가미카제(Kamikaze)
또는 신풍(神風: divine wind)의 도움으로 대부분의 몽고군 함대를
궤멸시킴으로써 다시 반복되었다. 일본인들이 신풍으로 부르는 거친
풍랑으로 일본 정복이 불가능함을 깨달은 쿠빌라이 칸은 슬기로운
한 일본인을 빼앗은 후 다시 돌아오지 않았다. 이와 같은 뛰어난 승
리는 그의 오랜 그리고 광대한 본토 이웃의 그늘 속에서 오랫동안 마
음 놓고 있었던 일본 내 전국민들에게 자신감을 고조시키기에 충분
했다. 특히 그날을 수호한 가미카제는 하늘이 내린 태양여신의 보호
신호로 해석되었으며 신토에 대한 관심 부활을 재유도했다.

# 도요토미 히데요시(Toyotomi Hideyoshi)의 한국 침략

막부정치와 사무라이 양성으로, 그리고 두 차례에 걸친 쿠빌라이 칸의 몽고군 침략을 성공적으로 막아낸 일본은 군국주의로 치닫고 있었으며 자비에르(Saint Francis Xavier: 인도, 중국, 일본 등에 포교한 스페인의 가톨릭 선교사)를 일본으로 데려온 상인들은 기독교보다 더욱 직접적이며 원대한 충격을 주는 무언가를 이미 일본에 들여왔으며 이는 바로 화력 생산에 쓰이는 화약(gunpowder)이었다. 일본의 검 대장장이들(sword-smiths)은 이미 세계의 누구 못지않은 숙달된 기술을 가지고 있었으며 그들은 곧 일본이 사들인 두 정의 화승총(matchlock)을 모방하여 더욱 개량된 무기를 만들었다. 새로운 무기의 전술적 영역 가치를 높이 평가할 첫 사람은 교토 근처의 한 조그만 마을의 젊은 다이묘인 오다 노부나가(Oda Nobunaga)였으며 그는 황제와 후지와라 계통의 후예였다. 그의 사무라이들을 5백 정의 화승총으로 무장시킨 오다 노부나가는 황제의 은총으로 황제수도를 장악하고 있었으며 그의 세력 확장에 착수를 했다. 1575년까지 그는 1만 정의 화승총과 수 대의 대포를 전투장에 배치하였고 나라시노(Narashino)에서 새로운 군사 전략 시대를 연 한 전투에서 북쪽의 다이묘 기병들을 완전히 소탕했다. 그 다음 남쪽으로 주의를 돌려 규슈(Kyushu) 섬을 침략하기로 계획했던 전날 오다는 그 자신의 장군들 중 한 장군에 의해 암살되었으며 그의 암살로 지휘권은 그의 막료장인 히데요시(Hideyoshi)에게 넘어갔다. 히데요시는 비천하게 태어났으며 그가 비천한 태생임은 그의 성의 부재에 의해 나타났다. 비록 그는 그의 전임자가 수행하던 국가통일 운동을 계속했지만 그는 중앙정부에 책임을 지기보다 다이묘로부터 충성 맹세와 10분의 1의 세금을 확보하는 데 더 만족을 했다. 이와 같이 그에게 축적된 거대한 재산을 가지고 그는 난공불락의 오사카 성(Osaka Castle: 그 광대한 성채는 지금도 서 있음)을 축조하였으며 허약해진 황실의 재정을 복구했다.

1591년 히데요시는 그가 요구한 쇼군 칭호 승인을 받지 못했음에도 그의 지위를 충분히 확보했다고 스스로 생각하고 그의 마음을 아시아 본토의 해외정복으로 돌렸다. "우리나라는 이제 안전하고 튼튼하지만 그러나 나는 거대한 명나라를 지배하겠다는 희망을 유지하고 있다."라고 고아(Goa)에 있는 포르투갈 총독에게 편지를 썼다. "나는 내 호화선을 타고 단시간 내에 중국(Middle Kingdom)에 도착할 수 있으며 그것은 내 손바닥을 뒤집는 것만큼 쉽다." 그의 이러한 작전 계획은 중국의 점령뿐만 아니라 마침내는 먼 동쪽 필리핀과 서쪽 인도까지 전 동방아시아의 점령을 포함하고 있었다. 이들 나라의 정복을 요구하면서 히데요시는 그들의 지배자들에게 "세계의 단독 지배자가 되는 것은 일본의 숙명이다."라고 설명을 했다. 이러한 주장을 하면서 그는 일본의 세계 헤게모니(hegemony)는 선성한 사명을 가진 신도신자神道信者 교조에 의해 동기가 부여된 게 아니라(히데요시는 독실한 불교신자였다) 일본의 갑작스런 인구증가로 인한 격렬한 압력을 완화시키기 위한 실질적 우려에 의해 동기가 부여되었다고 말을 했다. 이제 일본의 인구는 약 2천5백만에 달했다. 이는 당시 유럽의 지배적 강대국인 스페인보다는 두 배가 영국보다는 5배가 많은 숫자였다. 한편 일본의 영토는 스페인 또는 현재의 몬태나(Montana) 주보다 더

크지 않았다. 그리고 이마저 대부분이 산간지대이기 때문에 국토의 5분의 1만이 겨우 농작물을 생산할 수 있었다. 이러한 이유로 중국을 정복하기로 마음먹은 히데요시는 한국에 밀정을 보내 한국의 국내정세를 탐색하도록 하는 한편 한국에 전쟁을 일으키기 위한 첫 단계로 중국의 속국인 한국에 일본과 연합하여 중국을 치자고 제의하였으나 한국은 그의 제의를 거절하였으며 일본 군대들의 한국 통과마저 거부를 했다. 당시 선조가 왕인 조정에서는 대신들이 남인, 북인, 동인, 서인으로 갈리어 당파 싸움에만 몰두하고 있었고, 각급 군 지휘관들이 군대를 면제해주고 대가를 받는 풍조가 만연하면서 군사는 그 기능을 상실하여 국방력이 약화되어 있었다. 이를 우려한 병조판서 이이李珥가 선조에게 일본이 곧 전쟁을 일으킬 것이라며 10만 양병을 주장했지만 동인東人의 반대와 선조의 미온적 태도로 실현되지 못했다.

그의 군대와 연합하여 중국을 치자는 제의를 한국으로부터 거부당한 히데요시는 당파싸움으로 한국의 조정이 불안하고 나라를 지킬 군대도 허술할 때인1592년 4월 20만의 원정군을 이끌고 쓰시마(Tsushima) 해협을 건너 한국으로 발진했다. 그러나 뒤이은 군사행동은 그가 그토록 자신있게 예상했던 낙승으로부터 훨씬 멀리 떨어져 있음이 증명되었다. 비록 그의 군대들은 압록강 북쪽 경계선까지 밀고 올라가는 데 겨우 6개월이 걸리긴 했으나 그들은 거기에서 100만 이상의 중국 반군에 직면해 있음을 알게 되었다. 바로 이때 중국정복이 불가능함을 깨달은 히데요시는 한국을 분할하여 북쪽은 중국의 자치 위성국으로, 남쪽은 일본의 수중에 들게 하자고 중국에 제의를 했다. 그러나 그의 뜻을 이루지 못한 히데요시는 한국을 유린하기 시작했다. 숫자도 적은 데다 신식무기마저 가지고 있지 못한 한국 군대들은 소총과 대포로 무장한 일본 군대들을 당해낼 수가 없었다. 선조와 그의 신하들은 의주로 도주하였으며 일본 군대들은 한국 남쪽의 대부분의 주요 도심지들을 점령했다. 그러나 육지에서는 한국군에 큰 타격을 입혔지만 해전에서는 한국 해군포에 의한 통신망 파괴에 의해 히데요시의 위치는 더욱 불확실했다. 한국에서 대량학살을 자행한 2년 후 히데요시는 두 번째 원정대를 급파했으나 중국이 한국에 파견한 10만 증원군에 의해 수적으로 압도되어 다시 물러갔다. 히데요시는 1592년과 1597년 두 차례에 걸쳐 한국을 침략했지만 그의 웅대한 목적을 달성치 못하고 1598년 일본과 중국이 살인적인 교착상태에 끝을 내기 위해 타협을 하고 있을 때 당분간이지만 모든 일본인들의 해외정복 마음에 종지부를 찍고 사망을 했다.

물자와 인명 희생 두 측면에서 원정대의 경비는 이미 국내에서의 불만을 한껏 고조시켰으며 히데요시의 사위 도쿠가와 이에야스(Tokugawa Ieyasu)는 그의 계승 권리를 굳건히 하기 위해 한국으로부터 그의 군대를 재빨리 철수시켰다. 1600년 그러한 불만은 공공연한 교전으로 퇴보되었다. 그러나 이에야스는 세키가하라(Sekigahara)에서 그의 가장 강력한 경쟁자들의 연합에 결정적 승리를 거둠으로써 3세기에 걸쳐 지속돼온 내전을 완전히 종식시켰다. 쇼군 자격으로서의 황제의 인정과 캄파쿠(Kampaku: 황제 고문)직에 그의 지명인을 임명할 수 있는 자유에 대한 보답으로 이에야스는 그에게 패배당한 반대자들의 영토로부터 상당한 면적의 토지 하사와 함께 황제 재산의 복구를 완성시켰다. 황제는 처음에는 그들 두 부족 간의 혼인결

연을 피하였으나 그 결합은 새로운 쇼군의 딸을 황제 후계자와 결혼시킴으로써 결국 완성되었다.

16년 후 그가 죽기까지 이에야스는 도쿠가와 막부시대 밑에서의 국가 통일에 그의 정력을 모두 바쳤다. 쇼군 이에야스는 그가 살아 있는 동안 모든 면에 걸쳐 대대적인 개혁을 단행했다. 그의 개혁 중 가장 중요한 개혁은 에도에 5인으로 구성된 권력 중추부의 평의회(Rojo)에 의해 지휘되는 중앙관료정치, 즉 바쿠후(Bakufu: 幕府)의 신설이었다. 바쿠후의 최고 자리는 도쿠가와 가족 멤버와 도쿠가와 가족과 동맹한 귀족으로 그들이 패배시킨 적수들의 영지로부터 토지 하사에 의해 보상을 받은 다이묘였다. 이러한 재분배의 결과 비옥한 토지면적의 약60%가 도쿠가와 가문과 손을 잡은 다이묘의 손에 들어갔으며 이러한 비옥한 땅의 많은 부분이 교토와 에도를 둘러싸고 있는 으뜸가는 중앙평원에 있었다. 땅을 빼앗기고 땅을 빼앗은 그 두 다이묘 계급간의 불공평한 특징은 도쿠가와 막부시대 내내 유지되었으며 이러한 불공평은 결국 그의 몰락을 가져오는 중요한 요소가 되었다.

이뿐만 아니라 이에야스는 자국민들과 일본 내에서 그리스도 전도를 하는 선교사들에게도 가혹한 탄압을 가했다. 아시아 대륙에서 대규모로 불교를 대체한 신공자 사상 중 성리학파로 개종을 했음에도 불구하고 이에야스는 자비에르의 개방적인 개혁운동 결과로 약 50만명을 그들의 여러 종파로 개종시킨 예수교 전도사들의 활동을 처음에는 계속 묵인했었다. 그러나 1614년 로마교황의 미수에 그친 정변 관련 혐의는 이에야스로 하여금 예수회 수사들을 추방케 하고(비록 영국과 네덜란드에서 온 개신교도들은 일본에 머물도록 허락되었지만) 모든 사무라이 계급 및 그 이상의 계급들에게 크리스챤 신앙을 배척하도록 했다. 12년 후 그의 손자 이에미쓰(Iemitsu)는 이 억압을 더욱 강력하게 하도록 설득당했다. 즉 남아 있는 선교사들을 모두 추방하고 수백 명에 달하는 그들 추종자들의 개종을 막기 위한 경고로 개종 지망자들을 공개적으로 십자가에 못박는 것이었다. 그리고 1638년 최후의 박해향연으로 아직도 그들의 신앙을 포기하기를 거부한 3만 7천 명의 크리스천들이 외딴 밭두렁으로 떼 지어 끌려가 여자 어린애 할 것 없이 모두 학살되었다. 그럼에도 미래 오염가능성에 대한 조치가 추가로 취해졌다. 외국인의 국외 퇴거명령이 크리스천이건 아니건 모든 비일본인 거주자들에게 확산되었다. 외국에 사는 모든 일본인들은 그들의 일본시민권 자격이 박탈되었으며 죽음의 고통 중에 있더라도 본국으로의 귀국이 금지되었다. 중국과의 극히 제한된 부문을 빼고는 외국인들과의 무역이 모두 금지되었다. 그 어떤 일본인들도 일본 밖으로의 여행이 허락되지 않았으며 이 금지가 지켜지는지를 확실히 하기 위해 바쿠후는 조선업자들(shipbuilders)에게 내해를 벗어나 항해할 수 있는 배를 만들지 못하도록 했다. 날이 감에 따라 일본 내 국민들뿐만 아니라 종교인들은 물론 일본에 거주하며 일본과 교역을 하는 외국인들도 도쿠가와 이에야스가 시행하고 있는 이 모든 폐쇄박해 정치에 심한 불만을 품기 시작했다. 외국과의 무역이 엄격히 제한됨에 따라 국내시장과 경제가 약화되었으며 생산둔화로 물가도 폭등을 했다.

쇼군 이에미쓰가 서구에 통상금지 명령을 부과했을 때 그는 네덜란드에 예외 취급을 했다. 네덜란드인들은 나가사키 만(Nagasaki Bay)에 있는 조그만 인공섬인 데시마(Deshima)에 명목상의 출현을 유지하도록 허가를 받았다. 그리고 그들은 나가사키 만으로부터 쇼군에게 매년 선물증정 목적을 위해서만 육지로 올라오는 것이 허락되었다. 그들의 복종표시로 그들이 출두할 때는 손과 무릎을 땅에 대고 엉금엉금 기어들어 오지 않으면 안 되었다. 어떤 경우에는 그들은 그리스도 수난상(Crucifix)을 밟아 뭉개는 상징적 연기를 하도록 강요받음으로써 더욱 창피를 당했다. 그들은 또한 외부세계에서 일 년 동안 일어났던 새로운 사태들을 요약하여 제시하도록 요구를 받았다. 그러나 그들은 이에미쓰의 흥미를 일으키는 데 좀처럼 성공하지를 못했다. 예를 들어 78년 전에 기증했던 책에 관해 최초로 질문을 받은 것은 1741년이 되어서였다. 그러나 일본 항구들의 폐쇄는 아시아 대륙을 가로질러 육지로 들어온 새 침입자의 침략의 기선을 제압할 수는 없었다.

러시아는 시베리아(Siberia) 해안선에 도착하여 이미 1639년에 오호츠크(Ohotsk)에 기초를 세웠다. 17세기 말까지 그들은 거대한 캄차카(Kamchatka) 반도 점령을 완수하였으며 거기로부터 그들은 일본을 향해 쿠릴(Kurile) 열도를 따라 남쪽을 탐험하기 시작했다. 그리고 일본근해에 한번 나타난 러시아는 이후 더욱 자주 나타나 일본과 마찰을 빚기 시작했다. 1739년에는 아메리카 서해안을 탐험하도록 피터대제(Peter the Great)에 의해 임관된 덴마크의 항해사 비투스 베링(Vitus Bering)이 러시아 배를 한 일본 항구에 댄 최초의 거장이 되었다. 1770년에는 헝가리의 한 모험가인 모리츠 알라다 남작(Baron Moritz Aladar)이 캄차카의 한 형장으로부터 집단 탈출을 조직하여 한 감시선을 탈취한 다음 일본으로 항해를 했다. 오시마(Oshima)에 도착한 그는 그 자신을 오스트리아 해군 사령관이라고 발표를 했다. 1824년에 미토 사무라이(Mito Samurai)는 폭풍우로 뭍에 얹혀 있는 한 영국 포경선을 공격했다.

바쿠후는 동해에서 목격된 모든 외국배는 경고 없이 공격을 받을 것이며 그 배에 타고 있는 선원들도 살해되거나 포로로 잡힐 것이라는 취지의 새로운 추방칙령을 발표했다. 그러나 이러한 칙령은 두 사건에 의해 자극된 전국적 분노 소동을 막는 데에 충분치 않음이 증명되었다. "오늘 비열하고 무분별한 구미 야만인들과 세계의 천한 다리와 발들은 바다를 건너 다른 나라들을 그들의 지배하에 두어 짓밟고 악의적인 눈으로 도전하고 있으며 고결한 국민들을 유린하고 있다."고 미토 양성소의 한 대변인은 비난했다. 외국인에 대한 미토 양성소 대변인의 비난에 뒤이어 황제를 찬미하고 야만인을 쫓아버리자는 슬로건이 이후 40년에 걸쳐 직접적인 황제 지배 부활을 위한 날카로운 호소가 되었으며 이는 또한 1868년에 일어난 명치유신(Meigi Restoration)의 직접적인 동기가 되었다. 또한 미토 양성소의 대변인인 아이자와 세이시사이(Aizawa Seishisai)와 가까운 사토 신안(Sato Shinan)은 그의 세계 통일비밀계획(World Unification)에서 처음으로 세계 정복 전략을 위한 방안을 설명했다. 사토는 러시아의 추가 침략을 미리 제압하기 위한 수단으로 중국 침략을 주창했다. 그러나 차르(Czar 또는 Tsar: 제정 러시아의 황제)는 나폴레옹(Napoleon)의 모스크바 관문까지의 진격을 목격하는 비위에 거슬리는 경험을 한 후 당분간은 그의 유럽 국경을 지키는 임무에 몰두하기로 했다.

1827년 영국은 에도(Edo) 남쪽으로 5백 마일 떨어진 무인도인 보닌섬(Bonin Islands)으로 돌아와 유니언잭(The Union Jack) 기를 계양하였으며 다수의 유럽 모험가들이 그 섬에서 정착하도록 고무를 했다. 그러나 1833년 동인도 회사(The East Indies Company)의 특허가 만료됨에 따라 일본에 대한 영국의 관심은 다시 감소되었다. 같은 해 미국의 범선 모리슨(Morrison)은 미국이 제조한 직물화물을 싣고 중국 광동(Centon)을 거쳐 일본으로 가 일본과의 통상을 개설하려 하였으나 그들의 희망은 수포로 돌아갔다. 일본은 새로운 배척법의 지시에 따라 모리슨 범선을 향해 대포를 발사하였으며 모리슨 선장은 그의 무저항적인 의도의 표시로 그의 배에 설치되어 있던 총들을 갑판 밑으로 일부러 옮긴 후 배를 돌려 전속력으로 중국으로 다시 돌아왔다. 모리슨 선장이 미국무부에 일본이 그의 배에 대포를 발사했음을 알리자 분노를 한 미국인들은 일본에 해군전대를 파견하여 그와 같은 행동을 반복할 때는 매우 중대한 결과가 뒤따를 것이라고 경고를 하도록 압박했다. 비록 그러한 제안은 실현되지는 않았으나 그 제안은 워싱턴이 최초로 일본에 대한 일괄정책을 공식화하도록 유도를 했다. 그 후 10년 동안 이러한 정책은 점점 더 의도적인 표현으로 나타났다.

한편 광동은 계속 극동 관심의 초점이 되었다. 1839년 북경에 있는 만주(Manchu) 정부는 광동에 중국사회의 모든 계층을 급속히 훼손하는 아편 수입을 금지시키는 특수 임무를 띤 새로운 감독관을 임명했다. 이러한 아편은 중국과 인접한 영국 식민지인 인도로부터 쉽게 운송이 되었으며 그 마약은 중국과 영국무역의 대부분을 차지했다. 중국은 인도로부터의 아편 수입을 막으려 하였으나 영국은 남쪽해안선에 연속적으로 포격을 가해 이른바 아편전쟁(The Opium War)을 일으킨 후 양자강(The Yangtse River)까지 원정대를 보내 만주왕국의 두 번째 수도인 난징(Nanking)을 위협했다. 중국은 해군이 없는 데다 그들의 해안 포대도 영국에 뒤져 순식간에 영국에 점령당했다.

영국이 일으킨 아편전쟁은 1842년 난징조약(The Treaty of Nanking) 체결로 끝이 났다. 중국은 난징조약에서 홍콩섬(Hong Kong Island)을 영국에 99년간의 영구조차지로 할양하였으며 다섯 개의 다른 중국항구를 영구적 무역지로 개방을 하고 이제까지 모든 아편무역을 총괄했던 지방 독점기관인 홍(Hong)을 폐지했다. 그것은 또한 다른 나라에 준 모든 특권에 영국에 자동적 권리를 주는 최혜국 조항을 포함시켰다.

1세기에 걸쳐 중국이 영국에 준 이러한 특혜는 중국의 이권을 나누어 갖기 위해 싸우는 서구 경쟁국들 간에 점증하는 충돌과 적대의 근원이 되었다. 일본에서는 아편전쟁의 결과로 외부세계에서의 사건 진전이 이제 2세기 동안의 낡은 도쿠가와 고립전략을 추월하려 하고 있음을 총체적으로 깨닫게 되었다. 그리고 신의 땅(The Divine Land)에 대한 서구의 위협을 어떻게 쫓아내느냐에 관한 논쟁이 마침내 공표되었다. 논쟁이 확대되면서 바쿠후는 점점 분열되고 무력화해 갔다. 1843년 영국해군 측량선이 류구(Ryuku)섬에서 측량 작업을 하고 있음이 보고되었고 다음해에는 네덜란드 왕 빌헬름 2세(Wilhelm Ⅱ)가 영국과 프랑스가 일본 섬들에 곧 무역소를 설치할 것이라고 썼다. 이 모든 가망성에서 그는 그들은 일본 상륙을 의도하고 있으며 바쿠후는 그들이 무력에 의해 장벽을 낮추도록 강요받기 전에 충분한 조언을 받게 될 것이라고 경고를 했다. 물론 네덜란드는 지난 2세기 동안 향유해온 특권적 위치를 계속 유지해가면서.

그리고 사건 발생 순위에 의해 이 장에서 못다 다룬 일본과 한국과의 관계는 제11장 이하에서 더욱 상세히 소개될 것이다.

# 09
# 미국의 일본 노크

1844년 갈렙 쿠싱이 중국과 통상개설조약을 체결한 이듬해인 1845년 극동에서 영국과 프랑스에 뒤떨어지지 않기 위해 노심초사하고 있던 미국의회는 일본과의 교역협정을 달성하기 위한 즉각적인 조치를 취할 결의를 통과시켰다. 1800년대 중엽까지 지리적으로 고립되고 중세의 후진성을 벗어나지 못한 낙후한 일본은 2세기 동안이나 나가사키(Nagasaki)에서 네덜란드와 중국과의 엄격히 통제된 무역 외에는 외국과의 모든 왕래를 굳게 걸어 잠그고 있었다. 일본은 16세기 때 일본으로 들어온 천주교 선교사들을 모두 추방시킴으로써 유럽인들의 시야에서 거의 자취를 감추었으며 일본으로부터 체류 허락을 받은 외국인들은 개신교도들과 나가사키에 머물러있는 개종되지 않은 일부 네덜란드와 중국 상인들뿐이었다. 일본은 이들을 통해 바로 바다 건너 중국이 유럽제국들로부터 위협받고 있음을 알게 되었으며 영국, 프랑스, 독일, 러시아, 포르투갈 등 여러 국가들이 중국 연안을 식민지화함으로써 일본은 다시 한 번 유럽의 주의를 끌었다. 19세기 초 러시아 외교관들은 일본과 유대를 맺으려고 탐구를 하였으나 일본 정부는 러시아가 일본에 대사관을 설치하겠다는 제안을 정중히 그리고 단호히 거절하였으며 영국선박들도 도쿄 만과 일본 내해를 탐험하려 하였으나 1824년 영국 선원들은 일본선원들과 일본 남쪽 끝에 있는 한 작은 섬에서 충돌한 후 물러갔다.

일본은 봉건적이고 농업과 어업과 일부 수공업이 그 나라 경제의 전부였다. 공장도 없고 증기선이나 증기엔진도 없었으며 일본 내해를 지켜주기 위한 조그만 범선 제조만 허락이 되었다. 미국의 원해 고기잡이 배와 포경선이 일본 내해에 출현하기 시작한 것은 바로 이 무렵부터였다. 이 배들은 폭풍우를 피하고 일본으로부터 보급품을 얻기 위해 도쿄 만으로 들어왔으나 일본 정부 관리들은 이들을 달갑게 맞이해주지 않았으며 때로는 폭풍우로 조난당해 해변으로 표류해온 미국 선원들을 포로로 잡다 감옥에 가두었다. 일본은 미국 선원들뿐만 아니라 일본근해에서 풍랑을 만나 또는 배의 고장으로 조난된 외국 선원들이 일본을 못 떠나게 하였으며 외국 연안에서 난파된 일본 선원들도 일본 귀국을 허락지 않았다. 일본 근해를 항해하는 선장들은 일본에 억류되어 있는 미국 선원들을 구출하고 일본 해안의 태평양 지역에 석탄 보급기지를 설치해 달라고 미국 정부에 요청을 하였으며 미국 정부도 이들의 요청을 받아들여 1846년 미 해군 제독 제임스 비들(James G. Biddle)을 일본에 급파하기로 결정했다.

비들 제독은 일본에 포로로 잡혀 있는 미국 선원들을 구출하고 일본과의 통상을 개설하기 위해 두 척의 프리깃 함(Frigates)을 이끌고 중국을 거쳐 1846년 7월 20일 일본의 에도만(Edo Bay)에 도착을 했다. 비들은 일본에 도착하자마자 일본 관리들에게 제임스 포크(James K Pork) 대통령의 친서를 전달하였으나 포크 대통령의 친서는 일주일 후 서명도 없는 퉁명스런 거절 내용과 함께 비들 제독에게 반환되었다. 이와 동시 비들 제독은 조그만 일본 감시선에 포로로 잡혔다가 가까스로 풀려났다. 미국 정부로부터 일본에 적대 감정이나 불신을 자극하는 어떠한 행동도 하지 못하도록 엄격한 명령을 받은 비들 제독은 일본에 보복을 할 수가 없었다. 그 후 중국해 선박 정박소에 머물러 있던 비들 제독의 후임자는 위임을 받고 1849년 한 척의 프리깃 함과 함께 나가사키 항에 억류되어 있는 미국의 포경선 선원을 구출하고 일본과의 통상개설을 위해 나가사키 항으로 출발했다. 그는 선원 석방에는 성공을 하였으나 그의 본래 목적인 통상개설을 달성치는 못했다. 그는 신임장이 수여된 전권 외교관을 적절한 해군 호위함과 함께 일본에 보내야 한다고 그의 상관들을 설득했다.

1852년 밀라드 필모어(Millard Fillmore) 미국 대통령은 그의 전임자인 포크 대통령에 이어 일본과의 무역거래를 위해 또다시 일본에 개항을 요구하였으나 일본으로부터 거절만 당했다. 그의 항구 개항 요청을 거절한 일본에 실망한 필모어 대통령은 일본의 고집을 끝내도록 하기 위해 그리고 늘어나는 미국의 포경선단으로부터 조난당한 선원들을 구조하기 위해 다시 노력을 해보기로 결정했다. 그는 이리호(Lake Erie)의 영웅이며 멕시코 전쟁 당시 걸프 기병대(The Gulf Sguadron) 사령관으로 베라 크루즈(Vera Cruz) 점령에 공을 세워 이

미 국가의 영웅이 된 매슈 페리(Matthew C. Perry) 제독을 선택하여 그를 일본에 급파했다. 이 작전의 기함(Flagship)은 미시시피(Mississippi)호로 페리 제독 자신이 직접 설계를 도운 미국해군 최초의 증기동력 전함이었다. 그의 해군 동료들에게 늙은 매트(Old Matt)로 알려진 페리는 체격과 성격 두 가지 면에서 매우 위풍당당한 풍채를 지닌 인물이었다. 그는 뛰어난 군사 전략가일 뿐만 아니라 외교술에도 능했다. 페리 제독은 터키(Turkey), 나폴리(Naples) 그리고 몇몇 아프리카 왕들과 타협을 했던 뛰어난 외교 경험을 가지고 있었다. 필모어 대통령은 이러한 장점을 지닌 페리 제독을 일본에 급파하기로 결정하였으나 페리는 한 가지 조건, 즉 그가 보기에 적절하다고 판단되는 것을 워싱턴에 추가 조회 없이 수행하도록 허가받는 조건으로 그 임무를 받아들였다.

페리 제독은 일본으로 항해하기 전 일본에 관한 서적과 정보를 입수해 일본의 역사, 문화 및 정치제도를 세밀히 연구한 후 거대한 군사력 과시로 일본을 놀라게 하여 항복시키겠다는 계획을 가지고 1852년 11월 24일 그의 기함과 함께 버지니아의 놀퍽(Norfolk) 항구를 출항했다. 그는 일본 황제에게 보내는 밀라드 필모어 대통령의 친서를 지참하고 있었으며 지피지기知彼知己는 백전백승百戰百勝, 즉 적을 알고 자기를 알면 백 번 싸워 백 번 이긴다는 손자孫子의 병법을 알아야 없었겠지만 페리 제독은 전투에 임하는 지휘관으로서의 그 모든 병법을 미리 충분히 익힌 후 일본으로 출항을 했다. 일본으로 향하는 도중 중국해에 있는 전대 중 세 척의 전함과 결합을 한 페리의 무장함대는 놀퍽을 떠난 지 약 6개월 만인 1853년 5월 26일 오키나와

(Okinawa)의 루추안 섬(Loochooan Island)의 주요항구인 나하(Naha)에 도착을 했다. 나하에서의 그의 모든 행동이 사쓰마(Satsu-ma)의 상인들에 의해 본토로 즉시 보고되리라는 것을 잘 알고 있는 페리 제독은 나하에 머무는 동안 이번에는 미국은 빈손으로 추방되지 않으리라는 것을 보여주기 위해 무시 못 할 시위까지 벌였다. 그는 여봐라는듯이 그의 해병대들을 주요거리 위아래로 열 지어 행진토록 하였으며 바닷가 망루로 올라가 경외심에 사로잡힌 주민들이 응시하는 쪽 가까운 해안에서 여러 번 상륙연습을 지휘했다. 실제로 바쿠후는 데시마(Deshima)에 있는 네덜란드 식민지의 새로운 태수에 의해 이미 수개월 전에 페리의 도착이 임박했음을 통보 받았으며 네덜란드 태수는 페리의 성공을 용이하게 하도록 모든 조치를 취하라고 그의 정부로부터 지시를 받고 있었다.

페리의 검은 선단(Black Ships: 일본의 귀신학자들은 즉시 페리의 전함들을 악마의 배라고 이름 지었음)이 1853년 7월 8일 최후로 에도 만(지금의 도쿄)에 닻을 내렸을 때 바쿠후는 그다지 놀라지 않았으며 두 개의 구식 대포가 맞은편 해안으로부터 뻥하고 발사되었으나 아무런 효과가 없었다. 페리는 최후의 수단 이외에는 무력 사용을 엄격히 금하고 있었다. 철갑 증기동력 군함(일본인들은 이 군함들을 악마의 배라는 뜻에서 Black Ships, 즉 검은 함선이라고 불렀다)을 흘끗본 작은 일본 어선들은 급히 노를 저어 야생조처럼 허둥지둥 도망을 하였으며 바다 근처에 있는 한 절에서는 힘차게 종을 울려 주민들에게 경보를 발했다. 절에서 울리는 종소리를 듣고 집에서 맨발로 뛰어나온 여인들은 부둣가에 모여 괴물처럼 큰 배들을 쫓아내 달라고 폭풍의 신(Divine Storm)에게 기도를 했다.

페리는 그의 기함 돛대에, '해안가 누구와도 통신하지 말며, 해변으로부터 어떤 사람도 접근치 말게 할 것'이라고 쓴 신호기를 내걸었다. 그때 소형 범선들이 미국 군함 주위에 몰려들어 그들 범선에 타고 있던 선원들이 긴 칼로 무장을 하고 미국 배로 기어 올라오려고 하였으나 미국 군인들은 장대와 총검으로 그들을 물리쳤다. 그러나 곧이어 한 큰 배가 흑백 줄무늬 기를 흩날리며 조그만 경비정들에 둘러싸여 페리 제독이 타고 있는 기함에 다가와 접촉을 시도했다. 이 배에 타고 있던 한 일본인이 갑판에 올라와,

"나는 네덜란드 말을 할 수 있소." 하고 미국 배에 대고 소리를 질렀다. 이에 네덜란드 말을 유창하게 하는 포트먼(Portman)이라는 미국 병사가 앞에 나와 네덜란드 말을 하는 일본인과 잠시 옥신각신 말다툼을 벌였으나 그 이상의 충돌은 일어나지 않았다. 페리 제독은 네덜란드 말을 하는 일본인과 에도 만 근처에 있는 우라가 현의 부총독이라고 주장하는 사람을 그의 기함으로 불러 미국 대통령이 일본 황제에게 보내는 편지를 가지고 왔다고 말을 한 다음 자신과 서열이 같은 일본 관리에게 미국 대통령의 편지를 주겠다고 말을 했다. 페리의 말을 듣자 우라가 현 부총독은 그의 나라는 여기에서 멀리 떨어져 있는 나가사키에서만 외국인과 사업거래를 한다며 거기로 가라고 페리 제독에게 말을 했다. 그러나 페리 제독은 도쿄로 가겠다고 버티며 만일 그의 함대를 둘러싸고 있는 경비정들이 물러가지 않으면 대포를 쏘겠다고 위협을 하였으며 페리가 이처럼 단호한 태도를 보이자 일본 경비정들은 순식간에 자취를 감추었다.

페리 제독이 에도 만에 입항한 지 6일 후인 7월 14일 일본 황제로부터 공식 신임장을 지닌 일본 정부의 한 고위 관리가 페리 제독을 서둘러 건조한 한 건물의 응접실로 초대하여 그로부터 미국 대통령이 일본 황제에게 보내는 친서를 전달받았다. 미국인들은 쇼군이 일본의 황제인 줄 알았으며 그 후 2년이 경과할 때까지 실제 황제의 존재를 알아내지 못했다. 미국 대통령의 편지에는 세 가지 요청 사항이 적혀 있었다. 즉 일본에서의 미국 선원들의 안전과 재산의 보증, 하나 또는 그 이상의 항구 입항 허가 및 석탄 보급 창고 설치, 그리고 두 나라 간의 무역개방 등이었다. 페리 제독이 미국 대통령의 편지를 일본 관리에게 전달하러 육지에 상륙할 때 정장을 한 백 명의 정예 해병대원 그리고 사십 명의 해군장교와 장엄한 군악대들이 미국 군대의 힘을 과시하였으며 미국 함대에서는 천지가 울리는 것 같은 열세발의 대포가 발사되었다. 미국의 군사력에 압도된 일본 관리들은 어리둥절하였으며 미국 대통령의 친서 전달식이 끝난 후 페리의 부관인 웰즈 윌리엄스(Wells Williams)는 일본은 이제 오랫동안의 폐쇄 정책을 버리고 개방 정책으로 선회할 것이라고 낙관하였으나 이러한 그의 낙관은 아직 시기상조였음이 곧 밝혀졌다. 페리 제독으로부터 미국 대통령의 편지를 접수한 지 2주일 후인 7월 28일 일본 황궁은 매우 애매모호한 답변을 하였으며 페리 제독은 불쾌한 표정을 지으며 이 답변서를 즉석에서 일본 관리에게 돌려주었다. 페리 제독은 일본 관리에게 그는 보급품을 받기 위해 홍콩으로 갔다가 내년에 다시 돌아올 것이며 그때에 일본이 일본 영토에 미국의 출현을 받아주지 않으면 전쟁에 직면할 것이라고 위협을 했다.

# 10
# 페리 일본에 다시 돌아오다

　페리가 일본을 떠난 후 바쿠후는 페리를 앞지르기 위한 시도로 똑같은 구실에 의지를 했다. 그러나 그의 이전 경험에 비추어 바쿠후는 성공할 희망을 거의 지닐 수가 없었으며 1854년 2월 12일 그들의 해안감시인들은 항해를 하고 있는 검은 선단들을 또다시 목격했다. 페리는 이번에는 여덟 척의 더욱 장엄한 함선과 그 직후 두 척의 군함과 합류했을 때에는 전 미국해군의 4분의 1이 그의 지휘 밑에 있었다. 페리는 또다시 저 믿을 수 없는 우라가(Uraga) 부총독의 영접을 받았으며 우라가 부총독은 페리에게 그의 함선들을 만 밖으로 철수시키라고 요구를 했다. 그러나 페리는 그의 함선들을 수도로 더욱 가까이 이동시킴으로써 우라가 부총독의 요구에 응답을 했다. 그러자 바쿠후는 재빨리 요코하마(Yokohama)의 어촌과 인접해 있는 가나가와(Kanagawa)를 협상지로 제안을 했다. 페리 제독의 함대선단이에도 만에 다시 도착했을 때 일본의 전투선들은 하나도 나타나지 않았으며 미국의 장엄한 함대에 압도당한 일본 관리들은 미국에 굴복을 하고 3월 8일 요코하마(Yokohama)의 한 작은 마을에서 페리 일행과 회의를 열었다. 회의가 시작되는 정오 반시간 전에 완전무장을 한 500명의 미국 군대가 배에서 내려 육지로 열을 지어 행진했다. 그들의 행진은 당당했고 위엄이 있었다. 육지로 올라온 페리 제독과 그의 참모들은 통역사를 대동하고 임시로 지어 놓은 회의장소로 가 미리 지정된 대로 왼쪽으로 가 자리를 잡았고 그 뒤를 이어 다섯 명의 일본대표들이 그들의 통역사를 데리고 들어와 페리 일행에게 절을 한 다음 오른쪽에 마련된 그들의 자리에 착석을 했다. 양측이 정중한 인사말을 교환한 다음 페리 제독이 먼저 용건을 설명했다.

"우리나라에서는 늘 인간의 생명을 가장 존엄하며 중시를 하고 있습니다. 그렇기 때문에 우리 국민들이나 또는 다른 나라에 속한 사람들이 그들의 배가 난파되어 우리의 육지에 다다르면 우리들은 최선을 다해 그들을 도와주고 또 친절하게 대해줍니다. 그러나 당신네 나라에서는 인간의 생명을 중시하는 징후를 볼 수가 없습니다. 왜냐하면 외국국적의 선박이 도움을 받기 위해 당신네 나라에 접근을 하면 당신들은 그 선박을 쫓아버리고 조난당한 배의 선원들이 해안에 도착하면 당신들은 죄수처럼 그들을 잡아 감옥에 가두고 노예 같이 대합니다."

이렇게 외국선박에 대한 냉대와 난파선원에 대한 가혹한 처우를 하나하나 지적한 페리 제독은 "이와 같은 비인도적 대우가 지속된다면 미국은 일본을 적으로 간주할 것이며 전쟁이 뒤따를 수도 있습니다."

라고 경고를 한 후, "미국은 이웃나라 멕시코와 방금 전쟁을 끝냈습니다. 당신들 나라도 멕시코와 비슷한 곤경에 처할 수가 있으니 잘 재고하는 것이 좋습니다." 하고 은근히 협박을 했다.

회의를 마친 후 양측은 선물을 교환했다. 페리 제독 측은 일본 관리들에게 한 세트의 전신기, 모형 증기기관차, 갖가지 종류의 농업기구, 소총과 콜트 자동 권총, 그리고 위스키 한 통과 몇 상자의 샴페인을 선물로 주었으며 일본 측 회의 참석자들은 칠기와 청동제품, 도자기류와 문직紋織을 회의 상대방에게 선물했다. 이제 오래된 일본은 처음으로 서구문명의 은총을 맛보았다. 거대한 미국함대와 군사력에 위압되고 더구나 나가사키에 있는 네덜란드 인들을 통해 중국이 영국에 정복되었음을 안 그들은 중국과 똑같은 운명에 놓이고 싶지 않았다. 일본이 250년 동안 소지해 온 무기라고는 활과 검劍이 전부였으며 네덜란드 상인들이 들여온 화승총이 있었으나 이러한 빈약한 무기를 가지고는 미국의 군사력에 대적할 수 없을 것이다. 일본은 1592년과 1597년에 도요토미 히데요시(Toyotomi Hideyoushi)가 20만 명의 일본군을 이끌고 조선을 침략했을 때 무기가 빈약한 조선군들에게 14세기에 네덜란드에서 들여온 화승총과 구식 대포를 사용한 게 전부였다.

이러한 결론에 이르자 일본의 회의 대표들은 3월 31일 우라가 항구보다 더 큰 가나가와(Kanagawa) 항구에서 또다시 회의를 열기로 동의하였으며 일본의 고립에 종지부를 찍기를 원하는 일본의 진보적 지도자들은 막부(Shogun)를 설득하여 미국이 일본에 영사를 두고 조난된 선원들에게 좋은 대우를 해주기로 보장을 하고 미국 선박 특히 물자공급과 수리를 위해 일정한 일본항구에 진입을 허가하는 가나가와 조약(The Treaty of Kanagawa)에 서명을 하도록 했다.

무력시위로 일본과의 우호통상조약을 체결한 페리 제독은 1855년 1월 22일에 워싱턴으로 돌아왔다. 페리는 총 한 발 쏘지 않고 유럽 국가들이 무력을 사용하여 하지 못했던 것을 성취한 자신이 매우 자랑스러웠다. 미국인들은 페리 제독을 열렬히 환영하였으며 미국 신문들은 그를 1492년 아메리카 대륙을 발견한 크리스토퍼 콜럼버스, 같은 무렵 서유럽에서 희망봉을 거쳐 아시아로 가는 해로를 개척한 포르투갈의 탐험가 바스코 다 가마(Vasco da Gama), 그리고 1728년 오스트레일리아(Australia)를 탐험한 영국의 항해자 제임스 쿡(James Cook) 선장에 비유하며 격찬을 했다. 그러나 페리 제독은 개인적으로는 조금도 기쁘지 않았다. 홍콩에 있는 영국인들은 그를 잘 대우해 주었지만 중국에 대한 그들의 승리에는 우려를 했다. 그는 미국 대통령과 국무장관에게 그 지역 사람들은 외국 국가의 우정과 보호를 필요로 하고 있다고 조언을 하였으며 일본인들에게는 그들이 극동 태평양에서 영국의 힘에 균형을 제공하리라는 기대하에 서구산업과 기술을 채택하도록 격려를 했다. 이는 일본이 영국의 태평양 진출을 막을 수 있는 가장 강력한 아시아 국가가 되라는 뜻이 있었다.

섬나라 일본은 그 지리적 위치로 외국 해군에 의해 쉽게 공격받을 수 있는 낮은 해안선을 가지고 있는 나라였다. 이것이 바로 일본의 문제였으며 중국의 운명과 같이 될 가능성이기도 했다. 이 문제에 대한 한 가지 해결방법은 고립이었다. 페리 제독이 일본에 도착하기 전 일본은 외부세계로부터 깊숙이 은둔하여 그들만의 안정을 추구했다.

그러나 영민한 일본 지도자들은 페리 제독의 방문으로 고립을 유지하기가 불가능하다는 것을 깨닫고 페리가 그들에게 조언한대로 경제 근대화를 달성시키기 위해 미국과 우호통상조약을 맺었으며 그로부터 14년 뒤인 1868년 일본은 도쿠가와 바쿠후(Tokugawa Bakufu)의 막부(Shogunate) 제도를 분리시킨 뒤 명치유신(Meiji Restoration)을 단행하여 천황친정天皇親政 체제의 통일국가를 형성시켜 정치, 경제, 사회, 군사 등 모든 분야에 걸쳐 전면적인 개혁을 실시한 후 중국인들이나 한국인들과는 달리 서구 기술의 비결들을 적극적으로 받아들여 전심전력을 다해 연구 발전시켜가며 부강한 나라 만들기에 총 매진을 했다.

일본은 명주와 직물과 자질구레한 장신구들을 생산하여 유럽과 미국에 수출시장을 개척한 후 영국이 일 세기 전에 산업혁명(Industrial Revolution)을 일으켰을 때처럼 국내에서의 저임금과 다른 국가들과의 국제적인 경쟁으로 수출을 늘려갔다. 그리고 국내 상품을 외국에 팔아 벌어들인 돈으로 원자재를 구입하고 미국과 서구로부터 기술을 도입하여 중공업을 발전시켜 나갔다. 일본은 경제적인 면에서뿐만 아니라 군사적으로도 강한 나라가 되기 위해 산업의 발달을 군사력 증강에 이전시켜가며, 군사 방면의 일본 대표단을 독일과 영국에 파견하여 세계에서 가장 앞선 독일군대의 전술과 영국 함대의 군함 건조술을 면밀히 배워오도록 했다. 1873년에는 시골의 청소년들을 징집하여 엄격한 군사훈련을 시킨 후 강하고 노련한 군대를 만들었으며 도쿄, 요코하마(Yokohama), 오사카(Osaka) 주변의 밤하늘은 각종 항공기, 군함, 대포, 자동차, 장갑차 등의 중무기를 생산하는 공장에서 타오르는 불빛으로 대낮처럼 밝았다. 일본은 명치유신을 단행한 지 불과 10년도 안 되어 경제, 군사 면에서 급속한 발전을 이룩하였으며 서구 강대국들과 어깨를 나란히 하는 최초의 비서구 강대국이 되었다. 그리고 일본은 이러한 힘을 바탕으로 전 아시아 대륙의 제패와 함께 미국을 압도하기 위한 야욕을 은밀히 키워가기 시작했다.

페리 제독은 1854년 일본의 고립에 종지부를 찍어 놓은 이후 그의 격려로 일본이 발전하는 모습을 보지 못하고 1858년 3월 4일 64세의 나이로 세상을 떴다. 쿠싱의 중국조약과 페리의 일본 탐험은 그들의 즉각적인 결과보다 훨씬 더 중대했다. 그들은 동아시아에서 미국을 위한 적극적 역할의 시작을 기록해 놓았으며 미국의 아시아 진출의 길을 굳게 닦아 놓았다.

# 11
# 일본의 메이지 유신
## (明治維新: Meiji Restoration)

1854년 페리 제독의 일본 개항 이후 도쿠가와 바쿠후 체제에 급격한 변화가 일어나기 시작했다. 미국뿐만 아니라 다른 나라에서 들어오는 근대문물로 도쿠가와 바쿠후 체제는 더 이상 고립정책을 고수하지 못하고 서서히 붕괴되기 시작했다. 이뿐만 아니라 도쿠가와 바쿠후에 반대하는 신흥세력들이 출현하면서 도쿠가와 체제는 점차 분열되어 약화되어 갔다. 심지어 바쿠후 체제의 모순을 민감하게 받아들인 하층 무사 계급들도 바쿠후 체제에 반대하는 세력들과 손을 잡고 바쿠후 타도 운동을 추진하기 시작했다. 그리고 마침내 1867년 10월 조정으로부터 바쿠후 타도의 밀칙密勅이 내려졌다. 왕정 복고의 대호령大號令이 발표됨으로써 조정을 중심으로 사쯔마한(Satsuma Han), 조슈한(Choshu Han), 도사한(Tosa Han) 등이 연합한 메이지 신정권이 수립되었다(1868년 제국통치가 복고되었을 때 메이지의 나이는 15

세였음). 이후 바쿠후의 본거지인 동북지방을 중심으로 바쿠후 측의 산발적인 저항이 일어났으나 모두 진압되었다. 이로써 약 250년간 지속돼온 도쿠가와 바쿠후 체제는 드디어 막을 내렸다. 또한 도쿠가와 바쿠후 체제 붕괴와 아울러 특권 봉건계급들도 모두 몰락했다. 메이지 유신이 일어났던 해인 1868년에는 정부군이 구성되었고 1873년에는 징병제도를 실시하여 군사를 양성하기 시작했다.

메이지 유신과 함께 정치적 변화는 물론 경제적, 사회적으로도 많은 변화가 일어났다. 일본 경제는 아직 농업에 의존했지만 정부는 산업화라는 목표 아래 전략산업인 군수물자의 대량 생산, 교통, 통신산업 등을 발전시켰다. 1760년 영국에서 일어났던 산업혁명(Industrial Revolution)이 일본에서 다시 일어나고 있었다. 메이지 유신의 목표는 20세기 초가 되면서 거의 달성되어 일본은 서구 산업국가들과 함께 근대 산업국가를 향하여 꾸준히 약진해 갔다. 일본은 눈부신 산업발전뿐만 아니라 외교적으로도 두드러진 성과를 거두었으며 군사적으로도 강대국임을 대외에 과시했다. 1902년 1월 30일 일본은 영국과 공식적으로 동맹관계(The Anglo-Japanese Alliance)를 맺었고 1894년 청일전쟁(The Sino-Japanese War)에서 중국에 승리를 하였으며 그 후 1904년에 일어난 러-일 전쟁(The Russo-Japanese War)에서도 러시아를 무찔렀다. 이러한 여세를 몰아 일본은 마침내 전 아시아 대륙을 정복할 야심을 착착 키워나갔다. 그리고 아시아에서 그 최초의 정복 대상은 바로 한국이었다.

일본은 메이지 유신 초기부터 세이칸(Seikan: 한국 정복)을 들고 나왔으며 한국 정복에 관한 수차례의 논쟁 끝에 마침내 한국 정복 계획을 구체화하기 시작했다. 처음에는 무력과 무기에 의지하지 않고 한국 문제를 해결하려 하였으나 한국이 중국에 예속되어 있는 중국의 속국으로 매년 중국에 조공을 바치고 있음을 안 일본은 무력에 의하지 않고 한국을 정복하겠다는 아이디어를 버렸다. 또한 한국은 청나라보다는 명나라를 선호하고 있었으며 이 때문에 한국은 명나라 의식을 보존하고 있음도 알게 되었다. 그러나 한국은 중국의 속국임에도 외국과의 관계는 그 스스로 결정을 하였으며 어려움이 있을 때에는 그 문제를 북경에 위탁을 했다. 이런 여러 가지 면에서 일본은 한국을 매우 교활한 나라로 평가를 했다. 1870년 7월 일본은 중국이 한일 간의 교류에 반대하지 않을 것으로 생각하고 한국에 교류 제의를 하기로 했다. 그러나 만일 한국이 일본의 제안을 받아들이지 않을 때에는 군대와, 군함과, 탄약과, 장비를 준비하여 한국을 무력으로 정복하겠다는 계획을 별도로 세웠다. 일본은 한국이 한국과 가까운 쓰시마(Tssushima: 대마도)와 이례적인 관계를 유지하고 있음도 처음으로 알게 되었다. 쓰시마는 도쿠가와로부터 매년 쌀 배급과 돈을 받았을 뿐만 아니라 한국과 상호의존적인 나라 관계를 받아들이고 그러한 의존 관계로부터 쌀과 콩과 돈을 한국으로부터 받아왔다. 그 대신 쓰시마는 매년 한국에 조공배를 보냈다. 약 3백 명의 쓰시마 일본인들이 부산의 지정된 구역에서 살고 있었으며 이 구역에 살고 있는 일본인들은 날이 어두우면 그 지역에 들어가고 나가는 것이 금지되었다. 쓰시마는 외딸고 빈한한 섬이기 때문에 일본 본토보다 더 가까운 한국과의 교역이 절실히 필요했다. 이런 점을 이용하여 일본은 외교부 관리들을 한국에 보내 외교관계를 맺으려 하였으나 한국은 일본의 요청을 쉽게 들어주지 않았다.

1872년 늦여름 외교부 관리 하나부사 요시모토(Hanabusa Yoshi-moto)가 모리야마(Moriyama)와 히로쓰(Hirotsu)의 도움을 받아가며 한국과의 외교관계를 맺으려 하였으나 다른 외교부 관리들과 같이 진전이 없었다. 왜냐하면 한국은 새 일본 정부의 존재를 인정하지 않았으며 협상 노력 최근 단계 동안에는 부산에 있는 일본인 거주지 벽에 일본에 대한 모욕적인 비명이 나타났고 어떤 일본인들은 한국인 젊은 이들에게 육체적인 공격을 받기도 했다.

한국과의 외교관계 수립실패와 부산에서의 자국민 피습으로 일본인들과 일본 정부 관리들 사이에도 한국에 대한 감정이 악화되어 갔으며 이에 따라 한국정복론이 더욱 힘을 얻기 시작했다. 1871년 7월 가고시마(Kagoshima)의 한 사무라이는 "일본인들은 가난하고 먹을 것이 없다. 일본은 많은 문제를 안고 있으며 한국의 무례함을 꾸짖을 시간이 없다."고 외치며 황제 평의회 건물 정문에서 자결을 했다. 한편 한국 정복 찬성자들의 정서는 거의 똑같이 즉시 한국을 정복하자는 분명한 명시를 가지고 있었다. 1872년 3월 외교부 관리인 무루야마 사쿠라쿠(Muruyama Sakuraku)는 그의 직으로부터 갑자기 해임이 되었으며 비밀 음모로 체포되었다. 그는 한국 협상 수행에 정부의 주의 깊은 접근이 불만스러웠으며 그의 외교부 상관들이 보다 대담한 아이디어를 수용하지 않음을 알고 한국 정복 모임을 조직하여 한국 공격을 위한 개인 군함을 준비할 목적으로 자금을 걷고 돈을 꾸기 시작했다. 그의 계획은 무루야마의 계획에 공감하지 않는 한 정부 관리에게 새어나가 좌절되었다. 그러나 그 계획의 실패에도 불구하고 호전파 모임은 일본에서 강력한 전진을 하기 시작했다. 도쿠가와 바쿠후에 반기를 들고 황제와 제휴하여 사쓰마 군대의 사령관을 지냈으며 그 후 육군 원수 계급으로 승진한 사쓰마의 사이고 다카모리(Saigo Takamori)는 최고 군사장교가 되어 점차 호전 그룹의 지도자로 부상했다. 한국 정복 운동에서의 사이고의 역할은 전쟁 찬성(Pro-war), 한국 정복 찬성(Pro-conquest), 확장 찬성(Pro-expansion)으로 간단히 그리고 명확히 요약할 수가 있었다. 그리고 그의 전쟁, 정복, 확장 신념은 너무나 힘이 있고 눈이 부셔 일본의 극우 민족 팽창주의자들의 모임에서 그의 이름은 우상화가 되었다.

# 12
# 메이지 유신
# 당시의 한국 정세

## 고종을 대신한 대원군의 섭정

1392년 개국 이래 조정에서의 끊임없는 당파 싸움과 빈번한 외국침략으로 피폐할 대로 피폐해진 이 왕조는 근대화 되어가는 주변 국가들의 새로운 힘에 대처할 만한 준비가 전혀 되어있지 않았다. 이런 가운데 1864년 1월 22일 제25대 조선왕 철종哲宗이 그의 왕위를 물려줄 자손이 없이 서거하자 12살 된 그의 조카가 그의 부친을 섭정으로 하여 고종高宗왕(원명: 이명복)이 되었다. 고종의 부친은 이하응이며 그의 직함은 흥선대원군 또는 세자 흥선이었다. 그러나 그는 대원군으로 더 널리 알려졌다. 어린 고종은 혼란 속에서 왕위를 물려받았다. 경제적으로 파산되었고 사회적으로도 낙후되어 있는 인구 천만의 고종 왕조는 중국과 일본 이외의 여타세계로부터 완전히 고립되어 있었다. 이러한 고립으로 조선왕조는 은둔의 왕국(Hermit Kingdom)으로, 한국은 또한 조용한 아침의 나라(The Land of Morning Calm)로 동방에 알려져 있었다.

1880년대 인도의 시성詩聖 타고르(Rabindranath Tagore)는 그의 시 동방의 등불에서 한국을 조용한 아침의 나라로 묘사하였으며 이때부터 한국은 조용한 아침의 나라로 알려져 왔다(타고르는 조선이 외부세계와 철저히 고립되어 있었기 때문에 한국을 조용한 아침의 나라로 표현한 것 같음). 한국역사에서 1864년에서 1873년까지 10년간은 대원군의 시대로 알려져 있다. 그는 완고하고 마음이 굳게 닫혀 있었으며 또한 패기만만한 기질을 가지고 있었다. 그의 목표는 왕가 통치와 왕실을 강화하고 그의 아들의 군림을 빛나게 하며 국력을 향상시키는 것이었다. 대원군은 그의 목표를 달성시키기 위해 1864년에 의정부議政府의 권한을 부활시켰으며 한동안 가장 강력한 정부 기관이었던 비변사備邊司의 역할을 축소시켰다. 1865년 대원군은 비변사를 완전히 폐지하였으며 그 대신 의정부가 정부의 최고기관이 되었다. 1868년에는 3군부를 최고 군사본부로 복구했다. 그는 정치를 안정시키기 위해 안동 김씨의 권력을 축소하고 각 파벌 학자들의 연계에 관계없이 재능있는 사람들을 기용했다. 그가 취한 가장 중요한 조치 중의 하나는 반부패 운동이었다. 정부관리들 특히 과거 백성들 사이에 반정부 정서를 불러 일으켰던 지방 관리들을 엄히 다스렸으며 1864년 한 해에만 약 150명의 부패관리들을 그들의 관직에서 내쫓거나 엄히 처벌을 했다. 반부패 운동 뒤를 이어 지방정부의 비리행위 감소에 목표를 둔 대책이 취해졌다. 많은 지방 세도 지주들도 국유지를 전유하였거나 세금을 포탈해 체벌을 받았다.

대원군은 또한 정부 세입을 늘리기 위한 개혁 조치를 단행했다. 그는 심지어 유교학파나 사회 또는 개인에 의한 불법 토지전용을 엄격하게 다뤘다. 이 결과 사설학파들이 소유하고 있는 많은 비과세 토지가 몰수되거나 과세되었다. 이와 함께 많은 사설학당들이 폐지되었고 왕족들의 토지 점유가 축소되었다. 은밀히 소유된 땅에 대한 모든 세금 면제도 불법화 시켰다. 그러나 대원군의 목표달성을 위해 실행된 개혁은 많은 부정적인 충돌과 영향을 가져왔다. 예를 들어 국가의 빈한한 재정 조건에도 불구하고 그는 궁궐 재건을 위한 야심찬 계획을 실천에 옮겼다. 1590년 후반의 일본침략 이래 폐허로 방치되었던 경복궁 재건에 자금을 조달하기 위해 그 가치가 백 개의 동화와 똑같은 크고 무거운 돈인 탕백천을 주조했다. 1867년에는 상품 운송세를, 1870년에는 각 가정에 군사세를 강제로 내게 하였으며 1871년에는 어업 및 소금 생산 업체에 세금을 부과함은 물론 토지에도 부과세를 지웠다. 이외에도 대원군은 자발적인 명목으로 기증금을 거두었으며 궁궐건립을 완성하기 위해 많은 숙련 노동자들을 모집했다. 장엄한 많은 궁궐 건문들과 부속건물과 대궐 문이 복구되거나 새로 건축되었다. 그러나 백성들의 세금 부담이 크게 늘어나 살기가 어려워짐에 따라 대원군에 대한 일반 백성들의 불만은 다시 고조되기 시작했다. 과중한 세금으로 백성들을 도탄에 빠뜨린 외에 대원군이 행한 가장 큰 실정은 철저한 외세 배척과 극단적인 쇄국정치였다.

# 대원군의 쇄국정책鎖國政策과 프랑스 및 미국 함대 격퇴

19세기에 늘어난 서구의 중상주의로 한국 영해에 출몰하는 서구 선박들의 숫자가 증가되었다. 1831년에 이미 한 영국 상선이 한국에 도착하여 무역을 요청했다. 1845년에는 수 척의 영국 배가 서남해안을 따라 나타나 해양탐사를 한 후 한국과의 통상관계를 요구했다. 그 이듬해에는 한 프랑스 배가 같은 목적으로 한국에 도착했다. 한편 1866년 3월에는 중국 상해(Shanghai)에 살고 있는 미국 귀화인인 한 독일인(Earnest Oppert)이 한국과의 무역설치를 해보려고 로나 (Rona)라는 영국 배를 타고 금단의 땅인 한국에 왔다. 그해 8월 두 번째로 한국에 원정을 하였으나 그는 목적 달성을 하지 못했다. 러시아 제국의 동쪽 팽창정책으로 한국과 러시아는 상업협정을 체결했다. 러시아의 해군 중장 예프피미 푸탸틴(Yevfimy Putyatin)은 1854년 늦 3월 한국의 서남해안에 있는 괴문섬(Koman Island, 거문도)에 도착하여 한국 정부에 러시아에 한국 개방을 요구하는 편지를 보냈다. 그가 라자레프 항구(Port Lazarev)로 명명한 원산 지역을 방문한 후 5월 푸탸틴 해군중장은 한국의 문호를 개방하라고 요청하는 두 번째 편지를 한국 정부에 보냈다. 1860년 중국으로부터 연해주를 획득하고 블라디보스톡(Vladivostok) 항구를 해군기지로 건설한 이후 러시아와 한국 간에는 많은 한국인들이 새로운 러시아 영토로 이주를 하면서 서로 간의 접촉이 빈번하게 되었다. 1864년 3월에 러시아인들은 두만강을 건너와 경흥에 도착한 후 러시아 상인들에게 시의 개방을 요구했다. 1865년 10월과 11월 두 달 동안 몇 개의 러시아인

단체들이 경흥에 도착하여 러시아와 한국 간에 상업 유대를 지체 없이 맺자고 요구를 했다. 현지 한국 행정장관은 주어진 시간 내에 그들에게 답변을 약속할 수밖에 없었다. 러시아인들의 위협에 직면한 그는 서울에 있는 한국 정부에 러시아에 대한 정책을 채택하라고 긴급히 요구를 하였다.

한국과의 상업 유대를 설립하기 위한 미국의 관심도 늘어갔다. 1844년 갈렙 쿠싱(Galeb Cushing)이 중국과 조약을 체결한 직후 뉴욕 출신 의회의원인 프라트(H. Z. Pratt)는 1845년 2월 15일 한국과 일본과의 통상협정을 달성하기 위한 즉각적인 조치를 요구하는 결의를 하원에 제출했다. 앞서 미국 역사에서 말했듯이 미국의 '명백한 운명(Manifest Destiny)'은 조만간 한국에 대한 문제를 꼭 일으키게 되어 있었다. 1866년 늦 3월 미국 상선, 서프라이즈(Surprise) 호는 한국 영해를 침범했다가 평안도 해안에서 난파되어 배에 타고 있던 승무원들은 한국인들로부터 친절한 대우를 받았으며 그들은 의주의 중국 관리들에게 넘겨졌다.

1854년 일본의 서구개방과 1858년 중국과 서구세력 간의 조약체결에 뒤이은 중국북부의 항구개방으로 한국은 고립을 유지하기가 불가능했다. 그러나 한국 정부는 서구 압력에 굴복한 중국과 일본의 부정적인 관점을 명백히 함으로써 한국을 야만인들에게 개방하고 싶어하지 않는 것은 아닐지라도 서구에 문호를 개방하는 것은 망설였다. 대원군은 반외국정책을 추구하지는 않았지만 서구에 문호를 개방하고 싶어하지는 않았다. 그는 내심은 민족주의자였으며 서구세력에 문호를 개방한 중국과 일본을 좋아하지 않았다. 그의 야심은 한국과 중국과의 관계에 본질을 바꾸고 한국 군주정치의 권위를 강화하는 것이었다.

1839년에서 1842년까지 중국과 영국 간에 일어난 아편전쟁과 1856년에서 1858년까지 중국에서 일어난 애로우 전쟁(The Arrow War: 1856년 10월 8일 광저우 앞 주장강에 정박하고 있던 영국국적의 범선 애로우(Arrow)호에 중국 관헌이 올라가 중국인 승무원 12명을 해적혐의로 연행해 감으로써 일어난 전쟁)에서 서구세력들이 중국을 취급하는 방법은 서구에 대한 한국 정부의 관심에 부정적 충격을 일으키기에 충분했다. 한국 해안 근처에 자주 나타나는 서구함선들, 무역 관계를 위한 러시아로부터의 점증하는 압력, 그리고 1860년 영국과 프랑스 군대들에 의한 북경 점령 등은 한국조정의 국가 안전에 대한 염려를 가일층 증가시켰다. 한국 정부 지도자들은 영국과 프랑스에 의해 시작된 중국의 애로우 전쟁이 한국으로 불똥이 튀지 않을까 우려했다. 대원군에 의해 실행된 천주교도들에 대한 잔혹한 박해와 1866년의 미국 함선 파괴는 바로 이러한 우려에서 비롯되었다. 한국에서 일어난 두 개의 사건들이 프랑스와 미국과의 직접적인 대결을 야기했다. 첫 번째 사건은 수 명의 프랑스 신부들의 처형을 포함해 한국 가톨릭 신자들에 대한 대대적인 박해이며 두 번째는 미국상선 파괴와 그 승무원들의 살해였다.

## 천주교 신자들의 학살 및 프랑스 함대의 한국 침입

대원군은 국내에 가톨릭 신앙이 점점 늘어나고 있을 뿐만 아니라 많은 양반계급들도 가톨릭 신앙으로 개종하고 있음을 잘 인지하고 있었다. 고종의 유모 마사 박(Martha Park)이 천주교 신자이며 대원군의 아내인 민부인도 가톨릭 신앙으로 기울어 가고 있었다. 한국 정부가 한국 북부지역에서 러시아의 교역 요구에 직면해 있을 때 남종삼(세례명: Jean Nam)과 홍봉주(세례명: Thomas Hong)와 같은 몇몇 가톨릭 신자들은 대원군에게 러시아인들의 위협에 프랑스의 도움을 청하는 게 좋을 것이라고 제안했다. 그것은 한국에 대한 프랑스의 도움을 확보하려는 것과 한국에 가톨릭 신앙의 공인을 가져오도록 하는 것이 이들 가톨릭 신자들의 목표였기 때문이었다. 러시아의 요구에 관련된 심각한 문제에 봉착한 대원군은 한국 가톨릭 신자들에게 마리 앙투안 다블뤼(Marie Antonie N. Davelay)와 시메옹 프랑수아 베르뇌(Simeon-Francois Berneux)와 같은 프랑스 승려들과 협조하여 프랑스의 도움을 구하도록 은밀히 요청했다. 그러나 그들은 러시아에 대한 프랑스 정부의 도움을 받는 데 실패했다. 대원군의 개혁수단에 반대하는 보수 유교학자들의 늘어나는 비판과 그의 명백한 가톨릭 신앙의 관용 및 러시아인들에 대한 프랑스의 협조를 그에게 가져다 주리라고 기대했던 가톨릭 신자들의 실패 등으로 1866년 2월 대원군은 가톨릭 신자들에게 무자비한 박해를 가했다. 그의 칙령으로 많은 한국인들에게 새로운 종교를 포기하도록 하는 한편 가톨릭 신앙에 여전히 충성을 하고 있는 약 8천 명의 신자들을 모조리 죽였으며 베르뇌와 다블뤼를 포함하여 아홉 명의 프랑스 승려들을 처형했다. 처형되지 않은 나머지 세 명의 프랑스 승려들은 박해를 피해 행방을 감추었으며 대원군의 천주교 탄압을 피해 숨어 있던 3명의 신부가운데 한 사람인 펠릭스 클레르 리델(Felix Clair Ridel)이 1866년 7월 청나라의 톈진天津으로 탈출해 프랑스의 극동함대 사령관인 피에르 귀스타브 로즈 제독에게 한국에서의 천주교 탄압 사실을 알리고 한국에 숨어있는 2명의 천주교 승려의 구출과 함께 한국 정부의 천주교 탄압에 대한 보복을 요구했다. 이 사건은 1846년과 1847년 두 차례에 걸쳐 한국을 침략했다가 실패했던 프랑스에게 한국을 재침할 좋은 구실이 되었으며 프랑스의 실제 속셈은 무력으로 한국의 문호를 개방하고 한국과 강제로 통상조약을 맺는 데 있었다.

리델의 보고와 보복 요구를 받은 주중공사 벨로네(Belone)는 로즈 제독에게 한국 침략을 명령했다. 로즈는 강화해협을 중심으로 한 서울까지의 뱃길을 탐사할 목적으로 3척의 군함을 이끌고 1866년 8월 10일에서 22일까지 제1차 원정을 단행했다. 프랑스 군함은 서울의 양화진, 서강까지 올라와 수로 탐사를 한 뒤 물러갔다. 이에 한국 정부는 황해도와 한강연안의 포대를 강화하고 의용군을 모집하는 등 프랑스 침략에 대비해 해안 방어를 강화했다. 9월 15일 로즈는 전함 3척 포함 4척 그리고 천여 명의 군대를 동원하여 한국을 침략했다. 이때 길잡이는 리델 신부와 조선인 천주교도 3명이었다. 프랑스 군은 16일 강화를 점령하고 서울로 진격한 후 한국이 프랑스 선교사 9명을 살해하였으므로 그 보복으로 조선인들을 죽이겠다고 협박하면서 한국 관리를 그들에게 보내 통상조약을 맺게 하라고 한국 정부를 위협했다. 한국군은 우세한 프랑스 군의 화력을 이겨내고 강화도를 수복하는 데에는 기습작전이 필요하다고 판단했다. 그리하여 10월 1일 밤 양현수가 약 550명의 군사를 이끌고 강화해협을 몰래 건너 정족산성으로 들어가 잠복하여 있다가 10월 3일 한국군을 공격해오는 프랑스군을 물리쳤다. 이 전투는 프랑스군 전사자를 포함하여 약 60명의 사상자가 났으나 한국군은 전사 1명, 부상자 4명 뿐이었다. 이 전투에서 한국군에 패한 프랑스군은 서울 진격을 포기하고 11월 중순 한국에서 철수를 했다. 프랑스군은 철수를 하면서 대량의 귀중한 서적, 무기, 금과 은 등을 약탈해 갔다. 이 사건 후 한국 정부는 제물포(지금의 인천) 근처와 강화도에 해안방어를 더욱 튼튼히 하는 한편 강력한 프랑스 함대를 물리친 대원군은 자신의 쇄국정책을 가일층 강화시켜 갔다. 그리고 1866년 프랑스가 한국을 침입한 해가 바로 병인丙寅년이었기 때문에 이 사건을 병인양요丙寅洋擾라고 이름을 지었다.


## 제너럴 셔먼호 사건(The General Sherman Affair) 및 신미양요辛未洋擾

프랑스의 침략으로 일어난 병인양요에 이어 미국의 한국해안 침입으로 일어난 사건이 바로 신미양요다. 1866년 여름 한 영국 상사에 위탁된 중무장을 한 미국상선 제너럴 셔먼호가 은둔의 왕국과 통상관계를 설치하기 위해 한국으로 항해를 했다. 제너럴 셔먼호는 중국항구로부터 제물포를 향해 출발하였으나 강풍과 높은 파도로 북쪽방향으로 밀려갔다. 이 상선은 8월 중순 평양 근처의 대동강 어구에 도착한 후 한 모래톱에 충돌하였으며 만조가 빠져 나감으로써 움직이지를 못했다. 이 상선의 소유주인 프레스턴(W. B. Preston)은 평양지사 박규수에게 통상을 요구하였으나 박규수는 프레스턴과 페이지

선장(Captain Page)에게 그는 외국인들과 협상을 할 권한이 없다고 통고를 했다.

미국 배가 한국연안에 접근한 것은 이번이 처음은 아니었다. 1855년, 1865년, 그리고 1866년 제너럴 셔먼호가 한국해안에 나타나기 직전에 미국 배가 각각 한국 동해안의 통천, 영일만, 그리고 선천군에 표류함으로서 한국과 3차례의 접촉이 있었으며 이때마다 한국은 미국 배를 이웃 청나라로 호송하는 등 친절을 베풀었다. 그러나 이번에는 완전히 사정이 달랐다. 셔먼호에 타고 있던 24명의 승무원들은 한 지방 관리를 체포한 후 한 스코틀랜드(Scottish) 개신교 선교사인 로벗 토마스(Robert T. Thomas)를 육지로 보내 종교자료를 현지주민들에게 나누어 주고 그들을 개종시키도록 했다. 그들은 현지 주민들로부터 음식과 물을 훔쳤으며 그들의 배로 여자들을 납치해 갔다. 그 결과 1866년 9월 2일 '교활하고 짐승 같은 외국인들'에 분노한 현지인들은 배를 공격해 불태웠으며 두 미국인과 한 영국인을 포함해 승무원들을 모두 죽였다.

제너럴 셔먼호 사건을 전해들은 중국 주재 미국공사 프레더릭 로우(Frederick T. Low)는 한국인들에 의해 살해된 승무원과 파괴된 재산에 대한 보상은 물론 사과를 받아내려고 시도를 했다. 한국 정부가 미국의 요구를 들어주기를 거절하자 한 미국원정대가 한국으로 왔으며 1871년 5월에는 이방인(한국인)들을 상대로 소규모 전쟁을 벌였다. 아시아 함대 사령관인 존 로저스(John Rodgers) 제독 휘하의 수백 명의 미국 해병대원들은 6월에 강화도와 그 인근에 있는 한국군들과 몇 주 동안 치열한 전투를 벌였다. 호랑이 사냥꾼들이라고 별명이 붙은 한국

병사들은 강화도 요새와 그 근처에 있는 초지진과 광성진에서 오재연의 지휘 아래 침략자들에 대항해 필사적인 전투를 벌였다. 그러나 그들은 미국 군대들의 우수한 군사력을 이겨낼 수가 없었다. 모든 방어자들은 죽거나 부상을 입을 때까지 필사적인 용기를 가지고 싸움을 하였으며 누구도 자진하여 항복하는 사람이 없었다. 미국 군대에 대적할 만한 무기가 없는 한국인들은 돌멩이를 긁어 모아 미국인들의 얼굴에 던졌다. 결국 살아남은 백 명가량의 호랑이 사냥꾼들은 언덕 밑 강으로 도망을 하여 거기에서 물에 빠져 죽거나 그들 자신의 목을 베었으며 그들 가운데는 지휘 장군도 끼어있었다. 이 전투에서 약 350명의 병사가 사망하고 겨우 20명의 병사가 살아남았으나 그들도 모두 부상을 당하여 포로로 잡혔다. 미국 군대의 피해는 거의 전무했다. 겨우 3명의 미국 병사가 전사하고 10명이 부상을 입었을 뿐이었다.

초지진과 광선진에서 압승을 거둔 미국인들은 한강을 거슬러 올라가 서울로 향하였으나 그들은 본토에서 한국 군대들로부터 뜻밖의 강한 저항에 부딪쳤다. 로저스 제독의 함대는 한국 정부가 협상에 동의할지도 모른다는 막연한 희망으로 한강 어귀에서 3주일을 머물러 있다가 마침내 7월 3일 닻을 올리고 중국으로 되돌아갔다.

프랑스 함대 격퇴에 이어 강력한 미국 함대까지 물리친 대원군은 의기가 양양했다. 그는 한국인들에게 외국으로부터의 위험을 경고하는 선포를 발표하고 '양이침범 비전즉화 주화매국洋夷侵犯 非戰側和 主和賣國, 즉 서양 오랑캐가 침범하는데 싸우지 아니하면 화친하는 것이고 화친을 주장하는 것은 나라를 파는 것이다'라고 새긴 척화비斥和碑를 전국 주요 도회지에 세웠으며 1871년에는 고립 정책이 공식적으로 선포되었다. 이와 함께 한국 정부의 쇄국 및 외국인 배척 태도는 더욱 견고해졌다. 그러나 무력을 동원한 미국과 일본의 개방 압력으로 견고한 대원군의 쇄국정책은 오래가지 못했으며 마침내는 한국이 이웃나라 일본에 점령당하는 수모를 당했다.

## 한국 정복파들과 반정복파들의 충돌

메이지 유신 초기부터 한국 정복을 계획했던 일본은 한국에서 일어나고 있는 모든 사태를 예의주시한 후 한국의 문호를 개방하려다 실패한 서구 세력들보다 우위를 점하기 위해 마침내 행동을 개시했다. 메이지 유신 이래 일본에는 한국을 무력으로 정복하자는 호전파 또는 정복파와 이에 반대하는 화평파 또는 반정복파, 두 파가 있었다. 사이고 다카모리(Saigo Takamori), 사이고 쓰구미치(Saigo Tsugumichi), 이타가키 다이스케(Itagaki Taisuke), 이토 심페이(Eto Shimpei), 고토 쇼지로(Goto Shojiro) 등이 핵심적인 호전파에 속하며, 수상인 산조 사네토미(Sanjo Sanetomi), 이와쿠라 도노미(Iwakura Tonomi), 오쿠보 도시미치(Okubo Toshimichi), 오쿠마 시게노부(Okuma Shigenobu) 그리고 기도 고인(Kido Koin) 등은 반정복파들이었다. 1873년 10월 22일 한국 정복파들은 황제에게 한국 정복을 건의하였으나 반정복파들의 반대에 부딪쳐 뜻을 이루지 못하자 사이고를 비롯한 다른 주전파 의원들은 황제에게 사임서를 제출하였으며 이와쿠라는 즉시 황제에 가 회의개요를 제출함과 동시에 현재 주요한 업무는 나라 안부터 튼튼히 하는 것이라고 강조했다. 10월 24일 황제의 결정이 발표되었다. 즉 한국 정복은 무기한 연기하며 사이고, 이타가키, 이토, 고토와 소에지마 다네오미(Soejima Taneomi)의 사임을 수리한 다는 내용이었다.

10월 27일 호전파에 승리를 한 반전파 멤버들은 오쿠마 집에 모여 장래 정책에 대한 합의에 도달했다. 이 모임에 참석한 멤버들은 이와쿠라, 오쿠보, 그리고 기도로 이들은 모두 국가 평의회 멤버가 되었다. 그러니까 반전파가 일본정치를 석권한 것이다. 회의 중 중대한 토론에서 오쿠보는 7개 항목 문서에서 그의 반전 입장을 가장 웅변적으로 요약하였으며 오쿠보의 이 7개 항목은 1868년의 헌장 선서(Charter Oath)보다 더욱 자주 인용되거나 명치 일본(Meiji Japan)의 기초 문서로 불릴 만한 가치가 있었다. 이 문서가 작성된 때는 1873년 10월로 되어 있으며 날짜와 수신인은 적혀 있지 않았다. 오쿠보가 이 문서에서 요약한 7개 항목 중 한국에 관한 항목만 간추려 본다.

"국가를 다스리고 국민을 보호하기 위해서는 유연한 정치를 행사하고 세계 정세를 잘 주시할 필요가 있습니다. 만일 이러한 정세가 좋지 않을 때에는 우리는 단순히 멈추지 않으면 안 됩니다. 내가 이렇게 말하는 이유는 한국에 대해 모종의 조치를 취하는 것이 너무 이르기 때문입니다. 정부의 기초는 아직 견고하지 않으며 지난 2년 동안 많은 오해가 있었고 이러한 오해는 곧 반란과 폭동으로 이어졌습니다. 이는 진실로 어려운 상황입니다. 이것이 내가 한국에 대한 전쟁을 반대하는 한 가지 이유입니다. 현재 정부 지출은 막대하며 수입은 지출을 능가하지 못합니다. 이렇기 때문에 만일 우리가 발포를 하고 수십만 명의 남자들을 외국으로 보내면 엄청난 비용이 들 것입니다. 외교관계에 있어 우리들에게 가장 중요한 나라는 러시아와 영국입니다. 그들과의 관계는 불확실합니다. 우리가 우리의 독립을 확보하지 못하고 강하지 않으면 러시아가 간섭할 것입니다. 우리가 만일 한국에 대해 전쟁을 일으키면 러시아는 조개와 새 두 가지를 모두 잡아 어부지리를 얻을 것입니다. 이러므로 지금은 한국에서 전쟁을 시작해서는 안 됩니다. 유럽과 아메리카와의 일본조약은 불평등합니다. 이것은 우리의 독립에 해롭습니다. 그러므로 우리는 이 불평등한 조약들을 수정하도록 최선을 다하지 않으면 안 됩니다. 그렇지 않으면 영국과 프랑스는 불안한 내부 사정을 구실로 군대를 보낼 것입니다. 이상으로 말했듯이 우리는 서둘러 전쟁을 해서는 됨이 내 결론입니다. 그러나 물론 우리는 한국의 오만한 태도를 묵과할 수는 없습니다. 그러나 현재는 한국을 공격할 뚜렷한 이유가 없습니다. 이제 우리가 토론했듯이 한국에 사절을 보내어 그들의 태도에 따라 전쟁을 할 것이냐 말 것이냐를 결정해야 합니다. 그러나 과거의 경험으로 보아 한국의 우리 사절 접견은 냉담할 것이 확실합니다. 이것은 곧 자동적인 발포를 의미합니다. 우리는 사절을 보내기 전에 군대를 보내는 것에 반대 결정을 하지 않으면 안 됩니다. 만일 전쟁이 일어나면 우리는 10만 이상의 군대와 근로자들과 많은 배 등을 가져야 합니다. 또한 중국이나 러시아가 우리가 한국에 전쟁을 일으키더라도 간섭하지 않을 것이라고 말들은 하지만 그 증거가 없습니다. 우리는 한국의 오만함을 견딜 수 없다고 말들은 하지만 이것은 전쟁을 하기에 충분한 이유가 되지 못합니다. 우리의 안전과 우리 국민들의 복지를 생각지 않고 발포를 하는 것은 매우 부적절합니다. 그러므로 나는 한국과의 전쟁에 반대를 합니다."

일본이 한국을 오만하게 보는 이유에는 대략 두 가지가 있었다. 첫째는 한국이 일본의 메이지 유신 정부를 인정하지 않았고 둘째는 일본은 한국 정부에 새로운 통상관계를 맺자고 여러 번 요청하였으나 한국은 한국이 독립국가가 아니고 중국의 속국이기 때문에 중국의 허락을 받아야 한다며 일본의 사절과 국서를 받아들이지 않았기 때문이었다. 한국 문제를 둘러싸고 데라시마 무네노리(Terashima Munenori)의 새 관리하에 있는 외무부에서는 모든 문제를 재심의했다. 모리야마 시게루(Moriyama Shigeru) 한국 전문가는 1874년 1월 11일 새로운 재심의 자료를 제출하였으며 모리야마는 그의 심의자료에서 한국이 일본과의 관계 개설을 거절하는 근본 이유는 한국이 일본을 두려워해서가 아니라 프랑스와 미국이 한국에서 일으킨 최근의 사건으로 한국은 일본을 이 두 나라와 같은 범주에 두었기 때문이라고 강조했다. 그러므로 일본은 이러한 한국의 두려움을 완화시킬 필요가 있다고 덧붙인 다음 쓰시마의 영주 소(So)가 한국에 대한 오랜 경험을 가지고 있으므로 그에게 한국의 두려움을 완화시키는 임무를 위임하는 게 좋다고 제안했다. 그로부터 3개월 후인 1874년 봄 모리야마는 소에 의한 협상방법을 준비하기 위해 다시 부산으로 파견되었다. 그러나 모리야마는 소의 도착을 기다리지 않고 실제 협상을 시작했다. 하지만 한국과의 협상은 별 성과 없이 짧게 끝났으며 재편성된 일본 정부는 한국 문제를 다시 생각했다.

오쿠보의 반전 성명은 이 재고의 관념기초를 잘 나타내고 있었다.

그것은 내부 재건의 원칙으로 정의되어 있었다. 또한 실질적이며 합리적이고 주의가 깊고 신중함을 즉시 떠오르게 했다. 그러나 상류 계급 지식인들은 오쿠보-이와쿠라 당파의 승리에 만족할지 모르지만 사이고, 이타가키, 이토 등이 옹호하는 불안에 찬 사무라이 집단들은 조금도 가라앉지 않았다. 호카이도 식민 이주부(Hokkaido Colonization Office)의 상급관료인 니시무라 데이요(Nishimura Teiyo)는 산조와 이와쿠라 앞으로 보낸 한 전문에서 일본 정부는 사무라이의 불만을 해결하기 위해서는 한국을 정복해야 한다고 경고를 했다. 그는 그의 전문에서 만일 한국과 전쟁을 하면 그들은 장교가 되어 국가의 대의를 위해 그들의 생명을 바칠 것이지만 정부가 한국 정복에 반대하고 내부 사정을 보지 못한 채 단순히 사무라이를 억압하려고 노력만 하면 무슨 문제가 일어날지 아무도 예견할 수 없을 것이며 그러면 사무라이는 국가의 안전은 고려하지 않을 것이라고 경고를 했다.

1월 14일 밤 이와쿠라가 황궁을 떠나고 있을 때 그는 무질서한 군중과 부딪쳤으며 그들로부터 수 명의 폭력배들이 나타나 이와쿠라를 공격하여 그에게 상처를 입혔다. 그들은 한국 정복 주창자들임이 곧 밝혀졌으며 내무대신인 오쿠보는 곧 사가(Saga) 현에서 한국 정복 폭동에 직면하게 되었다. 그들은 전국적 규모의 항의를 일으키겠다고 위협을 하였으며 1874년 2월 초 약 2,500명의 사무라이 반란자들이 반정부 운동을 일으켰다. 이 운동을 시작으로 후쿠오카(Fukuoka), 나가사키(Nagasaki), 오사카(Osaka), 그리고 사가(Saga) 현에서 도쿄에 이르기까지 대대적인 사무라이 반란이 있었다.

오쿠보는 이들 반란을 진압하기 위해 정부군들을 직접 지휘하였으며 2월 19일 국가 평의회는 공식적으로 모든 현과 대도시의 정부지도자들에게 이들 폭도들을 진입하라고 명령했다. 정부군들은 빠르게 승리를 했다. 사가 현에서 반란자들을 지휘하고 있는 사람은 이토였으며 오쿠보 지휘 아래에 있는 정부군들이 사가에 진입했을 때 이토는 가고시마(Kagoshima)로 피신했다는 소문이 들렸다. 결국 이토는 다른 4명의 반란 협력자들과 함께 도사(Tosa)에서 체포되었으며 그들은 즉시 처형되었다. 오쿠보가 이끄는 정부군에 진압된 사무라이는 이번에는 대만(Formosa)에 원정대를 보내 대만을 정복하자는 아이디어를 새로 내놓았다. 오쿠보는 한국 정복 주창자들과 사무라이를 진압했지만 대만에 원정대를 보내자는 사무라이에 반대할 수가 없었다. 그러나 오쿠보와 오쿠마는 대만 원정은 승인했지만 대만 원정을 제한했다. 그리고 일단 대만의 미개인들을 처벌하면 소규모의 치안부대만을 남겨놓고 대부분의 원정대는 대만에서 철수토록 했다.

이와 같은 계획을 세운 국가평의회는 1874년 5월 19일 대만 원정을 공식적으로 선언했다. 그러나 대만을 중국의 영토라고 주장하고 있는 중국 정부와 중국 정부에 커다란 영향을 끼치고 있는 영국의 영향으로 대만에 급파된 일본 원정대는 대만 남쪽만을 점령한 후 강제로 원주민들로부터 항복을 받아냈을 뿐 수백 명의 원정대원들이 병으로 죽어 더 이상의 군사작전을 시행하지 못했다. 일본 원정대는 대만을 철수하려 하였으나 뚜렷한 명분이 없었으며 원정비를 지불하면 대만을 철수하겠다고 중국 정부에 요구한 후 중국과 협상을 벌이기 시작했다. 중국과의 협상은 영국의 중재로 타결되었으며 그해 12월 초 대만 원정대는 의기양양하게 일본으로 돌아왔다.

## 운양호 사건(雲揚號 事件: Unyo-kan Incident)

　1873년의 돌발사건들은 일본의 한국 정책에 커다란 영향을 끼쳤으며 1875년 가을 오쿠보, 이와쿠라, 기도와 그들의 지지자들은 신중하고 조직적인 방법으로 한국 문제 해결을 향해 행동하고 있었다. 당시 모리야마는 부산에 있었으며 1874년 거의 한 해 동안 쓰시마 영주 소(So)의 계속 수행을 예상하면서 한국 관리들과 새로운 관계를 재건하려고 노력을 했다. 그는 "우리는 300년 동안 관계를 유지해 왔지만 이제 그러한 관계는 수정할 필요가 있다."고 한국 현지 관리들을 설득시켜 그들로부터 동의를 얻어냄으로써 상당히 좋은 성과를 거두었다. 새로운 관계 개선 조건들은 부산에 거주하는 일본인들을 보살피고 한국 관리들과 협상을 할 일본영사와 일본인 직원들을 부산에 상주시켜야 하며 일정한 제한 품목 이외에 외국 무역을 시행하여야 하고 표류하는 선박에 대한 해결을 위한 규정이 만들어져야 한다는 것 등이었다. 이러한 조건들은 중국의 승인과 함께 또는 그들의 승인 없이 정할 수 있는 것이었다. 일본은 이러한 보고를 받자마자 소(So)를 보내지 않기로 결정했다. 그 대신 1875년 1월 모리야마를 다시 한국에 보내 협상을 더욱 밀어 붙이게 했다.

　이번에는 한국인들의 배려에 덜 섬세한 감각을 나타냈으며 한국 협상자들은 곧 모리야마 측이 성의가 없다고 불평을 했다. 이러한 성의 부족은 모리야마가 일본을 언급할 때 '위대하다'는 말과 일본 황제를 언급할 때 '제국'이라는 단어를 사용하도록 강요한 사실에 의해 증명이 되었다. 더욱 공교로운 것은 모리야마는 증기선을 타고 와 서구

복장 차림으로 한국 협상자들을 대한 것이었다. 이러한 이유로 협상은 곧 다시 교착상태에 빠졌다. 그러나 이는 한국에 압력을 증가시키기 위한 고의적인 계획의 일부로 보였다.

한편 일본에서는 한국과의 협상이 결렬되자 모리야마, 그의 외교부 동료인 히로쓰(Hirochu) 그리고 사다(Sada)는 외무대신 데라시마(Terashima)에게 해저측정을 구실 삼아 군함 한 척을 한국 근해로 특파하도록 건의를 했다. 테라시마는 그들의 아이디어를 수용한 후 그 임무를 이와쿠라와 산조(Sanjo)에게 맡겼다. 이와쿠라와 산조는 곧 극비조건으로 가스가(Kasuga), 운요(Unyo), 데이유(Teiu) 등 세 척의 군함 급파를 승인했다. 이 군함 급파는 외무대신과 극히 몇 사람만 알고 있었다. 그리고 1875년 7월 내내 한국과의 전쟁 소문이 나돌았다. 이 군함들은 부산과 도라이 근처에서 작전행동을 취하고 있다가 9월 중순에 인천해안으로 이동을 했다. 거기에서 운요호로부터 한 작은 보트가 식수를 구하기 위해 육상으로 파견되었다. 9월 19일 그 보트의 승무원들이 해안가에 있는 한국인들에 의해 포격을 받았으나 그들은 다시 바다로 되돌아가 운요호에 의해 구출되었다. 일본인들은 문제를 조사하기 위해 휴전기를 단 또 다른 보트를 보냈으나 이 보트도 포격을 받았다. 그 후 9월 21일 일본군들은 포를 발사하여 한국의 해안 포를 침묵시켰으며 약 30명의 한국인들을 죽이고 남아 있는 무기를 빼앗은 다음 식수를 구했다. 이 운요 또는 강화도 사건은 대만의 원주민 사건과 같이 강화섬 근처에서 일어났기 때문에 오쿠보 방식의 행사에 적절했다.

이 사건 후 1975년 10월, 11월 그리고 12월 3개월 동안 오쿠보, 이와쿠라, 기도와 산조는 확고하나 평화적인 접근을 수행하기 위해 자주 회담을 하였으며 중장인 구로다 기요타가(Kuroda Kiyotaka) 장군을 전권공사로, 이노우에 가오루(Inoue Kaoru) 장군을 대리공사로 각각 임명하여 서울에 가 협상을 수행하도록 하였다. 그리고 모리 아리노리(Mori Arinori)를 북경사절로 임명하여 현안 문제를 제기토록 했다. 이들을 파견하기 전에 데라시마 외무장관은 존 빙험(John Bingham) 미국공사를 회의에 불러 일본 정부는 한국과 우호통상 협상을 강요하기 위해 한국에 위원단을 보내기로 했다고 그에게 설명했다. 데라시마 외무장관은 존 빙험의 조언을 간청하였으며 이 문제에 있어 일본은 외교적으로 무력 위협을 행사할 수 있음도 아울러 강조했다.

이는 1854년 페리가 무장 함대를 이끌고 일본에 가 통상개설을 요구했다가 거절당했을 때 그가 일본 정부에 협박을 했던 내용의 복사판이었으며 일반 외교관이 아닌 고위 장군을 협상자로 임명하여 한국에 보내기로 한 데에서도 한국 정부에 무력 위협을 가할 것임이 명백히 드러나 있었다. 빙엄은 데라시마에게 전쟁을 피하도록 축구하였으나 그는 적절한 방법으로 한국은 사리와 정당에 순종하도록 해야 함을 인정했다. 일본의 계획과 관련된 특수사안을 고려한 빙엄은 위원단의 배는 전투원을 태우고 가기 때문에 항구 밖에 정박하여야 하며 그들은 작은 보트로 육지로 가야 한다고 조언을 했다. 이는 외교적 마찰을 피하고 일본의 정당성을 입증하기 위한 것이었으며 데라시마는 같은 날 영국의 플런킷(Plunkett) 공사와도 똑같은 의논을 했다.

구로다-이노우에 사절단은 1876년 1월 한국으로 출발할 때 몇 가지 관점에서 매우 불길했다. 그러나 정부는 사절단에게 평화적인 의지와 방법으로 협상을 하라고 강조했다. 이때 일본 정부가 구로다-이노우에 사절단이 한국으로 가기 전에 그들에게 지시한 사항은 다음과 같다.

"한국인들은 우리의 사절들과 서신을 거절했다. 한국 정부는 우호를 끊겠다는 말은 아직 하지 않았으나 부산에 있는 우리 국민들은 여전히 박대를 받고 있다. 운요호의 공격이 한국 정부의 명령에 의해 이루어졌는지, 암시적인 승인으로 이루어 졌는지 또는 현지 관리들에 의해 시작되었는지 불확실하므로 그 원인이 규명되지 않으면 안 된다. 우리 정부는 한국과 우호가 완전히 중단되었다고는 생각지 않는다. 그러므로 우리 사절들은 평화적인 협정에 집중을 해야 한다. 만일 한국 정부가 우호적인 관계와 외국 무역을 받아들이면 이는 운요호 사건에 대한 배상 대안으로 고려해 볼 수 있다. 만일 평화적인 관계가 확립되면 우리는 도쿠가와의 예에 속박되지 않을 것이다. 그러나 다음과 같이 한 발짝 더 진전을 할 것이다. 즉 일본과 한국 간에는 영구적인 우호협정과 동일 수준의 외교의례 교환이 있어야 한다. 양국 국민들은 지정된 장소에서 교역을 할 수 있어야 하며 그들은 부산과 일본 거주지에서 자유롭게 장사를 하고 교역은 강화 시에서 허락을 받아야 한다. 한국 정부는 일본인들이 부산, 서울, 그리고 다른 장소로 편리하게 왕래하도록 해야 한다. 일본 배들은 한국 해역에서 수심측정을 할 수 있어야 하고 조난당한 사람들은 상호합의하여 그들의 나라로 보내져야 한다. 공사들은 양국 수도에 거주해야 하고 외교관들은 동일 수준이어야 한다. 영사관은 무역업자들을 관리하도록 교역 장소에 설치해야 한다. 상기 어떤 사항이 적절치 않을 때에는 그

사항은 제외될 수가 있다." 그리고 전술에 관한 비밀 훈령은 다음과 같았다.

"만약 한국인들이 우리의 요구에 응하지 않으면 그들은 다음 세 가지 태도 방법 중 하나에 의지할 것이다. (a) 그들은 우리 대표들을 폭력으로 대할 것이고, (b) 우리 대표들을 영접치 않고 우리 대표들이 공격을 받지는 않지만 그들은 우리의 메시지를 무시할 것이다. (c) 그들은 새 협정체결 요구를 받았을 때 중국의 명령 없이 답변할 수 없다고 말할 것이다. 만일 한국인들이 (a)에 의지하면 여러분들은 쓰시마로 물러가 모든 것을 상세히 보고한 다음 추가지시를 기다려야 한다. 만일 그들이 (b)의 행동을 취하면 여러분들은 항의 편지를 제출하고 추가 명령을 기다린다. 그들이 (c)에 의지하면 여러분들은 한국은 독립국이고 일-한 관계는 전에 결코 중국의 중재에 의하지 않았다고 말을 해야 한다. 지난해 한국 협상자 박영효는 모리야마에게 그는 중국의 승인 없이 일본 외무장관으로부터 메시지를 받겠다고 약속을 했다. 그러나 올해에는 그들이 일본인들에게 포를 발사했다. 그들이 일본인들에게 포를 쏜 것은 중국이 승인해서였나? 만일 그들의 포격이 중국의 승인 없이 수행되었다면 그들은 일본에 배상금을 지불해야 하고 새 협정이 중국을 통하지 않고 한국 정부에 의해 직접 체결돼야 한다. 만일 한국이 중국으로부터 답변을 받을 때까지 대답을 보류하기를 원한다면 대답을 기다리는 동안 일본 군대들은 서울에 주둔해 거기에서 공급을 받고 우리는 강화섬을 점령해야 한다. 우리 사절은 우리의 요구사항 중 어떤 것을 희생하여 협상에 대처하기 위해 진로를 변경하려 할지도 모른다. 그러나 다음 사항은 절대적이다. 부산과 강화에서의 무역, 한국 해역에서의 자유로운 항해, 그리고 강화 사건에 대한 사과 등이다. 만일 한국인들이 계속 거만한 행동을 취하고 이 기본적인 일본의 요구를 거절하면 비록 그들은 폭력을 행사하지 않더라도 평화적인 관계 수립이 불가능하다고 말을 하고 관계를 끊어도 된다. 그리고 일본으로 돌아와 사절단의 체면(존엄)을 보전해가며 추가명령을 기다린다.”

일본 정부로부터 이와 같이 치밀한 밀령을 받은 구로다-이노우에 사절단은 1876년 1월 6일 시나가와(Shinagawa)를 출항해 인천까지 느긋한 항해를 한 다음 하선을 하여 2월 10일 한국 관리들과 협상을 시작했다. 그들은 명치유신 이래 일본사절들이 한국에서 한국인들로부터 무례한 대우를 받아 왔음을 상기시키고 운요호의 포격에 항의를 하였으며 이들 문제에 대한 해결로 우호조약을 받아들이라고 제안했다. 그들은 협상은 10일 내에 완성되지 않으면 안 된다고 주장을 했다. 그런 다음 경과가 빠르게 진행되었다. 실질적인 협정이 10일 내에 타결되었으며 1876년 2월 26일에 조약이 완결되었다.

이 강화조약은 한국과 일본 간의 외교관계 개시를 규정하는 것으로 한국의 세 항구를 일본에 개방하고 한국 해역에서의 탐사수행 권리를 약속하는 한편 한국을 일본과 똑같은 주권을 누리는 독립(Independent: English text) 또는 자치(Self-governing: Chinese text) 국으로 언급을 했다. 일본은 한국을 ‘독립국(Independent)’이라고 공개적으로 표현함으로써 5백 년간 중국에 예속되었던 한국을 중국과 분리시켜 처음으로 독립국가로 인정을 했다.

물론 조약이 원활하게 그리고 용이하게 체결된 것은 단순히 서울에서 이룩한 협상 소산물은 아니었다. 2월 10일 이 협상이 시작되었을 때 중국-일본-한국 세 나라 간의 관계 주제에 관해 중국에서 거의 한 달 간의 막후 토론이 있었다. 이들 토론은 처음에는 일본사절 모리 (Mori)와 북경의 여러 관리들 간에 행해졌으며 다음으로 파오팅 푸 (Paoting-fu)에서 모리와 청나라 총독인 이홍장(Li Hung-Chang) 간에 이루어졌다. 대만 문제에 있어 북경에서 오쿠보에 의한 협상은 이러한 토론에 분명한 선례를 제공했지만 한 전권공사가 중국으로 파견되어야 한다는 특별제의는 기도(Kido)로부터 나왔다. 이때 외무부의 한 관리였던 모리는 외무부의 법률 고문인 페신 스미스(E. Peshine Smith)와 협동하여 한국 문제를 연구하였고 내각에 그의 견해를 제출한 후 11월 14일 전권공사로 받아들여졌다. 그는 한국에 관한 협상이 평화적이되 압박을 가해야 한다고 강조했다. 그의 지시 마지막 절에서 일본과 중국은 이웃이기 때문에 일본은 사태를 감추지 않을 것이나 한국 문제를 공개적으로 설명하도록 그를 보냈다고 모리가 설명하도록 했다. 모리는 1876년 1월 5일 북경에 도착하였으며 중국과 한국 간의 특징에 관해 북경 관리들과 곧 토론에 들어갔다. 북경 관리들은 한국을 중국의 예속국가라고 말을 했다. 예속이라는 뜻에 관해 질문을 받았을 때 그들은 비록 한국은 중국의 속국이지만 그것은 영토 소유를 의미하는 것은 아니라고 설명했다. 그리고 국내, 국외 문제에 있어 한국은 자치적(Self-governing)이라고 덧붙였다. 그렇다면 과연 한국의 중국 종속은 '공허한 이름(empty name)'뿐이 아니냐고 모리는 반문했다. 한국이 국외, 국내 문제 있어 자유롭기 때문에 한국은 실제로 한 개의 독립국가였다. 중국 관리들은 비록 한국은 그의 내외 문제들을 관리하고 있지만 한국이 한 개의 종속국가임을 모르는 사람은 아무도 없다고 답변했다.

한국의 국제적 지위를 어떻게 정의하느냐에 관한 난관은 해결되지 않았으나 모리는 중국은 그렇지만 한국이 일본의 사절들을 접수하라고 촉구해야 한다고 주장했다. 이에 관해 중국 관리들은 이홍장에게 조언을 해달라고 요청을 했다. 그는 일본이 표면상 전쟁이 아닌 평화를 위해 왔으므로 중국은 그 말을 액면 그대로 인정해야 하며 한국이 일본의 사절들을 받아들이고 그의 사절을 일본에 보내 운요호 사건을 설명하도록 조언해야 한다고 권했다. 무역협정에 관해서는 그것은 한국에 달려 있으며 그러나 만일 전쟁이 일어난다면 한국은 '가난하고 약해' 일본에 대적이 안 된다고 중국 관리들은 설명한 다음, "실제로 한국은 모든 개연성에서 명나라 왕조의 선례를 따를 것이며 우리들(China)에게 도움을 요청할 것이다. 이렇게 되면 곤경으로 귀착될 것이며 사태가 더욱 복잡해질 것이다."라고 덧붙였다. 그리고 난 후 2월 5일 일본인들과 협상을 해야 한다는 중국인들의 조언이 한국으로 넘어갔다.

이때에 한국의 실제적인 국제적 지위가 무엇인가 하는 복잡한 문제는 미국의 저명한 국제정치학자 넬슨 프레더릭(Nelson M. Frederick)이 그의 눈부신 연구저서 「한국과 동아시아의 구시대 체제(Korea and the Old Orders in Eastern Asia)」에서 명료하게 지적했듯이 한국의 국제적 지위는 유교 또는 서구개념 중 어느 것을 적용시키느냐에 따라 좌우되었다. 그러나 모리는 그가 기본적으로 주장한 서구의 국제 규정으로부터 그의 논술을 펴나갔다.

강화조약은 1873년 위기로부터 일본 정부에 떠오른 반전파에 의해 수정된 대로 한국 문제에 대한 해결을 구성했다. 그러나 강화 해결은 실제로 최초의 임시 해결에 지나지 않았으며 오쿠보, 이와쿠라 및 기도는 실질적인 의미에서 그들의 집단적 계승자인 젊은 협력자이며 평화파인 이토오 히로부미(Ito Hirobumi)에게 정치와 외교 처리를 넘겨주었다. 이때부터 일본에서는 오쿠보-이토오의 새로운 시대가 시작되었으며 이들의 '안전하고 온건한' 접근은 강화조약으로부터 한국 합병까지 내내 한국인들의 관계를 지배했다. 그러나 한국 문제 해결사인 오쿠보는 1878년 5월 14일 반대파들에 의해 정부지도자들 범죄인으로 몰려 암살당했다. 40년 동안 일본을 경험하고 연구한 미국인 그리피스(W. E. Griffis)는 일본의 이런 태도에 대해 "일본은 한국을 중세 시대로부터 되찾아 한국을 꾀어 근대국가로 만들었다."고 말을 했다.

결론적으로 1876년 2월 26일의 강화조약은 6척의 일본 군함과 8백 명의 군대가 동원된 무력 앞에 굴복하여 한국이 일본과 맺은 불평등 강제 조약이지만 일본이 한국을 중국에서 분리시켜 처음으로 독립국가로 인정하여 맺은 조약이라는 점이 주목할 만했다. 그러나 그 후 일본이 한국을 합병하기까지의 과정을 볼 때 일본이 중국으로부터 한국이 독립국임을 인정케 한 것은 중국의 간섭 없이 일본이 한국을 수월하게 점령하려 했던 전술인 것 같았다. 결국 운요호 사건은 일본의 한반도 침략 의도를 단적으로 드러낸 것이며 한국과의 불평등 조약 체결로 한국의 허약함과 무능함을 알아낸 일본은 한국의 식민지화에 더욱 박차를 가하기 시작했다.

# 한국의 서구 개방

한국이 고립을 벗어나 일본에 개항을 하고 난 후 중국의 주요 내륙지방과 해안지역을 식민지화해가며 각종 이권을 챙긴 미국, 영국, 프랑스, 독일, 러시아 등 세계 열강들은 앞다투어 한국으로 진입하여 한국에 기득권을 가진 일본과 겨루어가며 서로 우위를 점하려고 치열한 경쟁을 벌였다. 이들 열강 중 일본 다음으로 한국에 진출해 두 번째로 한국과 협정을 체결한 나라는 미국이었다. 그러나 미국이 한국과 협약을 맺은 과정은 그리 순조롭지 못했다. 1871년 5월 한국 문제 처리에 실패한 미국은 한국과 외교통상 관계를 설립하기 위해 여러 번 노력하였으나 효과를 보지 못했다. 1880년 5월 한국과 관계를 맺기 위해 로벗 슈펠트(Robert W. Shufeldt) 제독은 미국 군함 타이콘데로가(Ticonderoga)호를 타고 부산항구로 들어왔으나 한국 관리들과 협상을 여는 데 실패를 했다. 미국을 대표한 슈펠트 제독의 한국 협약 요구는 서울 주재 일본인들을 통해 제기되었으며 대답은 부정적으로 돌아왔다. 한국인들은 슈펠트의 요구가 부적절하게 제기되었으며 더욱이 한국의 외교관계는 이웃나라 일본에 국한되어 있다고 선을 그었다. 후에 슈펠트는 중국의 이홍장의 도움을 통해 협약을 얻어냈으며 미국과 한국 간의 협정은 1882년 5월 22일에 서명되었다. 그러나 미국이 한국과 맺은 조약은 우호통상조약이라기보다는 별 의미가 없는 한 개의 '친선조약(Goodwill Treadty)'에 지나지 않았다.

넬슨(Nelson)은 이홍장의 역할과 그의 영향력을 효과 있게 한 중국과 한국의 종속국가 관계를 강조하면서 이홍장은 일본이 슈펠트의 노력을 가로막으려고 노력한 인상을 남겨 놓았다고 말을 했다. 그러나 일본 주재 빙엄 미국공사는 일본인들이 성심껏 행동했다고 진술했으며 또한 그들의 문서철에서 대외비로 보관되어 있는 일본 외무부의 사건 기록에는 당시 외무장관인 이노우에가 한국 정부에 "미국인들의 동기는 단지 우호적인 외교통상일 뿐이다. 한국 정부의 영속적인 고립은 좋지 않다. 그런 고립은 예기치 않은 해를 초래할 것이다. 그러니 미국의 제안을 받아들여라."라고 조언했음이 분명히 나타나 있다. 그리고 한국이 슈펠트의 요구를 호의적으로 받아들이지 않은 것은 우리(일본)의 조언에 극단적으로 반대하는 것이라고 기술하고 이 문제를 논의하러 한국인들이 도쿄에 왔을 때 이노우에는 미국과 영국과 프랑스와 신속히 관계를 개설하고 자체방어(Self-defense) 계획을 세우라고 그들에게 조언을 했다고 되어 있다.

일본인들은 1882년 중엽까지 한국에 대해 커다란 음모를 추구하지 않았다고 많은 사람들은 분명히 생각한 것 같았다. 그러나 1882년 7월 23일 일본인들의 강화조약의 은밀한 이행이 서울에서 일어난 격렬한 반일 폭동에 의해 중단되었다. 1882년의 반란은 일부는 강화조약을 반대하는 한국의 반응이었으며 다른 외국인들의 한국 쇄도에 대한 항의이기도 했다. 또 다른 부분은 고종의 섭정인 대원군과 고종이 성년에 도달한 이래 국사에 참여하기 시작한 고종의 부인 민비 간에 조정 내에서의 추악한 세력 다툼 때문이었다. 민비 덕분으로 세력을 얻은 민씨 파들도 민비 편을 들며 그들의 세력 다툼에 끼어들었다. 섭정으로 그의 격렬한 쇄국정책 강행과 천주교 박해와 한국 땅에 상륙한 외국인들을 살해하거나 내쫓아 주목을 받아온 대원군은 1873

년 12월 이래 은퇴하여 왔으며 그리고 그는 그가 섭정할 때보다 덜 배타주의 정책을 추구하는 민비 일족들이 궁정에서 세력을 잡는 것을 불안스런 눈으로 지켜보고 있었다.

한국 개혁의 길잡이였던 모리모토 레이조(Morimoto Reizo)의 개혁 전망은 구체제에서 기득권을 가지고 있던 한국 군대들을 불안하게 하였으며 그들로부터 흘러나오는 음모는 곧 대원군의 통솔을 요구하고 있었다. 5월 22일 한-미 조약 서명 후 가뭄과 흉작이 뒤따랐다. 음모지도자들은 외국인들의 침입을 이러한 자연재해에 연결시켜 귀엣말로 유포시켰으며 이러한 유언비어는 점점 확대되어갔다. 7월 23일 밤 군중반란이 서울에서 일어났으며 민씨 파에서 나온 수 명의 고종 대신들이 그들의 집에서 수색되어 토막으로 난도질당했다. 고종은 기적적으로 도주하였고 군중들은 민비의 시체로 생각되는 것을 응시하고 있었다. 모든 사람들은 민비가 섭정의 명령에 의해 살해되었다고 생각했다. 그러나 누군가가 그녀에게 다가오고 있음을 눈치 챈 민비는 준비를 했다. 한 여자 수행원이 그녀의 거소에서 독살되었으며 민비는 그녀 방 밖으로 안전하게 빠져 나갔다. 일본 공사관에 대한 공격이 뒤따라 일어났다. 다보하시 기요시(Tabohashi Kiyoshi)의 설명에 따르면 이 공격은 어떤 극적인 위업에 의해 중요한 위치를 얻기를 희망하는 대원군의 첫째 양아들에 의해 계획되고 지휘되었다는 것이다. 이 사건이 바로 임오군란壬午軍亂이며 이 사건 바로 직후 중국이 간섭을 했다. 3~4천 명의 중국 군대들이 한국으로 밀어 닥쳤다. 그들은 재빨리 서울에서 질서를 회복했다. 1882년 8월 25일 마진청(Ma Chien-Chung) 중국 조사관은 대원군을 수감하고 불과 몇 시간 내에 그를 배에 태워 중국으로 압송했다. 그리고 난 다음 마진청은 한국인들에게 일본인들과 협상을 하라고 지시를 했으며 그 자신이 양쪽의 분쟁에 중재를 하겠다고 제의를 했다. 그러나 하나부사 요시모토(Hanabusa Yoshimoto) 한국 주재 공사 대표단은 그들은 한국을 외교문제를 스스로 해결할 능력이 있는 독립국가로 간주한다는 점을 분명히 하며 마의 제의를 거절했다. 9월 3일 한국과 일본대표들에 의해 조인된 해결 조건은 다음과 같았다.

"한국은 15일 내에 일본인들을 습격하여 범죄를 저지른 무리들을 체포해 처벌하기로 약속을 하였으며 13명의 일본인 사망자들에게 적절한 장례를 해주어야 함은 물론 사망하고 부상을 입은 가족들에게 5천 엔(yen)을 지불하고, 공사관에 입힌 손해에 대해 그리고 일본원정대 파견 비용으로 5만 엔을 지불하며, 일본 군대들(1개 대대)을 향후5년 동안 일본공사관 주변에 주둔시켜 공사관을 보호하게 한다. 또한 한국은 일본에 중대한 사절단을 보내 이번 사건에 대해 공식 사과를 하도록 하고, 일본사절들과 영사들 그리고 그들의 수행원들은 앞으로 한국에 무제한의 여행을 허락 받으며, 자유항 지역의 일본인 거주자들도 더욱 큰 자유를 부여받고 한 개 항구를 더 개방한다." 이 조약이 바로 강화도 조약 다음으로 1882년 8월 30일 일본과 두 번째로 맺은 제물포 조약이었다.

한편 미국은 1882년 5월 22일 한국과 맺은 우호 통상조약(The Treaty of Amity and Commerce)으로 낮은 관세와 치외법권을 포함하여 한국으로부터 많은 특권을 챙겼다. 이듬해인 1883년 5월에는 루시어스 푸트(Lucius H. Foote)가 한국 주재 최초 미국공사로 서울에 도착하였으며 같은 해 9월 최초의 한국 친선사절단이 미국으로 파견되었다. 그리고 4년 후인 1887년에는 박정양이 주미 전권공사로 미국에 파견되었다. 미국이 한국과 우호 통상조약을 체결한 직후 한국의 국내 사정이 고도로 불안하고 여러 가지 사건으로 일본과 한창 마찰을 빚고 있을 때 서구의 다른 강대국들이 한국으로부터 여러 가지 이권을 얻어내기 위해 속속 한국으로 들어와 한국 정부와 통상조약을 맺었다.

1845년 한국 남해안을 따라 해양탐사를 벌이고 1876년에는 한국의 거문도를 점령해 러시아의 남진봉쇄 시도를 해가며 한국에 눈독을 들여왔던 영국은 1883년 11월 26일 한국과 한-영 수호 통상조약을 맺었다. 그리고 같은 달 같은 날 독일은 한국과 한-독 수호 통상조약을 체결하였으며 조약 내용에는 독일 측 요구가 많이 반영이 되어 있었다. 이듬해인 1884년 6월 26일에는 한국과 이탤리(Italy) 간에 우호 통상조약이 체결되었으며 7월 7일에는 한국과 러시아가 조-러 우호 통상조약을 맺었다. 1866년 대원군이 프랑스 선교사를 탄압하고 강화도를 침략했던 프랑스군 함대를 격퇴한 이래 프랑스는 한국을 멀리해오다 1886년 6월 4일 한국과 한-불 수호 통상조약을 체결했다. 특히 프랑스는 1894년 청일전쟁이 벌이진 후 러시아, 독일과 더불어 3국 간섭(Triple-Intervention)의 일원이 되어 경의선 부설권, 광산 채굴권, 한국 정부에 대한 차관 공여 등 막대한 경제적 이권을 얻었다. 그리고 한국이 외국에 개방을 한 서구국가 중 가능 늦게 한국과 조약을 체결한 나라는 오스트리아(Austria)와 헝가리(Hungary)였다. 오스트리아-헝가리-한국 조약은 1892년 6월 23일 일본 도쿄에서 체결되었으며 이로서 1876년 일본과 중국과 공식적으로 조약을 맺은 이래 한국이 조약을 체결한 서구 국가들은 총 6개국이 되었다. 그러나 이 모든 조약들은 한결같이 한국에 불리한 조약들이었다. 서구의 근대문물을 받아들이기 위해 적극적으로 문호를 개방한 일본과는 달리 한국은 친선을 맺고 통상을 하자는 서구 제국과 일본에 굳게 문을 걸어 잠그고 있다가 그들의 무력적 위협에 의해 마지못해 조약을 체결했기 때문에 이들 국가들은 자신들에 유리한 조건만을 많이 넣어 조약을 맺었기 때문이었다.

서구 국가들이 한국과 조약체결 시 많은 장애와 문제가 있었지만 그 중에서도 가장 장애가 되었던 것은 한국의 지위, 즉 한국이 중국의 속국인가 또는 독립국가인가 하는 문제였다. 한국 관리들은 그들이 해결할 수 있는 문제가 나타날 때에는 한국이 독립 국가라고 했다가 그들이 해결할 수 없는 문제에 봉착하면 한국이 중국의 속국이기 때문에 중국에 물어봐야 한다며 수시로 말을 바꿨다(일본은 한국의 이 같은 이중적 태도 때문에 한국을 교활한 나라라고 불렀음). 한국과 조약 관계를 추구하는 서국 강대국들의 대표자들은 한국 지위에 관한 중국의 역설적인 묘사에서 한국이 중국의 속국이라는 표현에 어리둥절했다. 왜냐하면 한국은 국내, 국외 문제 처리에 자유스럽고 스스로 책임을 지기 때문이었다. 그러나 미국의 슈펠트는 모리와 같이 이홍장이 한국이 중국의 속국임을 장황하게 설명할 때 공손히 듣고 있다가 한국이 주권능력을 가진 가정에 근거하여 미국-한국의 조약에 서명을 했다. 그는 이홍장과 그의 부하들이 실제로 톈진(Tianjin)에서 한국을 대신해 조약을 협상하고 인천에서 조약서명식을 거행한 사실을 무시했다. 미국무부는 조약을 접수하며 한국이 '사실상의 독립국가(de fatco independent nation)'이며 슈펠트가 조약체결에서 중국으로부터 받은 협조는 어떤 의미에서도 중국의 종주권을 인정하는 것이 아니라는 입장을 취했다.

일본도 이홍장의 도움으로 한국과 조약을 체결했지만 한국이 주권국가인지 또는 중국에 예속되어 있는지 분명치가 않았다. 한국대표들은 일본과 조약 체결 시 한국은 독립국가라고 했다가 그 다음에는 중국에 속한 속국이라고 말을 바꿨다. 일본은 한국의 애매한 태도에 대해 중국과 직접 논쟁을 하지 않는 것이 나으리라고 판단하고 미국, 영국, 프랑스, 독일 그리고 그 외 다른 국가들의 견해를 받아야 한다고 주장했다. 그러나 일본 총리 이토오 히로부미는 한국이 자주적 국가임을 그 스스로 밝히는 것이 매우 시급하고 이를 공개적으로 선언해야 한다며 반대견해를 표명했다. 이토는 "일본은 한국인들에게 도움을 주고 그들이 책임을 느끼도록 해야 한다. 그들은 힘도 없고 자원도 없다. 이 때문에 그들은 다른 대안이 없이 중국에 의존할 뿐이다. 그러므로 그들이 그들의 독립을 선언하도록 그리고 한국이 중국에 속해 있다고 한 고종의 고십과 선언을 세거하도록 도와주는 것이 일본 정책이어야 한다."라고 말을 했다. 일본은 고종과 한국인들에게 한국이 독립국가임을 끊임없이 인식시키려고 노력하였으며 미국도 한국을 독립국가로 간주하는 한편 한국과 협정을 맺은 다른 나라들도 그들의 영향력을 통하여 한국의 독립이 점진적으로 실현될 것이라고 전망했다.

# 13
# 이상주의 돌입 및 자유주의 열망
# - 정부경계에 도전

1876년에서 1883년까지 냉담한 반 한국 정복(Anti-Conquer Korea) 현실주의가 일본의 한국 정치를 지배했다. 이러한 정책은 새로운 근대기류를 한국에 들여오는 데 목표를 두었으며 그것은 한국과 조약관계 수립을 추구했던 다른 나라들에 대한 배타주의가 아니었다는 의미에서 진보적이었다. 그러나 현실적인 정치에서 그 궁극적인 관계 골격은 한국이 아니라 일본이었다. 그러므로 한국이 관련된 많은 문제들을 타협으로 해결 지을 수 있었으나 일본의 안보가 연관된 문제는 궁극적으로 아무것도 해결되지 않았다. 그럼에도 불구하고 관계 골격 내에서 적어도 1883년까지는 일본의 과두 정치가 정책 공식과 집행을 견고하게 관리함으로써 일본은 한국 문제에 신중하게 대처할 수 있었으며 또한 더욱 개화가 되었다. 그러나 1884년에는 일본의 정치적인 무대에서 이 안전하고 온건한 한국 정책에 도전하기 시작하는 다른 지배세력이 발견되었다. 이제 그들의 영향력이 고찰되어야 한다. 이러한 변화된 일본 정책과 더불어 한국에서도 새로운 진보세력들이 서서히 활동을 개시했다. 이러한 진보운동은 1870년대 이후부터 나타나기 시작했으나 그 운동이 적극적으로 전개되기 시작한 것은 1884년이었다.

진보와 자유사상에 매혹된 최초 한국인들은 한국 밖으로 나가 진보된 국가들을 방문할 기회가 있는 사람들이었다. 그들은 진보와 자유사상에 단순히 매혹되었다기보다는 고무를 받았다고 표현하는 게 더 나을 것이다. 그들 중 이승만(Syngman Rhee)은 새로운 전망고무를 맨 처음 받은 사람들 중 가장 나이어린 당대인이었지만 그들에 대한 감화중 주요한 힘의 표본으로 일컬을 수 있다. 그러나 아직도 이승만의 경우는 한국인들을 위한 진보와 자유시각이 무언가 덧없는 희망이었으며 너무나 오랫동안 그림의 떡으로 이승만과 같이 그(진보와 자유) 달성에 그들의 인생을 받쳐온 사람들조차 그들의 전망을 잃는 경향이 있었다는 것이 입증되었다. 그들이 부딪치고 대항해온 좌절과 환멸과 불합리는 너무나 압도적이라 초기의 자유주의는 의심과 비통 속으로 사라졌다. 혹자는 한국 최초의 미국공사 박정양을 생각한다. 그는 1888년 미국 대통령을 만나러 올 때 몇 갑의 마닐라 시가(Manila Cigar)를 몰래 가지고 들어와 한 어린 한국 학생에게 그 대신 그 시가를 팔도록 했다.

매혹되었건 고무받았건 1883년까지 한국 밖에서 새로운 세계의 얼떨떨한 포도주 냄새를 맡고 그것을 흥미 있게 맛을 본 일단의 용감한 한국인들이 있었다. 그들은 독립모임(Independence Party), 진보모임(Progressive Party), 개혁모임(Reform Party: 일명 개화파) 또는 친일모임(Pro-Japanese Party) 등 여러 가지로 불렸다. 그러나 새로운 세계와의 그들의 첫 번째 접촉 장소는 일본이었으며 과연 여러 해 동안 그들은 일본에서 은신처와 활력과 그리고 희망을 발견했다. 그들의 지도력은 초기 일본 사절단들의 단원으로부터, 1876년의 조약 비준 사절로부터, 1881년 문화 사절로부터, 그리고 일본의 진보를 본질적으로 관찰하고 연구하기 위해 다른 사절단원보다 오래 남아있던 몇몇 단원들로부터 들어왔다. 1881년 문화 사절단의 일원이었던 위에 언급한 박정양은 비록 그는 후일 미국 주재공사와 한국 총리가 되었지만 이들 일본 사절단원들 중 가장 패기가 있거나 가장 지도력이 있는 사람은 결코 아니었다. 심지어 박정양을 이 두 가지 직업으로 안내했던 미국인 의료 선교사, 호러스 알렌 박사(Dr. Horace N. Allen)마저 박정양을 나약하고 우둔한 친구라고 묘사를 했다. 가장 유능한 사람들은 1884년에 살해된 독립모임 창설자인 홍영식, 고종의 매부이며 그의 기품 있는 서열 덕분으로 개혁가들 중 가장 명성이 높은 박영효, 서광범 그리고 모든 사람들 중 아마도 가장 쾌활하고 대담한 김옥균 등으로 판명되었다. 이들은 모두 한국의 양반계급 지식인들이었다. 이 그룹에서 두드러진 또 다른 멤버들은 서광범의 친척인 서재필과 한긴직, 변수, 그리고 역시 1884년에 살해된 박영교 등이었다. 이들은 모두 1883년까지 일본에 있었고 그들 중 몇 사람은 체류를 연장하였으며 홍영식, 서광범, 편수 등은 최초의 한국인 미국 사절단의 멤버가 되어 1883년 9월 이 나라를 방문했다. 사절 임무를 마치고 미국으로부터 돌아온 홍영식은 너무나 찬란한 빛 속에 쌓여 눈이 부실

정도였다고 그의 경험을 묘사했다. 아마도 미국은 다소 비현실적일 정도로 휘황찬란하였지만 일본은 가깝고, 현실적이며 미국에서 관찰된 성취 방향에서 분명히 지적된 것들이 이룩되어 가고 있는 접근하기 쉬운 장소였다. 즉 뉴욕 병원, 서부연합 전신국, 뉴욕 소방서, 해버마이어스 설탕 정제 공장, 그리고 브루클린 해군 공창 등이 한국 사절단이 목격한 눈부신 성취의 일부였다. 일본이 성취한 것들은 미국이 이룩한 이들 업적만큼 그렇게 눈부시지는 않을지 모르지만 그러나 일본은 고립을 끝내고 겨우 30년 만에 한 나라를 위해 놀랄 만한 일들을 해가고 있었다. 이들 두 나라의 놀라운 진보와 발전에 깊은 영향과 감명을 받은 한국 개혁가들은 그들의 개혁을 한국에서 실천하기 위해 대대적인 정치 변혁(Coup)을 꾀하기 시작했다.

일본의 자유주의자들은 한국의 초기 진보 운동을 위해 일부는 동정심에서 한국인 문제에 관여를 하였으며 한국의 개혁 지도자들은 그들이 일본에서 자유주의 목표 달성에 기여를 할 희망으로 일본의 자유주의자들과 손을 잡았다. 그러나 여기에서 한 가지 짚고 넘어가야 할 게 있다. 한국인 방문자들이 목격한 제도적, 기술적 진보는 물론 주로 오쿠보의 내부건설 원칙에 따른 일본 정부의 단호한 정책과 노력의 결과였다. 그러나 오쿠보 자신부터 1880년대 초기 외무장관으로서 이들 임무의 공식주최자였던 이노우에 가오루에 이르기까지 이들 지도자들은 냉담한 과두 정치 신사들이었다. 이미 나타난 것과 같이 비록 그들의 정책은 진보적이었지만 그들은 감정이나 열광이 그들의 현실적인 판단을 이기는 것을 허락지 않았다. 간단히 말해 그들은 그들의 일본 내부건설 계획이 그들이 그토록 효과적으로 옥박질

렀던 한국 정복(Korean Conquer: Seikan)에서 보다 더 한국의 개혁에 관여함으로써 위태롭게 되는 것을 보고 싶어하지 않았다. 아마도 한국의 예비 진보주의자들은 초기에 이를 분석하지 못했을지 모르지만 그들은 그들의 공식 안내원들을 벗어났을 때 그들이 발견한 즐거운 온정에 비교하여 일본 관리들의 다소 차디찬 격식에서 대조적인 분위기를 느꼈음에 틀림없었다. 다시 말해 한국의 진보운동 문제에 관여한 일본 자유주의자들은 표면적으로는 한국의 개혁가들을 도와주는 척했지만 내심으로는 한국 정복 야심을 그대로 가지고 있었다. 일본의 자유주의자들이 한국의 진보자들을 편드는 것은 단순히 한국 정복의 연장에 불과 하였으며 일본의 자유주의자들과 한국의 진보주의자들 간의 관계에 대표적 인물은 후쿠자와 유키치(Fukuzawa Yukichi)와 게이오(Keio)로 이중 후쿠자와는 규슈(Kyushu)의 신분이 낮은 사무라이 집안 출신이었다. 메이지 유신 때 한국 정복을 제일 먼저 들고나온 자들은 사이고 다카모리(Saigo Takamori), 오쿠마 시게노부(Okuma Shigenobu) 그리고 무쓰 무네미쓰(Mutsu Munemitsu)와 호전주의자인 사무라이들이었다.

후쿠자와와 일본의 다른 자유주의자들이 잠재적인 한국의 개혁가들과 가까이 접촉하기 시작한 것은 1881년경이었다. 그때부터 한국 문제에 관한 그들의 행동 속도는 1884년 12월에 일어난 서울반란(한국역사에 나오는 갑신정변甲申政變)과 1885년 가을에 그 절정에 도달한 오사카 사건(Osaka Incident)과 함께 일종의 클라이막스에 도달할 때까지 급속히 증가했다. 후쿠자와, 김옥균, 박영효 간에는 그들이 고안해낸 전신부호 방법에 의해 비밀통신이 오고갔다. 그리고 후쿠자와는 한국의 실정을 살피러 한국을 여행한 후 한국이 무엇이 잘못되었는지에 대한 개요를 작성하여 한국의 고종에게 제출하였으며 그 개요의 주요 요점은 다음과 같다.

"한국 국민들은 총체적으로 매우 가난하다. 음식과 의복과 거주와 수입 면에서 그들은 일본인들보다 살림 형편이 훨씬 나쁘다. 그들은 거의 저축이라는 게 없다. 그리고 국민 대다수가 게으르다. 사람들은 그들의 입에 긴 담뱃대를 물고 거리를 어슬렁 어슬렁 거닐고 있다. 이 나라에서는 사람들이 정식으로 갓을 쓰고 짚으로 만든 짚신을 신고 담뱃대를 물고 땅을 경작하는 모습을 쉽게 볼 수 있다. 그들이 가난한 이유는 양반계급들이 모든 이익을 빼앗아 가기 때문이며 그러므로 사람들은 그들이 일을 해도 하등의 보상이 없다. 운송도 대단히 나쁘다. 상품들은 부유한 지역과 가난한 지역 간에 쉽사리 교환될 수가 없다. 한국은 짐승가죽, 목재, 콩, 그리고 광물질이 풍부하나 그 천연자원은 무시되고 있다. 인구는 늘어나고 도덕은 악화되고 있다. 정부 조사에 따르면 인구는 1,050만이지만 그러나 내 짐작으로는 2,650만이 틀림없다. 그러나 인구와 가구수는 감소하고 있다. 많은 타락적 풍습도 있다. 즉 도둑질, 성문란, 사기, 저속한 사이비 종교가 타락적 풍습이다. 또한 세금이 너무 과중하고 뇌물수수가 지방 관리들 간에 횡행하고 있다."

후쿠자와는 한국이 안고 있는 이러한 문제들을 상세히 열거한 뒤 외국 자본을 얻어 이들 문제들을 개혁하라고 고종에게 권고했다.

1882년 김옥균과 박영효가 사과 사절로 일본에 갔을 때 후쿠자와는 김옥균과 박영효에게 더 많은 한국 젊은이들을 일본에 보내 공부를 하게 하고 한글과 한문을 혼합한 한국의 쓰기 방식을 개혁함은 물론 서울에 신문사를 설립하라고 조언했다. 후쿠자와는 또한 이론적인 정치에 관해서도 김옥균과 박영효에게 훈계를 했다. 일본을 포함해 세계의 모든 문명 국가들은 주권을 가지고 있으나 2천 년이나 되는 오랜 문화를 가진 한국은 아직도 크고 오래된 나라인 중국에 속해 있다고 지적을 해주었다. 김옥균과 박영효는 이때 처음으로 진정한 독립의 의미를 깨달았다. 후쿠자와는 정치와 군사계책을 배우지 않으면 나라를 세울 수 없으며 일본을 능가하도록 일반인들의 배우는 힘을 넓히라고 촉구했다.

계획대로 그리고 정말로 서울에서 개혁이 진행되고 있었다. 일본 정부는 한국의 개혁에 여전히 냉담했지만 김옥균과 후쿠자와와 그의 동료들은 한 커다란 계획을 준비하고 있었다. 지난 가을 김옥균은 후쿠자와로부터 소개를 받은 일본 자유주의 모임의 고토 쇼지로(Goto Shojiro)를 만나 그에게 한국의 자유주의 대의를 위한 재정원조와 무기지원을 요청하기 위해 일본으로 갔다. 고토는 그 생각이 대단히 흥미롭다고 표현한 다음 실제로 백만 엔의 지원에 관하여 이야기를 하기 시작했다. 그는 김옥균에게 그 돈을 제공할 수 있다고 말을 하였으며 한국의 개혁을 돕기 위해 사무라이 동지들도 보낼 수 있다고 했다. 그러나 그는 일구이언이 있어서는 안 됨을 확실히 하기 위해 한국 국왕으로부터 편지를 받기를 원했다. 하지만 한국의 왕이 이러한 편지를 써줄 리는 만무했다. 고토는 자유주의 모임의 간사이며 일본 주재 프랑스 공사관에 친구를 가지고 있는 고바야시 구즈오(Kobayashi Kuzuo)를 통해 프랑스 공사관으로부터 자금을 얻어보기로 결정했다. 이때가 1884년 봄으로 프랑스는 중국과 안남(Annam: 베트남 중부의 옛 왕국) 문제로 다투고 있을 때였으며 프랑스는 중국을 괴롭히기 위해 서울에서 중국의 주의를 딴 데로 돌리게 하는 행동을 보기를 원할지도 모르고 그로부터 한국의 독립이 오게 할 수 있다고 생각할 수가 있었다. 고바야시는 프랑스 공사인 아담 시엔키에비치(Adam Sienkiewiscz)와의 면담에서 그들은 함선과 돈이 필요하다고 말을 한 후 프랑스가 아시아 함대로부터 배 한 척을 공급하고 그들이 발행할 수 있는 백만 엔의 자금을 얻을 수 있느냐고 프랑스 공사에게 물었다. 프랑스 공사의 대답은 명확하지는 않지만 그 아이디어에 찬동하는 듯이 보였으며 이 문제를 주의 깊게 생각해보겠다고 약속을 했다. 협상은 여름까지 계속되었다. 그는 프랑스 정부로부터 공식적으로 돈을 구할 수 있다고는 생각지 않았으며 그러나 파리은행에 친구가 있으므로 만일 기회가 오면 필요한 백만 엔의 자금과 배 한 척을 공급하겠다고 말을 했다.

일본 외무장관 이노우에 가오루(Inoue Kaoru)로부터 두터운 신임을 받고 있는 외무부 직원 이노우에 가쿠고로(Inoue Kakugoro)가 1884년 늦봄에서 여름 동안 도쿄에 있는 동안 그와 김옥균과 후쿠자와는 여러 가지 사안을 논의했다. 번성해가는 서울의 독립 모임 전망 및 도쿄에서의 자유주의 모임과 프랑스 공사관 계획 사이에서 그들은 용기가 났다. 가쿠고로는 김옥균에게 서울에서의 행동 기회가 매우 시의적절하다고 말을 했다. 왜냐하면 프랑스와 중국 간의 안남 문제가 중국의 장악을 약화시키고 있기 때문이라고 가쿠고로는 언급을 했다. 그러나 얼마 안 가 한국의 개혁가들이 일본의 중개로 프랑스

공사관으로부터 얻으려 했던 자금과 배는 그 계획이 누설되어 수포로 돌아갔다. 그러나 안남을 둘러싼 중국과 프랑스 간의 분규는 한국에서의 중국의 영향력을 훼손할 기회를 보증하는 듯이 보였다. 이보다 앞서 1883년 1월에는 미국에 갔던 한국 사절단 단원들의 귀국으로 개혁가들의 위세와 영향력이 증가되었다. 사절단의 부단장인 홍영식이 겨울에 돌아와 개혁가들과 관계를 시작하였으며 그는 고종 왕으로부터 우정공사 총재로 임명을 받았다. 5월에는 미국 군함 트렌튼(Trenton) 호가 미국 파견 사절단장이며 고종 왕의 부인 민씨 조카인 민영익과 서광범, 그리고 변수를 태우고 인천에 도착했다. 이들은 모두 계급과 지위가 승진되었다. 민영익은 외무부 장관이 되었다. 6월에는 서울에 있는 중국군 숫자가 1,500명으로 줄었고 한국 군대의 중국 교관들은 왕에 의해 해임되었다. 또한 한국 세관의 감찰감이며 한국 외무부 고문인 독일의 묄렌돌프(P. G. von Mollendorff)도 외무부를 사임했다. 김옥균과 맺은 계약 아래 일단의 일본인들이 일본으로부터 한국에 도착하여 한국인들에게 종이 제조 기계 사용과 도자기 만드는 방법 등을 가르치기 시작했다. 7월에는 14명의 한국군 학생들이 일본에서 돌아와 고종 앞에서 군사 시범을 보였으며 고종은 그들의 시범에 크게 만족했다. 고종은 미국공사 루시어스 푸트(Lucius H. Foote)에게 슈펠트 제독에게 전보를 보내 한국의 외무와 군사 문제 고문으로 오도록 요청하라고 시켰다. 도쿄 군사학교에서 교육을 받은 14명의 젊은이들은 미국으로부터 한국 군대를 조직하여 훈련을 시킬 군사장교의 도착을 초조히 기다리고 있었으나 고종의 주문으로 미국에서 구입한 4천 정의 총미 장전 소총(Breechloading Rifles)은 미국에서 군사장교가 도착할 때까지 분배되지 않았다.

그러나 그로부터 얼마 되지 않아 서울에는 어두운 구름이 독립모임 지평선상에 몰려왔다. 첫째, 슈펠트 제독이 나타나지 않아 도쿄에서 훈련받은 젊은 사관생도들은 지도자가 없었다. 슈펠트는 끝내 오지 않았으며 미국 장교의 지도 아래 한국군을 조직하고 그들을 가르치게 하려는 고종의 희망은 좌절되었다. 4천 정의 총도 나누어 줄 사람이 없어 어두운 병기고에서 잠자고 있었다. 둘째, 미국에 파견되었던 이전 사절단장인 민영익은 한국의 진보와 문명화에 대한 그의 노출이 평판이 좋지 않았다는 명백한 신호를 보여주고 있었다. 다른 말로 말해 민영익은 독립운동 모임을 배반한 것이다. 민영익은 중국 판무관인 천수탕(Chen Shu-tang)과 협조를 해가며 천수탕을 슈펠트 제독을 대신할 고문으로 앉히려고 의논을 했다. 민영익은 또한 외무장관 직책을 사임하고 궁궐경비대 장군으로 지휘를 떠 맡았다. 그는 그가 지휘하는 경비대대에 5명의 중국 교관들을 끌어들였으며 일본에서 돌아온 젊은 한국군 장교들의 임명과 김옥균과 계약을 맺었던 일본인들의 고용을 봉쇄했다. 1884년 9월까지 민영익은 진보모임에서 완전히 결별했다. 그의 동료들은 모두 중국인들이었으며 낮에는 서구인들의 방문을 받지 않았다. 그리고 몇 번에 걸쳐 민영익은 그들의 면전에서 경멸적인 오만한 태도를 보여주었다. 가을 동안 서울의 중국인 숫자는 급속히 늘어났으며 그들은 그들의 집과 교역소를 시골로 확장했다. 그들은 또한 여권없이 그들 마음대로 들어오고 나가고 했다. 서울, 인천 등 큰 도시를 비롯해 온 나라가 중국인들로 북적댔으며 중국인들이 하도 많아 한국이 중국인지 어딘지 분간할 수 없을 정도였다. 한국으로 쇄도하는 중국인들에게 직업과 상권을 빼앗긴 한국인들은 중국인들을 마구 받아들이는 민씨 세도가에 노골적으로 불만을 표시하기 시작했다. 그리고 마침내 이러한 불만은 10년 후 대대적인 민중봉기를 발발시키는 기폭제가 되었다.

진보주의 계층으로부터의 민영익의 이탈은 단순히 개인적인 마음의 변화 이상으로 더욱 중대한 뜻이 담겨있었다. 이는 고종의 민비에 의해 직접 주도되고 있는 한국 정부의 전체적인 권력 중추부 핵심인 민씨 일족이 중국으로 선회하고 있음을 의미했다. 그들의 중국선회는 개혁가들에게 가장 무시무시한 암시를 예고하고 있었다. 미국의 한국 대리공사 조지 포크(George C. Foulk)는 민씨 일족의 중국선회에 대해 다음과 같이 보고했다.

"10월에 진보주의 모임의 지도자들 중 한 사람은 외국의 개입이 민씨 일가의 중국지향을 방지하지 않으면 한국은 곧 돌이킬 수 없이 중국인들의 손에 들어갈 것이며 그의 작은 모임은 더욱 앞으로 전진할 힘을 잃어 움츠러들고 있을 뿐만 아니라 그들은 처형을 당할 실제적인 위험에 놓여있다."고 말을 했다.

몇몇 진보주의자들이 이와 같은 절망감을 가지고 있을 때 서울 주재 일본공사 다케조 시니치로(Takezoe Shinichiro)가 서울로 돌아왔다. 용기와 희망에 찬 그들은 중국의 장벽을 향해 금방이라도 달려들 듯이 보였다. 다케조는 곧 정치적 소용돌이 한 가운데에 놓였다. 8월에 서울에 돌아온 이노우에 가쿠고로는 한편으로는 일본 공사관의 다케조 보좌관인 시모무라 후지오(Shimomura Fujio)와 다른 한편으로는 김옥균과 박영효 그리고 그의 친구들과 가까이 접촉을 했다. 가쿠고로와 시모무라는 11월 1일 다케조와 함께 현안 문제를 의논했으며 가쿠고로에 따르면 다케조는 일본 정부는 중국을 공격할 것이라고 그들에게 확언했다는 것이다. 그리고나서 김옥균을 불러 독립 모임은 일본의 도움으로 개혁을 수행할 결의가 있는지 물었다. 이러한 표현은 과연 독립 모임에게 반란을 일으키도록 일본 정부가 공공연히 자극을 구성하는 듯이 보일 것이다. 다케조는 이점을 조금 꺼리는 듯했다.

김옥균은 11월 30일 직접적으로 행동을 하기로 결정하였으며 행동 날짜는 12월 3~4일로 정했다. 김옥균은 다케조를 강력히 설득하였고 그 결과 다케조는 일본 외무부의 승인을 받기 전에 김옥균의 직접적인 행동에 그의 직권으로 허락을 했다. 그리고 최후 계획이 박영효의 집에서 꾸며졌다. 거기에는 약 20명의 젊은 한국인들이 참석했으며 이들은 모두 도쿄에 있는 일본 군사 훈련학교인 도야마 가코(Toyama Gakko)의 졸업생들이었다. 그들은 7명의 정부대신들을 살해하기로 결정하였으며 정변(Coup) 날짜는 12월 4일로 정했으나 비가 올 시는 12월 5일로 연기하기로 했다. 정변 날짜를 12월 4일로 택한 이유는 그날 밤 한 만찬회가 개혁가 중 한사람이며 우정공사 총재인 홍영식에 의해 주최되기로 되어있었으며 그 축하연에 민영익을 포함해 몇몇 목표인물들이 참석할 것이기 때문이었다. 그러나 아마도 다른 무엇보다 더욱 중요한 것은 개혁가들의 계획을 지지하기로 일시적으로 설득당한 다케조와 그의 공사관 군대들이 결정적 순간에 필요할 것이라는 기대였다. 다케조는 절박한 상황과 있을 수 있는 사고를 예방하기 위한 명시적인 명령을 받기 위해 도쿄에 연락을 했다. 특히 일본 증기선

치토세 마루(Chitose Maru)가 12월 7일 인천에 입항 예정이었으며 이 배는 이에 대한 지시를 가져올지 모르기 때문에 정변을 꾀해온 독립 모임원들은 먼저 일격을 가할 필요가 있다고 생각했다.

1882년에 일어난 임오군란을 계기로 민씨 정권의 친중국 수구정책은 날로 횡포를 더해갔고 중국은 한국에 군대를 주둔시키며 한국의 식민지배를 노골적으로 획책함에 따라 개혁파의 정치적 위기는 높아져 갔다. 이에 따라 개혁파는 그들의 개혁운동에 장애가 되는 민씨 정권을 타도하고 중국과의 중속관계를 청산하기로 결정했다. 이제 그 기회가 눈앞에 닥친 것이다. 봉기는 우정공사 총재의 파티 후반에 시작되었다. 이 파티에 참석했던 미국공사 푸트(Foote)는 다음날 파티 장면을 다음과 같이 보고를 했다.

"파티에는 왕의 매부인 박영효를 비롯해 한국 외무부 총재인 김홍집, 김옥균 외무부 부총재, 본 묄렌돌프 세관 감독, 나와 내 비서 겸 통역사인 애스턴 님(W. G. Aston, Esg), 영국 여왕폐하의 총영사, 천수탕(Chen Seng Tang) 중국 판무관, 일본 공사관 비서, 그리고 몇 명의 하급관리들이 참석했다. 디너가 끝나가고 있을 무렵 화재경보가 울렸으며 바로 가까이에서 일어난 것 같은 화재를 보러 문 밖으로 나갔다. 즉각적인 위험이 없음을 깨달은 나는 한국 외무부 총재와 다른 사람들과 함께 테이블로 돌아갔다. 그 순간 민영익이 얼굴과 옷이 피투성이가 되어 연회실로 들어왔다. 이 피는 7-8개의 끔찍한 상처로부터 흘러나오고 있었다. 그리고 극도의 놀라운 장면이 계속되었다. 한국 관리들이 뛰어가며 그들의 관복을 벗어던지고 이미 군인들과 하인들로 반이 찬 안뜰로 달려갔다. 바로 이때 총이 발사되었으며 모든

군중들은 뒤 벽으로 곤두박질 친 다음 사라졌다." (후략)

개혁가들의 정변 최초 목표는 민영익을 암살하는 것이었으나 민영익 암살은 미수에 그쳤다. 개혁가들은 즉시 궁전으로 달려가 왕이 커다란 위험에 놓여 있다고 알려준 후 보다 작은 장소인 경우궁으로 옮기도록 설득을 했다. 왕은 무언가 중요한 대중소요가 일어나고 있음에 겁을 내고 일본 공사관에 사자를 보내 공사에게 호위병과 함께 궁전으로 오도록 요청을 했다. 이와 같은 메시지를 세 번 받고 난후 공사는 동의를 하고 일본 군인들과 함께 궁으로 갔다. 일본 군대들의 숫자는 2백 명이었으며 그들은 각 출입문에 배치가 되었다. 이와 함께 50명의 한국 군대들도 출입구 주변에 집결되었으며 이 무렵 5명의 정부 관리들이 궁전으로 호출을 받았다. 이들은 표면상으로는 왕의 지시에 의해 호출받은 것 같았지만 그들은 모두 수구파들로 개혁파들에 의해 처형되었다. 다음날인 12월 5일 고종을 중심으로 개혁정부가 설립되었으며 암살이 되었거나 은신을 한 수구파들에 의해 공석이 된 주요 정부 요직은 개혁파들이 차지했다. 새 정부는 왕의 이름으로 칙령을 발표하였으며 14조로 되어 있는 이 칙령 중 가장 중요한 항목은 청국에 대한 종속관계 청산, 문벌 폐지, 백성의 피를 착취하는 탐관오리 처벌 등이었다.

정변 이틀 후인 6일 아침 일찍 민중들은 서울시 여러 곳에 사는 일본 국민들에 대해 폭행을 저지르기 시작했다. 그들의 외침은 "일본인들을 죽여라."였다. 그날 하루 동안 여러 일본인들이 살해되었으며 그들의 재산이 파괴되었다. 어떤 일본인들은 일본 공사관으로 피신을 했다. 그날 오후에 궁궐 방향에서 총성이 울렸으며 그 직후 180명의 일본 경비대원들은 궁궐구내를 철수하여 일본공사관으로 행진했다. 그들이 열을 지어 행진하는 동안 그들은 한국인들에 의해 돌멩이와 이따끔씩 총으로 공격을 받았다. 그들이 그들 공사관에 도착한 후 성난 많은 사람들이 공사관 근처에 모여 위협을 하고 때때로 총을 발사했다. 7일 밤 일본 공사관 건물들이 화염에 쌓였다. 6일과 7일 이틀 동안 다수의 공공 및 사유 건물들이 불에 타 소실되었다. 한편 신변에 위협을 느낀 고종은 일본과 우호적인 관계를 유지하고 싶다며 일본공사에게 도움을 요청했다. 일본 군대들이 궁궐로 향하는 도중 중국군들이 왕을 보호한다는 구실로 궁궐로 향하다가 일본군들과 충돌했다. 이 공격에서 한국 군대들은 중국군들에 가세를 했다. 중국군들은 왕실을 공격하고 개화파들을 살해하여 가며 새 정부를 분쇄했다. 중국군 사령관 유안(Yuan)은 고종을 구금하고 그를 그의 감시하에 두었다.

정변에 실패한 김옥균과 몇몇 살아남은 개혁파들은 신변의 위험으로 더 이상 한국에 있을 수가 없었다. 한국 개혁가들의 정치반란을 막후에서 지원한 이노우에 가쿠고로는 김옥균과 박영효와 다른 4명의 개혁가들을 데리고 인천으로 갔다. 정변 지도자들 중 세 번째 인물인 우정공사 총재 박영효는 혁명정부의 총재가 되었었다. 김옥균과 박영효를 포함한 6명의 한국인들은 이노우에 가쿠고로와 함께 일본 증기선 지토세 마루(Chitose Maru)를 타고 인천항을 떠나 나가사키(Nagasaki)로 향했다. 이때가 1884년 12월 11일이었다.

한국에서 정변이 일어난 직후 일본 정책 결정의 주체들인 이토오 히로부미 총리와 이노우에 가오루 외무장관, 이토오의 비서 이토 미요지, 그리고 야마가타 아리토모(Yamagato Aritomo) 육군 장군은 한국독립 모임 정변으로 한국에 거주하는 일본인들이 입은 생명 및 재산손실을 논의한 후 이 문제를 해결하기 위해 이노우에 가오루 외무장관에 일본군 1개 대대를 수행시켜 그를 한국에 파견하기로 결정했다. 이노우에는 한국 왕을 책망하는 편지를 지참하고 한국에 가 일본인들이 입은 상해에 대한 배상 및 사과는 물론 이들에게 상해를 입힌 자들의 처벌을 요구할 것이었다. 그는 또한 이 사건에 중국 측 역할을 조사하고 전권대사 권능을 가진 중국 대표와 협상을 하여 중국 군대를 한국으로부터 철수시키겠다는 약속을 받아내는 것들이었다. 이노우에는 "일본과 한국과의 과거 관계에 근거하여 한국의 독립을 꼭 인정케 하겠다."는 각오도 가지고 있었다.

이노우에는 12월 말에 인천에 도착하여 곧바로 한국대표인 김홍집과 협상을 했다. 이들이 협상을 진행하고 있을 때 중국대사 우타친(Wu Ta-chin)이 예고 없이 방안으로 들이 닥쳤다. 이노우에는 김홍집과 협상하기 전에 김홍집에게 두 가지 조건을 내세웠다. 회의에 중국인을 참석시키지 말며 일본으로 망명한 한국독립 모임원들에게 책임을 지우지 않겠다는 것 등이었다. 이렇게 김홍집에게 다짐을 주었는데도 중국대사 우타친이 불시에 끼어든 것이다. 중국대사의 갑작스런 출현에 다소 놀란 이노우에는 일어서서 우타친과 악수를 하며 "오늘 나는 한국인 관리와 협상을 하고 있다. 당신의 이 회의 참석은 매우 불편하다. 나는 전권대사 권능이 있는 중국 대표자와 따로 협상을 할 것이다." 이 말을 마친 이노우에는 우타친에게 중국을 대표하여 협상할 수 있는 신임장이 있느냐고 물었으나 우는 없다고 대답한 후

회의실을 나갔다. 김홍집은 회담 벽두에서 일본으로 도주한 독립 모임원들을 한국으로 돌려 보내라고 이노우에에게 요구했다. 그러나 이노우에는 그들을 정치범이라고 설명한 다음 일본과 한국 간에는 범인인도를 요청하는 조약이 없다며 김홍집의 요구를 기각했다. 이어 진행된 협상에서 이노우에는 한국의 사과와 일본 국민을 살해하고 상처를 입힌 자들의 처벌 및 이들이 일본인들에게 입힌 손해에 총 11만 엔을 보상하고 화재로 파괴된 일본 건물들의 복구 등을 요구하였으며 김홍집은 이노우에의 요청을 모두 받아들였다.

서울에서의 성공적인 이노우에 협상에 뒤이어 이토오 자신이 한국에서 장래 중국과 일본인들의 충돌 가능성을 감소시킬 기본적 해결을 모색하기 위해 중국으로 갔다. 서울에는 약 6백 명의 일본 군대들과 약 2천 명의 중국군들이 서로 대치하고 있었다. 이토오는 중국으로 가기 전 미국공사 빙엄(Bingham)을 방문하여 조언을 구하는 등 용의주도한 준비를 했다. 빙엄은 이토오에게 일본과 중국이 한국으로부터 그들의 군대를 철수시키기로 합의를 하면 평화적 해결에 도달할수 있다고 조언했다. 중국에 도착한 이토오는 중국과의 협상에서 군사적 해결뿐만 아니라 한국이 주권 국가라고 하는 언급이나 또는 적어도 자친권을 가지고 있다는 내용을 합의서에 명문화시키려 하였으나 중국 측의 반대로 성공치 못했다. 이토오와 중국대표는 한국으로부터 양쪽 군대를 철수시키고 그들의 국민과 재산이 침해받았을 때 이를 보호하기 위해 상호합의하에 한국에 군대를 파견하기로 합의를 하였다. 그리고 이토오는 1882년 일본이 한국과 맺은 협정에 따라 한국에 주둔해온 일본공사관 경비대는 한국에 대한 군대 금지에 해당이 되어서는 안 된다고 주장을 했다. 그럼에도 일본은 양측 군대를 4개월 내에 철수하기로 한 중국과의 합의에 따라 1885년 7월에 다른 군대들과 함께 일본 공사관 경비대원들을 모두 철수시켰다. 서울 주재 대리공사인 다카히라 고고로(Takahira Kogoro)는 일본은 경비대원들을 철수시킬 것이나 1882년의 조약 조건에 따라 일본이 필요 시에 한국에 군대를 배치할 권리는 포기하지 않았다고 한국 정부에 통고했다. 일본이 한국에서 자국의 군대를 모두 철수시켰음에도 중국은 2백 명 이상의 군대를 한국에 거주하는 중국인들을 보호하기 위한 구실을 내세워 경찰관 또는 상인으로 위장시켜 서울에 계속 주둔시켰다. 이 모든 조건이 담긴 톈진 조약(The Tientsin Treaty)-일명 1885년의 리-이토 협정(The Li-Ito Convention of 1885)-이 체결된 것은 1885년 4월 18일이었다.

이로써 중국의 무력개입으로 불과 3일 만에 끝난 독립모임의 정변과 이에 따른 모든 문제가 한국의 의지와는 아무 관계 없이 일본과 중국 간의 막후협상으로 만 5개월 만에 끝이 났다. 한국 왕과 민씨 일족을 중심으로 한 정부 관리들은 일본과 중국 간에 어떤 협상이 이루어지는지 전혀 알지 못하고 이 두 나라에 한국의 운명을 맡겨둔 채 내부에서 권력 투쟁에만 몰두하고 있었다.

# 14
# 국제적 각축<sub>角逐</sub> 무대 - 한국

한국 독립모임의 정치개혁 운동 전까지 일본과 중국의 치열한 아이디얼리즘(Idealism)과 리얼리즘(Realism)의 대치 장이었던 한국은 한국개혁가들의 혁신운동이 끝남과 동시 세계 강대국들의 첨예한 각축장으로 확대되어 갔다. 1885년에서 1894년까지 10년간 한국 내에서는 국제적 경쟁이 부쩍 증가하였으며 이때는 강대국들의 제국주의적 야망이 한창 무르익어가고 있을 무렵이었다. 이러한 국제적 각축전 속에서 허약하고 어리둥절한 한국 정부는 한국 내 외국 나라들 간의 권력투쟁 증대를 막을 힘이 없었다. 이들 경쟁 국가 중 가장 심각한 이해관계 투쟁은 아직도 일본과 중국 사이에서 일어났으며 두 나라 간의 이러한 충돌은 1894년에 일어난 중-일 전쟁(The Sino-Japanese War) 때 절정에 달했다. 일본이 중국과의 전쟁에서 승리한 후에는 일본과 러시아 간의 경쟁이 한국 내에서 또한 한국 밖에서 고조되어 갔다. 이러한 틈바구니에서 한국의 국익과 독립을 보호하기 위한 힘을 기르려고 한국인들이 많은 노력을 하였지만 그들의 노력은 실패를 하였으며 일본이 1904년 러-일 전쟁(The Russo-Japanese War)에서 승리를 한 후 한국은 미국에 의해 일본의 보호국이 되었다.

## 한국에 대한 러시아 관심 증가 및 한러조약(The Korean-Russian Treaty) 체결

일본과 중국에 이어 한국에 대해 가장 많은 관심을 가지고 있던 나라는 러시아였다. 러시아는 지리적으로 한국과 가까이 인접해 있을 뿐만 아니라 부동항을 가지고 있는 한국을 늘 탐내가며 그들의 남진 정책을 점점 강화해갔다. 러시아는 한국의 진출을 본격화하기 위해 1884년 7월 7일 한국 정부와 우호 통상조약을 맺은 다음 한국 문제에 깊숙이 관여하고 있는 일본을 견제하기 시작했다. 러시아의 한국 진출과 한국 내에서의 러시아의 영향력을 강화시켜 준 사람은 독일인 묄렌돌프(D. G. Von Mollendorff)였다. 묄렌돌프는 1883년 중국의 이홍장에 의해 한국에 파견되었으며 그는 한국에 온 후 한국 정부에 의해 한국 세관장과 한국 외무부 고문에 임명되었다. 묄렌돌프는 일본과 중국은 이미 한국에서 지나치게 영향력을 발휘하고 있으며 한국이 그 주권과 독립을 보호하기 위해서는 이들 두 나라의 이롭지 못한 영향력으로부터 벗어나지 않으면 안 된다는 견해를 가지고 있었다. 중국은 한국을 보호할 능력이 없는 반면 일본은 너무 야심적이라고 그는 믿고 있었다. 그는 비록 한국에서의 중국의 이권을 보호하고 증진시키기 위해 중국 정부에 의해 한국에 파견되었지만 그는 한국의 안보를 더욱 우려했다.

묄렌돌프는 한국이 일본과 중국으로부터 그 스스로의 주권과 독립을 찾기 위해서는 한국이 중립화하여야 하며 한국의 중립과 보전을 위해 러시아, 중국, 일본의 공동보증을 확립할 필요가 있다고 생각했다. 그리고 그는 서울에 있는 영국 총영사인 윌리엄 애스턴(William G. Aston)과 강대국들에 의한 한국의 중립화 가능성을 의논했다. 묄렌돌프는 한국을 보호하는 가장 좋은 방법은 강대국들의 합동 보증 하에 한국을 중립화하는 것이라고 그의 의견을 제시했다. 그러나 일본과 중국은 그럴 의사가 없었으며 서구 강대국들도 한국의 중립화에 대해 관심이 없었을 뿐만 아니라 한국의 왕 고종 역시 한국의 중립화를 반대했다. 결국 묄렌돌프는 한국에서의 일정한 특권을 얻는 답례로 한국에 대한 러시아의 군사협조를 모색했다. 이때가 바로 12월 4일 한국 독립모임이 일으킨 정변으로 일본군과 중국군이 서울에서 충돌할 때였다. 도쿄에 있는 러시아 영사관의 일등 서기인 알렉시스 스피에르(Alexis de Speyer)가 러시아 정부의 지시 아래 일본 주재 러시아 공사에 의해 한국에 급파되었다. 스피에르의 임무는 한국에서 일어난 상황을 조사하는 것이었다. 스피에르의 서울 출현을 이용하여 묄렌돌프는 러시아에 한국의 부동만 또는 부동항을 임대영토로 제안하며 한국에 대한 러시아의 보호를 요청했다. 스피에르는 묄렌돌프의 이러한 제안에 즉각적인 관심을 보였으며 그는 이러한 문제를 협상할 신임장이 없었음에도 묄렌돌프에게는 물론 한국 왕에게도 러시아의 한국협조에 관심을 표명했다. 일본과 중국에 시달려온 고종은 이때부터 일본과 중국을 견제하려는 러시아의 도움에 깊은 관심을 갖기 시작했다. 스피에르는 1885년 1월 묄렌돌프가 도쿄에 있는 러시아 공사 앞으로 보내는 메모를 가지고 일본으로 돌아왔으며 묄렌돌프의 메모에는 러시아의 한국 협조제안이 포함되어 있었다. 1885년 2월 한국 왕 고종은 외무장관을 포함하여 수 명의 한국인들로 구성된 비밀사절단을 그의 대신들 모르게 러시아에 도움을 구하기 위해 블라디보스톡(Vladivostok)으로 급파했다. 한국 사절단은 아무르 지역(Amur Region)의 총독과 만나 회담을 하였으며 아무르 지역 총독은 한국에 대한 러시아의 관심사를 넓히고 한국에 러시아 군대를 파견하는 데 찬성을 했다. 비록 한국 사절단과 러시아 총독 간에 공식적으로 조인된 협약은 없었지만 한국의 비밀사절단은 러시아인들로부터 격려의 말을 가지고 서울로 돌아왔음이 분명했다.

한편 묄렌돌프는 한 한국사절과 함께 일본으로 직접 가 러시아 공사로부터 따뜻한 환대를 받았다. 1885년 3월 초 그는 러시아의 도움을 간청하는 한편 러시아는 전라도 남쪽 해안으로부터 18마일 떨어져 있는 거문도(Komundo)로 알려진 세 개의 섬 군도를 점령해야 된다고 제안하는 내용의 메모를 러시아 공사에게 제출했다. 묄렌돌프는 1857년 러시아의 푸탸틴 제독(Admiral Putyatin)이 이 섬에 석탄 보급소를 설치하려 했다는 사실을 잘 알고 있었다. 그러나 러시아 정부는 묄렌돌프가 한 제의에 긍정적인 답변을 하지 않았다. 하지만 러시아 정부는 만일 한국인들이 공식적으로 요청을 한다면 러시아 군사교관들을 파견할 수 있다며 일본 주재 러시아 공사에게 한국 상황을 조사하라고 지시했다. 1885년 5월 중국 주재 러시아 외교관인 칼 이 바노비치 웨베르(Karl I. Waeber)는 한국 내부 사정을 조사하라는 지시를 받고 부공사와 총영사로 선정되어 한국으로 갔다. 그러나 러시아 정부는 영국의 거문도 점령 때까지 한국에서 적극적인 행동은 취하지 않았다.

영국은 1845년에 이미 한국 남해안을 따라 해양조사를 실시한 바 있으며 영국조사단은 영국제독 조지 해밀턴 경(Lord George Hamilton)에 경의를 표하여 거문도로 알려진 세 개의 작은 섬군을 일괄하여 해밀턴 항구(Port Hamilton)로 이름을 지었다. 이 중대한 때에 제주섬은 서구인들에게 퀠파드 섬(Quelpart Island)이라고 알려져 있었다. 19세기 초 대영제국은 중동과 중앙 아시아에서의 러시아 팽창을 반대하였으며 영국은 1854년 크리미아 전쟁(The Crimean War)에서 러시아를 물리침으로써 지중해(The Mediterranean Sea)에로의 러시아 진출을 성공적으로 봉쇄했다. 그러나 러시아는 1858년 아무르(Amur) 지역과 1860년 연해주(Maritime Province) 점령과 함께 블라디보스톡에서 해군기지 건설을 배로 늘림으로써 영국의 의심을 불러 일으켰다. 1875년과 1876년에 영국은 블라디보스톡에서 중국 남해까지 러시아 항해 루트에 전략적으로 위치해 있는 거문도 점령에 관심을 나타냄과 함께 1882년 영국은 해군기지 목적으로 한국 섬을 임차하는 데 관심을 보였다. 이때 영국의 식민지인 아프가니스탄(Afghanistan)의 러시아 침투로 영국과 러시아 사이에 직접적인 충돌이 일어났으며 1884년 11월 두 나라가 협상을 하였으나 분쟁을 해결하지 못해 영국과 러시아 간의 전쟁이 임박했다.

영국과 러시아 간의 위기를 고려한 영국 정부는 극동에 있는 해군 부대에 러시아 항해 루트인 주요지점을 점령하도록 권한을 부여했다. 그 결과 1885년 4월 15일 한국에 사전통고 없이 영국전함 '날아가는 물고기(Flying Fish)'와 다른 수 대의 해군함들은 거문도를 점령했다. 거문도를 점령한 후 영국해군들은 이 섬에 유니언 잭(The Union Jack) 기를 달고 곧 군대막사를 세웠다. 영국인들은 1857년 푸탸틴 러시아 제독이 이 섬에 석탄 보급소 건설을 시도하였으며 지금 한국의 왕과 묄렌돌프가 러시아의 보호를 구하고 있는 사실을 잘 알고 있었다. 영국인들은 러시아인들이 한국에서 우위를 점하거나 지배를 확립하는 것을 허락지 않을 것이며 영국은 그들의 거문도 점령을 예방차원 점령이라고 불렀다.

한국 정부는 영국에 항의를 하는 한편 영국인들이 철수토록 그리고 영국과 러시아가 한국 내에서 또는 주변에서 공공연한 충돌을 못하도록 예방하기 위해 미국과 일본의 협조를 간청하였으나 그 시도는 헛되이 끝났다. 한편 묄렌돌프는 중국의 포함을 타고 영국인들에 점령된 섬을 방문한 후 나가사키로 가 5월 18일 영국의 한국 영토 점령에 관해 영국 해군 제독인 윌리엄 다월(William Dowell)에게 항의를 했다. 묄렌돌프가 일본에 나타난 틈을 이용하여 러시아 공사는 한국에 군사교관을 보낼 용의가 있음을 암시하는 편지를 묄렌돌프에게 보냈다. 한국으로 돌아온 묄렌돌프는 만일 영국인들이 거문도에서 철수하지 않으면 대영제국과 맺은 조약 관계를 끊으라고 한국 정부를 압박했다. 이와 대조적으로 일본은 러시아가 한국을 합병하려고 음모를 꾸미고 있다며 영국의 한국섬 점령을 환영했다. 일본 주재 러시아 외교관인 알렉시스 스피에르는 한국으로 급히 가 그에게 한국과 러시아 간의 동맹 계획을 제출한 묄렌돌프를 만났다. 묄렌돌프는 심지어 한국 북쪽 영토의 일부를 러시아에 할양하라고 한국에 제의했다. 그러나 김윤식 외무장관은 한국은 이미 미국에 군사교관을 보내 달라고 요청하였기 때문에 이러한 요청을 철회할 수 없다고 설명하면서 묄렌돌프가 러시아 외교관을 만나 취한 행위를 신랄하게 비난했다. 러시아 외교관은 미국은 먼 나라로 한국을 도울 수 없으나 러시아는 한국의 이웃이므로 한국을 도울 용의가 있다고 말을 했다. 한국 외무장관은 스피에르의 협박에 굴복하기를 거부했다. 6월 22일 스피에르는 한국 왕에게 알현을 하려고 하였으나 고종 왕은 러시아의 협조 문제를 피하였으며 러시아 외교관에게 그의 외무장관과 협상하라고 정중히 요청했다. 실망하고 화가 난 스피에르는 7월 말 일본으로 돌아갔다. 한편 중국의 이홍장은 한국에서 중국의 지배력을 늘리고 중국이 한국의 종주국이라는 주장을 더욱 강화시켰다.

러시아 정부는 영국의 한국 영토 점령에 항의를 하며 만일 영국인들이 거문도를 떠나지 않으면 원산과 다른 북동항 등 한국의 영토 일부를 점령하겠다고 위협했다. 그러나 이홍장은 한국영토를 점령치 않겠다는 러시아의 약속을 받아냈으며 그런 다음 영국인들에게 접근했다. 영국인들이 거문도에서 철수하기로 합의를 한 것은 러시아인들이 한국영토를 점령하지 않기로 보증을 한 후였다. 1887년 2월 27일 영국인들의 섬 출발과 함께 영국과 러시아간의 공공연한 충돌은 마침내 제거되었다.

묄렌돌프가 꺼낸 한국의 중립화는 여러 강대들로부터 많은 관심을 갖게 했다. 한국에 대한 중국과 일본 그리고 영국과 러시아의 경쟁이 증가하고 있을 때 한국의 중립화를 위한 제의가 여러 번 있었다. 1885년 초 중국 주재 독일 부영사 헤르만 부들러(Herman Budler)도 강대국들에 의한 한국의 합동보호를 위한 제의를 한국 정부에 제출하였으며 이와 같은 제의가 이홍장에게 발송되었다. 그러나 한국 정부와 이홍장은 이 제의를 거절했다. 1885년 5월 이홍장과 이토오 히로부미 사이에 톈진 협정(The Tientsin Agreement)이 체결된 직후 중국 주재 일본공사 에노모토 다케아키(Enomoto Takeaki)는 일본 정부에 한국에 대한 합동 보호를 제안하였으나 거절만 당했다. 에노모토는 이미 1882년에 북경 주재 미국공사 러셀 영(Russell Young)에게 미국, 영국, 러시아, 독일, 프랑스와 일본이 국제회의를 열어 한국의 중립화 가능성을 논의해야 된다고 제의하였으나 에노모토의 제안은 미국에 의해 거절되었다.

영국 해군 병력이 거문도를 점령했을 때인 1883년 매사추세츠(Massachusetts)의 살렘(Salem)에 있는 한 미국학원에서 잠시 공부를 하고 1885년 초에 한국으로 돌아온 유길준은 한국 정부의 영구중립을 제안했다. 그는 한국을 보호하는 유일한 방법은 중국의 지도 아래 영국, 프랑스, 일본, 그리고 러시아의 국제적 보증으로 영구 중립을 세우는 것이라고 주장했다. 그는 한국의 중립은 한국뿐만 아니라 다른 국가들에게도 유리할 것이라고 주장했다. 한국 정부 내에서는 오윤중이나 김홍집 같은 온건파 관리들이 유길준의 생각에 찬성을 하였지만 결국 그의 제안은 무시되었다.

한국에 대한 다른 제안이 제기되기도 했다. 러시아 주재 중국공사는 이홍장에게 중국은 한국을 중국에 통합시키거나 영국, 중국, 러시아의 공동 보호 아래 두어야 한다고 권고했다. 중국의 저명한 개혁 지지자인 강유위(Kang Yu-wei)도 강대국들에 의한 합동보호를 제안했다. 1885년 7월 서울에 있는 미국공사관의 조지 포크(George Foulk)는 한국의 중립에 국제적 보증이 있어야 한다고 제안했다. 1885년 7월 일본 외무장관 이노우에 가오루는 한국에 일본-중국의 합동 보호국 설립을 시도했다. 1885년 7월 2일자로 이홍장에게 보낸 소위 그의 여덟 개의 견해 요점(Eight Points of Opinion)에서 이노우에는 묄렌돌프를 미국의 고문으로 대체시키고 중국의 천수탕(Chen Shu-Tang) 감독관을 보다 유능한 중국 관리로 바꾸어야 하며 한국 외교 업무는 이홍장의 지시 아래 수행돼야 한다고 제의했다. 그러나 이노우에는 이홍장이 한국 정부에 지시를 발송하기 전에 일본 외무 장관과 미리 의논해야 된다고 주장했다. 이홍장은 이노우에에게 정중한 거절 편지를 보냈다.

한편 러시아를 한국으로 끌어들이려는 묄렌돌프는 그의 직분 이외의 월권 행사로 한국 정부로부터 신임을 잃었으며 일본 주재 러시아 공사를 만나 한국과 중국과 일본 몰래 러시아와 비밀리에 협정을 맺은 사실이 들어나 세관장과 한국 외무부 고문 자리에서 쫓겨났다. 묄렌돌프의 이러한 행위는 일본과 중국은 물론 미국과 다른 외국 대표들로부터도 심한 혐오를 받았다. 이홍장은 한국 정부로 하여금 묄렌돌프를 한국 외무부의 부총재직에서 해임시키도록 하였으며 묄렌돌프의 해임으로 독일은 9월 한국 해상세관 업무에서도 그 지위를 잃었다. 이홍장은 묄렌돌프를 중국으로 소환한 후 그를 톈진에 있는 전 미국 총영사였던 오웬 데니(Owen N. Denny)로 교체하여 그를 한국으로 보내 외무부 고문직을 맡게 했다. 그의 임명은 일본이 미국인이 한국 정부에 고문으로 임명돼야 한다고 약정한 톈진 조약의 결과였다.

한국에서 중국의 영향력은 다른 어떤 조약국들보다 강했다. 1885년에서 1894년 사이 중국인들은 한국에서 그들의 지배력을 더욱 증가시켰으며 일본과 중국 간의 치열한 경쟁은 1894년의 중-일 전쟁에서 최고조에 달했다. 이홍장은 묄렌돌프를 해임시키고 그 대신 오웬 데니를 한국 외무부 고문직에 앉혔을 뿐만 아니라 다른 미국인인 헨리 메릴(Henry F. Merrill)을 로벗 하트경(Sir Robert Hart) 대신 한국 해양 세관의 감독관으로 임명하여 그를 한국으로 보냈다. 로버트는 한동안 중국 정부를 위해 일했지만 이홍장은 그를 신임하지 않았다.

1885년 10월 이홍장은 원세개를 한국으로 다시 보내 한국 정부를 완전히 장악하도록 했다. 동시에 이홍장은 중국 파오팅(Paoting)에서 포로로 잡혀 있던 대원군을 석방하여 고종의 민비와 그녀의 친 러시아 제휴자들에 대항해 그의 지지를 얻을 희망으로 한국으로 돌아가도록 허락했다. 그리고 1890년 4월 또 다른 미국인인 샤를 르 장드르(Charles W. LeGendre) 장군을 데니와 교체했다. 데니를 경질한 이유는 그가 중국을 위해서보다 한국을 위해 더욱 많은 관심을 보였기 때문이었다. 뒷장에서도 나오지만 르 장드르는 프랑스인으로 1873년 미국 독립전쟁에 참여하여 혁혁한 전과를 올린 장군이었으며 후일 일본의 한국합병을 적극적으로 지지한 인물이기도 했다. 이홍장은 이 노우에게 아무런 언급 없이 대원군을 석방하여 한국으로 보냈으며 원세개와 데니를 한국에 보낼 때에도 이노우에에게 사전에 통고를 하지 않았다.

이홍장은 그가 한국 왕이라고 말을 하며 한국의 왕위를 폐위하려고 했다. 실제로 1886년 6월 원세개는 고종 부인인 민비와 왕세자들이 묄렌돌프와 러시아인들과 협력하여 한국에서의 중국지배를 제거하기로 음모를 꾸몄다고 주장하며 그들을 제거하고 한국 고종의 폐위를 시도했다. 중국의 계획은 대원군이나 또는 그의 손자인 이준용을 왕위에 앉히는 것이었다. 중국은 러시아가 고종의 협조를 받아들이고 한국에서 중국의 영향력을 제거할 것에 대비해 7천 5백 명의 군대를 중국 요동(Liaotung)으로부터 한국으로 파견할 준비를 갖추어 놓고 있었다. 원세개는 한국 왕과 그의 부인을 폐위하려는 계획에 실패를 했다. 그러나 그는 고종이 친러파 관리들을 처벌하거나 그들을 정부로부터 해임하도록 강요하는 데에는 성공을 했다. 한편 이홍장은 러시아와 드러내놓고 다투기를 원치 않았으며 고종 왕이 실제로 러시아와 어떤 비밀협약을 맺었다거나 중국에 대항해 러시아의 도움을 직접 모색했다는 데에도 확신이 서지 않았다. 이홍장은 1886년 가을 한국에 대한 중국의 종주권에 러시아의 동의를 확보하려고 하였으나 실패를 했다. 러시아는 한국에서 현상을 유지하도록 주장하였으며 그 후로 한국 문제에 관여하거나 한국을 접수하는 데에도 관심을 보이지 않았다. 일본 지도자들은 중국의 직접적인 한국 지배 재주장과 한국의 국내 및 외교문제에 대한 그들의 간섭에 참을 수가 없었다. 왜냐하면 일본 지도자들은 중국의 한국지배는 결국 러시아 같은 서구세력에 의해 한국이 지배될 것을 우려했기 때문이었다.

그럼에도 한국에 대한 중국의 지배는 계속 늘어갔다. 한국 정부를 지배하기 위해 한국에 파견된 원세개는 일본이 한국을 일본의 식민지로 만들기 위해 분투하고 있음을 확신하고 있었다. 1891년 6월 이홍장은 미국 공사 어거스틴 허드(Augustine Heard)에게 중국은 한국의 독립을 묵인할 수 없다고 분명히 밝혔다. 그리고 그는 허드에게 고종 왕과 한국 대신들을 설득하여 독립을 하려는 생각을 버리고 중국에 기꺼이 복종하도록 설득해 달라고 요청했다. 한편 원세개는 한국에 있는 외국 대표들에게 한국 정부로부터 중국 정부에 보낸 서신에 첨부된 한-미 조약에서 한국의 중국 종속이 분명히 언명되어 있다고 보고했다. 일본 정부는 중국에 의해 장악되어가고 있는 한국을 구하는 수단에 대해 초조해 하고 있음을 보여주었다. 일본 정부 지도자들은 중국이 한국을 일개 성으로 편입시키거나 또는 이 나라를 중국의 한 지역으로 전환하려 하고 있다고 생각하고 있었다.

중국이 한국 지배를 강화시켜가자 한국도 중국의 지배에 반항하기 시작했다. 중국이 한국을 그들의 보호국으로 격하 시켰을 때 북경에 대한 한국의 분노는 커져갔으며 한국 정부는 주기적으로 도전적인 행동을 했다. 북경 정부는 중국 공사관들이 일본과 유럽 국가에서 한국의 외교 문제를 취급해야 한다고 우기며 한국의 해외 공사관 설치를 승인하지 않았다. 그러나 1887년 한국 정부는 민영준을 북경에 있는 중국 외무부에 알리지 않고 일본 주재 한국 영사로 파견했다. 박정양이 한국공사로 미국으로 가기로 되어 있었을 때 한국 정부는 민영준을 일본에 보낸 다음 중국인들에 의해 요구받은 대로 북경의 허락을 요청했다. 그러나 박정양이 실제로 워싱턴에 도착하여 국무부

장관과 회동했을 때 중국 정부의 지시를 무시하고 중국 공사가 없는 자리에서 그는 미국인을 만났다. 중국의 항의에도 불구하고 한국 정부는 이완용을 필두로 한 다른 사절단을 1889년 봄에 미국으로 파견했다. 외교관 부인들인 두 한국 여인들이 미국을 방문한 것은 이때가 처음이었다. 이완용의 방문 바로 다음으로 한국 학생들이 미국에 도착하였으며 1896년에는 김할란(Kim Haransa)의 이름을 가진 여인을 포함해 6명의 한국인들이 워싱턴 지역(Washington D.C.)에 있는 하워드 대학(Howard College)에 등록을 했다. 1888년과 1889년에 원세개를 쫓아내기 위한 한국의 시도는 실패하였지만 이 두 해 동안 중국을 반대하는 폭동들이 서울에서 일어났으며 중국 가게들은 약탈당하고 전소되었다. 이 사건들이 일어난 후 원세개는 모든 중국 상인들에게 서울에서 격리된 지역에 거주하도록 지시를 했다. 한국인들이 중국의 지배를 쫓아버리려고 노력하면 할수록 한국을 그들의 보호국으로 지키려는 중국의 노력은 더욱더 강렬했다.

한국에서 증가해가는 중국의 지배에 대해 일본은 더욱 민감했다. 일본 정부 지도자들의 대다수 의견은 한국의 안전한 존속은 일본의 안보를 위한 보증이었다. 그들 중 한 지도자는 심지어 불친절한 힘이 한국을 차지하면 한국은 일본의 심장을 겨냥한 비수가 될 것이라고까지 말을 했다. 따라서 중국을 향한 일본의 적대심과 러시아의 한국 지배에 대한 그들의 두려움은 강화되어 갈 수밖에 없었다. 한국과의 일본의 상업 활동도 중국의 지배가 늘어나면서 꾸준히 약해졌다. 중국이 한국에서 중국의 종주권을 재설립하기 위한 결단력을 과시했을 때 일본인들은 불안했다. 1893년 1월 새 일본공사로 한국에 도착한 오이시 마사미(Oishi Masami)는 중국의 지배가 얼마나 강해졌는지를 즉시 깨달았다. "한국은 이미 파멸했다. 한국은 다른 강대국들이 한국을 차지하지 않았기 때문에 겨우 생존해 있을 뿐이다. 한국은 벽이 없는 집이나 문이 잠겨져 있지 않은 창고와 같다."라고 개탄했다. 그의 눈에는 한국이 재생할 기미가 전혀 보이지 않았고 절망만 가득할 뿐이었다.

중국과 다른 나라들이 한국에서 그들의 지배와 영향력을 늘림에 따라 한국 주재 미국공사 푸트(Foote)와 다른 미국인들도 한국에서 튼튼하고 영구적인 영향력을 확보하고 싶어했다. 그러나 미국 정부는 푸트와 다른 미국인들이 제안한 것을 실천하는 단계를 취하기를 거절했다. 미국은 비록 그들의 제의를 거절은 했지만 한국에 대해 전혀 관심이 없는 것은 아니었다. 그래도 한국에 대한 미국의 태도는 여전히 냉담했다. 미국의 정치적 능력은 극동의 중요정책을 실행할 준비도 안 되어 있고 또한 능력도 없었다. 남북전쟁 후의 미국무부는 능력과 비전에서 쇠퇴기에 있었다. 미국 정부의 유일한 관심은 미 국무장관 프레더릭(Frederick)이 1883년 3월 17일 푸트에게 보낸 편지에서 설명했듯이 미국 권리와 통상이권을 보호하는 것이 미국 정책의 전부였다. 한국에서 미국의 경제 이득이 증가하고 미국에 대한 한국 경제의 중요성이 증가하면 미국 정부는 적극적인 한국 정책을 채택했을지도 모른다. 그러나 미국에 대한 한국의 경제 중대성이 보잘 것 없었기 때문에 이에 따라 미국은 한국에 관심을 잃었다.

1883년 5월 푸트 공사가 서울에 도착한 1년 후 미국무부는 그의 지위를 전권공사로부터 그리고 특명전권공사로부터 변리공사와 총영사로 낮추었다. 이는 미국이 한국에 대한 외교 지위를 경시하는 것을 나타내는 것이었다. 미국은 또한 1883년 10월 로벗 슈펠트 제독을 군사 고문으로 쓰겠다는 고종의 긴급한 요청에도 조치를 취하지 않았다. 역겹게도 1885년 2월 푸트는 휴가를 간 다음 한국으로 돌아오지 않았다. 영국인들이 1885년 4월 거문도를 점령했을 때에도 미국 정부는 한국 정부를 돕기 위한 그 어떤 조치도 취하지 않았다. 푸트가 한국을 떠났을 때 대리공사였던 해군 무관 조지 포크(George C. Foulk)가 푸트와 같이 한국의 독립과 근대화를 위한 대의를 옹호했으나 미국 정부는 아무런 관심도 보여주지 않았다.

휴가를 핑계 삼아 한국으로 돌아오지 않은 푸트 공사 자리를 메꾸기 위해 1884년 6월 윌리엄 파커(William H. Parker)가 한국에 도착했다. 그는 미국공사관의 변리공사와 총영사로 서울에 급파되었다. 그러나 그는 상황을 개선하기는커녕 오히려 악화시켰다. 미국무부는 극도로 흥분하여 조지 포크(George C. Foulk) 이전 대리공사를 9월에 서울로 소환하였으며 서울로 돌아온 포크는 파커공사가 서울에 있는 동안 거의 늘 술에 취해 있었음을 발견했다. 한국 및 외국 관리들은 늘 술에 젖어 있는 파커 방문을 중지했다. 한국에 거주하는 미국인들도 미국 공사관에 볼일을 보러 왔다가 파커 공사가 술에 취해 있는 것을 목격했다. 결국 파커는 한국으로 부임한 지 석 달 만인 9월에 본국으로 소환되었다. 포크는 전과 같이 계속 중국과 대립을 했다. 원세개는 중국에 아첨하는 김윤식 외무장관에게 미국 정부에 포크가 총체적으로 한국을 중상하고 있다고 불평을 하고 1884년 한국 독립 모임의 정치변혁 당시 한국에 급파된 포크가 왕족 식구들에 관해 불경스런 말을 했다고 하라고 압력을 가했다. 미국무부는 하는 수 없이 12월에 포크 대신 윌리엄 룩힐(William W. Rookhill)을 새 대리공사로 임명하여 한국으로 보냈다. 그 대신 포크는 해군 무관으로 남아 있었다.

한국으로부터 중국에 반대하는 포크를 완전히 제거하기로 결심한 원세개는 한국 외무장관 김윤식에게 미국 정부에 한국으로부터 포크제거를 요청하도록 시켰으며 김윤식은 1886년 12월 31일 원세개가 시키는 대로 했다. 미국무부는 이번에도 원세개의 앞잡이인 김윤식의 요구에 따라 1887년 6월 포크의 해군 무관 임명을 취소하고 그를 본국으로 소환했다. 한국 왕 고종은 한국 정부 고문으로 포크의 계속 유임을 원했으나 미국무부는 그의 한국 유임으로 중국과 미국 관계가 손상되어서는 안 된다며 고종의 간원을 거부했다. 포크가 떠난 후 그나마 남아있던 실낱같은 미국의 영향력은 한국에서 거의 완전히 사라졌다.

미국은 1882년 5월 22일 한국과 우호 통상조약을 맺은 이래 단 한 번도 한국에 우의를 표시한 적이 없었으며 한국과의 통상도 수지가 맞지 않는다고 통상활동을 하지 않았다. 미국은 한국에 대해 냉담하고 무관심한 태도로 일관했다. 파커 같은 알코올 중독자를 한국 주재 공사대리로 파견하고 중국의 말만 듣고 미국 공사를 두 번씩이나 교체한 게 그 좋은 예였다. 그리고 한국에 대한 미국의 냉담, 오만, 무관심, 멸시와 배신은 1905년의 포츠머스 회담에서 한국을 일본의 보호국으로 만들어줌으로써 그 절정에 달했다. 한국 정부에도 큰 문제가 있었다. 한국 정부 관리들은 목을 길게 빼고 중국만 쳐다보고 있었으며 김윤식 같은 외무장관은 말이 한국 외무장관이지 철저한 중국의 주구走狗에 불과했다. 김윤식은 원세개가 하라는 대로 충실히 복종하였으며 고종 왕에게는 한마디 의논이나 보고도 없이 원세개가 싫어하는 한국 주재 미국 공사를 두 번씩이나 제거케 했다. 무능한 고종 왕은 원세개와 김윤식이 그 몰래 포크를 제거한 줄도 모르고 미국 정부에 포크를 한국 정부 고문으로 유임시켜 달라고 사정만 했으니 말이다.

# 15
# 뜻밖의 사건들

중국의 한국 지배와 영향력이 고조에 달한 가운데 1894년이 시작되었다. 그리고 이 한 해 동안 한국, 중국, 일본은 한국에서 일어난 뜻밖의 사건들로 대 '동란'을 치르게 되었다. 특히 1894년 봄과 여름은 위기의 달이었다. 그해 3월 28일 김옥균이 상하이에서 살해되고 6월 6일에 일어난 동학반란을 진압하기 위한 중국 군대의 한국 파견, 그리고 이로 인한 중-일 전쟁 등은 이 세 나라의 역사진로를 바꾸어 놓은 획기적 사건들이었다.

## 김옥균의 살해

김옥균의 살해와 박영효 암살미수의 기괴한 사건은 나약한 일본

정부의 외교정책이 수정돼야 한다는 점증하는 일본의 일반적 느낌을 한국에 집중시키는 결과를 가져왔다. 일본 정부는 김옥균을 한국의 문명화를 위해 싸우다 희생된 순교자라고 선포하였으며 김옥균의 살해를 음모하고 그의 죽음을 환영한 중국과 한국 정부를 탄핵하였다. 또한 일본 정부는 김옥균의 신변안전에 좀 더 주의를 기울이지 않았음을 유감으로 여겼다.

1894년 3월 말 김옥균은 두 사람의 한국인인 이 모와 홍종우로부터 죽음의 유혹을 받았다. 이와 홍종우는 정부로부터 신임을 얻는 데 성공한 후 일본에 있는 김옥균에게 접근하여 한국의 민가 가족에 의한 국사 방향에 불만스러워하는 중국의 이홍장이 김옥균의 개혁운동을 위해 도움을 제공할 것이라고 말을 하며 그를 유혹했다. 이와 홍은 상하이 은행으로부터 돈을 찾아 그에게 주겠다고 약속을 한 후 김옥균에게 상하이로 가 그 돈을 받으라고 했다. 홍종우는 김옥균에게 돈을 얻어주러 그와 함께 상하이로 갔으며 그들이 상하이에 도착한 직후 김옥균이 국제 거류지에 있는 한 일본 호텔에서 쉬고 있는 동안 홍은 그를 총으로 쏴 죽였다. 거류지 경찰은 김옥균을 암살한 홍종우를 현장에서 체포하였으나 중국 관리들의 요구와 영국 총영사의 묵인 아래 홍종우를 중국 관헌들에게 넘겨주었으며 그들은 김옥균 시체와 홍종우를 중국의 한 군함에 태워 한국으로 보냈다. 한국 정부는 한국에 있는 외교사회가 두려워 김옥균 암살자 홍종우에게 많은 상금과 훈장을 듬뿍 주었으며 김옥균의 시체는 양화진에서 능지처참되어 전국에 효시되었다. 한편 이 모는 김옥균과 그의 암살자를 상하이로 전송한 후 최근 미국으로부터 일본으로 돌아온 박영효를 암살할 음모를 추진했다. 이 모는 그의 두 형제들과 가와쿠보(Kawakubo)라는 한 일본인과 함께 도쿄에 있는 엔라이칸 호텔(Enraikan Hotel)로 박영효를 유혹하기 위한 치밀한 준비를 세웠다. 거기에서 그들은 박영효의 시체를 토막 쳐 담을 네 개의 트렁크와 피를 흡수할 담요들을 수집했다. 그러나 박영효는 친구들에게 주의를 받고 호텔로 가기를 거절하고 한 사립학교로 은신했다. 주모자인 이는 뉴스가 김옥균 암살사건을 발표하기 전에 박영호의 암살을 단행하기 위해 필사적이었으며 3월 28일 박영효가 은신해 있는 학교로 가 그를 살해하기로 결정을 했다. 일본인 가와쿠보는 이를 도와주기를 거절하였으며 이의 두 형제들 역시 뒤로 물러났다. 이는 혼자 학교로 갔으나 그는 거기에서 박영효의 친구들에게 붙잡혀 결박되었으며 앞서의 김옥균 암살을 포함해 그의 음모전모를 자백했다. 도쿄 경찰은 즉시 학교를 엄습하여 악한과 희생자를 분명히 구분치 않고 이, 가와쿠보, 박영효 그리고 수 명의 박영효 친구들을 체포했다. 그리고 그들은 모두 3월 31일 도쿄 지방 법원으로 끌려왔다. 그러나 이의 암살 단인 두 형제는 한국공사관으로 갔으며 한국공사는 처음으로 그들에게 피난처를 제공했다. 이로 말미암아 일본외무부는 이 사건의 전모를 파악할 수 있었다.

김옥균의 암살 뉴스가 일본에 이른 직후 오이 겐타로(Oi Kentaro)와 김옥균의 개혁운동을 도왔던 이노우에 가쿠고로, 그리고 그 외 몇 사람들은 김옥균 지지모임을 조직하여 긴자(Ginza)에 사무실을 연 다음 김옥균의 시체를 획득하여 김옥균에게 명예로운 장례식을 거행해 주려고 했다. 그러나 김옥균 지지모임이 김옥균의 시체를 가지러

상하이에 갔을 때에는 그의 시체는 배에 실려 이미 한국으로 떠난 뒤였다. 김옥균은 한국에서는 국가 반역자로 매도되어 한국 정부에 의해 암살되었지만 일본에서는 그의 개혁정신을 높이 기려 그의 시체를 찾아다 엄숙한 장례식까지 치러주려 하고 있었다. 김옥균의 시체 입수에 대비하여 그를 기념하기 위한 자금모금 운동이 시작되었다. 모인 자금은 고결한 장례식과 추도비와 그리고 일본에 있는 한국 난민들을 돕는 데 사용될 것이었다. 4월 말 일련의 김옥균 회의들이 도쿄에서 열렸다. 이들 회의에는 8백 명에서 1천 명의 일본인들이 참석하였으며 그들은 김옥균의 장례를 위해 아낌없이 돈을 내놓았다. 그러나 한국 정부에 의해 이미 토막이 나 전국에 효시된 김옥균의 시체가 일본으로 돌아올 리 만무했다. 김옥균의 장례식을 준비해오던 일본인들은 한국 정부의 잔인한 처사에 울분을 토하며 5월 20일 김옥균 지지모임과 많은 의회의원들을 포함한 그들의 친구들은 아오야마 공동묘지(Aoyama Cemetery)에서 김옥균에게 경의를 표하며 장엄한 장례식을 거행해 주었다. 장례식에는 김옥균의 시체도 머리도 없었다. 그러나 그들은 김옥균의 머리타래로 입수한 것을 그의 묘에 경건하게 파묻었다. 김옥균 장례 다음날 마토노 한스케(Matono Hansuke)는 일본 외무장관이며 전쟁파인 무쓰 무네미쓰(Mutsu Munemitsu)를 대담하게 방문하여 일본은 야만인 나라 한국과 전쟁을 벌여 김옥균의 죽음을 복수하라고 요구했다. 전에도 그랬지만 김옥균의 죽음을 계기로 한국 정복을 주장해온 호전파들은 이제는 정복 한국을 더욱 공공연히 외쳐가며 이토오 내각이 약하다고 비난했다. 외무장관인 무쓰는 1894년 8월 16일자로 이토오에게 보낸 한 비망록에서 이토오 내각에게 한국에 대한 기본정책을 결정하라고 촉구하였고 한국을 일본에 합병하는 것만이 한국 문제를 해결할 수 있다고 결론지었다. 결국 이노우에 가쿠고로와 다른 김옥균 지지자들을 포함하여 이토오 내각에 대한 많은 불신임 운동지지자들은 정부에 불신임 동의안을 제출하였으며 6월 1일 이토오가 그들의 제안을 받아들여 의회를 해산하겠다고 응답함으로써 이들의 불신임 동의는 일단 성공을 했다.

이와 때를 맞춰 일본관할 구역 내인 도쿄에서 일어난 박영효 사건은 일본 정부에 중대한 긴장을 초래했다. 그러나 이 사건은 전쟁 원인으로까지 확대되지는 않았다. 무쓰가 박영효의 두 암살 미수자들이 한국공사관에서 보호를 받고 있음을 알았을 때 그는 한국 부공사에게 그들을 밖으로 내보내라고 강력히 요구를 했다. 부공사는 다소 망설이던 끝에 4월 3일 무쓰의 요구에 응하였으나 일본인들이 행사하는 압력에 항의를 제기한 후 박영호 살해 미수자들이 짐을 꾸려 4월 5일 도쿄를 떠나게 했다. 그가 사임한 후 한국공사관을 책임지는 사람들이 아무도 없음을 알고도 부공사는 이 일로 즉각 사임을 하였으며 이는 마치 일본과 한국 간의 국교단절을 예시하는 것 같기도 했다. 무쓰는 즉시 오토리 게이스케(Otori Keisuke) 한국 주재 일본공사에게 한국 정부에 도쿄에 있는 한국공사관을 철수 시키려고 의도하고 있는지를 문의하라고 지시를 했다. 이 사건으로 일본외무부와 신문들이 일제히 동요를 일으켰지만 한국 정부는 임시공사에게 일본 주재 공사관을 떠맡으라고 지시함으로써 사건은 원만하게 수습이 되었다.

# 동학농민 봉기 및 중-일 전쟁

　김옥균과 박영효 사건으로 일본과 한국이 일련의 정치적 소용돌이
속에 휩싸여 있을 때 동학난이라 불리는 농민전쟁 또는 농민반란이
1894년 6월 6일 한국 남부의 충청도와 전라도 일대에서 대대적으로
일어났다. 동학반란은 일본의 사쓰마 반란(The Satsuma Rebellion:
1877년 초 일본의 호전파인 사이고 다카모리(Saigo Takamori)의 암
살로 인해 일어난 반란), 중국의 의화단 반란(The Boxer Rebellion:
1900년 중국사회의 부패와 중국에 있는 서구 세력을 중국에서 추방하
기 위해 의화단원들이 일으킨 반란), 아라비아의 와하비 반란(The
Wahhabi Rebellion: 코란(Koran)의 교의를 수호하는 이슬람 교도들
이 18세기에 일으킨 반란), 그리고 마우마우 반란(The Mau Mau
Rebellion: 비교적 근세인 1950년대 케냐(Kenya)에서 반백인 비밀테러
집단이 일으킨 반란) 등의 한국 변형이었다. 그것은 진보적 봉기라기
보다는 정부에 대항하는 반동적 반란이었다. 그것은 또한 변화에 대
항해 전통을 재주장하기 위한 필사적인 노력이었다. 지방으로 침투
하는 그리고 그들의 생활방식을 위협하는 항구도시들의 상업활동으
로 영향을 받은 농부들로부터 지지를 받는 불만을 품은 유생(儒生:
Confucianists)들과 몰락한 양반계급들에 의해 주도된 동학(東學:
Eastern Learning Society)은 그 자체를 외국인들과 외국풍조에 물
든 정부에 대항해 동양의 옛 미덕을 옹호하는 옹호자라고 선언했다.
전통적 사상과 배외排外주의 사상을 가진 대원군이 동학지도자들과
접촉한 것은 매우 있음직한 일이었다. 왜냐하면 중국인들이 그를 한국

으로 돌려보낸 사실에도 불구하고 그는 궁정에서 중국의 보호 아래 국사를 운영하는 민씨에 대한 그의 세력과 위신을 재건할 수 없었기 때문이었다.

동학신봉자들은 사회적, 경제적 본질에 대한 실제적 불만뿐만 아니라 외국인들과 일본인들, 그리고 서구인들을 동학과 풍습과 의식의 배반자들로 규정하고 이들의 추방을 더욱 강력히 요구한 것이었다. 중국인들에 대한 그들의 태도가 무엇인지는 분명치 않다. 원세개는 동학반란자들을 경멸적으로 보았으며 서울의 영국 대표에게 "그들은 모두 겁쟁이들이다. 한두 명의 목만 자르면 그들은 끝난다."라고 말을 했다. 실제로 동학 신봉자들은 원세개를 자극했을지도 모를 봉기를 피하려고 매우 노력했다. 그들은 냉정히 불만을 시정하기 위한 피동적인 대책을 강구했다. 1880년에서 1893년 바로 최근까지 그들은 수차례에 걸쳐 동학모임의 합법적 단체 인정을 포함하여 다른 여러 가지 사안들을 왕에게 탄원을 했다. 그러나 그들은 불법화 되었으며 1893년 여러 번의 소규모 폭동을 일으킨 후 1894년 봄 한국남쪽의 광범위한 지대(주로 충청남북도와 전라북도) 여기저기에서 전면적인 반란에 돌입했다.

한국 동학 반란의 가장 흥미로운 면은 그 반란과 일본과의 관계다. 김옥균과 박영효가 주도한 개혁-독립 그룹이 동양의 자유와 해방대의에서 일본의 자유주의자들과 그들의 친구들과 동료공모자들의 이념적인 상대들임과 똑같이 동학반란자들도 일본 보수주의자들의 이념적 상대자들이었다. 일본이건 한국이건, 또는 중국이건 서구 모델과 함께 근대화와 진보에 동승하여 옛 전통을 손상시키는 정부에 화가

난 유교미덕 주창자들과 마찬가지로 그들(동학반란자들)도 동양전통 대의에서 자연적인 친구들이고 또한 동료 공모자들이었다. 일본의 극우 단체인 게뇨샤(Genyosha) 집단이 1894년 동학 신봉자들과 접촉을 한 것은 놀라운 일이 아니었다. 히라오카 고타로(Hiraoka Kotaro)의 조카이자 도야마 미쓰루(Toyama Mitsuru)의 피 후견인인 우치다 료헤이(Uchida Ryohei) 총독대리는 한국으로 건너와 동학 지도자들을 찾아가 그의 도움과 그가 소집할 수 있는 동료 모험가들을 제공했다. 이들 일본인들은 천도교 대표단으로 동학모임에 입문했다. 그리고 우정이 형성되고 그들의 관계가 수 년간 지속되었으며 한국에 대한 일본정치 진로에 상당한 영향을 끼쳤다.

한편 우치다와 그의 동료들이 전통주의자들로서 동학 신봉자들과 공동 근거를 찾음에 반해 한국에 있는 다른 일본인들과 외교 및 무역 집단은 동학 신봉자들을 전통 배반자들로 극렬히 반대했다. 그도 그럴 것이 동학의 경고문들이 서울에 나타나 일본공사관 정문에까지 붙어 있었으며 그 내용은 '일본 및 외국 반란자들과 도둑들이 우리 땅의 창자 속으로 들어와 혼란이 그 절정에 이르렀다.'고 했기 때문이었다. 그들은 또한 1876년(한일조약이 처음 체결된 해)의 수치에 관해 언급하며 애국심과 효도를 큰소리로 부르짖었다. 동학 반란자들은 일본인들을 倭로 다른 외국인들을 夷로 따로따로 구분지음으로써 특히 그들을 더욱 증오했다.

아마도 일본은 1894년의 위기를 더욱 야기한 것 같았다. 동학반란은 일본인들이 동학운동에 자금을 쏟아 넣음으로써 그 절정에 달했다. 동학반란이 절정에 달했을 때 중국은 우물쭈물하고 완고하였으며 한국은 겁을 내고 우둔하게 대처했다. 그러나 일본은 동학난을 자연스럽게 보이도록 하기 위해 반일 뉘앙스로 한국에 반란을 선동한 다음 중국이 군대를 한국에 보내도록 유인하여 동학민란을 진압케 했다. 일본도 군사개입 환경을 조성하여 중국과 전쟁을 벌인 다음 한국을 점령하는 것이었다. 이러한 시나리오는 얼마가지 않아 모두 맞아떨어졌다. 고종 왕의 부친 대원군도 동학반란 음모의 우두머리로 행동했다. 즉 반란은 돌아오는 여름에 일으키고 공모 주동자들은 일본과 중국에서 무기를 구입하는 것이었지만 이미 4천 정의 소총이 구입돼 강화도의 한 창고에 은닉돼 있었다. 무기를 운반할 세 척의 증기선이 구입되었으며 이 중 한 척은 일본에서 온 것으로 알려져 있었다. 몇 사람의 일본인들이 이에 가담하였으며 그들은 이를 눈감아 주었다. 하지만 이 음모의 아무것도 일본 정부에 알려지지 않았다. 이 모든 정보는 도쿄 주재 러시아 공사인 히트로보(Hitrovo)가 서울에 있는 그의 카운터 파트인 웨베르(Waeber) 공사에게 보낸 전문에 포함돼 있었다. 그는 이 모든 준비를 한 일부자금은 대원군이 중국을 통해 공급 받은 것이며 음모자들은 요코하마(Yokohama) 은행가인 워커(Walker) 씨로부터 돈을 더 받기를 희망하고 있다고 덧붙였다.

6월초 중국 군대들이 폭동을 진압하기 위해 한국으로 이동함에 따라 일본 역시 한국에 군대를 파견할 계획을 발표했다. 이렇게 되기까지의 상황을 한국 주재 한 일본 외교관이 쓴 일기를 인용하여 다음과 같이 좀 더 상세히 알아보도록 하겠다. 서울의 일본공사관 비서인 스기무라 후카시(Sugimura Fukashi)는 그의 일기에서 1894년 5월부터 1895년 10월 민비 살해 사건 때까지 서울의 일본공사관이 취한 행동을 놀랄 만큼 완벽하고 솔직하게 다음과 같이 밝히고 있다.

"1894년 5월 4일 오토리(Otori) 공사가 서울을 떠나 일본으로 감에 따라 그날부터 나는 부공사로 공사관 업무를 떠맡았다. 그때 동학반란이 남쪽에서 전라도 서쪽으로 퍼지고 있었으며 홍계훈 장군이 반란진압에 임명되었다. 홍 장군은 1882년 임오군란 때 민비를 도운 적이 있어 고종 왕과 민비로부터 총애를 받았다. 그는 5월 5일 8백 명의 군대를 이끌고 서울을 떠났다. 민영익은 동학 봉기자들을 분쇄하기 위한 군대 파견을 주장하였지만 다른 대신들은 이들은 가혹한 지방 관리들에 대항해 폭동을 일으키는 좋은 사람들이므로 그들을 단순히 억누르기만 하면 된다며 군대파견을 반대했다. 이들의 반대로 민영익은 대신들을 의지할 수 없다고 느끼고 원세개와 비밀리에 협의하기 시작했다. 원세개는 한국이 매우 허약하므로 폭도진압에 성공할 가망이 없고 한국 군대가 동학군에 패하면 폭도들이 서울로 올 것이며 그렇게 되면 외국 국가들 간에 더욱 많은 분쟁이 일어날 것이라고 생각했다. 그러므로 원세개는 이 문제가 그 자신에 의해 해결되기를 원했다.(이 일기 작성자는 이 말을 원세개로부터 직접 들음) 또한 그는 (그 자신을 위해) 큰 성공을 이루기를 원하였으며 한 번은 그는 폭동 지역으로 들어가 그 자신이 직접 중국경찰과 상인들을 지휘하기를 원했다. 한국 군대들을 돕기 위해 그는 그들에게 한 척의 중국 군함을 빌려주었다. 5월 9일 홍 장군과 한국 군대들은 중국 군함과 두 척의 한국 배에 승선한 후 군산 항구로 출발했다. 그때 나는 그 군함에 중국 군대들이 타고 있었으며 그들은 한국 군대들에 의해 합류되었다는 소문을 들었다.

중국 군함이 며칠 동안 돌아오지 않아 나는 일본 외무부에 조사를 할 일본 군함을 급파하라고 요청했다. 5월 16일 오시마(Oshima) 군함의 파견이 승인을 받았다. 그러나 중국 군함은 그날 인천으로 돌아왔으며 다시 출항할 준비를 하고 있는 것 같았다. 그러나 일본 군함 오시마는 일본으로 돌아가지 않으면 안 되었기 때문에 나는 인천에 가 선장에게 다른 군함을 보내야 한다고 말했다. 전보가 일본에 전송되었으며 쓰쿠시 군함이 인천으로 출범했다. 야마토(Yamato) 전함도 거기에 있었다. 서울 군대들은 동학군들과 마주쳤으나 패배했다. 서울 군대들의 반 이상이 싸우기도 전에 도주했다는 소문이 들렸다. 그 결과 5월 23일 4백 명 이상의 군대들이 한국 배를 타고 인천을 떠났다. 그러나 그들이 성공하리라고 기대하는 사람은 아무도 없었으며 중국인들에게 의지하려는 경향이 나타나기 시작했다. 그러나 나는 한국외무장관에게 내부 폭동을 처리하는 데 외국인들에게 의지하는 것은 좋은 생각이 아니라고 말했다. 내 말이 고종에게 전달되었으며 여러 대신 이외에 궁정의 거의 모든 사람들은 내 의견과 일치하는 듯했다.

　　그러나 5월 31일 전주성이 동학군들에게 함락되었다는 소식이 전해지자 깜짝 놀란 한국 궁정은 중국에 도움을 요청하기로 결정했다. 그리고 6월 1일 원세개에게 군사 도움을 요청하는 편지가 작성되었으나 반대 의견 때문에 편지 전달이 지연되어 6월 3일 저녁에야 원에게 발송되었다. 나는 6월 2일 이미 내 비서인 테이(Tei)를 중국인들에게 보내 이러한 요청이 접수되었는지 물어 보도록 했다. 원세개는 공식적인 서신은 없으나 중국은 한국에 군대를 급파하기로 비공식적으로 결정했다고 말을 했다. 6월 3일 나는 원과 직접 세 시간 동안 회담을 하였으며 원과의 회담에서 여러 가지 상세한 점이 논의 되었다. 주요 주제는 극동에서 평화를 보존하기를 원한다면 초기단계에서 한국의 폭동을 멈추도록 하는 것이 현명하다는 것이었다. 폭동 이유는 나태한 한국 정부와 부패한 지방 관리들의 악폐 때문이었다. 1895년 한국의 무정부 상태와 참혹한 사회 현실을 목격한 오이시 마사미(Oishi Masami) 서울 주재 일본공사는 '이 나라는 절망적인 상태에 놓여 있다. 그들 나라를 쇄신할 능력 있는 정치가들이 한국에는 단 한 명도 없다.'고 개탄했었다고 나는 원세개에게 말했다. '나도 한국 정부가 무능하고 부패해 있다는 것을 잘 알고 있다. 그러나 만일 우리가 방관자들로 머무르면 한국 정부는 쓰러지고 말 것이고 외국이 개입할 것이며 그러면 한국은 외국나라들의 전쟁터가 될 것이다. 그러므로 나는 현재의 한국 정부의 장점, 단점을 무시하고 외국 개입의 원인을 피하기 위해 이 폭동을 해결하기를 원하고 있다.'고 원세개는 말했다.

그러나 원세개는 공명정대하면서도 과장 섞인 의견을 표명하였지만 실제로 그는 야심을 가지고 있었다. 왜냐하면 최근 몇 년간 일본은 한국에서 경쟁력이 부족하였으며 그는 은밀히 일본을 과소평가하였고 이 중대한 시점을 이용하여 한국에 대한 중국의 종주권을 분명히 하려 했기 때문이다. 그리고 그는 그 자신의 공적을 세우기를 간절히 원했다. 나는 이것을 잘 감지할 수 있었으며 다소 농담조로 원에게 말을 했다. '이 말은 나를 대단히 불쾌하게 한다. 만일 당신이 정말로 군대를 파견하면 유감스럽지만 일본도 군대를 파견하지 않으면 안될 것이다.' 그러자 미스터 원은 안색이 변하며 '무슨 이유로?' 하고 물었다. 나는 '우리의 공사관과 우리 국민들을 보호하기 위해.'라고 대답

했다. 원은 말했다. '그럴 필요가 없다. 외국인들에게는 위험이 없다.'
이 말에 나는 '만일 한국 정부가 보호를 할 만한 능력이 없으면 우리
는 당신의 군대들에게 의지할 필요가 없다.'고 말했다. 내 말에 원은
'만일 당신 나라가 군대를 파견하면 다른 외국나라들도 군대를 보낼
것이다.'라고 말했다. 나는 '터무니 없다.'라고 대꾸했다.

6월 4일 원은 그의 비서를 내게 보내 한국 정부로부터 공식적으로
군대 파견 요청을 받았다고 전달하도록 했다. 나는 우리 정부에 이
사실을 전보로 보냈으며 원의 비서에게 "우리는 그들이 1885년의 톈
진 조약을 준수하기를 희망한다."라고 말했으며 '내 추측으로는 중국
은 웨이하이웨이(Weihaiwei: 위해)로부터 1,500명의 군대를 파견할
것 같은데 일본은 군대를 보낼 것인가? 보내지 않을 것인가?' 전보에
서 문의를 했다. 다음날 나는 내 비서를 미스터 원에게 보냈으며 그
는 내 비서에게 산해관(Shanhaikuan)으로부터 1,200명의 중국 군대
가 특파될 것이라고 말을 했다. 나는 도쿄로 즉시 전보를 친 후 초조
히 응답을 기다렸다. 6월 6일 밤 11시 30분 나는 '오토리(Otori Kei-
suke: 한국 주재 일본공사)가 300명의 선원들과 20명의 경찰호위대와
함께 군함을 타고 출발하며 일본 선원들의 급파를 발표하지 말라.'라
는 대답을 받았다. 나는 이를 비밀에 부쳤다. 6월 7일 우리 외무장관
은 중국 정부에 이를 알렸으며 나는 일본이 톈진 조약에 따라 군대
를 특파할 것이라고 한국 정부에 말은 하되 그 숫자는 비밀로 하라는
지시를 받았다. 나는 이 케이블로부터 300명 외에 다른 군대들이 파
견될 것이라는 것을 알아차릴 수 있었다.

6월 2일 가와카미 소로쿠(Kawakami Soroku) 일본 육군 사령관은

무쓰 무네미쓰 외무장관과 한국에 파견될 군대 숫자 문제를 논의했다. 가와카미 사령관은 1882년과 1884년에 중국 군대들이 서울에서 주도권을 잡았음을 상기시키며 이번에는 일본이 주도권을 잡지 않으면 안 된다고 말했다. 그는 중국이 5천 명의 군대를 급파 중이라는 정보를 가지고 있으며 이에 맞서 일본은 최소한 8천 명의 군대를 보내야 한다고 무쓰에게 말했다. 6월 7일 텐진 조약 조건에 일치하여 양측은 정식으로 상대방에게 한국에 군대를 파견할 의도를 통고했다. 중국의 통고는 중국 속국의 평화를 회복하기 위해, 중국의 상업 목적을 위해, 그리고 한국에 거주하는 중국인들의 걱정을 쫓아버리기 위해서라고 군대파견 이유를 정의했다. 일본은 중국의 통고를 받아들이기는 했지만 한국을 중국의 속국으로 정의한 것에는 반대를 하였으며 1882년의 제물포 조약에 준하여, 그리고 1884년 텐진 조약에서 정한 절차에 따라 개입한다고 정의를 내렸다. 하지만 일본은 그들의 군대를 철수시키겠다는 표명은 하지 않았으며 그 대신 군대 철수 전에 미래 분쟁의 원인이 될 악의 뿌리를 잘라 놓기 위해 일본-중국의 혼성 사절단이 진지한 조사를 하여 한국 정부의 실정失政 개혁을 보증할 중대한 조치를 취하자는 제의를 중국에 표명했다. 그러나 이홍장은 일본의 제의는 한국의 통치를 공동으로 하자는 제의라며 6월 22일 이 제의를 기각했다. 이에 일본은 한국의 정치개혁 접근에 실패하더라도 미국과 유럽 나라들은 한국이 중국의 속국임을 인정하지 않으리라고 보고 중국 없이 일본 단독으로 한국의 정치 개혁을 추진하기로 결정했다.

이런 가운데 각각 5백 명의 병사를 태운 10척의 일본 군함과 30척의 상선의 도착으로 위기 상태를 느낀 한국 조정에서는 대소동이 벌어졌다. 중국은 일본보다 더 많은 군대를 보낼 것이며 이렇게 되면 양측의 충돌이 불가피할 것이다. 만일 일본 군대들이 인천에 머무르면 다른 나라와도 문제가 생길 것이므로 일본 군대는 서울로 진입하지 않으면 안 되었다. 한국 정부의 졸렬한 정치운영 개혁에 관해 중국과의 협상에 실패한 일본은 동학난이 진압되더라도 조만간 중국과의 충돌은 불가피하게 되었다. 중국 장군은 그는 중국의 속국을 돕기 위해 한국에 왔다고 선언했다. 그의 이러한 선언으로 서울의 상황은 더욱 긴장하고 위험해졌다. 일본은 이번에 중국의 한국에 대한 종주권 문제를 해결하는 것이 절대 필요하다고 결론지었다. 한국에 파견된 일본 정부 대표 가토 다카아키(Kato Takaaki)는 6월 28일 한국 정부에 그들이 중국의 종속국임을 인정하는지 하루 내에 설명하라고 요구하는 공식 서한을 보냈다. 그 내용은 만일 한국 정부가 아니라고 인정하면 가토는 원세개에게 한국의 독립을 침해하는 중국 군대를 즉시 철수시키라고 강요할 것이며 한국 정부에 중국 군대를 쫓아내라고 압력을 가할 것이다. 그 문제는 우리의 손에서 해결될 것이다. 그러나 만일 한국 정부가 중국이 한국의 종주국임을 인정한다면 우리 군대는 즉각 왕궁을 포위하고 그 설명과 함께 강화조약 제1항의 중대 위반에 대한 사과를 요구할 것이다 등이었다.

한편 6월 27일 일본 정부 내각은 한국 정부 개혁에 대한 기본문서를 승인했다. 한국 정부가 아닌 무쓰 일본 외무장관에 의해 작성된 이 문서는 이토오에게 제출되었으며 내각의 승인을 거친 후 오토리 한국 주재 일본공사에게 전달되었다. 이 문서는 한국 대중들이 그들의 정부에 악감을 가지고 있으며 한국에 불안을 초래한 한국 정부의 썩은 통치와 부패를 지적하는 것으로 시작되었다. 이 문서는 이어 그 결과 '일본은 한국 문제에 의해 영향을 받았으며 만일 일본이 이때에 구제조치를 취할 수 없고 적극적인 계획을 취하지 못하면 이 사태는 절망적이 될 것이다. 이는 우리의 독립기초에 영향을 미칠 뿐만 아니라 여러 문제점이 동아시아 전체로 확대될 것이다. 이것이 일본 정부가 한국의 국내 개혁을 권하기를 결정한 이유이다.'라고 밝혔다. 그리고 이 문서는 착수되어야 할 개혁사항들을 다음과 같이 열거했다. 즉 한국은 외국대표들을 존중하지 않으면 안 되며, 합법적인 사법체제를 수립하고, 정부계정과 지출에 엄격한 감독을 받아야 하며, 군대와 경찰 체계가 확립되어야 하고, 군대가 향상되어야 하며, 서구 스타일의 가르침이 학교에 도입되고, 충분한 통화 시스템이 설립되어야 하며, 교통과 운송이 향상되어야 하고, 사면이 정치범들에게 허용되어야 하며, 한국인들은 공부를 위해 해외로 파견되어야 하고, 서울에 있는 일본대표들은 중국대표들과 동등한 지위를 가져야 하며, 한국에 있는 일본국민들은 중국인들과 같은 대우를 받아야 하고, 인천 항구는 개선되어야 한다는 것 등이었다.

오토리 일본공사는 이러한 권고들을 한국 정부에 제출하였으나 한국 정부는 묵묵부답이었다. 원세개는 일본 군대의 영향이 오래가지 않을 것이며 비록 한국 왕이 개혁을 하라는 일본의 충고를 받아들이려고 할지 모르지만 중국인들과 한국인 지지자들로부터의 압력이 개혁을 방해할 것이라는 말을 퍼뜨리고 있었다. 심지어 서울과 부산 간의 전보선 보수 문제에도 그는 만족하지 않았다. 그는 한국 정부가 전신 보수를 거절했을 뿐만 아니라 전보선 보수는 한국의 주권권리이기 때문에 어떤 외국도 그들을 위한 전보선 보수를 허락하지 않을 것이라고 말을 했다. 한국 정부는 오토리와 함께 개혁에 관해 회담할 3명의 위원들을 임명하였으나 한국 정부 내에는 개혁욕구도 없고 친중파가 더더욱 영향력을 행사하기 때문에 한국 정부에 의해 임명된 위원들은 아무것도 할 것이 없었다. 이 때문에 오토리는 일본 군대들에게 전신 보수를 명령하려 하고 있었다.

일본-중국의 외교협상 역시 궁지에 달했다. 일본인들과의 합동개혁계획 참여를 거절한 중국인들은 제3자에 의한 분쟁 중재를 모색했다. 즉 첫째는 러시아, 그 다음 미국, 그리고 영국에 의한 중재였으나 일본과 중국 군대의 철수를 첫째로, 그리고 한국 개혁은 그 후에 하자고 제안했다. 일본인들은 정중히 그리고 딱 잘라 러시아에 의한 중재를 거절했다. 미국은 양측에 소용이 되는 좋은 호의만 보일뿐 그 이상으로 개입하기를 거절하였으며 전쟁을 하는 동안 일본에 대한 중국 이권과 중국에 대한 일본 이권의 후견인이 되는 단독명예를 받는 것으로 끝이 났다. 북경에서의 영국의 중재도 실패로 끝났다. 이제 일본은 결정적인 조치를 취할 필요가 있었다. 그것은 중국과 전쟁을 하는 것이었다. 일본이 중국과 전쟁을 하려는 목적은 첫째, 한국에 대한 중국의 영향력을 제거하고 둘째는 한국 정부의 개혁과 한국의 독립을 위해서였다. 즉 (A) 한국은 한 개의 독립국가로 간주되어야 하며 (B) 한국의 독립이 인정되더라도 일본은 오랫동안 또는 영구히 직접 또는 간접적으로 한국의 독립을 지지하고 다른 나라들의 침투를 저지하며 한국을 옹호하는 것이고 (C 한국 영토 보전을 위한 공동보장이 일본과 중국에 의해 이루어져야 하며, (D) 스위스(Switzerland)나 벨기에(Belgium)처럼 한국의 중립을 보장하도록 요청하는 것 등이었다.

일본이 중국과 전쟁을 한 것은 1894년 7월 25일이었다. 일본과 중국 간의 전쟁은 6월 21일 제2차 농민반란이 일어났을 때 중국이 5,500명의 병력을 보내고 이에 맞서 일본이 1만 명의 군대를 파견함으로써 7월 25일 두 나라 군대가 충청도 아산만에서 격돌함으로써 시작되었다. 8월 1일 일본과 중국은 각각 상대국에 선전포고를 하였으며 일본은 중국과 전쟁을 시작한 지 불과 4일 만에 중국 군대를 분쇄하였고 아산만 전투에서 일본군에 패한 중국군은 북으로 후퇴를 했다.

북으로 달아나는 중국군을 추격한 일본군은 9월 중순 평양전투에서 중국군에 전면적인 승리를 거두었으며 전쟁에 패한 중국군은 압록강을 건너 만주로 퇴각했다. 중-일 전쟁의 원인을 제공했던 동학군들은 한국과 일본군에 완전히 붕괴되었으며 동학난의 지도자 전봉준과 다른 지도자들이 포로로 잡혀 처형됨에 따라 동학운동은 1895년 1월에 끝이 났다. 중국의 속국임을 자처해오던 한국 정부는 중국군에 승리한 일본군의 지배를 받기 시작하였으며 8월 26일 한국 정부는 일본과 군사동맹을 맺어 일본군의 한국점령을 합법화 했다. 한편 한국 정부는 7월 25일 일본과 중국이 전쟁을 벌인 순간부터 일본의 개혁 프로그램을 전면적으로 받아들여 실시하였으며 이러한 개혁은 1896년 2월 친중에서 친러로 변절한 고종 왕이 러시아 공사관으로 도주할 때까지 계속되었다.

오토리 게이스케 일본공사는 열정적으로 개혁 프로그램에 착수했다. 그는 고종을 설득하여 개혁조치 통과에 권능을 부여받은 17명으로 구성된 협의회를 구성토록 하였으며 이 조직체는 1894년 늦여름에서 가을 동안 그 해 이름을 따 갑오개혁이라 부르는 주목할 만한 일련의 개혁 법령을 발포發布했다. 이들 법령들은 1898년 강유위(Kang Yu-Wei) 아래 중국 정부에 의해 착수된 저 유명한 백일간의 개혁(The Hundred Days Reform)을 상기하게 할 만큼 포괄적이었다.

즉 남자들은 태생에 관계없이 공직에 채용되어야 하고, 공과 사를 불문하고 노예소유는 완전히 폐지되며, 인신매매도 금지하고, 누구나 군대 및 행정기관에서 일할 자격이 있으며, 사람들은 누구나 계급이 평등하고, 축첩을 제한하고, 과부의 재혼을 합법화하며, 정치로부터 내시들을 제거하고, 실직문제를 처리하며 연좌제緣坐制, 즉 범죄자들의 가족 처벌제도를 폐지하고, 허가받은 당국자 이외의 체포 및 처벌을 금지하며, 관리들에 의한 착취와 인장 악용을 제거하는 것 등이었다. 권력과, 경찰과, 군대와, 재정과, 교육제도를 제외하고 이 모든 규정은 이미 오래 전에 한국에서 개혁을 했어야 할 현안들이었다. 이 같이 일본인들에 의한 한국 개혁 프로그램은 사회적, 정치적 구조에서 광범위한 개선방향을 지적했다.

그러나 지방군수들이 그들은 무력한 죄수라고 말을 하며 왕의 명령을 무시하는 바람에 서울 밖에서는 이러한 개혁이 아무 효과가 없었다. 개혁을 추진한 오토리는 그의 프로그램이 수렁에 빠졌다고 생각했다. 그는 대원군을 중심으로 개혁을 성취시키기 위한 전술적인 수법을 세웠다. 그러나 9월 21일 그는 대원군은 신뢰할 수 없다고 확신했다. 그는 권력과 유교적 방식에만 관심이 있었기 때문이었다. 다른 사람들은 개인적인 이익과 기회주의에만 관심이 있었다. 오토리는 또한 대원군과 민비파 간에 증대해가는 대결로 곤혹스러웠다. 그는 대원군의 스물다섯 살 먹은 손자가 진보적인 젊은이로 그가 추진하는 개혁에 호의적일 것으로 생각했으나 그 역시 개혁반대파로 돌아섰고 왕위만을 노리고 주로 민비를 폐위시키기 위한 작업을 하고 있었다. 그리고 그는 러시아 인과 영국공사들과 술책을 꾸미고 있었다. 하여간 대원군을 개혁 프로그램의 수단으로 이용하려는 오토리의 계획은 빗나갔다.

결국 한국 개혁 프로그램에 실패한 오토리는 일본으로 소환되어 즉시 사임하였으며 오토리 후임으로 한국 주재 공사에 임명된 이노우에 가오루 외무장관은 오카모토 류노스케(Okamoto Ryunosuke), 사이토(Saito), 그리고 자유주의파 지도자인 호시 토루(Hoshi Toru) 같은 한국 전문가들을 데리고 10월 19일 서울에 도착했다. 사람들 특히 한국인들을 어떻게 다루는지를 잘 알고 있는 자신에 찬 외교관인 이노우에는 침착한 태도로 서울로 이동했다. 그는 영국영사 힐리어(Hillier)와 최초로 회담을 하였으며 이 회담에서 성격이 단순하고 노골적인 이노우에는 힐리어 영사에게 '한국에 대한 우리의 정책은 오랫동안 변치 않고 있다. 우리의 정책은 단순히 한국의 독립을 유지하는 것이다.'라고 말을 했다. 그는 1876년 한국 정부와 협상할 때의 그의 경험, 1884년의 사건, 다음 몇 년간 중국과의 문제와 전쟁과 한국 정부의 파벌싸움으로 인한 중국과의 협조가 불발로 끝났음을 상기하면서, '한국은 병든 사람이다. 문제는 그 병을 어떻게 진단하고 무슨 약으로 그의 병든 몸을 회복시키느냐다. 환자는 종종 약맛을 싫어한다. 그러나 그 약은 환자의 회복을 위한 것이며, 환자의 병을 고치려면 무슨 약이든 상관없지 않은가?'라고 말했다. 이노우에는 한국의 사태를 면밀히 음미한 후 다음 세 가지 기본정책을 수행하기로 결정했다. 즉 정부와 왕족 간의 분명한 분리, 왕과 왕비와 민씨 파벌 간의 분명한 지위 한정, 그리고 각 정부기관의 분명한 책임한계 등이었다. 그는 예외적으로 정치적 직함이 없이 막대한 권력을 행사하는 대원군의 지위에 즉각적으로 주목을 하였으며, '이 나라에는 왕이 둘 있는 것 같다.'라고 우려를 했다. 그의 최초단계는 대원군을 제거하는 것이었다. 이 목적을 위해 그는 대원군을 방문하여 그의 행위들을 비판한 다음 일본의 정책을 설명했다. 그리고 대원군을 추종하고 있는 동학 지도자들이 그들을 서울로 초청해야 한다는 제의를 거절했다. 그 대신 그는 두 동학 봉기자들을 감옥에 넣었으며 대원군에게 퇴거를 발표하라고 압박했다. '당신은 늘 방해를 하고 있어.' 이노우에는 이렇게 대원군을 비난했다. 결국 대원군은 정사에 간섭을 그만두기로 약속하였으며 그 약속에 서명을 하여 이노우에에게 주었다. 그는 한국인들과 그의 논리에 관해 협의했다. 김홍집 국무대신은 '왕을 섬기는 것은 부모를 섬기는 것과 같다.'라고 이노우에에게 말을 하였으며 이노우에는 그에게 '왕자는 부모들이 국내통치를 잘못할 때에는 침묵을 지키고 있어서는 안 된다.'라고 김홍집을 노골적으로 비난했다. 이어 그는 '한 나라의 부모들은 조언을 받아야 하며 이것이 한 신하의 올바른 도리다.'라고 덧붙였다. 그는 고종에게 20개의 개혁 프로그램을 제출하면서 '만일 왕의 대신들이 왕의 명령을 옳은지 그른지 의논도 하지 않고 복종만 한다면 그것은 재앙이 될 것이다.'라고 충고를 했다.

1895년 2월 민영익은 대원군이 동학반란자들과 연계하여 그의 손자를 왕 자리에 앉히기 위해 고종을 살해할 음모를 꾸미고 있다고 폭로했다. 1895년 5월 대원군의 손자는 반역죄로 체포되었으며 한국 법무부는 그를 처형하기로 결정했다. 그러나 이노우에는 일본은 이 나라를 단결시키려고 노력하고 있으며 죄인을 처형하는 옛날 관습은 복수의 근원이 된다며 대원군 손자를 처형시키지 말고 10년간 귀양을 보내라고 충고했다. 이노우에의 충고로 대원군 손자는 목숨을 부지하고 한국 해안의 한 섬으로 유배되었다.

이노우에는 한국개혁에 큰 성과는 못 올렸지만 일본에서 암살을 모면하고 한국으로 돌아온 독립모임의 박영효를 왕과 궁정의 친절한 은총으로 원상회복시켜주는 훌륭한 진전을 이룩했다. 1894년 12월 8일 왕과의 비밀 접견에서(왕비는 다음 실내에 있었음) 박영효는 그의 왕위찬탈 음모에 관해 왕이 불평하는 소리를 들었으며 박영효는 왕과 왕비와 그리고 왕세자가 그의 조언에 유의를 하고 왕비가 정치에 손을 대지 않으면 이들을 지지하겠다고 약속을 했다. 고종은 박영효 문제에 대한 의심을 쫓아버렸다고 말을 하며 박영효가 그의 이전 지위로 복귀하는 데 동의를 했다. 이에 따라 12월 17일 내각은 박영효에게 내무대신으로서의 탁월한 지위를 맡김으로써 재구성되었다. 박영효의 친구이며 이전 일본망명 동지인 서광범은 법무대신이 되었으며 다른 진보주의자들인 호러스 알렌(Horace Allen)의 우둔한 총아 박정양은 문부대신으로, 이완용, 전경원 그리고 이차윤은 각각 외무, 법무, 그리고 농상부의 차관이 되었다. 이들 중 박정양 및 이완용과 이차윤은 미국파 대표들이었고 박영효와 서광범은 일본파였으며 내무차관은 중국파였다. 그의 총체적 보수주의로 1884년 이래 가지가

지 정치풍파를 겪어온 김홍집은 친중파로 총리직에 잔류해 있었다. 따라서 새 내각은 김홍집에 의해 주도되는 그룹과 박영효에 의해 주도되는 젊은 그룹으로 짜여 있었다.

1895년 1월 7일 일본의 한국개혁 노력과 의지는 비로소 결실을 맺었다. 고종은 왕비와 왕세자와 대원군, 국무대신들, 그리고 잡다한 왕족들이 참가한 가운데 왕묘의 선조들이 듣는 곳에서 한국 최초의 근대적 정책백서이자 헌법성격을 띤 소위 홍범14조를 엄숙히 포고했다. 그 주요 요점은 '중국에 대한 종속관계를 즉시 끝내며 왕 폐하는 한국의 독립을 견고히 하기 위해 노력한다.'를 위시해 '왕궁을 포함하여 정부의 여러 부처와 활동은 정돈되고 청년들은 공부를 하러 해외에 파견되며, 법은 명백히 설명되고 개선될 것이다.' 등이었다. 1월 11일 선서문에서 요약된 개혁을 실천하기 위한 왕의 칙명이 발표되었다. 전반적인 절차는 메이지 황제의 헌장맹세를 상기시켰으며 이는 이노우에의 내심이 반영된 것 같았다."

이상이 일본공사관 비서 스기무라 후카시의 장문의 일기 내용이다.

# 16
# 시노모세키 조약(The Shimonoseki Treaty) 체결 및 한국과 중국과의 종속관계 청산

일본이 중국과의 전쟁에서 승리를 한 후 러시아, 프랑스, 독일 등 3국 간섭(Triple Intervention) 국가들과 다른 유럽 강대국들은 일본에 전쟁을 조기에 끝내라고 촉구하기 시작했다. 1894년 10월 8일 도쿄의 영국공사는 무쓰에게 강대국들이 한국의 독립을 보장하고 중국이 전쟁보상금을 지불하는 조건으로 전쟁을 중지하라고 요구했다. 그는 러시아 공사도 이 조건에 기꺼이 동의했다고 말했다. 무쓰는 극동에서의 러시아-영국 이권이 같지 않다고 느꼈고 러시아와 영국은 그에 반대하리라는 것도 잘 알고 있었다. 무쓰는 히로시마에 있는 이토오에게 편지를 써 중국과의 평화회담 때 내놓을 두 가지 계획을 작성하여 그 중 하나에 승인을 해달라고 요청하였으며 계획 A에는 다음과 같은 요점이 들어 있었다. (1) 한국의 독립을 보장하고 한국 내부 문제에 새로운 간섭을 하지 않겠다는 것을 보증하기 위해 중국은 대련(Dairen) 지역을 일본에 할양한다. (2) 중국은 일본에 군사경비와 전쟁배상금을 지불한다. (3) 중국은 유럽 강대국들과 같은 근거 위에서(중국이 유럽 강대국들과 맺은 불평등 조약에 근거하여) 일본과 조약을 체결한다. (4) 중국은 위 세 가지 사항을 완전히 보증한다. 두 번째 B 계획은 다음과 같았다. (1) 강대국들은 한국의 독립을 보장한다. (2) 중국은 대만(Formosa)을 일본에 양도한다. (3) 중국은 일본에 군사경비와 전쟁배상금을 지불한다. (4) 중국은 유럽 강대국들과 맺은 같은 근거 위에서 일본과 조약을 체결한다 등이었다. 이토오는 A계획에 동의를 하였으며 무쓰에게 이 조약조건을 사전에 발표해서는 안 된다고 말을 했다.

중국 정부는 일본에 먼저 강화요청을 하며 그 사절단을 히로시마로 보냈다. 그러나 히로시마로 파견된 중국사절들은 신임장을 가지고 있지 않아 일본이 작성한 평화조건은 중국 대표들에게 보여주지 않았다. 2월 16일 일본 정부는 중국 정부가 이홍장을 비롯하여 새로운 화평 사절들을 보내기를 원하고 있다는 것을 알고 그들이 전쟁배상금 지불과 한국의 독립인정과 중국 영토의 양여 및 중국이 유럽 국가들과 맺은 조약들과 같은 명확한 통상조약과 아마도 또 다른 문제들에 기초하여 협상준비를 하지 않으면 이러한 사절들의 파견은 전적으로 소용이 없다는 내용의 성명서를 발표했다. 2월 24일 일본 주재 러시아 공사는 만일 일본 정부가 공식적으로 또는 실질적으로 한국의 독립에 간섭하지 않으면 러시아 정부는 이들 조건에 반대하지 않을 것이라고 일본 정부에 통고를 했다. 무쓰는 일본이 러시아가 바라는 한국의 독립을 인정할 테니 그 대신 러시아는 중국이 일본의 화평조건을 받아들이고 강대국들이 이를 승인하도록 해달라고 요청을 했다. 러시아 공사는 만일 일본 군대들이 허베이(Hebei) 성으로 진격해 들어가더라도 텐진에서 러시아 무역에 방해를 하지 않겠다는 조건으로 무쓰가 요청한 대로 하겠다고 보증을 했다.

3월 24일 이토오를 포함한 일본대표들은 이홍장 사절들과 협상을 시작하였으며 이홍장은 일본이 제시한 평화협상 조건들을 모두 받아들임으로써 1895년 4월 17일 시모노세키에서 소위 시모노세키 조약이라고 부르는 조약이 체결되었다. 여기에서 한 가지 추가할 게 있다. 3월 24일 시모노세키에서 회담 도중 이홍장에 대한 암살기도 사건이 일어났다. 고야마(Koyama)라고 하는 광신적인 전 게이오(Keio) 대학교 학생이 이홍장을 암살하려다 미수에 그쳤으며 그는 이홍장과 중국인들이 천황의 심기를 괴롭히고 가난하고 고립된 한국을 합병하려 하며 일본인들이 대만 원정에서 죽도록 야기했다고 주장했다. 이 소식은 곧 유럽 전 국가에 퍼졌다. 모든 유럽 국가들은 이 같은 야만적인 난폭행위에 분개하고 일본의 외견상의 문명화를 경멸적으로 바라보았으며 오스트리아(Austria) 같은 나라는 '일본은 아직 정말로 문명국이 아니며 일본인들은 러시아 황태자와 이홍장에 대한 암살 시도에 의해 증명된 것과 같이 환대의 불가침을 모른다.'고 신문에 보도했다. 이 사건으로 일본의 체면은 땅에 떨어졌으며 이홍장에게 진지한 사과와 동시에 그에게 가능한 최상의 치료를 제공했다.

일본인들의 내심이야 어떻든 한국은 30여 년에 걸친 그들의 끊임없는 노력에 의해 그리고 일본이 중국과의 전쟁에서 이겨 중국으로부터 노획한 전리품(시모노세키 조약)에 부수하여 527년간 지속돼오던 중국과의 종속관계로부터 완전히 벗어나 이제는 떳떳한 독립국가가 되었다. 만일 중-일 전쟁에서 중국이 일본에 승리했다면 중국은 한국을 다른 나라에 빼앗기지 않기 위해 한국을 즉시 중국에 합병하거나 일개 성으로 편입시켜 내몽고(Inner Mongolia)나 티베트(Tibet)나 신강성(Xinjang)의 위구르족 자치구역처럼 한국을 한 개의 조선족 자치구로 만들었을 것이며 그렇게 되면 한국은 중국의 지배로부터 영영 독립하지 못했을 것이다. 이조시대 내내 그리고 특히 19세기 중엽부터 한국 고종 왕을 비롯하여 중국을 한국의 종주국으로 받드는 사대주의자들이 많이 있었기 때문에 중국의 한국합병이나 점령은 일본의 반대가 아니었다면 손쉽게 이루어졌을 것이다.

# 17
# 민비살해 및
# 고종의 러시아 공관으로의 도주

일본파, 중국파, 미국파로 갈린 새 내각이 구성되면서 내각 내에서의 세력 다툼이 또다시 일기 시작했다. 중국파인 구 김홍집 그룹과 일본파인 새 박영효 그룹은 서로 조화하지 못했다. 박영효는 고종 왕과 민비와 가까운 관계를 맺는 데 성공했다. 왜냐하면 고종은 박영효를 이노우에에 대한 그의 사자使者로 이용하려 하였으며 민비는 박영효를 구 그룹의 세력을 축소시키기 위해 그를 이용하려 했기 때문이었다. 법무대신 서광범도 구 그룹을 패퇴시키기 위해 활동했다. 세력 확보에 불안을 느낀 구 그룹은 내각을 사퇴하였으며 박영효는 이노우에가 왕으로 하여금 그를 총리로 임명토록 하리라고 기대를 했다. 그러나 이노우에는 고종에게 그들의 사임을 받지 말고 마찰을 가라앉히도록 노력하라고 촉구했다. 이노우에에게 실망한 박영효는 점점 불안했다. 그러나 박영효는 개혁 성취를 통하여 그의 세력을 늘리기 시작했다. 박영효는 그의 친구인 서광범과 다투었으며 이노우에가 서광범을 비호하자 그는 왕에게 가 서광범의 축출을 허가받은 다음 그 자신의 추종자를 법부대신에 임명케 했다. 그런 다음 박영효는 구 그룹 내각 멤버들을 하나씩 하나씩 축출하는 데 허가를 얻어내기 시작했다. 박영효의 배후에서는 사이토(Saito)와 호시(Hoshi)가 박영효를 도와주고 있었으며 마침내 총리대신 김홍집도 그의 총리직으로부터 사임을 했다.

이노우에는 박영효의 새 내각에 전폭적인 지지를 하기로 결정하였고 다나카 겐도(Tanaka Kendo)를 그의 중개자로 선발한 다음 박영효에게 매사를 순조롭게 운영하라고 조언토록 했다. 이노우에가 6월 7일 일본으로 떠났을 때 박영효의 위치는 대단히 강했다. 그는 모든 책임을 다 떠맡고 있었다. 박영효는 일본의 기업정신과 정부행정 개선에 일본의 도움을 선호했다. 그러나 그는 정부관리 임명과 같은 문제에 일본인들이 간섭을 하는 것은 좋아하지 않았다. 그는 너무 많은 일본인 고문들이 있으며 만일 이러한 간섭이 계속된다면 어떻게 한국이 독립을 이루겠는가라고 스기무라 후카시(Sugimura Fukashi)에게 불평을 했다. 김홍집 전 총리대신은 기개가 없고 외국 사절들에게 엎드려 절을 하므로 우리는 이 같이 뼈가 없는 아첨꾼을 몰아내지 않으면 안 되었다고 박영효는 스기무라에게 말을 했다. 이와 같이 일본인들에 대한 박영효의 태도는 비호의적이 되어갔다.

한편 박영효 그룹은 두 파로 분열되고 있었다. 그 중 하나는 영어를 잘하고 미국을 방문했던 친미파들이었다. 이 그룹에는 지금은 문무대신이 된 이완용이 들어있었다. 그러나 박영효는 이들과 잘 지내지 못했다. 그는 이노우에와도 사이가 좋지 않았다. 이노우에가 일본으로 떠나기 하루 전날 박영효는 이노우에의 출발과 6월 6일 한국독립 첫 기념일을 축하하는 성대한 원유회를 베풀었다. 그는 사이토와 호시와 우정을 유지했지만 스기무라와 같은 다른 일본인들과의 관계는 좋지 않았다. 그러나 일본과 한국의 우정을 증진하기 위한 한 한국인 모임이 6월 23일에 발진했다. 비록 친미 그룹은 이를 반대하였지만 박영효는 일본인들 사상에 더욱더욱 가까워져 갔다. 이때 박영효와 고종을 갈라놓는 궁정 경호대에 관한 문제가 발생했다. 궁정에는 미국인 교관들에 의해 훈련받은 7~800명의 경호대원들과 일본인 교관들에 의해 훈련된 쿤렌타이(Kunrentai)라고 불리는 약800명의 두 개 대대가 있었다. 박영효는 고종에게 쿤렌타이가 궁정 전체 경호를 떠맡아야 한다고 권고했다. 고종은 처음에는 반대하지 않았으나 그는 곧 거절하였으며 박영효에게 화를 내고 그를 축출하기로 결정했다. 그 잠재적인 이유는 고종 왕이 지난 여름부터 쇠퇴해왔던 그의 힘을 회복하는 데 박영효를 이용하기로 기대해 왔으나 박영효는 그보다 힘이 더 강해지며 독재자처럼 행동해 왔기 때문이었다. 문제가 7월 7일 이른 아침 절정에 달했다. 일본 공사관에는 외무장관이 가지고 온 고종으로부터의 전갈이 도착해 있었다. 박영효는 지난밤에 축출되었으며 그의 체포를 명령하였다는 내용이었다. 고종은 일본인들에게 박영효를 도와주지 말라고 요구하였으나 그들은 박영효가 한국 경찰에 체포되기 전에 그를 일본으로 피신시키기 위해 평복을 입은 일본경찰들과 10명의 공사관 경비들로 하여금 박영효를 인천으로 데려가도록 했다. 서울 성문에는 왕이 박영효의 체포를 명령했다는 벽보가 붙어 있었으며 사람들은 박영효를 데려가는 일본인들에게 돌을 던졌지만 그들 일행은 서울을 무사히 빠져나갔다. 이로써 박영효는 두 번째 일본 망명길에 오르게 되었다.

고종은 박영효의 일본 망명을 도와준 일본인들과 일본공사에 대해 감정이 몹시 언짢았으며 그는 일본공사관이 박영효를 도와준 것에 유감스럽다는 메시지를 발표했다. 이때 이노우에가 일본으로부터 한국으로 돌아왔다. 고종은 의례적으로 이노우에의 한국 도착을 반가워한다고 말했다. 이노우에는 일본으로 떠나기 전 고종과 오랫동안 회담을 했었다. 이때 고종은 대원군은 항상 외국인을 배척했지만 그와 민씨들은 그렇지 않다고 이노우에에게 말을 했다. 민씨 가족들은 일본에 친절하나 일본은 그들을 거부하고 있다고 고종은 말했다. 이것은 거꾸로였다. 이노우에는 일본에서 고종에게 일본 정부가 그에게 3백만 엔을 비밀리에 보낼 것이라고 말을 했다. 그리고 이노우에는 고종과 민비의 많은 추종자들과 다정해졌다. 그의 사무실은 왕궁으로부터의 많은 방문객들로 붐볐다. 일본으로부터 돌아온 후 이노우에는 왕과 왕비와 아주 가까운 한 사람 외에는 한국 대신들과 정치에 관한 이야기를 하지 않기로 결심했다. 이노우에의 이러한 태도는 개혁가들을 소원하게 했다. 박영효 친구들은 화를 내며 "이노우에는 어제는 개혁모임의 친구였다가 오늘은 왕의 친구다."라고 이노우에를 비꼬았다. 이노우에의 주업무는 왕에게 돈을 전송하는 것이고 그의 친척들을 일본에 보내 공부시키는 것이었다. 스무 살에서 서른다섯 살 먹은 20명의 민씨 집안 젊은이들이 일본에서 공부하기 위해 파견되었다. 그러나 내각은 무시되었다. 미우라 고로(Miura Goro)가 이노우에 대신 서울 주재 일본 공사로 부임한 것은 바로 이때였다. 미우라는 이노우에에게 일본에서 돈이 오지 않을 것이라고 말을 했다. 이노우에는 당혹했다.

일본 정부는 박영효를 지지한 이노우에를 좋아하지 않았다. 그는 일본인들에 의해 내무장관까지 올라갔다. 그러나 약삭빠른 민비는 박영효를 그녀의 앞잡이로 삼았다. 반일주의자들은 그를 증오하였으며 이제 일본인들은 그를 져버릴지도 모른다. 이 기회를 이용한 대원군은 음모를 짜가며 그의 세력을 다시 강화시켰다. 일본으로부터 돈도 받지 못하고 일본인들에 실망한 고종은 비밀리에 러시아의 도움을 청하고 있었다. 한국 왕실은 3백만 엔이 급히 필요했다. 그러나 일본인들은 한국인들에게 한국에서는 쓸모도 없는 종이지폐 엔을 받으라고 강요하고 있었다. 한국 정부는 일본인들이 그들에게 준 은화 150만 엔에 강력히 반대를 했다. 그에게 봉급으로 겨우 5천 엔의 은화를 허락하고 전 왕가 집안에 5만 엔을 책정했다며 일본인들은 왕의 재정에 관해 몹시 인색하다고 불평을 했다. 일본인들은 대부금 상환으로 특권을 요구했다. 즉 25년간의 철도, 25년간 전신, 그리고 5년간의 체신 업무에 대한 특권이었다.

이렇게 한국 정부와 일본 정부가 대부금 문제와 철도, 전신 및 체신 특권으로 마찰을 빚고 있을 때 그리고 고종이 비밀리에 러시아 공사관에 도움을 요청하고 있을 때 또한 미우라가 한국 주재 공사직을 떠맡은 겨우 한 달 후 그리고 이노우에가 한국을 떠난 지 겨우 3주일 뒤인 1895년 10월 8일 이른 아침 시간, 일본인과 한국인 자객들은 어둠을 틈타 왕궁으로 들어가 민비와 수 명의 민비 시종들의 목을 벤 후 민비의 시체를 기름에 흠뻑 적신 다음 그녀의 시체를 궁정 안마당 밖에서 불에 태웠다. 이는 미리 계획된 그리고 방에 혼자 있는 무방비 상태의 한 여인에 대해 범한 가장 흉악한 살인사건으로 잔디 위에서 소름끼치는 시체 소각에 의해 그 절정을 이루었다. 이러한 행위는 최소로 문명화된 사회 기준에 의해서도 절대 옹호될 수는 없는 사건으로 간주되어야 했다. 비록 가장 허술하게 구성된 전쟁법이라도, 가장 무시무시한 외교음모의 불가피성이라도, 그리고 국가방어에 가장 끈질긴 요구라도 이러한 살인이 가장 불결한 것으로 변명될 수는 없다. 비록 가장 미개한 원시인들이라 하더라도 이러한 행위로부터 뒷걸음을 칠 것이다. 또한 일본인 범죄자들도 한국인 범죄자들도 그들이 원시인들이라는 이유로 변명될 수는 없다. 그러나 이 음모에 관련된 부인할 수 없는 그들 개인의 죄는 보다 넓은 의미에서 우리들의 분별력을 잃게 해서는 안 된다. 정식으로 신임 받은 한국 주재 일본공사인 자작子爵 미우라 고로와 서울에 있는 일본공사관의 일등 서기관인 스기무라 후카시가 관련된 사람들 중에 분명히 끼어 있었다는 사실은 이 사건을 국가 범죄 수준으로 제기케 했다.

민비가 살해되기 2년 전인 1893년 1월 하와이 왕국의 릴리오우칼라니(Lilioukalani) 여왕이 하와이 왕국의 진보와 근대화와 자국의 국가보안을 증진시키기를 열망하는 이웃나라 장관이 일으킨 정변에 의해 왕위로부터 축출되었다. 이가 바로 미국장관인 존 스티븐스(John L. Stevens)였다. 비록 릴리오우칼라니는 왕위로부터 쫓겨만 났지 살해는 안 되었지만 여러 면에서 이 두 케이스는 하와이 여왕과 민비의 개성에 이르기까지 눈에 띄게 흡사한 데가 있었다. 아름답고 애처로운 노래 '알로하 오에(Aloha Oe)'의 작사자인 릴리오우칼라니는 잘 교육을 받았고 성숙한 여자다움의 완전한 활기 속에서 재능있는 여자이며 민비는 이목을 끄는 인물에 쉰네 살의 나이에도 불구하고 그녀의 검은 눈이 반짝이고 창백하고 엷은 그녀의 얼굴에 미소가 떠오를 때에는 정말로 아름다웠다. 그리고 민비는 비록 여자지만 한국 왕족의 유일한 남자였다. 릴리오우칼라니와 민비는 둘 다 그들의 진보적인 수단보다는 퇴영적인 면을 응용하는 데에서 정치적이며 가족문제에 압박을 받았다. 민비는 그녀를 등에 업고 정치 권력을 잡으려는 그녀의 인척들에 떠밀리지 않고 고종이 왕으로서의 꿋꿋한 기개와 용기를 보여주었다면 어쩌면 민비는 정치전면에 나서 간섭을 하지 않았을지도 모른다. 이 각각의 사건에 연루된 두 장관들에 있어 스티븐스와 미우라는 둘 다 본국으로 소환되어 그들의 정부에 의해 거부되었다. 그러나 이 두 왕국은 다함께 후일 스티븐스와 미우라의 본국정부에 의해 합병되었다. 하와이 왕국의 여왕 릴리오우칼라니는 처음에는 살해되지 않았지만 그의 생체는 오일에 젖은 장작더미 위에서 불에 탔다.

본래 군인이었던 미우라는 한국에 오기 전 몇 가지 각오를 가지고 있었다. "첫째, 중국에 대한 승리로 한국의 독립을 가져온 일본은 일본의 힘에 의해 한국을 보호하고 개혁한다. 이는 최상의 정책이지만 대단히 어렵다. 왜냐하면 이렇게 하기 위해서는 돈과 인력이 필요할 것이다. 그러나 일본이 만일 참는다면 세계국가 들은 몇 년 후 한국을 일본의 보호 밑에 두는 아이디어를 수용할지도 모른다. 둘째, 일본은 유럽과 미국제국과 제휴하여 한국을 보호할 수 있다. 셋째, 일본은 강국 러시아와 함께 한국을 공동 점유할 수 있다." 등이었다. 사이온지 기모치(Saionji Kimmochi)는 한국에 대해 이 같은 급진적인 생각을 가지고 있는 미우라를 한국에 보내기 전 요동반도(Liaotung

Peninsula)와 대만(Formosa) 개입에 관련된 강대국들과의 관계는 아직 해결되지 않았으므로 일본의 한국 문제 처리에 관해 의심을 일으키게 함으로써 문제를 복잡하게 하는 것은 좋지 않으니 행동을 자제하라고 미우라에게 주의를 주었다. 이러한 경고에도 불구하고 미우라 공사는 일본 정부의 의도에 거역을 했다. 일본 정부는 미우라가 정부 지시에 반하여 행동하였으므로 법에 따라 그를 처벌할 수 있는 이외의 대안이 없었다. 그러나 민비 살해 사건에 관련하여 일본 정부는 아무런 관련이 없을 뿐더러 미우라 공사가 정부지시에 완전히 불복종하여 행동하였다는 게 일본 정부의 입장이었다. 일본 정부의 진실을 의심할 만한 근거는 없었다. 일본의 해외 외교관들이 주고받은 통신문에는 이들 통신을 비밀로 분류하고 있었고 그 통신문은 미우라 공사의 일본 정부 의도와 지시위반에 관한 인용 의견과 함께 과정(민비살해 과정)을 의논하고 있었으며 이 과정에 의해 민비 살해에 미우라와 다른 일본공사관 관리들이 관련되었음이 밝혀졌다.

한국 조정에서도 미우라 공사를 반겨하는 것 같지가 않았다. 이노우에가 한국을 떠난 후 한국조정과 일본공사관과의 우정관계는 완전히 냉각되었다. 이전에 일본공사관을 드나들던 조정관리들은 공사관 왕래를 중지하였으며 이와 동시에 조정은 새로운 정권과 새로운 군대를 파기하기 시작했다. 첫째, 그들은 재무구조를 파기했다. 이러한 재무구조는 일본의 조언에 따른 것이었다. 둘째, 그들은 관리 임명에 관한 법적절차를 폐지했다. 조정은 변변치 않은 관리에 이르기까지 모든 관리들의 임명권을 움켜쥐었다. 셋째, 그들은 내각 제도를 해체한 후 10월 초에 조정명령에 의해 변경을 하였으며, 넷째는 한국 군대들이 일본장교들에 의해 훈련받는 군사구조를 파기하기 시작했다. 이외에 미우라에 의해 고안된 대부분의 개혁사항들을 파기함으로써 한국조정은 노골적으로 반일 감정을 드러내기 시작했다.

이에 따라 민비의 영향력이 강해졌다. 민비는 1895년 4월과 5월 대원군의 권력을 무너뜨리는데 완전히 성공하였으며 한동안 개혁가 박영효를 계속 이용했다. 그러나 박영효와 민씨 가족들은 사이가 나빴으며 그 때문에 박영효는 일본으로 망명하지 않을 수 없었다. 그리고 민비와 민씨들은 일본에 등을 돌리고 러시아와 미국그룹에 의존하기 시작했다. 일본 외무부의 고문이었다가 지금은 궁궐고문이 된 르 장드르(LeGendre)와 러시아 공사 웨베르(Waeber)는 민비의 친구들이 되었다. 러시아 공사는 10년 동안 궁정과 협력관계를 맺으려고 노력해왔다. 미국공사는 만일 한국이 고통을 받으면 미국이 한국을 도와줄 것이라고 말을 했으나 실제 그의 유일한 의도는 미국인들을 보호하는 것이었다. 그러나 미국 선교사들은 궁정과 친밀하였으며 미국공사가 궁정을 돕도록 가교역할을 했다. 이와 같이 궁정은 미국과 러시아 공사들로부터 비밀조언을 받았다. 러시아인들의 위신은 3국간섭(Triple Intervention: 영국, 프랑스 및 소련의 간섭) 결과로 더욱 향상되었다. 민비는 이노우에가 두 번째로 머무는 동안 일본에 표면적으로만 다정한 체했다. 일본공사관의 일등 서기관 스기무라 후카시는 한국과 러시아 관계를 다음과 같이 정리했다. "일본인들과 한국인들은 둘 다 한국 궁정의 오만한 태도를 증오하고 두려워하였으며 이 같은 오만한 태도가 어떻게 끝날지 궁금했다. 내가 보기에는 한국궁정과 러시아 공사 간에는 깊은 관계가 존재하는 것 같았다." 한 탐정의 조사에 따르면 1895년 7월초 궁정이 박영효를 면직시키기로 결정했을 때 궁정과 러시아 간에 비밀약속이 있었다는 것이다. 민비 대신들은 러시아 공사와 밀담을 하였으며 러시아 공사는 그들로부터 들은 이야기를 미국인 르쟝드에게 다음과 같이 말했다.

"민비와 민씨 가족은 하나이며 그들은 일본인들과 서로 맞지 않는다. 일본과 한국은 이웃이지만 그 둘은 바다로 분리되어 있다. 이와 반대로 러시아와 한국은 육지로 연결되어 있는 진짜 이웃이다. 러시아는 세계에서 가장 힘센 나라이고 일본은 러시아와 비교될 수 없다. 이 사실은 금년 봄 일본이 요동반도를 돌려주지 않으면 안 되는 데에서 잘 나타나 있다. 러시아는 결코 한국의 독립을 손상시키지 않을 것이다. 그래서 만일 한국이 러시아에 의존한다면 한국은 대단히 안전할 것이다. 또한 러시아도 절대군주국가이기 때문에 한국인들의 주권을 보호할 수 있다."

위 정보는 한국 출처로부터의 한 비밀보고에서 나왔다. 후일 민비는 일본인들과 민씨 파들은 서로 용납되지 않으며 일본에 대해 복수해야 하고 러시아는 세계에서 힘센 국가이므로 우리는 러시아에 의존해야 한다고 종종 말을 했다. 이로 보아 러시아 공사의 비밀이야기 설명은 진실인 것 같았다. 그러나 이노우에의 두 번째 내한은 민비의 계획을 다소 지연시켰다. 그런 다음 이노우에는 일본으로 돌아갔다. 한편 현재 상황을 개탄하고 국가 파멸위험을 예견하는 한국인들의 숫자가 점점 늘어갔다. 거의 모든 사람들은 궁정의 진짜 의도는 무엇보다 첫째로 쿤렌타이(Kunrentai)를 해체한 다음 내각 요인들을 암살하고 민씨 가족의 독재 정권을 회복하는 것이라고 말을 했다. 조정은 이미 북쪽 항구를 러시아에 임대하기 위한 비밀 협정을 러시아 공사와 체결했다는 말도 들렸다. 이러한 것들을 반대하는 한국인들은 대원군 주위로 몰려들어 그의 궁사참여를 모색하기 시작했다. 대원군의 환궁을 원하는 한국인들은 두 그룹으로 나뉠 수 있었다. 박영효와 가까운 관계를 가지고 있던 일본인 아사야마 겐조(Asayama Kenzo)는 대원군이 재등장하기를 진심으로 원했으며 대원군과 비밀관계를 형성했다. 그러나 일부 일본인들은 대원군이 권력에 굶주리고 기회주의적이며 변덕스럽기 때문에 그는 왕의 궁사만을 도와주고 정치문제에는 관여하지 말아야 한다는 의견을 내놓았다.

일본 공사관에서는 대원군의 환궁을 의논한 후 그를 찾아가 그들의 계획을 밝혔으며 대원군은 그들이 제시한 4가지 요점을 일부 수정한 후 쾌히 받아들였다. 일본 공사관에서는 대원군을 어떻게 도울지에 관해 협의를 하였으며 이들은 쿤렌타이와 한국 책략가들이 대원군과 관계를 조성하도록 격려를 하고 그들은 그들 뒤에서 지시를 하기로 요점을 잡았다. 전에 박영효는 쿤렌타이와 궁정경비원들을 바꾸려고 노력했으나 궁정이 먼저 주도권을 잡는 바람에 실패를 했었다. 그러나 만일 일본공사관이 기다린다면 한국조정은 쿤렌타이를 해체할 것이다. 쿤렌타이의 해체는 일본 공사관에 큰 타격을 입힐 것이며 한국 궁정에 대한 그들의 영향력도 크게 감소될 것이다. 민비의 극단적인 반일, 친러 태도와 발언, 그리고 한국조정과 러시아와의 밀약설로 긴장해있던 미우라 고로는 한국 궁정이 일본교관들로부터 훈련받은 쿤렌타이를 해체하기 전에 모종의 긴급한 조치를 취하지 않으면 안 되었다. 그것은 대원군을 궁정으로 복귀시킨 다음 일본에 대한 한국 정책에 눈엣가시인 민비를 제거하는 것이었다. 우선 날짜를 정해 준비를 하는 것이 필요했다. 그런 다음, 날짜를 10월 10일로 정하고 극비리에 준비를 시작했다.

오카모토 류노스케(Okamoto Ryunosuke)를 일본으로 돌아가는 것처럼 위장시켜 인천으로 가게 했다가 추후 연락을 받고 서울로 돌아오도록 하였으며 그는 10월 6일 서울을 떠났다. 또한 같은 날 미우라 공사는 쿤렌타이 고문인 구스세(Kususe) 중령과 의논 후 일본으로 돌아가는 것처럼 위장하여 인천으로 갔다가 거기에서 그의 명령을 기다리라고 했다.

이어 한국 경찰과 쿤렌타이 간에 다툼이 있었다는 소문이 돌았으며 그리고 그러한 소문은 쿤렌타이 해체 이유를 만들어 내기 위해 실제로 한국 궁정이 퍼뜨린 것이었다. 일본인 장교들은 그들의 막사를 가보았으나 그들은 조용했다. 6월 7일 오전 11시 한국 육군 대신이 공사관으로 와 쿤렌타이가 불안스런 징후를 보이며 한국 경찰들을 공격해 왕이 쿤렌타이를 해체하기를 원한다고 말했다. 미우라 공사는 일본군 장교들이 경찰 사건을 조사하였으며 그 사건이 거짓 소문임을 밝혀냈다고 한국 육군 대신에게 설명했다.

이때 고종은 민비의 조카인 민영익을 조정으로 불러들여 최근 소란에 쌓여있는 궁사를 관리하도록 하려 하고 있었다. 일본 공사관의 일등 서기관인 스기무라는 미우라 공사와 이 문제에 대해 의논을 하였으며 미우라는 시간이 촉박하다며 고종이 선수를 치기 전에 그들이 먼저 민영익을 임시로 임명한 후 대원군으로 하여금 궁사를 장악케 하는 것이 좋겠다고 했다. 미우라와 스기무라는 서울의 일본군 사령관인 마야하라(Mayahara)에게 상황이 급박해져 10일까지 기다려서는 안 되므로 그 안에라도 그들의 계획을 수행할 수 있느냐고 물었다. 마야하라는 언제라도 준비는 다 돼있다고 대답하였고 결국 그들의 행동날짜는 10월 8일로 정해졌다. 인천에 있던 오카모토가 서울로 돌아왔으며 이때부터 계획이 시작되었다. 한편 마야하라는 일본군 장교들로 하여금 쿤렌타이를 교묘히 다루도록 했다. 10월 8일 새벽 2시경 쿤렌타이의 제2대대 병력을 대원군을 맞이하는 데에만 파견하고 다른 쿤렌타이 군대들은 궁정입구를 보호하기 위해 궁정정원에서 기다리도록 했다. 제1대대는 궁정보호를 위장하여 대원군과 함께 궁으로 들어가게 되어 있었다.

10월 7일 저녁 내내 미우라 공사는 한국인들이 그들의 세력 아래 궁으로 들어갈 수 있을지 걱정을 하였으며 그는 구니토모 시게아키(Kunitomo Shigeaki)와 아다치 겐조(Adachi Kenzo)에게 한국인들을 도울 10명의 일본인 책략가들을 데려오도록 요청했다. 미우라는 일본인 책략가들이 대원군과 합류할 때에는 한국인 복장 차림을 하되 궁궐로 들어가지 않는 게 바람직하며 만일 그들이 궁정으로 들어가더라도 외국인들이 이 사건에 일본인들이 관여했다는 것을 알지 못하게 동이 틀 때까지 궁정 밖으로 나와서는 안 된다고 주의를 주었다. 아다치는 미우라의 계획에 동의를 했다. 그날 밤 미우라는 우치다 료헤이(Uchida Ryohei) 영사로부터 저녁 초대를 받았다. 그날 밤 오카모토가 인천에서 돌아와 대원군과 만났으며 10월 8일 새벽 3시에 대원군은 쿤렌타이 대원들의 보호를 받으며 궁으로 향했다. 그리고 그들은 새벽에 궁으로 들어갔으며 이어 사건이 벌어졌다. 민비가 정확히 누구에게 살해되었는지는 분명치 않다. 일본인들은 이 사건에 일본 군인들을 개입시키지 않기 위해 일본군 장교들로부터 훈련받은 일개 대대병력이 쿤렌타인들을 투입시켰다고 했다. 그리고 한국 훈련 군대들이 사건을 일으킨 이유는 그들이 무기를 빼앗기고 그들의 부대가 해체됨과 아울러 그들의 상사가 처벌을 받을 것이라는 말을 들었기 때문이었다고 일본인들은 주장했다. 그러나 그들의 주장은 사실이 아니었다. 사건현장에는 5-60명 가량의 사람들이 있었으며 이 중에는 일본 군인들과 한국 옷차림을 한 일본인들이 끼어 있었기 때문에 일본인들의 관련은 숨길 수가 없었다. 일본군들과 한국군들 간에 두 번의 발사 사건이 일어난 조그만 충돌까지 있었다.

민비 살해사건 배후에는 분명히 미우라와 그의 부하들이 현지공모에 중심을 이루고 있었다. 일본정치 입안자들은 민비 살해 계획을 세우지도 않았고 미우라의 민비 살해 계획을 알지도 못했다고 했다. 그건 사실이었다. 사건 직후 미우라와 그의 부하들은 일본으로 소환되었으며 황제의 명령에 따라 일본 도착 즉시 체포되어 히로시마 지방 법원에서 재판을 받았다. 일본 정부는 엄정하고 신뢰받는 고무라 주타로(Komura Jutaro) 외무부 관리를 한국에 파견하여 이 사건을 철저하고 정직하게 조사하도록 했다. 일본 외무부는 또한 이노우에를 황제 대표로 서울에 보내 한국을 위로하고 일본인들이 이 사건에 참여한 것을 유감으로 여긴다는 말을 전하도록 했다.

미우라와 스기무라와 이 사건에 참여한 다른 사람들은 그러나 유죄 판결을 받지 않았다. 판사는 아마도 그의 판결을 편협한 민족주의에 양보한 것 같았다. 그는 정부의 좋은 정책과 미우라의 나쁜 행동 간에 구별을 하지 않았다. 이에 관련하여 가장 흥미로운 것은 10월 17일 불신임을 받은 미우라 다음으로 서울 주재 공사로 임명된 고무라 주타로(Komura Jutaro)가 외무장관 대리인 사이온지(Saionji)에게 왕비 살해 1개월 기념제 하루 전 한국 왕이 러시아 공사관으로 도주하는 것을 막기 위해 일본 군대들로 하여금 궁전에 들어가게 한 것은 필요했었다고 조언한 것이었다.

1896년 1월 히로시마에서 열린 재판 결과에 따르면 민비살해 관련자들인 미우라, 스기무라, 오카모토외 45명의 다른 일본인들 중 스기무라는 분명치 않지만 미우라와 오카모토는 특별히 민비의 살해를 정변의 목적으로 제기했다는 것이다. 미우라는 "20년간의 악의 뿌리를 자르고 궁정에 들어가 왕비를 해치우라."고 말을 하였으며 음모 모임의 지휘자인 오카모토는 "그 여우는 죽여야 한다."고 명령을 했다는 것이다.

한편 러시아 공사는 삼십 명이 넘는 사람들이 일본 민간인 복장을 하고 대검을 차고 있는 것이 목격되었으며 그들 중 몇 사람들은 왕비의 궁으로 들어가 한 여자를 정원으로 끌고나와 그녀를 대검으로 살해하는 것이 목격되었다고 말을 했다. 사건의 앞뒤 정황으로 미루어 아마도 이 정보가 가장 정확할지도 모른다. 그러나 미우라 일본공사와 오카모토가 이 사건의 주모자라는 것은 밝혀졌어도 민비를 살해한 자가 누구인지는 정확히 밝혀지지가 않았다. 일본인 다카하시 겐지(Takahashi Genji)가 민비를 살해했다는 주장도 있지만 그의 이름은 이 사건의 배후에 나와 있지 않았다.

오토리를 계승한 이노우에는 한국의 낙후를 개선하기 위해 모든 노력을 기울였다. 6개월 동안 그는 성공을 했다. 그러나 불행하게도 3

국간섭으로 그의 계획들은 좌절되었으며 그 뒤에 일어난 민비 살해로 일본의 국제적 위치는 매우 위태했다. 다른 무엇보다 더욱 심각한 것은 일본에 대한 한국인들의 분노와 감정이 절정에 달해 일부 친일파들을 제외하고는 일본인들을 더 이상 신뢰치 않으려는 것이었다.

한국인들의 반일감정 증가와 함께 러시아가 이전의 중국 자리를 서서히 대신해가고 있었다. 한국 왕은 그의 왕비가 일본인들에 의해 살해된 후 일본과 일본인들을 몹시 두려워하였으며 그의 신변안전을 전적으로 러시아인들에게 맡겼다. 민비가 피살된 이듬해인 1896년 2월 12일 이른 아침 한국의 친러파들은 고종을 궁녀로 가장시켜 그의 아들과 함께 러시아 공사관으로 피신시켰으며 1897년 2월 21일 고종 왕이 환궁할 때까지 러시아인들은 한국의 무정부 상태를 이용하여 한국에 대한 그들의 영향력을 급속히 확대시켜 나갔다. 이기간 동안 러시아인들과 서구인들은 러시아인들의 도움으로 한국으로부터 철도 부설권, 금, 은, 광물의 채광, 석탄 채굴, 산림 벌채에 이르기까지 많은 이권을 손에 넣었다.

나약하고 겁 많은 고종은 일본인들로부터 민비처럼 살해당할까 두려워 일국의 국새를 내던지고 러시아 공사관으로 도주한 다음 나라를 떠받드는 모든 자원을 딴 나라 사람들에게 나누어 주었다. 고종은 한국 내의 외세의 힘이 바뀔 때마다 힘센 쪽에 의존해 가며(중국에서 일본, 일본에서 러시아로) 실권도 없는 자신의 왕위 유지와 일신의 안위에만 급급했다. 나라의 운명이 어찌되건 백성이야 죽건 살건 자신의 목숨 하나만을 보존키 위해 왕으로서의 위엄과 체통을 내던지고 여자로 변장하여 맨발로 이른 아침에 외국공관으로 도주한 고종은 5백년 이조 역사상 가장 비굴하고 수치스런 왕으로 기록되었다.

# 18

# 러-일 전쟁(The Russo-Japanese War)과
# 미국의 한국 배신 및 일본의 한국 지배 허용

## 러-일 전쟁 배경

한국 왕의 러시아 공사관 도주로 한국 문제는 더욱 혼란스럽고 복잡해졌다. 러시아 공사는 러시아 공사관으로 도주해온 고종 왕에게 지도를 보이며 "일본은 어디에 있는가?"라고 물었다. 고종은 주머니에서 돋보기를 꺼내 지도를 자세히 본 후 "오, 태평양 한구석에 일본이라는 한 작은 나라가 있구먼. 이게 바로 일본이지?" 하고 장한 듯이 말했다. 러시아 공사는 "우리 제국은 두 개 대륙으로 뻗어있는 지구상에서 가장 큰 나라로 만일 한국이 우리 제국에 의지하면 한국은 거대한 배에서 바다를 항해하는 것과 같이 안전할거요. 만일 일본이 그에 반대하면 우리 러시아는 가만히 있지 않을 거요." 이렇게 고종에게 큰소리를 친 다음 러시아 공사는 그의 손바닥 위에 몇 개의 성냥개비를 올려놓고 혹 불었다.

일본은 일찍이 1893년부터 남으로 뻗어 내려오는 러시아를 두려워하였으며 머지않아 러시아가 일본에 위협적인 존재가 될 것임을 예감하기 시작했다. 러시아의 남진은 이미 도쿠가와 시대부터 시작되었고 그들은 일본의 홋카이도(Hokkaido) 북쪽의 캄차카 반도(Kamchaka Peninsula)까지 진출함으로써 일본에 큰 불안을 안겨주었다. 일본인들은 우람한 러시아인들을 '거대한 붉은 머리(Giant Red Hair)'라고 불러가며 그들을 경계했다. 그 후 일본은 국제적으로 그리고 한국 문제로 러시아와 자주 부딪쳤다. 러시아는 일본이 한국에서 하려고 하는 매사에 훼방을 놓았다. 러시아는 일본이 중국과의 전쟁에 이겨 그 전리품으로 얻은 요동반도(The Liaotung Peninsula)와 아서항구(Port Arthur)를 그가 주도한 3국간섭(Triple Intervention)에 의해 일본으로부터 빼앗았으며 고종을 꼬드겨 한국을 차지하려 하고 있었다. 일본은 때가 늦기 전에 이러한 러시아에 대해 모종의 중대한 조치를 취하지 않으면 안 되었다. 그것은 러시아와 전쟁을 하는 것이었다. 만일 일본이 지금 싸우지 않으면 모든 힘을 다해 극동을 침략해 온 러시아가 만주에서 곧 그의 힘을 가득 채울 것이며 그 다음으로 한국을 공략할 것이 분명했다. 일본은 러시아와 전쟁을 하는 외에 다른 선택이 없었다. 일본은 만일 러시아에 지면 백 년간이라도 러시아와 싸워 복수를 하겠다고 벼르고 있었다. 일본은 러시아와 전쟁을 하기 위해 해군력을 급속도로 증가시켰으며 3국간섭의 일원인 영국을 일본 편으로 끌어들이기 위해 1902년 1월 30일 영-일 동맹(The Anglo-Japanese Alliance)을 체결했다. 가쓰라 따로(Katsura Taro)

일본 총리는 그의 내각을 강화시키기 위해 강경파들을 대거 기용하여 (내각을) 전면 개편했다.

그러나 러시아와의 전쟁을 주도하는 강경파들은 러시아와 전쟁을 하기 전 만칸 코칸(Man Kan Kokan: Exchanging Korea for Mancharia, 즉 한국을 만주와 교환하는) 안을 러시아와의 협상목표로 내놓았다. 1903년 6월 일본의 원로 정치가들인 이토오, 야마가타, 마쓰카, 이노우에, 그리고 오야마는 수상인 가쓰라와 회동을 했다. 외무장관 고무라 주타로(Komura Jutaro), 육군대신 데라우치 마사타케(Terauchi Masatake), 그리고 해군대신 야마모토 유조(Yamamoto Yuzo)는 러시아와 중대한 협상을 실행에 옮기기 위해 기본적인 정책 입장을 작성했다. 그리고 일본은 곧 다음 요점들을 협상기초로 러시아에 내놓았다. 즉 (1) 중국과 한국의 독립 존중 및 두 나라를 포함해 모든 관련국들의 상업과 산업을 위한 동등 기회 원칙 유지, (2) 한국에 대한 일본의 우월한 이권과 만주(Manchuria)에서의 철도기업에 대한 러시아의 특수이권, 그리고 일본의 한국 흡수권 및 러시아의 만주 흡수권의 상호인정, (3) 일본이 한국에서, 러시아가 만주에서 벌이는 산업 및 상업 활동 개발을 방해하지 않겠다는 상호약속, (4) 이들 두 지역에서 자국의 이권을 보호하기 위해 그리고 이들 두 지역에서 폭동이 일어나 일본이 한국에 그리고 러시아가 만주에 군대를 파견할 필요가 있을 경우 그 숫자의 제한 및 임무완료 즉시 군대철수에 대한 상호약속, (5) 군사 협조를 포함하여 한국 정부의 개혁과 좋은 정부 설립을 위해 한국에 조언과 협조를 제공하는 일본의 배타적 권리의 러시아 측의 인정 등이었다.

그러나 러시아는 일본의 제의를 중시치 않고 성의 없는 답변을 하였으며 일본이 러시아에 재차 성의 있는 답변을 촉구하였지만 러시아는 그들의 이권 제의를 반복만 할 뿐이었다. 일본은 너무 오랫동안 러시아의 무성의를 참았으며 이제 그들의 인내는 한계에 도달했다고 느꼈다. 일본 정부는 전쟁 최고위원회를 설치하였으며 1904년 1월 30일 최후까지 기대했던 러시아 측의 응답이 없자 야마가타, 가쓰라, 고무라, 야마모토와 이토오는 함께 만나 국왕에게 단호한 결정을 내릴 때가 왔다는 내용의 청원서를 작성했다. 그리고 이틀 후 오야마 참모총장은 황제에게 일본이 러시아에 선제공격을 해야 할 중요성을 조언했다.

## 불시 공격

1904년 2월 6일 일본은 세인트 페테르스부르그(St. Petersburg)와 공식적으로 외교관계를 단절했다. 그리고 그들이 위협받아온 형세를 강화하고 방어하기 위해 최상으로 간주되는 독자적 조치를 취할 권리를 유보했다. 그로부터 몇 시간 내 일본함대는 도고 시게노리(Togo Shigenori) 제독의 지휘 아래 바다로 출범했다. 8일 야음을 틈타 일본함대는 아서(Arthur) 항구에 정박해 있던 7척의 군함과 6척의 순양함으로 구성된 러시아 태평양함대에 기습적인 어뢰공격을 개시했다. 이 공격으로 3척의 러시아 군함이 격침되고 일본은 한 척의 구축함을 잃었다. 같은 날 구로키 다메토모(Kuroki Tametomo) 장군 지휘 아래 제12사단이 한국 인천에 상륙했다. 일본의 호위전함 전대 역시 인천항에 있는 한 척의 러시아 순양함과 포함과 교전을 하여 그 배들을 대파시켜 그들 배에 타고 있던 승무원들이 배를 버리고 허둥지둥 달아나게 했다. 그것은 전 일본이 9년 전 러시아 주도의 3국간섭이 일본에 굴욕을 준 이래 러시아 팽창주의자들에게 가한 통쾌한 복수의 순간이었다. 공식적인 선전포고는 일본이 러시아 함대를 공격한 지 3일 후까지 러시아에 발포되지 않았다.

해전에서 일본이 러시아에 압도적인 승리를 거두는 동안 육상전투에서도 일본군은 그들보다 수적으로 우세한 러시아 군들에 연전전승을 했다. 5월초 구로키 장군이 이끄는 일본군들은 소련군들을 압록강 밖으로 물리친 다음 만주로 진격해 들어갔고 그로부터 일주일 내두 개의 일본대군이 요동반도(The Liaotung Peninsula)에 상륙하였으며 노기 마레스케(Nogi Maresuke) 장군 휘하의 제2군 병력은 아서항구로 남진을 했다. 아서항구는 일본군의 승리에 가장 중요한 요소였다. 노기를 띤 격렬한 포는 이미 아서항구의 범위 안까지 침투를 하였으나 아서항구 더욱 가까이 진격하려는 그의 시도는 참호에 잠복해 있는 방어자들에 의해 격퇴되었다. 그러나 러-일 전쟁이 일어난 지 1년 후인 1905년 3월 16일 수주일간의 격렬한 전투 끝에 일본군들은 만주의 수도 묵단(Mukdan)을 점령하였으며 이 전투에서 백만 명이나 되는 일본-러시아 병력 중 4분의 3의 군대들이 목숨을 잃었다.

이때 러시아는 발틱 함대(The Baltic Fleet)를 블라디보스톡(Vladivostok)을 경유해 쓰시마 해협(The Tsushima Straits)으로 급파하여 일본함대와 최후결전을 벌이게 했다. 그러나 낡고 허술하게 무장된 러시아 함선들은 우수한 일본 함대에 대적할 수가 없었다. 45척으로 구성된 러시아 함대는 일렬종대를 지어 일본과 한국 사이에 있는 쓰시마 해협(The Tsushima Straits)을 통과해 일본함대를 공격했으나 러시아 함대의 출현을 기다리고 있던 도고 제독(Admiral Togo)이 이끄는 일본함대에 의해 거의 모든 배가 격침되었다.

## 루즈벨트(Roosevelt)의 중재 및 일본의 한국 보호 허용

아시아의 작은 섬나라 일본이 세계에서 가장 강한 유럽 국가 러시아를 패퇴시키는 것을 목격한 유럽 지도자들은 불길이 더욱 확대될 것을 우려한 나머지 일본과 러시아 간의 전쟁을 종식시키는 데 협상을 주선할 공정한 브로커(Broker)를 찾지 않으면 안 되었다. 일본과 러시아 중재에 영국이 적합했지만 그러나 영국은 일본과 동맹관계를 맺고 있었고 독일과 프랑스는 러시아와 동맹관계를 맺고 있었기 때문에 이 두 나라 간의 중재 역할은 일본과 러시아에 중립적인 자세를 취하고 있는 미국으로 돌아갔다. 그리고 1901년 윌리엄 매킨리(William Mckinley) 대통령 암살로 미국대통령이 된 시어도어 루즈벨트(Theodore Roosevelt)가 직접 중재를 맡았다. 미국은 1898년 스페인과의 전쟁에서 눈부신 승리를 거두어 스페인이 200년간 다스려오던 필리핀(Philippines)을 빼앗아 미국에 합병시켰으며 같은 해 하와이(Hawaii)를 합병하여 영토와 세력이 더욱 신장되었으나 국제 무대에서 이렇다 할 두각을 나타내지 못했던 미국의 루즈벨트 대통령은 일본과 러시아 간의 중재 역할을 몹시 하고 싶어하였으며 이 기회를 통해 세계 강대국들로부터 미국의 힘과 자신의 능력을 인정받고 싶어했다. 그러나 친일, 반한, 자세를 취하고 있는 루즈벨트가 일본과 러시아의 전쟁 종식 협상자로 나선 것은 한국인들에게는 크나큰 역사적 불행이 아닐 수 없었다. 루즈벨트는 이 협상에서 한국을 일본의 보호국이 되게 하였기 때문이며 이것이 바로 한국이 미제국의 손에 희생양이 된 첫 케이스였다. 루즈벨트와 그의 행정부는 한국을 한 개의 주권국가로 보기보다는 오히려 러-일 전쟁에서 승리를 한 일본의 정당한 전리품으로 간주했다.

일본과 러시아가 한창 전쟁을 벌이고 있을 때인 1904년과 1905년 미주에서 한국독립 운동을 벌이고 있던 이승만과 그의 동료들은 한때 서울 주재 미국공사이며 지금은 알칸사스(Arkansas) 주 출신의 상원의원인 휴 딘스모어(Hugh A, Dinsmore)를 찾아가 한국의 독립을 도와달라고 사정하였으나 딘스모어 의원은 이승만이 존 헤이(John Hay) 국무장과 면담을 하도록 주선해 주었다. 이승만은 헤이 국무장관에게 미국이 1882년에 한국과 맺은 '우호친선(Amity and Friendship)' 조약에 따라 한국의 독립을 도와달라고 간청했다. 그러나 헤이 장관은 이 조약에 주의를 기울이겠다는 말만 표명했을 뿐이었다. 헤이 장관과의 면담에서 별 성과를 얻어내지 못한 이승만은 천신만고 끝에 루즈벨트가 포츠머스(Portsmouth)에서 회담을 열기 하루 전인 1905년 9월 4일 루즈벨트를 잠시 동안 만났다. 포츠머스 회담에 열을 쏟고 있는 루즈벨트는 이승만이 준비해온 탄원서를 받기를 거부하였으며 이러한 탄원서는 외교경로를 통해 미국무부에 제출하라고 핀잔만 주었을 뿐이었다.

루즈벨트는 한국 국민은 홀로 설 수 있는 능력이 없다며 그와 같이 팽창정책을 펴나가는 일본 국민들을 더욱 열렬히 지지하고 칭찬을 했다. 1904년 3월 일본의 스에마쓰 겐조(Suematsu Kencho) 남작이 워싱턴을 방문하여 루즈벨트와 만났을 때 루즈벨트는 한국의 외교문제에 일본이 보호자가 되어야 한다고 말을 했다. 1904년 1월초 한국 주재 미국공사는 미국무부에 자신은 비록 친일 열광자는 아니지만 한국은 고대정복과 전통 권한에 의해 일본에 속해야 한다고 통고를 하였다. 1904년 8월에는 워싱턴 주재 스펙 본 스텐버그(Speck Von Sternberg) 독일 대사에게 한국은 일본의 보호국이 되어야 한다며 한국이 일본의 보호국이 되어야 함을 재강조했다. 1905년 1월 루즈벨트는 일본은 한국에 대해 보호권을 가져야 한다고 결론을 내렸으며 3월에는 미국무부의 조지 케넌(George F. Kennan)을 통해 가쓰라 따로(Katsura Taro) 일본 총리에게 일본은 한국을 차지해야 한다고 통고케 하였다. 4월에는 미국의 의학박사 선교사이자 미국 정부의 비공식 대표로 한국의 독립을 위해 노력해온 호러스 알렌(Horace N. Allen)을 경질하고 그 자리에 친일성향의 에드윈 모건(Edwin V. Morgan)을 임명했다. 회담 두 달 전인 7월 미 육군 장관인 윌리엄 하워드 태프트(William Howard Taft)는 일본으로 가 가쓰라 따로 일본 총리를 만나 일본이 미국의 식민지인 필리핀에 도전하지 않겠다는 보장의 대가로 일본의 한국 지배를 승인하는 소위 가쓰라-태프트 각서(Katsura-Taft Memorandom)를 교환하였으며 루즈벨트는 이 각서를 승인함으로써 포츠머스 회담이 개최되기 이전에 이미 일본이 한국을 지배하도록 결정해 놓고 있었음을 알 수가 있었다. 루즈벨트는 가쓰라-태프트 각서에 서명을 하며 "미국은 일본에 반대하는 한국인들을 위해 추호도 편을 들지 않겠다."고 단언했다. 영국도 1905년 8월 영-일 동맹을 갱신해가며 미국과 똑같이 일본 편을 들었다.

이토록 열렬한 친일파 루즈벨트가 미국의 뉴 햄프셔(New Hampshire) 주 포츠머스(Portsmouth) 군항에 키가 땅딸만한 전 서울 주재 일본공사였던 고무라 쥬타로(Komura Jutaro) 남작과 다카히라 고고로(Takahira Kogoro) 일본수상과 우아하게 턱수염을 기른 러시아의 로젠(Rosen) 남작과 몸집이 우람한 세르게이 위트(Sergius Witte) 백작을 초대해 회담을 연 날은 1905년 9월 5일이었다. 루즈벨트가 러-일 회담장소를 포츠머스로 정한 이유는 미국의 군사력을 과시할 수 있는 거대한 해군기지가 거기에 있었기 때문이었다.

러시아 대표와 일본 대표는 회담이 열리자마자 서로 다투기 시작했다. 일본 대표는 러시아 대표에게 50억 엔의 전쟁배상금을 지불하라고 요구하였으며 러시아 대표는 전쟁으로 국고가 파산되었다며 배상금 지불을 거절했다. 회담에 동석한 미국무부 직원이 양측에 주의를 준 후부터 루즈벨트가 중재를 하기 시작했다. 그러나 일본과 러시아가 서로 양보치 않아 회담이 결렬직전에 놓이자 루즈베르는 일본 대표들에게 일본이 러시아에 전쟁 배상금 요구를 포기하면 한국을 일본에 맡기겠다고 제의를 하였으며 일본대표가 루즈벨트의 제의를 받아들임으로써 결렬직전에 놓여있던 회담은 가까스로 성사되었다. 루즈벨트는 그의 회담중재 결과 장차 한국이 어떤 운명에 놓이든 아무런 상관없이 남의 땅 뙈기 빼앗아 그의 이웃에게 나누어 주듯 한국이라는 나라를 그가 좋아하는 일본에 간단히 넘겨줌으로써 회담 중재자로서의 그의 체면을 간신히 유지했다. 일본은 루즈벨트의 중재로 러시아에 전쟁보상금 요구를 포기하는 대신 그가 그렇게 군침을 흘렸던 한국을 아무런 노력도 없이 손쉽게 차지하였을 뿐만 아니라 남만주(South Manchuria) 일대는 물론 남 사할린(South Sakhalin) 전 지역과 오호츠크 해(The Sea of Okhotsk)와 베링 해(Bering Sea) 일대의 어업권을 모두 손에 넣었다. 이 조약 체결로 영국과 패전국인 러시아도 미국을 따라 일본의 한국 지배를 승인하였으며 한국 지배를 국제적으로 승인받은 일본은 강압적으로 한국의 주권을 모두 빼앗아 가며 한국의 식민지화를 더욱 서둘렀다.

루즈벨트가 내놓은 조약안에 서명을 한 일본과 러시아 대표들은 루즈벨트의 축배 제의에 샴페인을 마시고 각기 흡족한 기분으로 회담장을 떠났으며 루즈벨트는 일본과 러시아 전쟁을 평화적으로 해결한 공로를 인정받아 노벨 평화상(The Nobel Prize for Peace)을 받기도 했다.

한국을 일본에 넘겨준 2년 후 루즈벨트는 16대의 전함으로 구성된 평화를 상징하는 '위대한 백색함대(The Great White Fleet)'를 세계전역, 특히 일본에 파견하여 미국의 해군력을 과시하였으나 일본은 조금도 감동하지를 않았다. 루즈벨트는 도쿄 주재 미국공사를 통해 일본이 미국의 웅대한 전함을 보고도 조금도 감동하지 않았다는 사실을 알게 되었다. 루즈벨트가 일본에 보낸 장엄한 함대는 일본으로부터 철저히 냉대를 받은 것이다. 일본은 이때 이미 미국의 해군력을 능가하는 전함들을 보유하고 있었으며 일본이 칼을 갈며 언젠가는 미국을 칠 준비를 극비리에 진행하고 있었음을 루즈벨트는 전혀 눈치 채지를 못했다. 결국 철저한 친일, 반한 분자인 루즈벨트가 한국을 일본에 주며 이룩한 태평양의 평화(Peace of Pacific)는 오래가지 못했다.

# 19
# 일본의 한국 보호 조약 체결

　일본은 루즈벨트 미국 대통령으로부터 한국 보호권을 얻은 즉시 한국을 일본의 보호국으로 하는 조약을 한국과 체결하기로 결정했다. 1905년 11월초 가쓰라 일본수상은 루즈벨트에게 일본은 한국의 외교문제를 책임질 것이라고 극비로 알렸으며 루즈벨트는 아무런 반대도 제기하지 않았고 그 즉시 서울에 있는 미국공사에게 한국을 떠나라고 명령했다. 한국에 대한 외교권이 일본으로 넘어간 이상 미국공사가 더 이상 한국에 있을 필요가 없다는 뜻이었으며 루즈벨트의 이러한 조치는 한국과의 국교 단절을 의미하기도 했다. 일본인들로부터 강압을 받고 있던 고종은 1905년 10월 말 워싱턴에 머물러 있던 그의 절친한 친구인 호머 헐버트 박사(Dr. Homer B. Hulbert)에게 일본의 요구 철회를 미국 정부에 간청하도록 했다. 그러나 루즈벨트는 헐버트 박사를 만나기를 거절했다. 11월 15일 헐버트는 미국무부로 가 새 국무장관인 엘리휴 루트(Elihu Root)를 만나기 위해 그의 사무실 밖에서 며칠을 기다렸다. 그러나 헐버트가 루트 국무장관을 만난 것은 한국과 일본 간에 보호조약이 일본인들의 강압에 의해 이미 체결된 뒤였으며 헐버트는 미국은 한국을 위해 할 수 있는 것이 아무것도 없다는 말만 들었다.

11월 9일 이토오 히로부미는 일본의 계획을 수행하기 위해 서울에 도착했다. 11월 15일 그는 한국 왕을 알현하여 협정 기안서를 내놓으며 한국 정부로 하여금 그 기안서를 즉시 접수케 하라고 요구했다. 이토오와 서울 주재 하야시 곤스케(Hayashi Gonsuke) 공사는 한국 정부에 맹렬한 압력을 가했다. 한편 서울에 있는 일본 군대들은 옛 궁에 이르는 주요 가로에서 그들의 힘을 과시하였으며 일본 경찰은 물론 헌병들이 거리를 채운 흥분된 한국인들을 제어하기 위해 동원되었다. 고종 왕은 사실상 일본 군대들에 의해 둘러싸인 궁전 안에서 연금이 되어있었다.

한규설 총리대리는 협정서 승인을 거절하였으나 외무대신 박제순을 포함해 다른 대신들은 일본인들의 요구를 중지시킬 힘이 없었다. 협정서를 조금 변경한 뒤 일본 정부에 의한 한국 외교관계 관리와 일본이 한국에 총독부를 설치하고 한국이 일본의 속국이라고 규정한 협약이 작성되었으며 이 협약은 1905년 11월 17일 한국 정부의 박제순 외무대신과 하야시 곤스케 서울 주재 일본공사에 의해 조인되었다.

이보다 앞서 1905년 9월 서울 주재 일본공사였던 하야시는 한국에 일본 총독부를 설치하기 위한 사전준비를 하기 위해 황제 전권대사로 한국에 파견되었다. 그는 고종을 러-일 전쟁에서 친러, 반일 자세를 취해가며 소련인들과 접촉을 시도한 인물로 묘사하여가며 한국 궁정을 압박했다. 고종의 기본정책은 다른 나라에 대항하기 위해 큰 나라를 이용하는 것이었다. 즉 일본에 대항하기 위해 커다란 러시아를 이용하는 것이었으며 그의 꿈은 황제 독재자가 되는 것이었다. 일본 공사관의 재정 고문인 하야시가 훌륭한 노력을 하였으나 고종의 반대에 부딪쳤다고 말을 했다. 그는 궁궐을 정화하는 것은 대단히 어렵겠지만 한국 정치의 악의 뿌리를 잘라 놓기 위해 부패한 한국 궁정과 한국 정부를 정화하는 것은 대단히 중요하다고 말을 했다. 그리고 한국 정부와 궁정을 정화시켜 속히 한국 정치를 개선하기 위해서는 한국 정부와 궁정을 다스릴 총독부가 한국에 설치돼야 한다고 강조했다.

이토오가 한국으로 출발하기 하루 전날 그는 신문기자들을 초청한 한 모임에서 한국에 대한 그의 기본정책을 언급했다. 그는 기본적인 관계는 조약에 의해 정해져야 하며 이 조약은 상세하게 적용돼야 한다고 말을 했다. 그는 한국에 부패와 가난이 존재함을 지적하며 그는 이를 개선하기를 희망하였으며 그리고 일본인들에 대한 한국인들의 신뢰를 구축하기를 원했다. "그러나 불행하게도 한국인들에 대해 나쁜 태도를 가지고 있는 일본인들이 많다."고 그는 인정을 하였으며 "하지만 한국은 이제 우리들의 보호 밑에 있으므로 우리들은 우리들 자신을 주시해야 하고 이런 나쁜 태도들을 제거해야 한다."고 말을 했다.

이토오가 한국에 대한 이러한 정책을 가지고 서울에 와 한국 정부로부터 그가 작성한 협약서에 동의를 받는 것은 쉽지가 않았다. 일본인들은 한국으로부터 총독부 설치에 관한 동의를 받아내기 위해 테러와 잔인한 힘의 술책을 사용했다. 하야시 일본공사와 하세가와 (Hasegawa) 장군, 그리고 이토오 자신은 일본 군대들을 궁정 뜰과 궁궐 안에 배치시켜 놓고 한국 대신들을 밤늦게까지 앉혀놓고 회담을 하였으며 한국 총리대신 한규설이 서명하기를 거절했을 때 하세가와는 그의 검을 빼 한규설을 위협한 후 그를 회의실 밖으로 끌어냈다. 결국 일본의 한국 보호조약은 이 조약에 반대를 한 참정대신 한규설, 탁지부대신 민영기, 그리고 법무대신 이하영을 빼놓고 학부대신 이완용, 내무대신 이지용, 외부대신 박제순, 군부대신 이근택, 그리고 농상공부대신 권중현이 찬성한 가운데 박제순 의부대신과 하야시 곤스케 일본공사에 의해 조인되었으며 총 5개 조항으로 되어있는 조약 내용은 다음과 같았다. '(1) 일본 외무부는 한국의 외교관계를 감독하고 통제하며 일본의 외교 및 영사 대표들이 외국에서 한국의 이권과 국민을 담당한다. (2) 일본 정부는 한국과 다른 강대국들 간에 현존하는 모든 조약과 협정을 관리하며 한국은 일본 정부의 매개를 통해서 외에는 국제적 특질을 갖는 결의나 약정을 체결할 수 없다. (3) 일본총독은 일본 정부 대표자로서 한국 왕 밑에 들며 서울에 주재하고 한국 왕을 사적으로 알현하는 권리를 향유한다. (4) 일본은 한국의 조약항과 다른 장소와 그 외 필요한 곳 어디에서나 일본 거주자들을 주둔시킨다. (5) 일본과 한국 간의 모든 현존하는 협정과 조약들은 그러한 조약들이 이 조약과 상충하지 않는 한 그대로 유지된다. 그리고 일본 정부는 한국 왕가의 복지와 위엄을 유지한다.' 등이었다.

비록 이 협정은 한국 왕이나 일본 황제의 비준을 받지 않아 무효임에도 일본인들은 1906년 2월 조약규정대로 서울에 통감부(또는 총독부)를 설치하였으며 일본의 평화파인 이토오 히로부미(Ito Hirobumi)가 최초의 통감(또는 총독)으로 그해 3월 서울에 부임하여 한국을 지배 통치하기 시작했다. 이와 함께 일본인들은 한국외교 문제 관리를 접수하였을 뿐만 아니라 한국을 일본의 식민지로 한걸음 한걸음 전환해갔다. 한국 정부에서는 박제순을 총리대신으로 한 새 내각이 출범하였으며 이완용 학부대신이 새 내각에 포함되어 있었다. 한국 정부에 외무대신이 없는 것은 말할 필요도 없었다. 이에 따라 모든 외교 사절들이 서울을 떠났으며 맨 처음 한국으로부터 철수를 한 외국 공관은 단연 미국 영사관이었다.

일본의 한국 보호조약이 체결된 직후 민영환과 조병세 같은 한국 애국자들은 일본의 보호령 설치에 항의하며 자결하였고 수많은 한국인들이 일본의 지배 밑에서 살기를 거부하며 만주와 러시아와 미국으로 이주를 했다. 한국에서는 거대한 수의 한국인들이 나라와 국민에 덮친 이 결정적 재앙을 막기 위해 필사적으로 투쟁하였으나 헛일이었다. 1905년과 1906년에 일본의 보호에 항의하는 반란이 전국에서 분출하였으며 이러한 폭동과 반란에 참여한 사람들은 일본경찰과 군대에 의해 살해되고 체포되는 등 무자비한 탄압을 받았다. 이러한 운동을 야기한 조약이 바로 한국역사상 가장 수치스러운 조약의 하나인 을사보호조약乙巳保護條約이며 이 조약을 찬성하고 승인한 학부(문부)대신 이완용, 내무대신 이지용, 외부대신 박제순, 군부대신 이근택, 그리고 농상공부대신 권중현을 가리켜 을사오적乙巳五賊이라고 불렀다.

# 20
# 이씨 왕조의 몰락과
# 고종의 퇴위

## 헤이그(Hague) 밀사 사건

한국을 지배하는 일본의 보호국 설치와 견고하게 늘어나는 일본인들의 통치는 한국 독립의 궁극적인 상실을 예시했다. 고종 왕은 그의 주권국 권리를 되찾기 위해 미국과 다른 강대국들의 도움을 얻기 위한 노력을 하였으나 실패로 끝났다. 1907년 고종은 1886년 이래 한국에서 선교활동을 하고 영어를 가르치며 때로는 고종과 한국 정부에 고문역할을 해오다가 1905년 11월 17일의 조약에서 일본의 한국 총독부 설치조항을 보고 일본을 한국의 최악의 적이라고 확신을 하며 그 조약을 인정치 않는 호머 헐버트를 미국 정부로 보내 도움을 간청하도록 했다. 호머 헐버트는 고종 왕의 비공식 대표로 고종의 편지를 지참하고 한국과 한국 국민에 대한 우정으로 미국무부에 불순종하다가 최근 서울 주재 미국 공사관으로부터 면직된 의료 선교사인 호러스 알렌 박사와 함께 워싱턴으로 가 루즈벨트 대통령과 미 국무장관에게 고종의 편지를 전달하고 그들에게 발언할 기회를 얻으려 하였으나 거절만 당하고 말았다.

고종은 서울에 잔여해 있는 각국 공사들에게도 조약의 부당성을 호소하였으나 이 역시 아무런 성과를 얻지 못했다. 고종은 1907년 6월 15일부터 10월 18일까지 4개월간 네덜란드의 행정수도인 헤이그(Hague)에서 열리는 제2차 만국평화회의(Hague Peace Conference)에 마지막 기대를 걸고 이준, 이상설, 이위종 등 세 사람의 특사를 일본 모르게 비밀리에 파견하여 44개 회의 참가국에 일본의 부당성을 호소토록 하였으며 호머 헐버트도 이들과 함께 회의장에 도착했다. 그러나 고종이 보낸 이 세 사람의 밀사는 외교권이 없는 나라의 대표라는 이유로 회의에 참석치 못했다. 회의 참석이 거절된 이들은 만국평화회의 의장으로 선출된 러시아 대표 넬리토프(Nelitov)를 방문하여 한국의 공식대표로 회의에 참석케 해달라고 간청을 하였으나 거절당했으며 그들은 네덜란드 외부대신에게 면회를 요청했다가 이 역시 거절당했다. 회의참석이 거절되자 세 사람의 밀사 중 이준은 울분을 참지 못해 단식을 하다가 병이나 7월 14일 그가 유숙한 호텔에서 병사를 했다.

## 헤이그 밀사 사건에 대한 각국의 반응

이 사건이 있은 직후 각국 지도자들과 신문들은 일제히 한국을 비난하고 일본 편을 드는 기사를 써 한국을 더욱 곤경에 빠뜨렸다. 미국무부의 국무차관은 헤이그에 갔던 한국특사들을 정치 선동자라고 폄훼貶毀하였으며 러시아의 이즈볼스키(Izvolsky)는 한국인들을 무모한 국민이라고 비난했다. 일본에 호의적인 베를린(Berlin)의 한 신문은 헤이그에 간 한국 대표들은 1905년 9월 17일 한국이 일본의 속국이 된 조약이 서울에서 조인되었음을 잊은 것 같다고 비아냥거리며 이토오를 부패한 국가의 진실한 은인이라고 묘사했다. 이탈리아의 관영신문은 헤이그에 파견된 한국대표단에 관해 냉담한 기사를 썼으며 영국의 런던 타임즈(The London Times) 지는 만일 일본이 한국에 확고부동과 사실과 인내에 현명한 혼합을 사용하면 일본은 영국이 이집트(Egypt)에서 이룩한 것과 같은 것을 이룩할 것이라며 영국이 이집트를 식민지로 삼은 것처럼 일본도 한국을 영국의 방식대로 한국을 식민화 하라고 부추겼다. 심지어 스코틀랜드(Scotland)의 글래스고우(Glasgow)의 신문도 일본 편을 들었고 일본에 거주하는 서구인들도 한국의 어리석음을 비웃었다.

이들 신문 중 한국에 대해 가장 신랄한 기사를 실은 신문은 뉴욕 트리뷴(The New York Tribune) 지였다. 트리뷴지는 1907년 7월 20일 및 26일자 사설에서, "한국은 러시아의 정복으로부터 일본에 의해 구원되었으며 일본 정부를 통해 그 나라의 외교업무를 수행하겠다고 동의를 하였다. 이는 전세계에 의해 인정된 협정이다. 따라서 일본 모르게 헤이그(La Hague)에 한국 대표단을 파견한 한국 황제의 위법행위의 중대성은 그와 제정 러시아 황제 간에 중재를 요구하기 위해 한 사자를 보낸 보카라(Bokhara) 왕족이나 또는 프랑스에 대항한 아나미즈(Annamese) 왕이나 또는 라 헤이그(La Hague)에게 힌두스탄(Hindustan)으로부터 영국인들을 쫓아내라고 요구한 인도의 마하라자(Indian Maharajah) 같다.”고 평가를 했다. 이 사설은 이어 한국을 다루는 일본의 권리는 적어도 러시아, 프랑스, 영국 또는 다른 강대국들이 그들의 피지배국에 대해 가지고 있는 권리와 마찬가지라고 기술한 다음, “한국은 노여움의 근원지이며 평화에 위협이 되므로 따라서 이러한 위협은 반드시 제거되어야 한다. 세계의 평화와 발전은 다른 무엇보다도 더욱 중요하다. 그리고 과학적인 술어로 바꾸어 말하면, 적자생존의 원칙은 식물과 동물에서뿐만 아니라 국가 간에도 널리 퍼져있다. 한국은 눈에 띄게 생존하기에 부적합하다. 만일 한국이 일본의 힘과 능력의 10분의 1만 보였더라도 한국은 자주 국가를 세워 이를 유지했을 것이다. 그 대신 한국은 비참하고 잔인하며 썩고 무능하고 무식할 뿐 주권국가 건설에 필수적인 요소는 하나도 보여주지 못했다.”고 신랄히 혹평했다. 이와 같이 세계 여러 나라들은 일본 편만 들었을 뿐 한국을 동정하는 국가는 하나도 없었으며 뉴욕 트리뷴지에 실린 기사 원문은 다음과 같다.


“Korea has been a source of irritation.....menace to peace.....well to have the menace removed. The peace and progress of the world are more important than others. And put it in scientific terms, "the Law of survival of the fittest" prevails among states as well as plants and animals. Corea has been conspicuously unfit....Had Corea manifested one tenth of Japan's energy and ability, she would have established and maintained her sovereignty, Instead, she was miserable, cruel, corrupt, incapable, and only ignorant, and displayed none of the essential elements for the establishment of sovereign nationality"

## 고종의 퇴위

헤이그 특사 파견 사건으로 더욱 일본의 미움을 산 고종은 이토오와 한국 정부의 친일대신들의 협박과 강압에 못 이겨 1907년 7월 20일 왕좌를 물러났다. 그러나 일본은 이토오 통감이 고종을 퇴위시킨 게 아니라 한국 내각 대신들이 고종의 퇴위를 강요했다고 주장했다. 헤이그 사절단이 일본의 여론을 자극시켰으며 일본 외무장관이 한국에 온다는 말을 들은 한국 정부 대신들은 무언가 결정적인 조치를 취할 필요가 있다고 결심했다. 그들은 매일 회의를 하였으며 그리고 고종을 물러나게 하기로 결정을 했다. 전 내각은 고종의 퇴위를 권고했으나 왕이 화를 내는 바람에 그들은 물러났다. 7월 17일 내각 대신들은 일본 외무장관의 서울 도착과 동시에 고종에게 퇴위를 하라고 강요했다. 그러나 대신들에 의해 왕위 퇴위를 강요받은 고종은 여러 가지 비열한 수단으로 주권을 회복하려고 노력했다. 그는 그의 경호원들에게 대신들을 살해할 준비를 하라고 명령하였으나 일본군들의 앞선 도착으로 실패를 했다.

학부대신에서 총리대신이 된 이완용과 송병준 등 아홉 명의 친일 내각대신들은 일본 외무장관과 상담을 한 다음 고종의 퇴위 허가를 얻어내 이를 공포했다. 고종은 드디어 부하 대신들의 협박과 강요에 굴복을 하고 1907년 7월 20일 순종에게 형식적으로 왕위를 물려준 다음 영욕榮辱에 찼던 44년간의 왕위에서 물러났다. 고종의 퇴위와 함께 일본은 한국 군대를 해산하고 한국의 외무업무 통제에 이어 1907년 7월 24일 한국의 모든 내정을 장악하기 위한 한일 신협약에 강제로 조인케 한 후 한국의 식민지화를 더욱 서둘렀다.


## 친일파의 등장 및 그들의 반역 행위


일본의 한국 보호와 고종의 퇴위로 한국이 급속히 일본에 기울기 시작하자 한국을 일본에 병합시키려는 친일파가 새로이 등장하였으며 친일파로 구성된 이 단체가 바로 일진회一進會로 이 일진회는 라일 전쟁의 결과로 한국이 일본의 보호 아래 놓이기 전인 1904년 8월 18일 송병준에 의해 설립이 되었다. 신분이 낮은 하급관리와 한 술집 기생 사이에서 태어난 송병준은 외무대신이었다가 일본의 한국 보호 조약 체결 직후 자결한 민영환의 가신으로 있던 중 민영환의 천거에 의해 관계에 진출한 인물로 한국이 일본에 점점 예속되어가자 고종의 퇴위 강요와 함께 한일합병을 적극적으로 추진한 대한제국기의 가장 대표적인 일본의 앞잡이이자 민족 반역자였다. 송병준이 설립한 일진회와 함께 1904년 8월 이영구가 조직한 진보회進步會도 일제 앞잡이 단체로 이들 두 단체는 일본의 한국합병을 가장 적극적으로 주도해나갔다. 이 두 단체는 '검은 대양 모임(The Black Ocean Society)'의 토야마 미쓰루(Toyama Mitsuru)와 '흑룡 모임(The Black Dragon Society)'의 우치다 료헤이(Uchida Ryohei: 이토오 다음으로 한국통감이었던)와 같은 일본의 팽창주의자들의 앞잡이가 되었다.

# 21
# 풍전등화風前燈火와 같은
# 한국의 운명

## 친일파들의 한국-일본 합병 촉구

일본이 본래 한국을 공식적으로 합병하려는 결정은 이미 1904년 가쓰라 정부에 의해 최초로 이루어졌다. 그러나 한국합병이 실행된 것은 그로부터 수 년의 기간이 지난 뒤였으며 일본이 한국합병을 늦춘 것은 서구국가들의 반대를 최소화하기 위해서였다. 그러나 일본은 헤이그 사건을 계기로 여러 나라들로부터 호의적인 호응을 얻은 데다가 세계강대국인 영국과 러시아와 미국으로부터도 한국합병 승인 내지는 묵인을 받아냈기 때문에 이제는 더 이상 그들의 눈치를 볼 필요가 없었다. 이와 때를 같이해 앞서도 말했지만 프랑스 태생의 미국인으로 1873년 7월 미국 독립전쟁 때 눈부신 공을 세워 육군 소장으로 진급한 미국의 장군이며 후에 일본 외무부의 미국 고문이었던 샤를 르 장드르(Charles W. LeGendre)는 북경에서 일본 외무대신 소에지마 다네오미(Soejima Taneomi)를 만나 "일본은 한국은 물론 대만과 만주를 합병하여 중국 주변을 반원형으로 둘러싼 다음 시베리아의 러시아를 견제하여가며 아시아에서 지도적 역할을 해야 한다."고 역설해 가며 일본이 한국은 물론 대만과 만주를 합병하도록 촉구했다.

국외에서뿐만 아니라 한국 내에서도 일본에 한국을 합병하라고 압력을 가하는 세력들이 있었다. 1908년 내무대신이었던 일진회의 송병준은 이토오 통감에게 한국과 일본의 합병을 더욱 신속히 실행하라고 압력을 가했다. 송병준은 이토오가 한국에서 일본의 계획을 실천하는 데 지나치게 조심을 하고 너무 시간을 끈다고 불평을 했다. 이토오의 호응을 얻지 못한 송병준은 1909년 내무대신직을 사임하고 일본으로 가 이토오의 해임을 요구했다.

일진회의 송병준뿐만 아니라 일본 정부로부터 돈을 받아가며 한일합병운동을 벌이고 있는 진보회 우두머리 이영구는 한국황제와 일본통감 그리고 이완용에게 한일합병 촉구 탄원서를 제출하는 등 송병준보다 더욱 적극적으로 한일합병 운동을 전개해갔다. 이영구는 1908년 12월 4일 다음과 같은 내용의 탄원서를 이완용에게 다시 보냈다.

"일백만 회원의 수좌首座인 저는 한국의 황제와 일본통감 그리고 이완용 총리대신에게 한일합병을 위한 탄원서를 이미 상소한 바 있습니다. 저와 저의 일백만 회원들은 2천만의 한국인들을 대표하여 황제께 이미 말씀을 드렸고 그들은 2천만 민족의 아버지이고 이 땅 위의 하늘이신 황제께 일백 번 허리를 굽혀 절을 하였습니다. 저는 황제께 우리나라의 정치적, 경제적 사정이 매우 참혹하다고 상기시킨 바 있습니다. 외국나라에서는 격렬한 토의의 문제가 될 수 있으나 이는 진정으로 우리 민족의 부활 문제입니다. 역사를 보면 일본과 한국은 서로 분리될 수가 없습니다. 국민들 사이에 반일감정이 있기는 하나 이제 일본의 황제는 우리들에게 그의 자비를 주려 하고 있으며 그의 자비를 거절하는 것은 하늘에 침을 뱉는 거나 다름이 없습니다. 이십세기에 작은 나라 한국은 큰 나라에 의존하지 않으면 안 됩니다. 그러므로 한국은 하늘같은 일본 황제의 정의로운 대의에 의존하지 않으면 안 됩니다. 이완용 총리대신, 이 세계는 강한 나라가 약한 나라를 쳐부숩니다. 예를 들어 인도, 버마, 인도차이나 같은 나라는 약했기 때문에 패배 당했습니다. 만일 일본이 갑신정변 때 우리를 도와주지 않았다면 우리들은 전멸되었을 것입니다. 우리나라 한국이 지금 존재하는 이유는 일본의 보호 때문입니다. 그래서 우리가 비록 군사, 정치, 사법권을 일본에 모두 준다 하더라도 이는 우리의 생존을 유지하기 위한 것일 뿐입니다. 만일 우리가 홀로 선다면 우리는 살아갈 수가 없습니다. 그렇기 때문에 우리 국민의 안전과 나라의 평화를 유지하는 유일한 길은 일본이 한국의 합병을 실현하는 것입니다."

그러나 이영구가 한일합병을 촉구한 지 20일 이상이 지났어도 일본은 아무 반응도 보이지 않았으며 이영구와 함께 한일합병 운동을 벌인 친일파들은 실망을 하고 말았다.

## 한국합병을 둘러싼 일본조야의 분열과 이토오의 암살

비록 일본은 한국을 보호하며 한국으로부터 모든 자주권을 박탈은 했지만 일본의 조야가 모두 일본의 한국합병을 원한 건 아니었다. 대체로 일본 내에는 한국합병을 둘러싸고 논쟁을 벌이는 네 개의 대표적인 그룹이 있었다. 이토오 히로부미 한국 통감과 소네 아라스케(Sone Arasuke) 부통감은 일본의 합병을 반대하는 그룹이었고, 보수 정치가이자 군인이었던 야마가타 아리토모(Yamagata Aritomo)와 데라우치 마사타케(Terauchi Masatake) 장군을 중심으로 한 군인 그룹은 합병을 주장하였으며, 이노우에 가오루(Inoue Kaoru) 외무대신 그리고 미우라 고로(Miura Goro) 후임으로 서울 주재 공사가 된 고무라 준타로(Komura Juntaro) 등의 민간그룹은 한국에 대한 현실 그대로의 정책을 지지했다. 장군 출신에 총리가 된 가쓰라 따로(Katsura Taro)는 군인 출신이었지만 중간적인 입장에 서있었다. 대개 한국에서 근무했던 통감과 대부분의 외교관들은 한국합병에 부정적인 반면 한국을 와보지 않은 군인 그룹은 합병을 고집했다. 1909년 2월 야마가타는 일본 황제가 한국의 황제가 되어야 한다고 했으나 이토오 통감은 이에 반대했다. 1907년 9월 6일 야마가타 그룹의 한 멤버는 이토오 후작(Marquis Ito)의 태도가 너무 온화하고 조용하다며 그는 무릎을 굽힌 약한 무리 중에 가장 약한 자라고 이토오의 유연자약한 태도를 비난했다. 데라우치와 고무라는 소네 부통감을 이토오와 교체하여 그들의 주장을 관철시키려 하였으며 지금이 가장 적합한 시기라고 의견을 같이 했다.

그러나 이토오는 1909년 4월 바로 최근까지 합병에 반대하였으며 그가 합병에 반대하기 위해 합병지지자들과 한 차례 언쟁을 준비하고 있을 무렵 가쓰라가 이토오의 사임을 너무 열렬히 원하고 일본에 돌아와 내밀원 의장직을 맡으라고 종용하는 바람에 이토오는 한국 통감직 사임서를 제출하지 않을 수 없었다. 1909년 6월 14일 일본 황제는 이토오의 통감직 사임서를 받아들였으며 이토오는 곧 새 직책을 떠맡았다. 부통감인 소네가 이토오의 후임으로 통감직에 임명되어 1909년 6월 26일 그는 공식적으로 새 직위를 맡았다. 이토오는 통감직을 사임하면서 소네 부통감과 가쓰라와 비밀리에 회의를 열었으며 이 회의에서 그들은 한국에서 현상을 유지하기로 결정을 했다. 한국에 대한 현실 그대로의 정책을 지지하는 사람들 중 하나인 이노우에 가오루는 1884년 김옥균, 홍영식, 박영효 등이 일으킨 개혁운동 때부터 한국 문제에 관여하기 시작했으며 그는 서울에 와 영국공사인 힐리어(Hillier)와 회담하는 자리에서 한국을 다음과 같이 묘사했던 사람이다.(이 말은 이미 앞에서 언급했지만 부패와 무능으로 병까지 든 당시의 한국을 재 상기시키기 위해 여기에 부연했다.)

"한국은 병든 사람이다. 문제는 그 병을 어떻게 진단하고 무슨 약을 주며 어떻게 병든 신체를 회복시키느냐다. 때로는 환자는 약맛을 싫어하지만 병든 사람을 치료하기 위해서는 어떤 약이든 관계없지 않은가?"

이토오는 1909년 여름 내내 합병에 반대할 결심을 굳히다가 일본에 돌아가 추밀원 의장이 된 후 1909년 10월 26일 만주의 하얼빈(Harbin) 기차역에서 한국의 독립군 장교인 안중근이 쏜 총에 맞아 죽었다. 이토오는 총을 맞고 쓰러지면서, "자네 나를 잘못 봤군. 나를 쏘다니." 하는 말을 남기며 죽어갔다고 한다. 이 말은 자신은 한국에 우호적이며 한국합병에 반대하는 사람인데 어떻게 나를 쏠 수가 있는가라는 뜻인 것 같았다.

이토오가 사임했을 때 그는 소네가 있는 자리에서 가쓰라로부터 앞으로 7년 내지 8년 동안 한국을 합병하지 않겠다고 보증을 한 비밀서약을 받아냈다. 그러나 가쓰라는 이토오가 죽은 후 이 서약을 '일부러' 없애 버렸다. 그러나 소네 통감은 전임자인 이토오 통감처럼 계속 한국합병에 반대를 했다. 그는 1909년 12월 한국 내 친일단체인 일진회와 진보회가 보낸 합병탄원서에 직면했을 때 이 문제로부터 뒤로 물러났으며 합병에 반대하는 그룹으로부터 지지를 받았다. 그는 "우리들은 일진회가 왜 이러한 제안을 하는지 이해할 수는 있지만, 그러나 그들의 의견은 한국 국민 대다수의 의견이 아니므로 우리들은 일진회의 의견을 과대평가하지 않도록 그리고 한국 국민들의 대다수 의견을 무시하지 않도록 주의해야 한다."라고 경고를 했다. 소네는 이완용 총리대신에게 그들의 합병 제안을 받지 않겠다고 말을 하였으며 이완용은 소네의 충고대로 12월 7일, 9일, 그리고 16일에 일진회와 진보회로부터 연속적으로 올라온 합병 제안을 모두 거절하였으나 합병 제안이 4번째 제출되었을 때 소네는 합병 제의를 받아들이라는 명령을 가쓰라로부터 받고는 더 이상 거절할 수가 없었다.

소네는 가쓰라의 명령대로 합병 제의를 받기는 했으나 그것은 그의 손 안에 보관만 하고 있었다. 소네 통감이 합병에 소극적이자 일본 내 보수단체들은 도쿄에서 수차례에 걸쳐 합병 회의를 열고 소네의 중대한 실수와 실패를 성토하였으며 흑룡회 창설자이자 동 단체의 회장이며 친일단체인 일진회의 고문으로 한국합병을 적극적으로 추진해온 우치다 료헤이는 도쿄로 돌아가 소네의 해임을 요구했다. 이에 가쓰라 총리는 1910년 1월 소네를 도쿄로 소환하였으나 그는 합병에 대해서는 아무 말도 하지 않았다. 한국합병 세력들로 구성된 일본 내각은 합병을 반대하는 소네 통감을 해임하기로 결정한 다음 소네의 후임으로 통감의 지위와 육군대신직을 겸하고 있는 데라우치 마사타케를 임명했다. 한국 주재 통감으로 임명된 데라우치는 병상에 누워있는 소네를 찾아가 사임을 요구하였으며 결국 소네는 데라우치의 요구에 따라 사임을 했다.

## 일본의 한국합병 종결

한국합병 반대자인 이토오와 소네를 제거한 니칸 가포(Nikkan Gappo: 일본-한국 통합국가 또는 일본-한국 통일일본) 파들은 이제는 아무런 장애 없이 그들의 합병계획을 순조롭게 실천하게 되었다. 그러나 우치다는 1910년 6월 이완용 내각은 신뢰할 수 없으므로 일진회 내각을 구성하여 가포를 수행해야 한다고 데라우치에게 편지로 제안했다. 그러나 데라우치는 "이완용은 수상쩍은 사람이다. 스스로 행동을 하지 못하는 사람이다. 그는 주로 다른 사람에 의해 움직이는 꼭두각시이므로 그는 해로움 없이 이용될 수 있다." 하고 말을 했다.

소네의 후임으로 통감이 된 데라우치는 1910년 7월에 서울에 도착하였으며 서울에 오자마자 한국을 엄격히 지배하기 시작했다. 모든 정치적 토론과 집회가 금지되었다. 한국 신문이건 일본 신문이건 통감을 비판하거나 합병에 관한 기사를 내는 것도 금지되었으며 일본의 계획에 위험을 나타내는 그리고 그러한 혐의를 받는 사람들은 모두 체포토록 했다. 한국의 모든 단체들도 지속적인 경찰 감시를 받도록 하였으며 서울은 선포되지 않은 계엄하에 놓여 있었다.

데라우치는 우치다의 건의에도 불구하고 이영구가 우두머리로 있는 일진회를 무시하고 이완용하고만 상대를 하였으며 소네 밑에서 일본의 한일합병 등 일본의 대국방침(The Big Policy)을 방해하는 오카 요시타케(Oka Yoshitake), 미쓰이(Mitsui), 기쿠치(Kikuchi) 등을 해임했다. 소네 밑에서 꼭두각시들로 행동했던 이완용, 송병준 등 친일파들도 데라우치의 단호한 조치에 당황을 했다. 그러나 데라우치는 그들에게 직접 활은 쏘지 않았으며 그 대신 이완용을 회의에 초청해, "합병이 불가피 하다"라고 간단히 말한 다음 8월 16일 그가 작성한 합병조약안을 이완용에게 넘겨주었다. 앞으로 36년간 나라 잃은 민족의 설움이 시작되는 절망적 순간이었다. 8월 18일 이완용 내각은 데라우치의 합병조안을 통과시켰고 8월 22일 이완용과 데라우치는 최종적으로 한일합병 조약에 조인을 하였으며 8월 29일 한일합병 조약안 조인이 발표되었다. 이로써 풍전등화 앞에 놓여있던 대한제국은 일본의 손에 완전히 넘어가고 말았다.

일본의 '비밀사(秘密史: Secret History)'는 일본 정부가 한국합병을 실현할 기회를 얻은 것은 일진회의 기여 때문이라고 증명하였으며 일본 정부는 이를 인정하여 일본의 한국합병에 결정적 역할을 한 이영구와 송병준에게 명예칭호를 수여했다. 그러나 송병준은 이를 받았지만 이영구는 '비록 한일합병은 성취되었지만 2천만의 한국인 행복과 한국 왕족의 평화로운 안식을 돌보는 것은 내 미래의 책임이다.'라고 말을 하며 명예칭호 접수를 거절했다. 일제의 한국 통치에 거역하는 것 같은 이영구의 오만스런 태도에 비위가 뒤틀린 데라우치는 일진회 해체를 명령하였으며 해체비용으로 이영구에게 일화 5만 엔을 주겠다고 제의했다. 그러나 이영구는 "우리는 일본에 우호적이며 통감부를 지지하여 물불을 가리지 않고 그 명령을 수행할 것입니다. 그러나 지금의 상황으로 보아 우리들이 일진회를 해체하는 것은 불가능하오니 당분간만 더 기다려 주십시오." 하고 일제 통감부에 충성을 다짐하며 일진회 해체를 거절했다. 그러나 데라우치는 이영구의 충성 다짐을 받아들이지 않고 일진회를 즉각 해체해 버렸다. 한일합병 전에는 일진회가 필요했지만 이제 한국이 일본에 합병된 이상 일진회의 도움은 더 이상 필요치가 않았다.

이로써 나라와 민족을 일제에 팔아먹은 매국 반역 단체인 일진회는 우리민족의 손으로가 아닌 일제의 손에 직접 해체가 되었으며 한일합병 운동에 앞장섰다가 무용지물로 버림을 받은 이완용, 송병준, 이영구 등 매국노들은 더 이상 일제로부터 보호를 받지 못하자 모두 일본으로 도망을 했다. 끝으로 일본이 한국을 합병한 근본적인 이유는 크게 두 가지로 첫째는 한국으로부터 원자재를 착취하여 자국의 경제를 부흥시키기 위함이고, 둘째는 한국을 중국침략을 위한 전진기지로 이용하기 위해서였다. 그리고 일본은 향후 36년간 한국을 무력으로 지배해가며 이 두 가지 목적을 모두 달성했다.

# 22
# 조선이 망하고
# 한국이 일본에 합병된 이유

    결론부터 말하면 이성계가 세운 조선왕국과 고종이 세운 대한제국
은 안이하고 무기력한 왕들과 서로 세력을 차지하려는 궁궐 내에서
의 치졸한 집안싸움, 그리고 무능부패한 관리들의 끊임없는 당파싸
움으로 멸망하였으며 이러한 싸움으로 나라를 지탱할 힘을 잃은 한
국은 결국 이웃나라 일본에 의해 흡수가 되었다.

    1392년 7월 왕명을 어기고 유혈 군사혁명을 일으켜 고려충신들을
죽이고 공양왕으로부터 왕위를 빼앗아 스스로 왕이 된 태조 이성계
는 1393년 국호를 고려에서 조선으로 고쳐 나라를 통치하였으나 왕
위를 둘러싼 왕자들(방석, 방원, 방번)의 피비린내 나는 싸움을 시작
으로 그가 세운 조선왕조는 유혈투쟁과 반란과 처형과 복수로 얼룩
진 나라가 되기 시작했다. 극히 몇몇 왕을 제외한 대부분의 왕들은
안이와 쾌락에 빠져 나라와 백성을 보살피지 않아 백성들을 도탄에

빠뜨렸으며 왕을 중심으로 서로 권력을 차지하기 위해 싸우는 벼슬아치들의 당파싸움에 휘말려 국사에 소홀히 하다가 외적으로부터 끊임없이 침략을 받았다.

조선의 파벌싸움은 제14대 왕인 선조 때 세자책봉을 둘러싸고 생겨난 남인과 북인의 대립으로 시작되었으며 선조 8년에는 동인과 서인이 또다시 나타나 서로 대립했다. 이중 서인은 선조 다음으로 왕이 된 광해군 때 노론, 소론으로 분리되어 조선 시대의 파벌정치를 더욱 심화시켰다. 선조 때 남인과 북인 간의 치열한 당쟁으로 나라가 어수선할 때인 1592년과 1597년 일본으로부터 연거푸 침략을 받아 1598년 10월 일본 침략군이 물러날 때까지 무려 7년간 일본군으로부터 전 국토가 유린을 당했다.

일본과의 전쟁이 끝난 30년 뒤 인조가 집권을 하고 있을 때인 1627년과 1636년에는 청나라로부터 두 번의 침략을 받아 남한산성으로 피신했던 인조는 남한산성에서 내려와 청국군 앞에 직접 무릎을 꿇고 항복을 한 후 청국의 요구대로 군신의 관계를 맺어 나라가 큰 수치를 당했으며 이때 또다시 척화파와 주화파, 낙당, 원당, 신당, 한당 등의 당파가 생겨 이들의 당파 싸움으로 조선의 정치는 더욱 큰 혼란에 빠졌다. 조선왕과 그 밑의 정치가들은 이토록 끊임없이 외적의 침략을 받아 유린을 당했음에도 나라를 보살피지 않고 줄곧 정치 싸움만을 벌여가며 나라 지키기를 소홀히 함으로써 이후로도 계속 외국 나라들로부터 침략을 받았다.

조선의 정치가들이 서로 파벌을 조성해 한창 세력다툼을 벌이고 있을 때인 16세기에서부터 20세기에는 서구 여러 나라 들이 전 세계를 탐험해 가며 신대륙을 발견해 그들의 영토와 세력을 한창 늘려가고 있을 때였다. 지구가 둥글다는 것을 알아낸 그들은 세상 구석구석을 누비며 굳게 닫혔던 문을 하나씩 하나씩 열어 새로운 세계에 대한 지식과 정보를 널리널리 보급하고 있었다. 그러나 우물 안 개구리인 조선의 왕과 위정자들은 우물 밖 세상에 대해 전혀 알지를 못했고 알려고도 하지 않았다. 일 년에 한두 번씩 속국으로서의 예를 갖추기 위해 공물貢物을 받치러 중국에 파견된 사절들에 의해 그 나라로부터 바깥 세상에 관해 얻어들은 몇 편의 정보가(a few pieces of infor-mation about outside world) 한국이 외부세계에 관해 알고 있는 전부였다. 이와 같이 조선은 철저히 고립되어 있어 외부 세계에 알려지지 않은 은둔의 나라가 되었으며 이 때문에 중국 귀퉁이에 돌출해 있는 자그만 나라 조선은 '은둔의 왕국(The Hermit Kingdom)'이라고 불려졌다. 19세기말 인도의 시성詩聖 타고르(Rabindranath Tagore)가 그의 시 '동방의 등불'에서 조선을 '조용한 아침의 나라(The Morn-ing Calm)'라고 묘사한 것도 한국이 외부세계에 알려지지 않은 숨어 있는 나라이기 때문이었다. 이 같이 조선이 철저한 암흑 속에 묻혀있을 때 12살 된 고종이 왕위에 오른 것은 1864년이었다. 그러나 그는 나이가 어려 그의 친부인 이하응이 대원군으로 고종 대신 섭정을 하였으며 이하응은 1864년에서 1873년까지 10년간 조선에 문호를 개방시켜 주러 온 외세를 물리쳐가며 철저한 쇄국정책을 감행하여 조선의 발전을 저해함으로써 조선을 세계에서 가장 어둡고 낙후한 나라로 만들었다.

이와 반면 이웃나라 일본은 한국과 달리 1854년 미국의 페리 방문으로 미국과 우호통상조약을 맺어 근대화된 미국과 유럽 여러 나라들에 적극적으로 문호를 개방하여 이들 나라로부터 근대기술과 문물을 받아들여 불과 20년도 안 되어 산업과 군사 등 모든 면에서 서구 국가들과 어깨를 나란히 할 만큼 눈부신 발전을 이룩하였다. 이토록 단시일 내에 눈부신 발전을 달성한 일본은 낙후하고 가난한 조선과 친선을 맺어 교역을 하려 하였으나 조선왕 고종은 조선은 중국의 속국이므로 중국의 허가 없이는 일본과 통상조약을 맺을 수 없다며 거절을 했다. 이 때문에 일본뿐만 아니라 후일 프랑스와 미국과 영국과 조약을 맺을 때에도 이들 나라 대표들은 조선의 종주국인 청나라의 이홍장에게 찾아가 허락을 받은 후 한국과 조약을 체결했다. 일본은 조선은 국제법상 중국의 속국이 아닌 한 개의 독립국가라고 조언했지만 조선은 1894년 일본이 중국과의 전쟁에서 이겨 조선을 중국에서 분리시켜 독립국가로 만들어 줄 때까지 막무가내로 중국의 속국이라고 우겼다.

조선과 평화적으로 우호통상을 맺으려다 실패한 일본은 1875년 9월 강화도를 침범하여 이듬해인 1876년 2월 무력을 앞세워 조선과 강제로 강화도 조약을 맺었다. 강화도 조약으로 조선을 굴복시킨 일본은 한국에서 그들의 세력을 점점 넓혀갔다. 일본에 뒤이어 서구 강대국들이 조선과 우호통상을 맺으려 하였으나 마음이 꽉 닫힌 대원군은 이들 국가들과의 개방을 철저히 거절하여 오다가 이들 나라로부터 무력침략을 받은 후에야 그들의 강요에 못 이겨 겨우 문호를 개방했다. 적극적이 아닌 강요에 못 이겨 이들 나라와 맺은 조약은 결국 한국에 불리한 불평등 조약이 될 수밖에 없었다.

조선에 소련, 미국, 영국, 프랑스, 독일, 일본 등 강대국들이 몰려오면서부터 고종과 민비와 대원군은 각기 이들 강대국들에 의존해가며 서로 세력 다툼을 벌이기 시작했다. 고종은 중국 편에 섰다가 일본이 청일전쟁에서 승리하자 일본 편에 잠시 붙었다가 러시아로 돌아섰고 러시아가 러-일 전쟁에서 일본에 패했을 때에는 또다시 일본에 기대어 일본이 하라는 대로 하지 않으면 안 되었다. 대원군은 중국에 의존했다가 일본의 전략적 하수인이 되었으며 민비와 그녀 덕분에 세력을 거머쥔 민씨파들은 일본을 무시하고 러시아에 의존했다가 민비는 결국 일본 군대의 칼에 살해되었다.

강대국에 의존해가며 일본의 대조선 정책에 방해를 하는 세력들을 모두 제거한 일본은 조선에 더욱 강압정책을 써가며 조선합병을 서둘렀다. 조선이 일본에 기울어 가면서 한국에는 일본의 한국합병을 촉구하는 친일파들이 등장을 하여 일본당국에 한국을 합병하라고 종용을 했다. 이때 한국에는 일본의 한국합병에 반대를 하거나 친일파들의 한일합병 운동을 저지하는 단체나 세력들이 단 하나도 없었다. 한국을 일본에 흡수하려는 일본으로서는 절호의 행운이 아닐 수 없었다. 일본의 한국합병 분위기가 고조에 달할 무렵, 일본의 한국합병에 반대를 하는 이토오 히로부미가 만주의 하얼빈 역에서 한 한국 애국지사의 손에 살해당하자 일본은 이를 핑계로 한국합병 절차를 더욱 서두르게 되었고 1910년 8월 22일 드디어 그들의 욕망을 달성했다.

일본이 한국의 보호국에서 한국을 합병할 때까지의 배후에는 미국의 역할이 결정적이었다는 것을 한국인들은 잠시도 잊지 말아야 할 것이다. 앞서도 지적했듯이 시어도어 루즈벨트 미국 대통령은 1905년 일본이 러시아와의 전쟁에서 승리를 한 후 러시아에 5억 엔의 배상금을 요구했을 때 그는 한국을 5억 엔짜리 나라로 쳐 일본에 준 다음 일본의 대 러시아 배상금 요구를 철회케 했다. 루즈벨트의 이 결정으로 한국의 보호국이 된 일본은 한국을 일본에 합병시키는 튼튼한 발판을 마련했던 것이다. 이와 같이 루즈벨트는 일본이 한국을 합병할 수 있는 기초작업을 확고히 완성시켰으며 일본이 한국을 합병하는 과정에서 일본이 한국을 합병하도록 가장 용기를 준 것도 미국의 여론을 대표하는 저명한 미국 신문들이었다. 이들 신문은 한국을 경멸하고 일본을 찬양해가며 전 세계에 일본의 한국합병 당위성을 선전했다. 미국 신문뿐만 아니라 시어도어 미국 대통령과 르 장드르(LeG-endre) 같은 군인 정치가를 비롯해 다수의 고위 미국정치가들도 일본의 한국합병을 촉구했다. 어떤 면에서는 36년간 한국을 무력으로 지배한 일본보다 일본이 그렇게 하도록 허락을 해준 미국이 훨씬 더 악랄했다고 봐야 할 것이다.

그러나 일본의 한국합병과 관련하여 한 가지 역설적인 게 있다. 일본이 만일 한국을 합병하지 않았다면 당시의 사정으로 보아 한국은 중국에 합병되었거나 적어도 중국의 한 성으로 편입되었을 것이다. 중국은 이 작업을 서두르다가 중국이 일본과의 전쟁에서 패하는 바람에 그들의 계획을 달성시키지 못했다. 그러나 한국이 중국에 흡수되지 않았다면 한국은 러시아에 흡수되었거나 후일 결성된 소련연방공화국(The Union of Soviet Socialist Republic)의 위성국(Satellite State)이 되어 공산주의 국가가 되고 말았을 것이다.

공교롭긴 하지만 한국이 러시아에 흡수되기 직전 일본이 러-일 전쟁에서 이겨 후일 결성된 소비에트 공화국 밑에서 공산주의 국가가 안 되도록 막아준 역사적 사실은 한국인들에게는 매우 중요하다. 러시아는 오래 전부터 한국에 눈독을 들여왔다. 일본과 전쟁을 하기 전인 1896년과 1903년 두 번에 걸쳐 제정 러시아는 조선을 38도선을 중심으로 남북으로 쪼개 38도선 이북은 러시아가 그 이남은 일본이 지배하도록 제안하였으나 일본은 두 번 다 러시아의 제의를 물리쳤다. 일본은 비록 한국을 점령은 했으나 1945년 태평양 전쟁에서 패해 한국의 지배를 끝낼 때까지 한국을 분단시키지 않고 단일국가로 지켜주었음도 참고하여야 할 것이다.(뒤에도 나오지만 미국은 한국을 일본 지배로부터 해방시켜 주기는 했지만 일본과 달리 조그만 땅덩어리 나라 한국을 남과 북으로 둘로 갈라놓아 영구히 분리시켜 놓았다.) 앞서도 언급했거니와 한국이 만일 중국에 합병되었거나 편입되었다면 오늘날의 티베트(Tibet)나 내몽고(Inner Mongolia)나 신강성(Xin Jang)의 위구르(Wei Wuer)족 자치구처럼 한 개의 조선족 자치구가 되어 영원히 독립국가가 되지 못했을 것이다.

이야기가 다소 지엽으로 흘렀다. 조선은 500년 동안 부패와 무능과 실정으로 국력이 약해져 자체적으로 나라를 다스릴 수 있는 힘을 완전히 상실했다. 이토록 국력이 약해진 조선은 힘센 나라에 의존해 쓰러져 가는 왕가 명맥만 겨우겨우 유지하려다 결국 힘이 센 이웃나라 일본에 흡수되었다. 이는 사필귀정事必歸正이며 조선의 운명이기도 했다.

# 23
# 제1차 세계대전 발발 및
# 우드로 윌슨(Woodrow Wilson)의
# 민족자결주의

1910년 한국을 합병한 일본은 한국을 무력으로 다스려가며 한국의 지하자원을 착취하고 한국인들로부터 쌀과 콩 등 주요 곡물을 수탈해 가는 등 한국에 대한 압살정책을 더욱 강화해 갔다. 일본의 무력통치와 수탈정책이 강화되자 이에 항거하는 애국지사들과 독립운동 단체들이 속속 나타나 일본의 무력지배로부터 독립을 찾기 위한 운동을 전개하기 시작했다. 그러나 일본의 억압으로 그들의 독립운동은 기를 펴지 못했고 또한 지극히 소극적일 수밖에 없었다. 이렇게 일본지배로부터 고통을 받고 있는 한국인들이 독립을 찾기 위해 노력하고 있을 무렵 유럽에서 전쟁이 일어났으며 이 전쟁 중 우드로우 윌슨 미국 대통령이 부르짖은 민족자결원칙에 의해 강대국들에 억눌렸던 약소국들이 하나둘씩 독립을 찾았으며 이에 고무된 한국인들도 민족자결권을 부르짖어가며 거국적 독립운동을 일으키기 시작했다.

## 제1차 세계대전 발발

유럽에서 일어난 세계전쟁은 이미 20세기 초부터 준비되기 시작하였으며 이 전쟁은 잠시 동안 가까스로 억제되어 왔을 뿐이었다. 유럽의 평화는 두 개의 동맹단체, 즉 독일, 오스트리아-헝가리, 이탈리아 등을 중심으로 한 삼국동맹(The Triple Alliance) 또는 동맹국(Central Powers)과 프랑스, 러시아, 영국을 중심으로 한 삼국협상국(The Triple Entente)에 의해서만 유지되었을 뿐이다. 총체적 전쟁 위협은 다음 몇 가지 계기에 근거했다. 1905년 모로코(Moroccan) 문제에서 독일이 뒤로 물러났을 때, 1911년 아가디르 위기(The Agadir Crisis), 그리고 1912-1913년 발칸전쟁(The Balkan War) 등이었다. 이 국지전은 약자를 지지한 동맹국(Central Powers)의 세력을 감소시켰으며 세르비아(Serbia)와 루마니아(Rumania)의 힘과 오만함을 증가시켜 주었다. 이 결과 발칸 왕국들은 제일 좋은 몫의 전리품을 얻었다. 그리고 전쟁이 끝나자마자 세르비아는 2중제국, 즉 오스트리아-헝가리 제국의 소란한 영해로 물고기를 잡으로 갔다.

1914년 6월 28일 진보와 자유주의와 민주주의 시대를 닫아버린 한 발의 총성이 울렸으며 이 총성은 전쟁과 파괴와 혁명적 격변과 아직도 끝나지 않은 독재정권 시대의 막을 열었다. 그리고 이 날의 총성은 오스트리아-헝가리(Austria-Hungray) 제국의 왕위 계승자인 프란츠 페르디난드 대공(Archduke Franz Ferdinand)이 보스니아(Bosnia) 주의 사라예보(Sarajevo)에서 암살되었을 때 울려퍼진 것이었다. 암살자는 2중제국을 분열시키기 위해 암약하는 세르비아의 한 혁명

단체에 속한 열아홉 살 먹은 젊은 혁명당원으로 그의 이름은 가브릴로 프린십(Gavrilo Princip)이었다. 그러나 그는 전쟁 후까지 일반에게 잘 알려지지 않았다. 오스트리아는 슬라브(Slav)의 위협에 끝을 내겠다고 결심하였으며 독일의 지지를 받은 오스트리아는 세르비아가 응할 수 없는 엄격한 요구를 내놓았다.

오스트리아-헝가리와 공식적, 정서적 유대를 맺고 있는 독일은 오스트리아 황태자가 세르비아인에 의해 암살되자 세르비아 인들은 말살되어야 한다며 오스트리아가 세르비아를 공격하면 물불을 가리지 않고 지원하겠다는 다짐과 함께 오스트리아가 조속히 세르비아를 공격하도록 촉구를 했다. 그러나 세르비아를 옹호하는 러시아는 오스트리아가 세르비아에 대해 극단적인 행동을 취하지 말도록 경고를 했다. 러시아의 군사적 위협은 아직 없었다. 러시아의 오스트리아에 대한 경고에도 불구하고 독일 최고 사령관은 오스트리아에게 세르비아에 대해 즉각적인 군사 행동을 취하라고 압박을 하였으며 페르디난드 대공이 암살당한 지 정확히 한 달 후인 7월 28일 정오에 오스트리아는 전쟁 확대 시 독일의 지원을 확신하고 세르비아에 전쟁 선포를 하였으며, 이 선포와 함께 제1차 세계대전의 첫 번째 군사적 충돌이 시작되었다.

군사적 충돌은 오스트리아와 세르비아 간에만 일어났으며 독일과 러시아는 오스트리아-세르비아의 군사적 대립에 아직 개입은 하지 않고 있었다. 세르비아의 국경요새가 오스트리아 대포의 긴박한 포격 밑에 놓이자 러시아는 부분적으로 국민들에게 무장을 명령하였으며, 6백만에 달하는 남자들을 군대에 동원하였다. 러시아 병사들과 포대

는 오스트리아 국경 전방의 군대 병영과 요새를 향해 출발을 해 이동
을 하고 있었으나 오스트리아에 대한 선전포고는 아직 하지 않고 있
었다.

8월 1일 독일의 뮌헨(Munich)에서 열린 한 공중집회에서 군중들은
전쟁이 임박했다는 소식에 열광적으로 환호를 하였으며 이들 군중
가운데에는 오스트리아 태생의 아돌프 히틀러(Adolf Hitler)도 끼어
있었다. 당시 히틀러는 그가 그린 수채화를 팔아가며 불안정한 생활
을 하고 있었다. 한편 러시아와 동맹 관계를 맺고 있는 프랑스는 러시
아에 독일을 먼저 공격해 베를린(Berlin)으로 진격해야 한다고 제안
을 했다. 같은 날 러시아 황제는 독일의 황제에게 루소-독일 전쟁
(Russo-German War)을 예방하는 데 노력해 달라고 또다시 호소를
하였으나 오스트리아에 대한 이전의 전쟁 격려로 위기를 촉진시켰던
독일 황제는 오스트리아가 러시아로부터 공격을 받으면 오스트리아
를 돕겠다고 한 그의 약속을 지키기로 굳게 결심을 하고 러시아 황제
의 호소를 무시해 버렸다. 그리고 8월 1일 저녁 러시아 주재 독일대
사는 페테르스부르크(Petersbrug)에 있는 러시아 외무장관인 세르게
이 사자노프(Sergius Sazonoff)에게 가 독일의 선전포고를 전달하였
으며 독일이 러시아에 선전포고를 한 이틀 후인 8월 3일에는 러시아
와 동맹관계를 맺고 있는 프랑스에 선전포고를 함으로써 제1차 세계
대전의 불길이 유럽 전역에 번지기 시작했다.

전쟁이 시작되자 전쟁 당사국인 러시아와 독일 그리고 오스트리아
는 그들의 군사력을 대폭 증강시켰다. 전쟁 발발 2년 후인 1916년 말
러시아는 900만 이상의 남자들을, 독일은 700만 명의 남자들을 무장

시켰으며 오스트리아는 불과 2년 새에 80만이나 되는 군인이 사망하고 1백만의 군인이 부상을 입었으나 아직도 거의 5백만의 남자들이 무장을 하고 있었다. 1917년 초에는 열 한개의 유럽 국가들이 전쟁에 참여하였고 그 후 얼마 안 가 전쟁 참여국들은 19개국으로 늘었으며 이 중 영국, 프랑스, 러시아를 비롯한 15개국이 독일을 중심으로 한 동맹국(The Central Power)인 터키, 오스트리아-헝가리 그리고 불가리아(Bulgaria)와 싸움을 벌였다. 영국, 프랑스, 러시아 등으로 구성된 15개 동맹국 중에는 일본도 끼어 있었으나 강대국들 중 미국만 유럽전쟁에 참여치 않고 있었다. 미국은 독일의 잠수함 전에서 많은 미국인들이 목숨을 잃었음에도 중립을 지키고 있었으며 우드로우 윌슨(Woodrow Wilson) 미국 대통령은 1917년 1월 4일, "미국이 전쟁에 참여하는 것은 문명에 반한 범죄 행위이므로 우리는 전쟁을 하지 않을 것이다."라고 그의 국민들을 안심시켰다. 그리고 평화주의자인 윌슨은 한동안 미국을 전쟁에 끌어넣지 않았다.

1916년 11월 대통령 재당선이 확실시된 윌슨은 교전국들에게 협상을 통한 그의 평화호소를 갱신하기로 결심했다. 이러한 호소는 시의적절한 것 같았다. 솜(Somme) 전투에서 백만 명의 사상자가 발생하였으며 갈리시아(Galicia)에서 러시아의 공격으로 150만의 군대들이 더 목숨을 잃었다. 그러나 윌슨은 그의 교섭을 일주일 간이나 연기했다. 여름 전투에서 단시간 내에 루마니아(Rumania)를 패배시켜 굴복시킨 독일은 1916년 12월 12일 연합국들에게 직접 협상을 제의하는 초대장을 발급했다. 6일 후 윌슨 대통령은 모든 교전국 정부에 그들과 그들 국민을 만족시킬 정밀한 목표 설명을 요구하는 비망록을 보냈다. 로이드 조지(Lloyd George) 영국 수상은 영국의 조건은 완전한 손해배상과 전쟁배상금, 그리고 효과적인 미래보장이라고 발표를 했다. 한편 비밀로 워싱턴에 보낸 독일의 조건은 프랑스의 분할, 벨기에(Belgium)의 경제적 장악, 러시아와 폴란드(Russian Poland)의 분리, 그리고 많은 보상 등을 포함하고 있었다. 영국과 독일이 윌슨에게 내놓은 조건은 도저히 일치할 수 없는 것들이었다. 비록 윌슨은 연합국들이 강제로 회의에 나오도록 할 수 있는 한 가지 무기, 즉 선박의 입출항금지 방법을 손에 쥐고 있었지만 그는 아직 독일을 압박할 수단은 가지고 있지 않았다.

교전 당사국들이 비타협에 직면해 있을 때 미국이 세계평화를 확보하고 유지하는 데 협조를 하지 않으면 안 된다고 확신한 윌슨은 1917년 1월 22일 이러한 협조가 확장될지도 모르는 조건들을 공식화했다. 개괄적으로 뒤이은 14개 항목(The Fourteen Points)을 예기하는 그 조건들은 피지배국가들의 동의에 의한 정부, 해양의 자유, 육군 및 해군 무장제한과 평화를 집행하는 연맹(League)을 포함하고 있었다. 이 모든 원칙들에 기본적인 것은 전쟁의 해결은 승리가 없는 평화이어야 한다는 요구였다. 이러한 승리 없는 평화의 호소는 귀머거리와 마주쳤으며 심지어 미국의 비평가들도 승리 없는 평화구절은 나약하다고 낙인찍었다. 비밀조약으로 손과 발이 묶인 연합국들도 합리적인 해결에 동의할 가망이 없었다. 윌슨의 승리 없는 평화 신념은 배반당했으며 새롭고 보다 나은 세계질서 구축을 위한 그의 견해는 흐트러졌다. 이때 독일 잠수함들은 두 달 동안 아무 제한도 받지 않고 미국의 해상루트에서 군사작전을 벌이고 있었으며 1917년 4월 2일 윌슨 대통령은 결국 의회에 나가 미국 해상에서 군사도발을 감행하고 있는 독일에 선전포고를 요구하는 메시지를 낭독했다. 그리고 난 4일 후인 1917년 4월 6일 성 금요일(Good Friday) 심야에 미 의회는 독일제국에 대해 전쟁을 선포하는 합동결의를 통과시켰으며 이 선전포고와 함께 미국은 뒤늦게 유럽전쟁에 뛰어 들었다. 윌슨은 연합국들을 격려할 뿐만 아니라 동맹국(Central Power)들의 싸울 의지를 파괴하기를 희망했다. 윌슨은 처음부터 독일국민들과 그들의 정부 사이를 구분지으려고 노력하였으며 2 중제국인 오스트리아-헝가리의 소수민족들에게 합스부르크(Habsburg) 왕가로부터 독립 희망을 품게 했다. 4월 2일의 그의 전쟁 메시지에서 윌슨은 미국은 독일 국민들과 다투는 것이 아니라 그들에 대해 동정과 우정 이외에는 아무런 감정도 가지고 있지 않다고 말을 했다. 그리고 전쟁 내내 그는 독일 정부에 대한 전쟁정책과 독일 국민들과의 평화를 되풀이했다. 그는 투쟁은 자유와 정의와 세계 모든 국가들 간에 '자치정부'를 위한 전쟁이며 독일 국민들 자신을 포함하여 그 외 모든 사람들이 사는 이 세계를 안전하게 만들기 위한 전쟁이라고 역설했다. 윌슨은 두 가지 목적을 추구했다. 하나는 동맹국을 포함하여 모든 교전국들이 동의하지 않으면 안 되는 도덕적 평화 기초를 세우는 것이고 다른 하나는 독일과 오스트리아-헝가리 국민들에게 불평의 씨를 심어 놓는 것이었다.

이 두 목적을 달성하기 위해 윌슨은 1918년 1월 8일 미 의회에서 행한 연설에서 14개 개별항목(Fourteen Separate Points)에 근거한 유럽의 평화 프로그램을 발표했다. 이 열네 개 항목에는 공개맹약의 원칙, 해양의 자유, 민족자결원칙에 근거한 대부분의 유럽재편성과 총 국가연합 창설 등이 포함되어 있었다. 독일 전역에 끊임없이 유포되어 마침내 독일 국민과 독일 정부 사이를 이간시키는 데 도움이 된 윌슨의 성명서와 루덴돌프(Ludendorff)의 군대가 서부전선에서 패했을 때 독일은 윌슨의 민주정치 주장에 서둘러 응하였으며 14개 항목에 근거한 휴전회담을 시작했다.

윌슨이 발표한 14개 항목 중 가장 인상적인 것은 식민지 주권 문제에 있어 관련 국민들의 권익은 그 권리가 결정될 정부의 정당한 주장과 동등한 힘, 즉 민족자결권(Self-determination of People)을 가져야 한다고 밝힌 것이었다. 또한 이 14개 항목은 독일 중심의 동맹국 병사들 사이에 점증하는 볼세비즘(Bolshevism: 러시아의 공산주의)의 호소에 대항하기 위해 그리고 볼셰비키(Bolshevik: 공산단원)가 고무하는 평화보다 더욱 관심을 끌기 위해 의도된 것이었다. 윌슨 대통령의 14개 항목이 발표된 이틀 후 핀란드(Finland) 대표가 영국의 지지를 얻어 독일로부터 독립을 하기 위해 런던에 왔으며 핀란드의 사절단이 영국에 도착하던 날 독일 동맹국들과 볼셰비키 양측은 우크라이나(Ukraine)의 독립을 인정하였고 라트비아(Latvia)도 1918년 1월 12일 러시아로부터 독립을 선언했다. 그 다음날 레닌과 스탈린(Lenin and Stalin)은 그들의 혁명포고령 13호에서 미국의 민족자결 원칙 지지를 발표했다.

미국 독립기념일인 1918년 7월 4일 윌슨 대통령은 마운트 버논(Mount Vernon)에서 행한 한 연설에서 동맹국(The Alliance)들은 네 가지 주요 목표를 가지고 있으며 그 네 가지 목표는 전제적인 힘의 분쇄, 민족자결의 원칙, 개인의 도덕과 같은 국가 도덕의 재건, 그리고 전쟁 방지를 위한 평화기구의 설치 등이라고 말 한 다음 국가총연합(The General Association of Nations)을 구성하여 큰 나라와 작은 나라에 다 함께 정치적 독립과 영토 보전을 보장해야 한다고 강조를 하였다. 윌슨 대통령이 발표한 네 개의 동맹국 목표 중 민족자결원칙(The Prisciple of Self-determination of Peoples)과 큰 나라와 작은 나라에 다함께 정치적 독립과 영토 보전을 보장(to guarantee political independence and territorial integrity to great and small states alike)하자는 제언으로 아일랜드(Ireland)를 포함하여 아시아와 아프리카에서 독일의 지배를 받고 있는 나라들과 인도차이나(Indo-China) 지역에서 영국과 프랑스의 식민지배를 받고 있는 나라들이 그들의 식민국가로부터 독립을 하기 위해 대대적으로 독립운동을 벌이기 시작했다.

윌슨 대통령의 14개 항목 발표로 러시아와 오스트로-헝가리 제국(The Russian and Austro-Hungarian Empires)이 무너졌고 독일은 아시아와 아프리카에 있는 식민지를 잃었으며 영국과 프랑스도 그들의 식민지 국가에서 끊임없이 반란이 일어나 이들 국가들을 독립시켜 주지 않으면 안 될 위기에 처해있었다. 이토록 남의 나라를 강제로 빼앗아 식민통치를 하고 있던 대부분의 국가들이 윌슨 대통령이 발표한 민족자결의 원칙을 지지해가며 그들이 지배하고 있던 식민국을 독립시켜 주는데도 한국을 지배하고 있는 일본은 독립을 외치는 한국민들을 무력으로 진압해가며 더욱더 혹독하게 그들의 통치를 강화해 갔다

# 1차 세계대전 화보

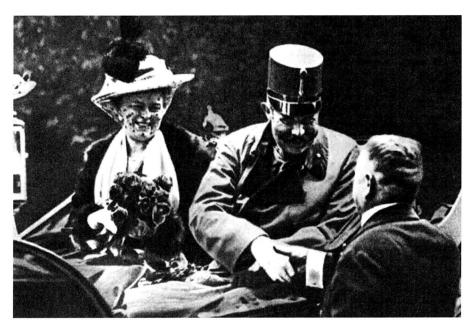

# 대전(The Great War)의 종결

세계 33개국이 참여하여 4년 이상 싸워온 대전쟁은 막대한 인명손실 (9백만 이상의 병사와 5백만의 민간인이 생명을 잃음)과 천문학적인 재산피해를 남긴 채 1918년 11월 11일 전쟁 당사국들의 휴전으로 끝이 났다. 이 휴전으로 영토와 재정 면에서 가장 혹독한 처벌을 받은 나라는 독일이며, 반면 독일에 대항해 싸웠던 대부분의 동맹국들은 독일과 그 외 지역으로부터 많은 이권과 전리를 우려냈다. 독일의 영토는 동부와 서부 양쪽 끝에서 모두 축소가 되었으며 육군과 해군과 공군이 해산되었고 막대한 전쟁 배상금(War Reparations)이 부과되었다. 또한 독일은 그가 소유하고 있던 모든 식민지를 빼앗겼을 뿐만 아니라 무기와 탄약과 그 외 전쟁물자의 수입과 생산은 물론 육해공군의 병력도 갖지 못하도록 금지되었다. 한편 군사, 재정 등 모든 면에서 독일을 무력화시킨 전쟁 주축국인 프랑스와 영국은 독일이 차지하고 있던 모든 영토를 빼앗아 위임통치(委任統治: Mandate System) 명목으로 다스려갔으며 영국, 프랑스 외에 일본도 마리아나 제도(Mariana Islands), 캐롤라인 및 마셜 군도(Caroline and Marshall Islands), 독일 사모아(German Samoa), 독일 뉴기니(German New Guinea) 등에 대한 위임통치권을 얻어 냈다. 특히 독일과 이웃해 있는 폴란드(Poland)는 연합국의 영토분할에 의해 서쪽에서는 독일로부터 남쪽에서는 오스트리아로부터 동쪽에서는 러시아로부터 영토를 얻었으며, 연합국에 의해 폴란드에 자국 영토를 빼앗긴 독일은 이에 대한 보복으로 전 유럽을 정복키 위해 절치액완切齒扼腕하여가며 또 다른 전쟁을 일으킬 결심을 하기 시작했다.

## 윌슨(Wilson)의 위선僞善 및 일본 지지

1차 대전이 끝난 이듬해인 1919년 1월 18일 프랑스 파리에서는 국제연맹(The League of Nations)의 창설 결정과 세계 평화를 도모하기 위한 평화회담이 열렸으며, 미국의 윌슨 대통령은 이 회의에 참석해 그 자신이 민족자결과 각 나라의 정치적 독립 및 영토보전을 주장했음에도 일본이 독일 점령으로부터 빼앗은 중국의 산동지방을 계속 점유하도록 허락을 하였으며, 윌슨의 이러한 일본 지지 조치는 마침내 중국에 막시즘과 레니니즘(Marxism and Leninism) 그리고 중국 공산당이 형성되는 결과를 초래했다.

파리 평화회담에 이어 같은 해 6월 28일 두 번째 평화회담이 열렸으며 미주지역에서 독립운동을 벌이는 이승만은 이 회의에 참석하기 위해 미국 여권을 신청하였으나 윌슨 대통령 행정부는 이승만의 여권 신청을 거절함과 동시 그가 미주에 임시정부를 수립하는 것도 허락지를 않았다. 앞에서도 언급했거니와 윌슨은 강대국의 식민통치를 받고 있는 약소국 국민들에게 민족자결권을 부여하고 그들 국가의 정치적 독립과 영토 보전을 보장해야 한다고 강조하였음에도 국제 사회에서는 한국을 통치하는 일본을 적극적으로 지지하였으며 일본의 지배를 받고 있는 한국을 독립시켜 주기 위한 그 어떤 조치도 취하지 않았다. 피지배 약소민족 국가들의 독립을 촉진하기 위해 윌슨이 외친 민족자결원칙은 유럽과 아프리카 일부에서만 적용되었을 뿐 아시아에는 해당되지 않아 이 지역에서 일본의 지배를 받고 있는 한국인들에게는 한낱 허구에 지나지 않았다.

## 상해임시정부 수립 및 공산주의자들의 출현

한편 국내에서는 1919년 1월 22일 조선의 멸망을 초래한 고종이 서거를 하였으며 1차 대전 중 월슨 대통령이 발표한 민족자결원칙에 고무된 한국인들은 1919년 3월 1일 일본의 지배로부터 독립을 찾기 위해 거국적 만세시위를 벌였다. 같은 해 4월 11일 중국 상해에서는 김구 선생을 수반으로 한 임시망명 정부가 수립되었으며 이와 함께 중국과 미주를 비롯한 해외에서도 일본의 압제를 피해 나라를 떠난 독립투사들이 벌이는 독립운동이 더욱 활발해져 갔다. 그러나 이들과 달리 나라가 혼란한 틈을 타 소련으로부터 공산주의 사상을 국내로 도입하여 이를 보급시켜가며 공산주의 활동을 벌이는 공산주의자들도 많이 있었으며 한국에 공산주의가 뿌리내리기 시작한 것은 바로 이 무렵부터였다. 본래 해외에서 공산주의자들이 생긴 것은 1905년 한국이 일본의 보호국이 되면서 그리고 그 후 1910년 일본의 한국합병으로 한국인들이 지리적으로 가까운 중국, 러시아 등지로 집단으로 이주를 하면서부터였다.

한국인들의 러시아 극동지역으로의 최초 이주는 경제적 동기의 탈출이었으며 이러한 탈출은 1861년 러시아가 중국으로부터 연해주를 획득할 때로 거슬러 올라간다. 제정 러시아 정부는 이 지역을 개발할 이민자들을 끌어들이기 위해 그들에게 여러 가지 혜택을 부여했다. 즉 인두세의 영구 면제, 광범위한 농토 무료 제공 및 20년간 토지세 면제 등 그 외 여러 가지 사소한 혜택을 제공했다. 이러한 혜택에 매료된 한국인들은 연해주 일대 지역으로 꾸준히 몰려들어 왔으며 특히 한국에 대기근이 일어났던 다음해인 1870년에 한국인들의 탈출이 그 절정을 이루었다. 이때 이 지역으로 이주한 한국인 이주자 수는 약 12,000명에 달했으며 이들은 러시아 시민권을 취득해 영구히 러시아에서 살려고 하는 사람들과 러시아에 임시로 거주하며 돈을 번 후 한국으로 돌아가려는 사람들 등 두 그룹으로 분류되었다. 1910년 이전의 한국인 이주자들은 경제적 동기가 주를 이루었으나 1910년 일본의 합병으로 인한 한국인들의 이주는 주로 정치적, 경제적 이유에서 비롯되었으며 러시아에서 임시로 거주하려는 사람들이 바로 이 부류에 속했다. 이들은 러시아로 온 후 투쟁적인 정치활동을 벌였으나 보잘 것 없는 이들의 정치적 활동은 러시아와 중국 당국으로부터 억압을 받았다. 이중에는 일본 스파이로 활동하는 한국인들도 있었으며 약 4천 명의 한국군들이 제정 러시아 육군에 들어가 있었다.

대부분의 한국인 이민자들은 평화스러웠지만 혼돈과 무질서 속에서 행운을 얻거나 일본인들과 싸울 기회를 틈타는 일단의 그룹도 있었다. 그리고 1917년 러시아 혁명과 일본인들의 간섭은 이들 한국인들에게는 모두 환영할 만한 사건들이었다. 이들은 여러 가지 단체를 조직하여 그들의 정치활동을 전개했다. 이들 단체 중 가장 규모가 크고 영향력 있는 한국 이민자 단체는 '대한국민회'로, 이 단체는 1917년 2월 러시아에 혁명이 일어나기 전인 1916년 5월에 구성되었다. 이 외에 1911년 조직된 '한인인민회'를 비롯해 '기사단', '암살단' 등이 속속 등장했다.

한국인들에 의한 정치활동 증대를 크게 유발시킨 것은 1917년 2월 27일 니콜라이 골리친 왕자(Prince Nikolai Golitsyn) 밑의 마지막 제정 러시아 정부를 사임시킨 2월의 무산 계급혁명(The February Proletariat Revolution 또는 The February Revolution) 때였다. 대부분의 한국인들은 러시아 임시정부를 지지하였으나 대다수 한국인들은 중립을 선언했다. 이들 대다수는 땅과 재산을 소유한 이민자들로 2월 혁명의 혼돈 속에서 그들은 많은 재산을 잃었으며 이 때문에 그들은 대부분 구정권을 지지했다. 그러나 러시아에 임시로 머물며 행운을 잡으려는 사람들 중 몇 사람은 2월 혁명을 주도한 과격파 공산당원인 볼셰비키(Bolsheviks)들과 밀접한 관계를 맺고 있었으며 그 중 가장 대표적인 인물이 이동휘였다.

이동휘는 한국에 있을 때 소령 급에 해당하는 한국군 장교였으며 1911년 일본총독 데라우치를 암살하기 위해 모의를 하다가 실행을 못하고 러시아 극동으로 도주해 거기에서 한국인 이민자들과 하바로프스크(Khabarovsk)로 모여든 정치 망명자들의 리더가 되었다. 이동휘는 볼셰비크 당원인 크렙코프(Krepkov)의 재정적 도움으로 '한인 사회당'을 조직하여 이 당의 당수가 되었다. 그는 볼셰비키들로부터 받은 위대한 혁명적 열정을 가지고 한국 민족주의 진로에 영향을 끼칠 희망으로 블라디보스톡으로부터 상해로 갔다. 그러나 이동휘는 여러 국제기구와 국제회의를 통해 미국의 윌슨 대통령이 주창한 '민족자결원칙'을 호소함으로써 온건한 방법으로 일본의 침략에 대항하려는 이승만에 의해 주도되는 강력한 그룹에 직면했다. 그러나 앞서도 언급했듯이 윌슨의 민족자결원칙은 유럽, 특히 전쟁에서 패한 강대국들의 영토에 적용되도록 의도되었으므로 유럽 나라가 아닌 한국은 이에 해당되지 않았다. 이동휘는 외교를 통한 이승만의 온건 방법에 반대를 하며 만주와 시베리아에서 일본군에 대항해 싸울 한국군을 조직, 훈련시켜 궁극적으로 한국으로 들어가 일본군과 싸우게 하자고 제안을 했다. 그러나 그의 제의는 받아들여지지 않았다.

이 당시 이동휘는 상해임시정부의 국무총리직을 맡고 있었으며 임시정부를 운영할 자금이 없는 김구는 러시아 정부에 정치자금을 요청해 보기로 했다. 이때 국무총리인 이동휘는 한국인들 간에 공산주의 선전을 돕기 위해 코민테른(Comintern: 러시아의 국제공산당)으로부터 거액의 돈을 얻기 위한 운동을 주도하고 있었다. 이동휘가 임시정부를 대신하여 또는 그의 당을 위해서 자금을 신청했는지는 분명치가 않다. 정부는 이동휘가 추진하는 자금을 얻기 위해 여운형, 안병찬, 한영권 등으로 구성된 세 명의 대표단원을 임명하여 모스크바로 보내기로 했다. 그러나 이동휘는 비밀리에 한영권만을 모스크바로 보냈으며 코민테른은 한국인들의 공산주의 운동을 지원하고 돕기 위해 한영권에게 2백만 루블(rubles)을 약속했다. 한은 최초자금으로 60만 루블을 받은 다음 20만 루블은 모스크바에 남겨두고 40만 루블은 그가 모스크바에서 만난 김립에게 전달해 상해로 가져가게 했다. 김립으로부터 많은 돈을 받은 이동휘는 임시정부로부터 사임한 후 오로지 공산주의 운동만을 위해 활동하기 시작했다. 1921년 1월 10일 이동휘는 그의 한인사회당 대표들을 불러 회의를 열었으며 이 회의에서 한인사회당을 고려공산당으로 이름을 바꾸었다.

공산주의자들인 좌익과 민족주의자들인 우익으로 구성된 상하이 임시정부는 거의 사멸해가고 있었다. 정부 내 민족주의자들은 모스크바로부터 받은 자금은 정부 재조직을 위해 사용되어야 한다며 이동휘에게 돈을 돌려달라고 요구하였다. 그러나 이동휘는 그 돈은 임시정부를 위해서가 아닌 공산주의 대의를 위해 받았다고 주장을 하며 돈을 내주지 않았다. 하지만 고려공산당 당원들이 이 문제로 분열되기 시작했다. 문제는 이동휘의 비서인 김립이 거액의 돈을 횡령했다는 소문에 의해 더욱 복잡해졌다. 임시정부는 1922년 1월 26일 정부자금 기만도용으로 이동휘와 김립을 탄핵하는 포고를 발령하였으며 김립은 1922년 2월 8일 상해에서 암살당했다.

이동휘는 이 돈의 일부를 일본 공산당에게 보냈으며 20개가 넘는 한국공산당 지부와 1922년 4월까지 대략 1,000명의 공산당원들과 1,000명의 임시 공산당원들에게 지급하였음이 밝혀졌다.

민족주의 지도자이자 철두철미한 이승만의 혹평가인 조소앙이 출현한 것은 바로 이때였다. 조소앙은 한국사회당을 대표하고 있었으며 이 당은 한때 한국임시정부 수반이었던 신규식에 의해 조직 되었었다. 상해 임시정부는 미주에서 이승만을 중심으로 활동하는 독립단체와 사이가 좋지 않았다. 1925년 3월 상해 임시정부 운영자금 모금 문제로 임시정부는 이승만을 탄핵하여 그를 임정요원에서 제거했다. 허위와 서로 모순되는 희망으로 우연한 연립에 의해 설립된 이 정부는 대혼란으로 퇴보해 갔다. 아마도 임시정부의 사멸보다 더욱 심각한 것은 서구로부터의 민족주의자들에 대한 신뢰 상실과 함께 임시정부 임원들 간의 결속력 이완이었을 것이다. 이로 인해 그들은 볼셰비키들에게 눈을 돌리기 시작했다.

상해 임시정부보다 해외에서 가장 두드러지게 활동을 한 단체는 소련(원명은 소비엣 사회주의 공화국: The Union of Soviet Socialist Republic으로 열렬한 맑스주의(Marxism) 추종자인 블라디미르 레닌

(Vladimir I. Lenin)이 1917년 10월 혁명을 일으킨 후 제정 러시아에 붙인 새로운 이름)의 이르쿠츠크(Irkutsk) 공산당과 고려공산당 및 조선공산당이었다. 이 세 공산당 단체들은 1923년 4월 김채봉과 다른 공산당원들을 한국으로 보내 서울에서 새사상 연구회라는 공산주의 단체를 조직토록 하였으며, 홍명희가 주요 멤버로 있는 이 연구회는 1924년 11월 19일 화요회(Tuseday Society)로 개칭되어 그 지부가 전국 각 도시로 급속히 뻗어갔다. 조봉암이 국제공산당 첩보원(Comintern Agent)으로 중국에서 서울로 온 것은 바로 이때였다.

이에 앞서 1919년 3.1운동이 일어나던 해 일본에서 소위 북극성회라는 공산주의 단체를 조직하여 일본 내에서 공산주의 활동을 벌이던 조선공산당원인 김약수는 한국으로 와 서울에서 북풍회라는 단체를 조직하였으며 이 북풍회는 그 산하에 토요회, 건축자협회, 신흥청년동맹과 같은 단체를 설립했다. 이외에도 1924년에는 맑스-레닌주의자들(Maxist-Leninist)로 구성된 공산당이 새로 생겨났다. 1925년 4월에는 조봉암과 박헌영과 그외 공산주의자들이 조선공산당을 창당하였으며 뒤이어 노동자, 농민으로 구성된 조선노동총동맹, 조선청년동맹, 고려공산청년동맹 등을 조직하여 한국에서 본격적으로 공산주의 활동을 펼쳤다.

조봉암은 국내에서뿐만 아니라 1926년 2월에는 상해에 조선공산당 해외부를 설치하고 4월에는 조선공산당 만주총국을 조직해 책임비서가 되었으며 같은 해 7월에는 코민테른 극동국 조선위원으로 임명이 되었다. 뒤에 다시 나오겠지만 조봉암은 한국이 일제로부터 해방이 된 이듬해인 1946년 조선공산당을 탈당해 비 공산주의자로 변신한 후 반좌익 정치 노선을 걷다가 1948년에는 제헌국회 의원과 초대 농림부장관을 지냈으며, 1952년과 1956년에는 대통령에까지 출마했었으나 두 번 다 낙선했다. 조봉암은 대통령에 낙선 후 1956년 11월 20일 좌익 노선의 진보당을 창당하여 위원장이 된 후 북한이 주장하는 평화통일론을 주장하다가 1958년 1월 13일 국가보안법 위반으로 체포되어 1959년 2월 27일 대법원에서 열린 재판에서 간첩 행위 및 무기불법소지 등으로 유죄가 인정되어 사형선고를 받고 1959년 7월 31일 교수대에서 처형되었으며 1958년 1월 13일 조봉암과 18명의 진보당 간부들이 체포된 후 2월 25일에는 진보당의 정당등록이 취소되었다.

한 가지 특이한 것은 1920년에서 1940년대에 남한에서 활동했던 공산주의자들은 주로 서울과 경상도와 전라도를 거점으로 활약을 한 점이었다. 그러나 공산주의를 인정치 않는 일제의 검거와 탄압으로 그들은 지하로 잠입하여 활동을 하였으며 이 중 박헌영, 이강국, 허헌 등은 1946년 가을에 미군정에 의해 체포령이 내려지자 북한으로 탈출을 했다. 이 중 박헌영과 이강국은 북한정권을 전복하려 했다는 혐의와 남한에 있을 때 미제 스파이였다는 죄목으로 1955년 군사재판에 기소되어 처형되었다. 미남인 이강국은 일본의 경성제국대학과 독일 베를린대학을 졸업한 인텔리 공산주의자로 북조선 인민위원회 외무국장을 지냈으며 북한 스파이로 남파된 그는 한 미군대령과 동거를 하는 김수임이라는 여자를 유혹하여 미군정에 관한 많은 정보를 빼내 북한에 넘겨주었다. 간첩죄로 체포되어 미군정으로부터 재판을 받고 사형당한 김수임은 제1차 세계대전 중 프랑스 장교들을 뇌살 시켜가며 이들로부터 군사 정보를 빼내 독일군에 넘겨준 혐의로 프랑스에서 연합군에 의해 총살당한 미녀간첩 마타 하리(Mata Hari)에 견줄만큼 아름다운 여자간첩이었다.

# 24
# 일본의 가혹한 한국 식민지 통치 및
# 일본화(日本化: Japanization)되어가는 한국

피지배국에 대한 민족자결 원칙과 큰 나라건 작은 나라건 다함께 정치적 독립과 영토보장을 촉구한 윌슨의 발표에 아무런 영향을 받지 않은 일본은 미국의 묵인 아래 그들의 한국 식민통치를 더욱 강화해갔다. 한국은 강제로 그 주권을 완전히 박탈당했으며 한국 국민들은 1910년 8월 한국이 일본에 합병될 때부터 1945년 8월 해방이 될 때까지 일본인들로부터 가혹한 지배를 받았다. 일본은 일본과 한국을 단일화시키기 위해 한국의 문화와 역사를 말살하고 한국인 이름을 일본인 이름으로 바꾸는 등 모든 면에서 한국의 일본화를 추진해갔다.

일본의 한국 식민통치는 크게 세 단계로 나눌 수 있다. 첫 단계는 1919년까지 지속된 종속, 억압 및 착취 시기로, 둘째는 1920년에서 1931년 사이 식민지배를 다소 완화하고 한국의 교육 및 문화발전을 허용한 수용 및 유화정책 시기로, 셋째 단계는 1931년에서 1945년 8월까지 한국의 일본화와 산업발전 추진시기 등 세 단계이다.

한국에서의 일본 목표는 일본의 경제발전을 원조하기 위해 인적자원과 천연자원을 착취하는 것이었다. 일본은 한국인들을 일본문화에 동화시키고 한국에 일본의 확장을 위한 강력한 병참기지를 세우려고 계획했다. 이들 목표를 달성하기 위해 일본인들은 많은 프로그램을 창시했다. 즉 한국 언어 사용이 처음에는 제한을 받았으나 후에 완전히 금지되었다. 한국역사 공부가 금지되었고 한국인들은 그들의 전통적 성과 이름을 강제로 포기 당했으며 그 대신 일본식 이름을 채택하지 않으면 안 되었다. 한국인들의 민족정신은 사멸할 위기에 직면했다. 그들은 한국인들을 일본문화에 동화시키려 하면서도 한국인들과 일본인들을 뚜렷이 구분했다. 그들은 한국을 조센(Chosen)으로 그리고 한국인들을 조센진(Chosenjin)이라고 불렀다. 조센진은 한국인들을 차별하고 능멸하는 표현이었다. 일본인들은 한국을 번영하는 땅이라고 불렀다. 그러나 한국인들에게 있어 일본의 통치는 억압과 착취를 상징화하는 것이었다. 만일 한국이 번영하고 있다면 그것은 일본의 제국주의 야망을 위한 번영이지 한국인들을 위한 번영은 아니었다. 정부의 모든 최고 자리와 중앙 및 지방정부에 서기급 이상의 자리들은 모두 일본인들이 차지하였으며 그들 중 누구도 한국말을 할 줄 아는 사람이 없었다. 한국인들은 정부부처의 가장 낮은 수준의 자리와 경찰의 앞잡이로만 고용되었다. 한국은 13개도로 분할되었으며 각 도는 군청들로 나뉘었다. 그리고 각 군은 면과 마을과 부락으로 구성되었다. 각 도는 도지사가, 큰 도시는 시장이, 각 군은 군수가,

각 면은 면장이 다스렸다. 이 모든 관리들은 군수에 의해 임명되는 몇몇 마을의 우두머리를 제외하고 총독에 의해 직접 임명되었다. 이따금씩 일본 통치에 충성을 한 한둘의 한국인들이 도지사로 임명되었으며 한국군수 숫자는 1919년 후 다소 증가되었다. 대부분의 면장과 마을의 이장들은 한국인들이었다.

한국에 식민정부가 설립되자마자 일본인들은 반일 및 민족주의 활동을 억압해가며 한국인들을 그들의 엄격한 지배하에 놓기 시작했다. 그들은 한국인들의 정치단체를 해체하라고 명령하였으며 모든 모임과 토론과 한국인들에 의한 연설을 금지시켰다. 모든 한국 신문들과 몇 개의 일본신문들이 발행정지 명령을 받았다. 이토록 일본 식민 통치자들은 한국인들의 모든 정치적 활동과 집회와 심지어 한국 신문들의 언론 출판까지 모두 금지시켰다. 이뿐만 아니라 1910년 12월 16일 한국인들은 검과 칼을 포함하여 각종 총류와 그 외 모든 무기 소지가 금지되었다. 1910년 12월과 1911년 1월 사이에 약 7백 명의 한국인들이 안명근(1909년 10월 26일 만주 하얼빈에서 이토오를 암살한 안중근의 동생)의 데라우치 마사타케 일본 총독 암살음모 혐의에 관련되어 체포되었다. 이때 체포된 사람들은 한국 민족주의자들이었으며 그들은 대부분 크리스천 지도자들이었다. 체포된 7백 명 중 105명이 기소되었으며 이 중 다섯 명만 감옥형을 받았다. 그리고 105인 중에는 이승만도 끼어 있었으며 이 기소사건은 '105인 사건'이라고 알려지게 되었다. 일본인들은 겨우 5명만을 감옥형에 처했지만 그들은 그 어떤 반일 운동도 엄중히 다스릴 것임을 분명히 하였으며 1910년 8월과 1918년 사이에 20만 명 이상의 한국인들이 반항자와 반체제 한국인들로 분류돼 체포되어 고문을 받았다.

미나미 지로(Minami Jiro) 일본총독은 그의 역사적 사명은 한국과 일본의 완전한 결합을 성취하는 것이라고 믿었다. 결과적으로 두 나라 국민들의 공동조상을 역설하는 한편 그는 한국인들을 일본인들의 생각과 문화에 동화시키기 위한 많은 프로그램을 세웠다. 1937년 중-일 전쟁 발발과 함께 한국인들을 동원할 필요가 증가하면서 일본의 기본적 정책에 관해 그리고 동북 아시아에서의 새 질서를 위한 일본의 목표를 한국인들에게 이해시키는 것이 긴급해졌다. 한국인들이 그들의 전쟁 노력에 기여하면 할수록 일본인들과 한국인들 간의 완전한 결합을 위한 기회가 더욱더 커질 것이라는 게 미나미의 신념이었다.

고노에 후미마로(Konoe Fumimaro) 일본총리의 정책에 따라 미나미 총독은 한 지붕 밑에 여덟 개의 깊숙한 우주와 공동번영과 같은 일본의 정치사상을 증진시키기 위한 운동을 일으켰다. 이 목표를 달성하기 위해 미나미 총독은 1938년 1월 22일의 황제포고 95호 아래 특수군 자원병 제도를 설립하였으며 그는 또한 한국 전역에 군사 훈련소를 설치했다. 이러한 특수군 자원병 제도는 군대 징병제도가 강요될 때인 1943년까지 계속 존속했다. 일본 총독부는 근로자 동원제도도 만들었으며 1939년 이 제도 아래 수십만 명의 숙련 노동자들이 동원되었다. 이들은 최초에는 한국과 일본의 여러 산업 현장에 동원되었으나 후에는 태평양 전쟁터에서 무기 운반 노동자로 동원이 되었다. 이와 함께 수천 명의 젊은 한국 여자들이 일본 병사들에게 그들의 '애국적 의무'를 수행하기 위해 강제로 교전지역으로 끌려갔다. 미나미는 교육과 선전을 통해 일본화 노력을 촉진하는 한편 한국인들을 일본화시키기 위한 중대한 조치를 취했다. 1939년 11월 10일 일본과 한국 간에 보다 완전한 결합을 성취시키기 위해 그는 한국인들이 그들의 성과 개인이름을 일본식으로 바꾸는 것을 허락하는 법령 20호를 발포했다. 그들의 이름을 바꾸기를 거부한 사람들에 대한 보복이 두려워 한국 국민의 84퍼센트인 2천5백만 이상의 국민들이 그들의 성을 바꾸었으며 그들의 이름도 일본식으로 지었다. 그리고 1942년 제2차 세계대전이 한창일 때 마지막 단계의 일본 통치가 새로이 시작되었다.

# 25
# 2차 세계대전 발발 및
# 이 대전이 한국에 끼친 영향

　제2차 세계대전은 비록 한국과 멀리 떨어져 있는 유럽에서 일어났지만 한국은 이 대전으로 말미암아 직접, 간접으로 엄청난 영향을 받았다. 이 전쟁의 여파로 한국은 일본으로부터 해방이 되긴 했으나 일본으로부터 해방이 되자마자 나라가 둘로 갈라졌으며 이어 일어난 동족 간의 전쟁으로 인명과 재산에 막대한 피해를 입었다.

　2차대전 결과 한국이 둘로 분리된 것처럼 국제사회도 자유진영과 공산진영으로 양분되어 첨예한 이념적 대결을 벌이며 총탄 없는 냉전(The Cold War)을 수행해 갔다. 그러나 세계를 얼려 놓았던 냉전시대는 이미 오래 전에 막을 내렸음에도 한국은 그러한 냉전시대의 유일한 희생양이 되어 아직도 그 그늘 속에서 헤어나지 못하고 있다.

　이념의 노예가 된 남과 북은 냉전시대가 남긴 찌꺼기 속에서 반세기 이상 대결해 왔으며 이러한 대결은 언제 전쟁으로 번질지 모르는 상시 위험을 내포하고 있다. 그러면 한반도에 이러한 냉전 유물을 누가 가져다주었는지, 누가 한국을 남과 북으로 갈라 놓았는지, 한국전쟁은 누구 때문에 일어났는지, 그리고 누가 한반도에 전쟁을 부추기고 있는지 2차 대전과 그 결과를 통해 이제부터 하나하나 상세히 알아보도록 하겠다.


## 독재자들의 도전

1937년 절대다수의 미국인들이 의견을 같이한 한 개의 원칙이 있었다면 그것은 유럽에서 발생하고 있는 사건들이 그들에게는 아무 관련도 없다는 것이었다. 그리고 유럽이 또 다른 전쟁을 시작할 정도로 사악하고 우둔하더라도 미국은 단호히 그 전쟁에 간섭하지 않으리라는 점이었다. 심지어 프랭클린 델라노 루즈벨트(Franklin Delano Roosevelt: 시어도어 루즈벨트 대통령의 조카)미국 대통령도 그의 두 번째 취임 연설에서 유럽과의 외교관계를 언급치 않음으로써 이러한 느낌을 반영했다. 그럼에도 2년 내 유럽과 아시아에서의 발전은 이 부정적 태도를 조롱감으로 만들었다.

소위 집단 안보로 알려진 제도는 1차 세계전쟁 후 행해진 영토와 다른 해결을 유지하기로 되어 있었지만 그러나 정의와 새로운 전쟁방지 진력에 필요한 사소한 수정만을 했을 뿐이었다. 그것은 그들의 주요 목적이 거리낌 없는 힘인 선동정치가들과 독재자들에 의해 도전받을 때까지는 잘 되어갔다. 그들의 몇 가지 야망을 추구하기 위해 그들은 법의 지배와 언론과 집회와 선거와 신문을 억압한 전체주의 정권을 설립했다. 그리고 그들 시민들은 이 괴물 같은 나라 밑에서 무력해졌다. 1918년 이래 공산주의 국가가 된 러시아는 이 범주에 적합하였으나 1930년대 러시아는 세계 평화를 위협하지는 않았다. 스탈린은 창을 휘두르기 위한 그의 나라 문제에 아주 깊이 관련되어 있었으며 1934년 그는 국제 연맹(The League of Nations)에 가입하여 히틀러(Hitler)를 저지하기 위해 그의 영향력을 행사했다. 베니토 무솔리니(Benito Mussolini) 역시 1922년 자기 자신을 이탈리아의 총통이라고 주장했다. 그러나 그는 1940년 6월 무력한 에티오피아(Ethiopia)를 공격함으로써 로마제국(Roman Empire)을 재건할 첫 조치를 취하기 전에 히틀러가 상승할 때까지 기다렸다.

무솔리니는 아돌프 히틀러(Adolf Hitler)의 상승이 아니었다면 유럽의 평화를 뒤집을 만한 힘이 없었을 것이다. 그들의 오랜 문화전통과 품위를 가지고 있는 독일 국민들에 대한 무식한 편집증 환자의 장악은 독일 국민 자신들도 설명할 수 없는 기이한 현상이었다. 부분적으로는 1차 세계전쟁에서 패한 후 독일의 빈곤과 분열 때문임은 의심할 나위가 없었다. 그러나 다른 나라들, 특히 오스트리아와 폴란드는 독일보다 더욱 고통을 받았음에도 문제가 조금밖에 없었다. 히틀러는 베르사유 조약(The Treaty of Versailles)에 대한 분노의 홍수 위에서 일어났으나 전승국들은 그 조약에 의해 부과된 대부분의 엄격함을 제거하였으며 히틀러가 정권을 잡기 전에 독일에 전쟁배상금 부담을 경감해 주었다. 확장 여지에 관해 많은 논의가 있었다. 그러나 네덜란드와 스칸디나비아(Scandinavia)는 유럽 세계를 파괴하기 위한 노력을 하지 않았음에도 비슷한 압력을 받았다. 아마도 프랭클린 루즈벨트(Franklin D. Roosevelt)가 도달한 결정이 옳은 것인지도 모른다. 좌절에 싸인 광신자 히틀러는 그의 국가사회당(The National Socialist Party: Nazi 당)을 잠재적 증오와 야만주의와 근대사회 고유의 잔인성에 근거를 두었다. 그는 유태인들을 증오했고 민주주의를 싫어하였으며 그를 세례(洗禮)한 크리스천 종교를 증오하였고 모든 외국인들을 싫어하였으며 대개 즐겁고 진실이며 아름다운 것들까지 모두 미워했다. 야만성과 가학적 잔인성 그리고 흉악성에 관해서는 그는 옛날 징기스 칸(Genghis Khan)과 우리 시대의 스탈린하고만 비유될 수 있을 것이다. 윈스턴 처칠(Winston Churchill)은 그의 회고록에서 히틀러를 '유럽에서 가장 끈질기고 가장 무자비하며 가장 모순된 종족에 잠재되어 있는 어둡고 야만적인 복수의 여신'이라고 불렀다.

히틀러의 목표는 국내와 국외에서 유럽을 지배하고 세계에 영향을 끼칠 모든 독일인들을 지배자 민족으로 재결합하는 것이었다. 그는 다른 지역에서 그들의 목표가 그의 것과 비슷한 통치자들을 기꺼이 관대하게 다룰 뿐이었다.

그러나 유럽제국들로부터 광신자 소리를 듣는 히틀러가 또 다른 유럽 전쟁을 일으키려는 데에는 그럴만한 이유가 있었다. 1918년 11월 11일 1차 대전이 독일과 연합국의 휴전으로 끝난 일 년 후인 1919년 6월 28일 프랑스 파리의 베르사유(Versailles)에서 체결된 조약이 미국, 영국, 프랑스, 이탈리아 등 연합국의 일방적인 결정으로 독일에 절대 불리하게 조인되어 독일은 그 나라가 차지하고 있던 대부분의 영토를 영국, 프랑스, 덴마크에 잃었으며 독일이 가지고 있던 중국의 산동지역과 적도이북의 태평양상의 식민지는 모두 일본에 빼앗겼다. 그 무엇보다도 독일의 영토였던 폴란드가 독일에서 떨어져 나가며 이 나라가 대부분의 독일 서부 땅을 차지한 것이 독일로서는 가장 분통스러웠다. 연합국의 일방적인 독일 영토 분할에 가장 격분한 독일인은 1차 대전 때 육군 중사로 전쟁에 참여했다가 나치(Nazi: National Socialist German Worker's Party) 당을 창설하여 당수가 된 후 1933년 독일의 정권을 장악한 아돌프 히틀러였다. 히틀러는 독일에 대해 연합국이 취한 불평등한 처사에 보복을 다짐하며 베르사유 조약에서 독일이 재무장을 하지 못하도록 한 조항을 불법으로 선언함과 아울러 군수산업을 발전시켜 전쟁 무기를 대량으로 생산해 가며 유럽에서 또다시 전쟁을 일으킬 준비에 박차를 가했다.

히틀러가 한창 전쟁준비를 하고 있던 1938년 이탈리아에서는 파시스트(Fascist: 국수주의자 또는 독재자) 당이 한창 전진 중이었다. 히틀러는 오스트리아 수상 쿠르트 폰 슈슈니크(Kurt von Schuschnigg)를 겁을 주어 항복시키기 위해 그에게 베르히테스가덴(Berchtesgaden)에서 물러나라고 요구했다. 1938년 3월 11일 쿠르트 수상은 히틀러로부터 협박을 받은 즉시 사임을 했다. 나치 군대들은 비엔나(Vienna)의 케른트너 스트라세(Karntner strasse)로 떼 지어 들어갔다. 그들은 오스트리아 관리들의 배지를 잡아 뜯어 버렸으며 유태인 상인들의 가게 창문들을 부순 다음 수상실에 만자 십자상(나치 독일의 표장)을 달아 놓았다. 다음날 아침 독일 탱크들과 군대들이 국경을 넘어 쇄도해 들어갔으며 교회 종소리와 나치 추종자들의 귀청이 터질 것 같은 환호 속에 히틀러는 그의 출생지인 오스트리아의 브라우나우(Braunau)로 들어갔다. 드디어 제2차 유럽전쟁의 막이 오른 것이다. 다음날 비엔나에서 게슈타포(Gestapo: 독일의 비밀국가 경찰)는 7,600명이나 되는 비엔나 인들을 체포했다. 게다가 1938년 9월 뮌헨(Munich)에서 영국과 프랑스는 체코슬로바키아(Czechoslovakia)를 분할하고 라이히(Reich)를 수데테란트(Sudetenland)에 통합시키겠다는 히틀러의 요구에 굴복했다. 그러나 뮌헨의 위기는 미국에서 고립주의 정서를 한층 더 높여주는 역할을 했다. 왜냐하면 유럽의 민주주의자들은 자기 이익에만 골몰하고 있음을 증명하는 것 같았기 때문이었다. 그리고 2개월 후 나치 당원들은 많은 독일인들과 오스트리아 유태인들을 미국으로 쫓아버리는 소름끼치는 만행을 수행했다. 그러나 미국은 실속 있는 방법으로 이민장벽을 낮추기를 거부했다. 이는 가장 수치스런 미국의 비인도적 행위 중 하나였으며 미국의 유태인 이민 거절로 미국비자가 거부된 수많은 유태인들이 후일 히틀러의 가스 처형실에서 죽어갔다.

전 세계 국가에 히틀러가 호소한 많은 부분은 윌슨의 민족자결원칙에 기초를 두고 있었다. 서구의 많은 국가들은 모든 독일 국민들을 한 개의 라이히(Reich: 제국)로 통합하려는 히틀러의 공공연한 의도는 일리가 있다고 받아들였다. 1938년 9월 독일 총통(Fuhrer: 아돌프 히틀러의 칭호)은 일단 수데텐(Sudeten) 문제가 해결되면 유럽에서 더 이상의 영토문제는 없을 것이라고 말을 했다. 그는 추가로 체코인들을 원하는 것은 아니라고 덧붙였다. 그러나 그로부터 6개월도 채 안 된 3월 15일 히틀러는 대부분의 체코슬로바키아로 덤벼들었다. 바로 그날 저녁 게슈타포는 프라하(Prague: 체코 수도) 거리를 헤매며 프라하 시민들을 대거 체포했다. 다음날 유태인 상점들은 문을 열지 않았다. 그리고 나치들은 보헤미아(Bohemia) 궁전 탑 위에 금테를 두른 만자 십자장기를 달았다.

독일은 영국과 프랑스를 굴복시킨 뮌헨 타협을 조롱거리로 만들었다. 이제 히틀러의 목표는 한이 없음이 밝혀졌다. 한편 루즈벨트는 유럽에 전쟁이 임박해 오는데도 유럽에서 전쟁이 일어나지 않기를 바라며 1차 대전 때 윌슨이 유럽전쟁에 뛰어들지 않겠다고 말했던 것처럼 유럽에서 전쟁이 일어나더라도 이 게임에 끼지 않겠다고 결론을 내렸다. 루즈벨트는 미국의 유럽전쟁 불참여 결정에도 불구하고 군대를 재건하기 위한 거액의 예산을 의회에 요청하여 의회로부터 해군 확대법안에 대한 승인을 얻어냈다. 1939년 4월 14일 그는 히틀러와 무솔리니로부터 유럽에 있는 20개의 작은 나라들을 공격하지 않겠다는 약속을 받아내기 위한 개인 메시지를 그들에게 보냈다. 히틀러는 루즈벨트에게 모욕적인 답변을 한 다음 이들 나라들을 협박하여 그들은 좋은 이웃국가인 독일을 두려워할 이유가 없다고 루즈벨트에게 확신시키도록 했다. 무솔리니는 루즈벨트의 메시지는 그의 소아마비 증세(루즈벨트 대통령은 어릴 때 소아마비에 걸려 다리를 절었음) 결과라고 조소를 했다. 그의 영향력을 강화시키기 위해 미국 대통령은 중립법안(The Neutrality Act)을 철회하도록 의회에 요구하였으나 1939년 7월 11일 상원 외교 위원회는 유럽에서 전쟁이 일어나지 않을 것임을 확신하면서 중립법안 철회를 뒤로 미루었다. 그리고 2개월도 채 안 되어 1939년 9월 1일 독일은 폴란드 침공을 시작으로 마침내 제2차 세계대전의 막을 올렸다.

## 히틀러의 전격전(Blitzkrieg War)

독일은 상대국에 선전포고도 없이 전격적 전술을 구사해가며 단시
일 내에 유럽 국가들을 유린해 갔다. 1차 대전 때에는 보병이 전방으
로 진격하여 참호를 판 다음 참호 속에서 적과 싸우는 지루한 참호전
(Trench Warfare)을 구사했었으나 두 번째 전쟁에서 히틀러가 채택
한 전법은 참호 지구전이 아닌 전격기습전, 즉 속전속결 전법이었다.
첫째는 예고 없이 공중공격으로 적의 공군력을 파괴한 다음 두 번째
는 폭격기들이 적의 도로와 철도시설과 통신망과 탄약고와 민간인
시설들을 강타하여 혼란과 공포를 야기하는 것이고 세 번째는 급강
하 폭격기(Dive Bombers)들이 종대를 지어 행진을 하는 남자들을
찾아내 그들에게 쉴 새 없이 폭격을 가함과 아울러 다른 항공기들이
진격해 들어가는 독일 병사들을 피해 도주하는 민간인 피난민들에게
기총소사를 가해 도로상에서 대혼란을 일으켜 방어자들이 전방으로
이동을 못하도록 방해하는 것이었다. 히틀러의 이러한 기습전법은
공중에서 뿐만 아니라 육지에서도 행해졌다. 동력화된 보병과 경전차
(Light Tank)와 동력견인(Motor-drawn) 포대가 앞으로 밀고 들어가
면 그 뒤를 이어 대형탱크들이 내륙 깊숙히 들어가 막대한 피해를 입
힌 다음에는 보병들이 대포지원을 받아가며 쳐들어가 대포와 공중공
격으로 초토화된 땅을 점령하는 것이었다. 히틀러의 폴란드 침공목
적은 1918년도에 잃은 영토들을 되찾기 위해서 뿐만 아니라 독일과
접경한 폴란드를 독일 밑에 두어 통치하는 것이었다. 아울러 러시아
에 대해 군사작전을 감행하기 전에 영국을 정복하거나 적어도 영국을

독일에 무릎을 꿇도록 하는 것이 히틀러의 의도였다.

독일이 폴란드를 침략한 이틀 후인 9월 3일에는 영국과 프랑스가 다함께 독일에 선전포고를 함으로써 전쟁은 유럽전역으로 번지기 시작했다. 영국이 독일에 선전포고를 한 날 저녁에는 영국 여객선 아데니아(Athenia)호가 독일 잠수함으로부터 어뢰공격을 받아 1,103명의 승객 중 112명이 목숨을 잃었다.

한편 미국은 유럽전쟁에 참여치 않겠다는 태도를 계속 유지하면서도 영국과 프랑스에 무기를 대주겠다는 새로운 조치를 취하기 시작했다. 1933년 독일의 히틀러가 정권을 잡은 같은 해에 미국 대통령이 된 프랭클린 루즈벨트는 그 어떤 남녀도 미국에게 유럽전쟁터로 군대를 보내라는 말을 하지 않도록 하겠다며 미국의 중립선언을 준비하고 있었다. 그러나 루즈벨트는 미국 군대를 유럽전장에 보내지 않는 대신 1939년 11월 3일 1937년 이래 전쟁 교전국에 무기의 선적과 경제적 신용제공을 금지하는 중립법안(The Neutrality Act)을 파기하도록 의회에 요청하였으며 의회는 이 법안을 무효화시킴으로써 영국과 프랑스의 미국 무기 구입장벽이 일소되었다.

1940년 4월초 '전투 없는 전쟁(Phony War: 2차 대전 발발 직후의 유럽 서부전선에서 있었던 일)'이 극적인 최후를 마쳤다. 독일은 아무런 경고 없이 히틀러가 최근 불가침조약을 체결한 나라인 덴마크(Denmark)로 진격한 다음 노르웨이(Norway)로 진격해 들어갔다. 덴마크는 불과 수 시간 내에 그리고 노르웨이는 두 달도 안 되어 독일군에 함락되었다. 스칸디나비아(Scandinavia) 침략 1개월 후 서부에서 싸움이 시작되었다. 프랑스 군은 일련의 근대 요새에 의지를 하였으나 프랑스가 설치해 놓았던 마지노선(The Maginot Line), 즉 프랑스와 독일 국경선의 방어선은 벨기에(Belgium) 왕이 싸움에 끼지 않으려고 너무 조심스럽게 중립을 지키기 위해 초보적인 방어조차 등한시 하는 바람에 벨기에 국경에서 무너졌다. 1940년 5월 10일 독일군은 중립적인 홀랜드(Holland)를 침략하였으며 독일 공군은 그들 나라들과 북동 프랑스에 빗발치듯 죽음의 폭탄을 퍼부었다. 5일 내 네덜란드가 정복되었으며 로텔담(Rotterdam)이 무자비한 공중공격으로 폐허가 되었다. 3일 후 앤트워프(Antwerp: 벨기에의 항구도시)가 함락되었다. 이미 마지노선 끝 근처까지 쇄도해 들어간 독일의 장갑 부대들은 프랑스의 아르덴 산림 지대(The Ardennes Forest)로 밀고 들어가 한 프랑스 군을 포위한 다음 해협 항구를 향해 맹렬히 돌진했다. 홀랜드를 공격한 지 겨우 11일 후인 5월 21일 독일군들은 벨기에와 프랑스를 돕기 위해 돌격해오는 영국 원정군을 차단한 후 영국해협에 도달했다. 일주일 후 벨기에가 항복하였으며 영국군들은 비극의 운명에 놓이게 되었다. 그러나 영국군들은 던커크(Dunkirk) 기적이라 불리는 대피를 성공리에 완수했다. 입수가능한 모든 군함, 요트, 모터 보트, 어부, 거룻배 그리고 예인선 등 848척에 이르는 대소형 배들이 총동원되어 앞에는 자살특공대들의 그리고 뒤에는 영국 공군들의 호위를 받아가며 338,000명의 군대들을 영국으로 이송했다. 그러나 그들은 그들의 무기를 가지고 오지 못하였으며 이 대규모 대피는 전쟁을 승리로 이끌지도 못했다.

서부를 장악한 독일군은 이제 남쪽으로 회전하였으며 2주일 내에 프랑스군들을 난도질 했다. 5일 후 파리가 함락되었으며 레노(Reynaud) 수상은 필사적으로 루즈벨트에게 공군력 지원을 호소했다. 그러나 루즈벨트는 동정만을 하였으며 나이 많은 페탱(Petain) 원수 아래 서둘러 구성된 프랑스 정부는 화평을 청했다. 히틀러는 프랑스의 반을 점령하였으며 남부는 승리자들에게 협력을 강요 받은 페탱 원수와 라발(Laval) 수상의 통치에 맡겼다. 이제 홀로 남은 것은 영국뿐이었다.

## 마지못한 미국의 전쟁 참여

프랑스가 독일군에 점령되고 영국이 수세에 몰리고 있는 가운데 영국과 프랑스에 무기판매 금지를 제거한 미국은 1940년 후반부터 영국에 전쟁무기를 공급함으로써 독일과 싸우는 영국을 간접적으로 도와주었으며 1941년 3월 8일에는 무기대여 법안(Lend-Lease Bill)을 마련하여 영국과 그리스(Greece)와 심지어 소련에 까지 무기를 대주기 시작했다. 이보다 앞서 1940년 6월 10일에는 이탈리아의 베니토 무솔리니(Benito Mussolini)가 영국과 프랑스에 선전포고를 하였으며 1940년 9월 27일에는 1차 대전 때 연합국으로 독일에 대항해 싸웠던 이탈리아와 일본이 독일과 손을 잡고 삼국협정(Tripartite Pact)을 맺음으로써 로마와 베를린 주축(Rome-Berlin Axis)은 멀리 극동(The Far East)으로까지 뻗어가게 되었다. 이들 세 나라는 협정에서 유럽전쟁에 가담하지 않은 나라(미국을 지칭)에 의해 공격을 받으면 서로 도와주기로 약속을 했다.

이탈리아가 그리스를 침략한 이틀 후인 1940년 10월 30일 루즈벨트는 그의 세 번째 대통령 출마 선거유세에서 미국인들의 아들들을 외국인들이 벌이는 전쟁에 내보내지 않겠다고 거듭 약속을 했다. 그러나 독일은 그가 싸우는 나라들에 무기를 대주는 미국의 위선행위를 자국에 대한 도발행위로 간주하고 대서양을 통과해 유럽에 무기를 실어 나르는 미국선박들을 공격하기 시작 하였으며 미국은 1941년 7월 자국의 해병대원들을 아이슬란드(Iceland)에 상륙시켜 유럽전쟁에 간접적으로 뛰어들었다. 북대서양에서 미국과 독일 간에는 선전포고 없는 전쟁상태가 존재하고 있었으며 독일은 마침내 1941년 12월 7일 아침 일본이 미국의 거대한 해군기지인 하와이의 진주만(The Pearl Harbour)을 공격한 지 4일 후인 12월 11일 미국에 선전포고를 하여 미국을 유럽전쟁에 끌어들였다. 이탈리아도 독일을 따라 독일이 미국에 선전포고를 하던 날 미국에 선전포고를 하였다. 이 두 나라 중 특히 독일이 미국에 선전포고를 하여 미국을 유럽전쟁에 끌어들인 것은 큰 실수였다. 그러나 일본으로부터 진주만을 공격 받은 바로 이튿날, 즉 12월 8일 미 의회는 일본에 전쟁상태(a State of War)를 선포하였지만 독일과 이탈리아의 선전포고에는 아무런 대꾸를 하지 않았으며 이후 미국은 마지못해 수동적으로 유럽에서 전쟁을 수행했다. 즉 미국은 이 두 나라에 선전포고 없이 엉거주춤한 자세로 소극적 전쟁을 벌였을 뿐이다. 독일이 미국에 선전포고를 하기 한 달 전인 11월 미국은 1939년 무기판매 금지법안 제거에 뒤이어 중립법안을 수정하여 유럽전쟁에 참여할 구실을 만들려 하였지만 의회 내 고립주의자들의 반대로 실패를 하였으며 독일이 미국에 선전포고를 했을 때에는 미국은 아직도 중립을 지키고 있었다. 태평양 상에서 일본과 전쟁을 벌이고 있는 루즈벨트는 유럽전쟁에 끌려들어가지 않으려고 노력하였으나 독일과 전쟁을 하고 있는 연합국에 전쟁무기를 대줌으로써 독일의 분노를 사 본의 아니게 유럽전쟁에 휩쓸리고 말았다.

그러나 미국이 유럽전쟁에 공식적으로 참여하는 데에는 여러 가지 난관이 앞에 놓여 있었다. 유럽에 무기 판매를 금지하는 법안, 미국을 옴짝달싹 못 하게 하는 중립법안, 무기대여법안에 반대하는 의회 내 고립주의자들, 루즈벨트의 엄격한 중립주의, 그리고 무엇보다도 태평양 전쟁에서 일본에 대항해 싸워야 하는 등 미국의 유럽전쟁 참여를 가로막고 있는 요소들은 한둘이 아니었다. 그러나 1940년 11월 5일 세 번째 대통령에 당선된 루즈벨트는 1941년 1월 네 개의 자유(The Four Freedoms), 즉 언론의 자유, 종교의 자유, 궁핍으로부터의 자유, 그리고 공포로 부터의 자유를 발표하였으며 이 네 가지 자유가 루즈벨트의 전쟁의 대의였으며 그는 이 네 개의 자유를 지키기 위해 싸우는 나라들로부터 지지를 얻기 위해 호소를 하였다.

루즈벨트가 네 개의 자유를 발표한 4일 후 윈스턴 처칠(Winston Churchill) 영국 수상은 영국은 치명적인 위험에 놓여있으며 영국이 필요로 하는 막대한 양의 미국 무기를 현금으로 지불할 수 없는 점에 급속히 도달하고 있다고 루즈벨트에게 편지를 썼다. 루즈벨트는 몇 개월 동안 영국에 무기를 대여해주는 아이디어에 깊이 숙고를 하였으며 처칠의 편지는 이 개념을 위기로 몰아넣었다. 1940년 12월 16일 루즈벨트는 새 제안을 발표했다. 즉 전쟁이 끝나면 미국에 무기를 반환하거나 대체를 하는 조건으로 무기를 직접 빌려주는 안이었다. 그러나 루즈벨트가 내놓은 무기대여 계획은 격렬한 반대를 야기했다. 의회의원들은 전쟁무기를 빌려주는 것은 씹는 껌을 빌려주는 것과 같은 훌륭한 거래라고 루즈벨트를 비꼬았다. 그러나 치명적인 위험에 빠져있는 영국을 도와주기 위한 무기대여법안(Lend-Lease Act)은 상당한 표차로 1941년3월 의회에서 통과되었으며 이 법안은 그 나라의 방어가 미국의 방어에 극히 중대하다고 루즈벨트가 생각하는 나라 정부에 방어장비와 물품들을 팔거나 이전하거나 교환하거나 빌려주는 권한을 루즈벨트에게 부여했다. 무기대여법안은 애초에는 영국에 무기를 빌려주기 위해 제정되었으나 루즈벨트는 이 법안을 그리스와 일본과 전쟁을 하는 중국에도 적용시켜 이 두 나라에 막대한 양의 무기를 대여해 주었으며 1941년 6월 24일 루즈벨트 대통령은 무기대여를 새 동맹국인 러시아에도 확대시킬 것이라고 발표를 했다.

1941년 6월 22일 히틀러는 독재자들이 흔히 그렇듯이 그의 태도를 일변시켜 1939년 러시아와 맺은 상호불가침 조약을 파기한 후 러시아에 선전포고를 하여 그 광대한 나라정복에 착수했다. 그것은 영국과 프랑스의 초기 실수를 본래대로 한 전략상의 거대한 실수 중 하나였다. 이제 영국과 프랑스는 동부전선에서 대부분의 독일군들을 꼼짝 못하게 할 수 있는 힘을 가진 동맹국을 갖게 되었다. 그리고 제국전쟁을 비웃어 왔던 미국의 공산당은 이제 미국의 전쟁참여를 요구했다.

루즈벨트는 1차 대전 때의 윌슨처럼 연합국들부터 전쟁목적 성명서를 얻기 위해 행동을 했다. 1941년 8월 14일 그와 윈스턴 처칠은 캐나다 동북부에 있는 뉴펀들랜드(Newfoundland) 섬 알젠시아만

(Algentia Bay)의 한 해군함정에서 회담을 하였으며 그들은 보다 나은 세계미래를 위해 희망하는 공동원칙이 포함되어 있는 대서양 헌장 (The Atlantic Charter)을 입안했다. 이들 원칙은 이미 선포된 네 개의 자유에 영토증대 폐기, 자치정부를 박탈당한 국가들에 '자치정부(Self-government)' 회복약속, 그리고 무역과 원자재에 동등한 이용공약을 포함했다.

대서양은 또한 미국이 세계 2차 대전에 끌려들어가는 장소처럼 보이기도 했다. 1941년 9월 4일 한 독일잠수함이 미국 군대들이 수주일 전부터 주둔해 왔던 아이슬란드 해역에서 미국구축함 그리어(Greer) 호를 공격했다. 10월 17일에는 커니(Kearny) 구축함이 아이슬란드 남서쪽에서 어뢰공격을 받았으며 이 어뢰공격으로 11명의 선원들이 목숨을 잃었다. 3일 후에는 루빈 제임스(Reuben James) 구축함이 서쪽 아이슬란드 바다에서 가라앉았으며 이것이 독일에 의해 함몰된 최초의 미국 무장 선박이었다. 이 구축함 침몰로 96명의 장교와 사병들이 그들의 생명을 잃었다. 그로부터 2주 내 미 의회 양원은 중립법안 중 제한조항 폐지에 찬성투표를 던졌으며 그 후부터 미국대통령은 상선들을 무장시키고 배들을 전투지역 안으로 직접 파견할 수 있게 되었다.

한편 무기대여 시행을 위임받은 루즈벨트는 소련에 무기를 대여할 때에는 5년 무상거치無償据置에 이자도 부과치 않고 특혜를 주어 시행을 했다. 루즈벨트가 외국에 대여해준 무기가운데 3분의 1이상이 소련의 조셉 스탈린(Joseph V. Stalin) 손으로 들어갔으며 루즈벨트는 소련을 피로 맺은 혈맹국처럼 도와주어가며 스탈린의 환심을 사기에 여념이 없었다. 이뿐만이 아니었다. 영국과 프랑스와 함께 싸우는 연합국이 독일의 강력한 공격에 연타를 당하고 게다가 동부에서 독일의 대공세를 받은 소련이 궁지에 빠지자 미국의 루즈벨트는 소련에 무기지원 뿐만 아니라 막대한 공군력, 즉 900대의 전투기와 900대의 폭격기까지 제공하며 스탈린을 열렬히 도와주었다.

루즈벨트가 2차 대전 때 일본과 싸우는 중국의 장개석에게 대준 무기는 모택동이 장개석 군들로부터 빼앗아 1951년 중국이 한국전쟁에서 미군과 싸우는 데 사용하였으며 장개석 군대를 무찌른 모택동은 1949년 3월 25일 북경에 진입할 때 장개석으로부터 빼앗은 미국 지프(Jeep)차를 타고 가로에 늘어선 그의 군대를 열병하였을 뿐만 아니라 한국전쟁 당시 중국군 총사령관이었던 팽덕회 역시 미군으로부터 빼앗은 지프차를 타고 그의 군대들을 지휘했다.


## 유럽 전장에서의 미국의 소극적 전쟁 수행


미국은 유럽에서 싸우는 연합국들에 무기는 지원해주고 있었지만 미국의 어떤 남녀도 유럽전쟁터로 보내지 않겠다고 공언한대로 루즈벨트는 미국 군대들을 유럽으로 보내지 않았다. 1941년 12월 11일 히틀러는 미국에 선전포고를 하였으나 해상에서 미구축함에 몇 번의 공격을 가한 이외에는 이 두 나라 사이에는 직접적 군사대결은 아직 없었다. 그러나 독일의 선전포고에 이어 루마니아(Roumania)와 불가리아(Bulgaria)도 미국에 선전포고를 함으로서 미국에 대항해 싸우는 나라는 이제 다섯 나라로 늘었다.

1941년 12월 22일에서 다음해 1월까지 루즈벨트와 처칠은 워싱턴에서 최초의 일련의 회의를 열었으며 이들은 이 회의에서 영국-미국 합동 참모부 설치와 독일과 일본에 대한 그들의 전략을 조화시키고 독일 점령 유럽에 영국과 미국이 합동으로 침략을 하기 위한 준비를 하자는 데 합의를 했다. 이 합의는 영국과 미국의 합동전쟁 전략 전개에 결정적 요소가 되었으며 1944년 6월의 노르망디(Normandy) 상륙작전에 기틀이 되었다.

1942년 1월 12일 한 영국 상선이 미국의 동부 해안선에서 어뢰 공격을 받았을 때 해상전이 확대되었다. 이 영국상선은 정기 근해 항로를 따라 호위를 받지 않고 단독으로 항해를 하고 있었다. 이 배의 침몰로 해상전이 새로운 국면에 접어들었다. 미국 동부해안 도시들은 밤새 환하게 불을 밝혔다. 이점을 이용하여 독일 잠수함 지휘관들은 낮에는 해저에 있다가 어두워지면 수면으로 올라와 해안도시 불빛을 배경으로 윤곽을 나타내고 있는 목표물들을 겨누어 쏘았다. 1월 말까지 46척의 연합국 상선들이 미국 연안에서 침몰되었으며 이제 전쟁은 미국 코앞에까지 다가왔으나 미국은 아직도 독일에 공격을 하지 않았다.

전쟁이 격화되면서 무방비의 민간인들에 대한 독일의 범죄 행위가 없는 날이 없었다. 런던선언(The London Declaration) 하루 뒤인 1942년 1월 14일 백러시아(The White Russia)의 우사치(Ushachi) 마을에서 807명의 유태인(Jews)들이 한구덩이 가장자리로 끌려가 총살을 당했다. 그들 가운데 십 수 명이 치명적인 부상을 입고 고통 속에서 몸부림치고 있는데도 이 처참한 처형을 목격한 농부들은 구덩이로 아우성치며 몰려들어 죽은 사람들과 죽어가는 사람들의 이빨로부터 금을 뽑아갔다. 같은 날 925명의 유태인들이 추가로 쿠블리치(Kublichi) 마을 근처에서 살해당했을 때 그 지방 농부들은 또다시 금을 찾아 시체들을 뒤졌다.

유럽에는 11,000,000명의 유태인이 있었으며 독일의 히틀러는 이들을 모두 학살시켜 유태 민족의 씨를 완전히 멸종시키는 것이 그의 목표였다. 1935년 독일의 빌헤름 스튜카트(Whilhelm Stuckart)는 유태인들을 버림받은 2등 시민으로 분류하고 모든 비아리안 족(non-Aryans)의 의무적인 소독과 유태인과 비유태인 간의 모든 인종잡혼(人種雜婚)을 강제로 금지하거나 해소하는 누렘버그 법 (The Nuremberg Law)을 정했다. 유태인들을 본능적으로 미워하는 히틀러는 이들의 대량학살을 위해 여러 곳에 독가스 실을 지어놓고 유태인들을 이들 독가스 실(gas chamber)에 가둔 다음 가스로 질식사 시켰다. 이와 같은 조직적 유태인 살해는 2차 대전 말까지 계속 되었으며 유럽에 사는 유태인들의 반 이상이 되는 6백만 명이 총살을 당하거나 독가스 실에서 사라져 갔다. 히틀러는 유럽의 유태인들을 무자비하게 말살시키겠다는 결심을 거듭 밝혔으며 그는 유태인들은 지금 그들을 덮치고 있는 대참사를 받을만하고 그들은 독일의 적 파괴와 함께 파멸되어야 한다고 말을 했다. 그리고 그는 그의 부하들에게 이 진행을 무자비하게 서두르라고 명령을 했다. 히틀러는 또한 독일이 유태인들을 멸족하지 않으면 그들은 독일인들을 파멸시킬 것이라며 아리안 족과 세균 같은 유태인 간의 필사적 싸움을 강조했다.

1942년 4월 20일 영국군과 미국 군대들은 처음으로 말타(Malta)에서 합동 군사작전을 벌였으나 이 작전은 성공적이지 못했다. 처칠은 이 작전실패를 두려워하며 4월 24일 루즈벨트에게 미국 항공모함 와스프(Wasp)를 말타에 다시 보내도록 허가하라고 요청했다. 1941년의 러시아 겨울은 140년 이래 최악으로 혹독했다. 온도는 섭씨 50도 이하로 내려갔다. 그러나 1942년 봄에는 독일군대들의 대승이 예견되었다.

## 태평양 전쟁

아시아에 대동아 공영권(The Greater East Aisa Co-Prosperity Sphere)을 외치며 중국을 침략한 일본은 1937년 12월 13일 중국의 국민당 정부 수도인 난징(Nanking)을 점령하였으며 일본으로서는 이 점령이 양자강 계곡(The Yangtz Valley)의 장개석 군대에 대한 반 년 간의 전투에 승리의 정점을 이룬 결정적 전환이었다. 그러나 얼마 안가 모택동 공산군들의 예기치 않은 저항에 부딪친 일본 군지도자들은 남쪽으로 회선하여 필리핀, 말라야, 버마, 인도차이나 그리고 인도네시아를 정복할 계획을 세웠다. 대동아 공영권을 실현시키기 위해 일본은 그가 탐내온 영토들을 장악하고 있는 영국과 프랑스, 네덜란드, 그리고 미국과 위험을 무릅쓰고 싸우지 않으면 안 되었다. 그러나 일본은 광대한 동아시아에서는 물론 1941년 12월 7일 하와이 진주만 기습공격으로 태평양 전 지역으로 전선이 확대됨에 따라 개전

초기의 승리 물결이 차츰차츰 빠져나가고 있었다.

그러나 일본은 더욱 많은 태평양 영토, 즉 파푸아(Papua), 피지(Fijis), 뉴캘리도니아(New Caledonia), 솔로몬(Solomon), 서부 알류샨 열도(Western Aleutians), 미드웨이 섬(Midway Island) 등을 연합국들로부터 빼앗기로 결정을 하고 리본 모양의 난공불락의 방어선을 구축했다. 이 거대한 계획을 세운 일본인은 야마모토 이소로쿠(Yamamoto Isoroku) 제독으로 토고(Togo) 제독 이래 가장 위대한 일본해군 무관인 그는 미국의 태평양 함대와 주요 전투를 일으키기를 바라고 있었다. 1942년 뛰어난 예언가이기도 한 야마모토는 미국해군은 미국의 무기 생산력이 진주만에서 입은 손실을 대체하기 전에 전멸되어야 한다고 지적했다. 그는 또 다른 패배 후 온건한 미국인들은 그들의 정부를 물러나라고 할 것이며 미국의 가장 가치 있는 정복의 점유를 일본에 버려두라고 강요할 것이라고 예측했다. 그러면 일본은 느긋하게 중국의 잔여부분을 제압해 갈 수 있으며 세계에서 가장 강한 제국이 되어 만일 히틀러가 전 유럽을 정복하면 독일에도 도전할 능력이 있을 것이라고 믿었다.

1942년 일본해군은 당시의 표준으로 보아 가장 위대한 해군이었다. 일본 해군은 세계에서 18인치 포들을 장착한 68,000톤의 배수량을 가진 두 개의 가장 강한 전함들을 보유하고 있었다. 이에 비해 미국의 아이오와급(Iowa Class: 1943년 전까지 미완성) 전함은 배수량 45,000톤으로 일본포대보다 구경이 작은 16인치 포들을 장착하고 있었다. 일본은 또한 8인치 포를 단 빠르고 강력한 한 개의 순양함 함대와 가장 빠르고 가장 최신의 구축함들과 미국 해군항공모함만큼 큰 항공모함을 두 배나 가지고 있었으며 항공모함 적재기들은 전투면에서 그리고 어뢰투하용의 뇌격기 종류에서 가장 뛰어났다. 일본 어뢰들은 미국이 제조한 어뢰보다 더욱 빠르고 강력했으며 명중률이 더욱 정확했다. 일본해군 포술도 뛰어났다. 그들의 전함은 야간 전투를 위해 일사불란하게 훈련되어 있었으나 미국의 전함들은 그렇지 못했다. 일본 배들은 1942년 미국 배들이 설치를 시작한 레이더(radar)만 없었을 뿐이었다. 일본육군은 잘 훈련 되었으며 잘 무장되어 있었다. 그리고 일본공군 역시 뛰어났다. 남서 태평양에서 승리에 승리를 거듭하며 사기가 충천된 일본육군과 해군은 승리에 자신이 넘쳤다.

그럼에도 불구하고 일본이 왜 졌는가? 그 이유는 일본 측으로서는 우둔한 전략 때문에 이와 반대로 미국 측으로서는 뛰어난 전략과 좋은 행운에 의해 함대 수에서 일본에 뒤짐에도 불구하고 1942년 5월 7일과 8일 산호해(The Coral Sea: 호주 북동부의 바다)에서 벌어진 전투에서 일본함대를 대파시켰으며 뒤이어 벌어진 6월 4일의 미드웨이 해전에서도 미국함대는 일본의 태평양 전쟁에 치명타를 안겨주는 대승을 또다시 거두었기 때문이었다. 이 두 해전은 미국에 유리한 전기를 제공했다. 6월 첫째 주 미국은 가장 은밀한 일본의 암호를 판독하였으며 이 암호도청으로 미국 전함들은 미드웨이 섬에 대한 일본 해군 공격을 미리 차단했다. 이때 미드웨이 섬에서는 1,500명의 미 해군, 해병대, 그리고 육군이 섬 방어 준비를 위해 미친 듯이 작업을 하고 있었으며 일본 해군은 이들을 공격하려다 미국 함정에 저지를 당한 것이다.

일본의 군사력은 무시무시했다. 일본은 네 척의 항공모함을 포함해

86척의 전함들을 이 지역에 배치했다. 미국 항공기들은 네 번이나 일본 군함들을 공격했으나 모두 수포로 돌아갔으며 65대의 항공기들이 격추되었다. 그러나 6월 4일 아침 54대의 급강하 폭격기들에 의한 다섯 번째 공격은 성공적이었다. 4척의 일본 항공모함 중 아카기(Akagi), 가가(Kaga), 그리고 소류(Soryu) 등 3척의 항공모함이 침몰되었다. 같은 날 오후 네 번째 항공모함인 히류(Hiryu) 역시 파괴되었다. 그러나 이 해전에서 미국항모인 욕타운(Yorktown)이 심하게 파손되었으며 다음날 이 항공모함은 일본 잠수함에 의해 침몰되었다.

일본인들에게는 미드웨이 전투가 크나큰 재앙이었다. 그들은 네 척의 항공모함과 한 척의 순양함을 잃었을 뿐만 아니라 332대의 항공기와 3,500명의 승무원이 생명을 잃었다. 이에 반해 미국이 입은 손실은 한 척의 항공모함, 한 척의 구축함, 150대의 항공기였으며 307명이 목숨을 잃었다.

일본의 태평양 전쟁을 떠받쳐주는 가장 우수한 4척의 항공모함을 잃은 야마모토 제독은 그의 거대한 함대에 퇴각명령을 내렸다. 그는 근대 일본해군에 최초의 패배를 안겨주었다. 항공모함들과 그들의 비행군들은 전멸되었다. 미드웨이전 참패로 일본군 지도부는 뉴캘리도니아와 피지섬과 사모아를 점령하려던 야심찬 계획들을 포기하지 않으면 안 되었다. 그리고 일본군 최고 사령부는 익숙하지 않은 방어태세를 취하지 않으면 안 되었으며 야마모토 제독은 미드웨이 참패로 인한 고통으로 스스로 자결을 했다.

1942년 6월 4일 이 영광스런 미드웨이 전투는 유틀란트 반도(Jut-land Peninsula: 독일 북부의 반도로 덴마크가 그 대부분을 차지함)

전투 이래 가장 중대한 전투로 불렸으며 이 전투에서의 대승으로 미국은 태평양 전쟁에서의 방어 단계에 뚜렷한 종말을 기록했다. 미드웨이 해전이 끝난 후 2개월 간의 불길한 중지가 있었다. 그런 다음 두 개의 초점, 즉 뉴기니(New Guinea) 부나-코나(Buna-Cona)와 솔로몬 제도의 과달카날(Guadalcanal)에서 6개월 동안의 처참하고 필사적인 전투가 일어났다. 이 전투에서 일본군과 미군은 막대한 인명손실을 입었으며 이 두 전투에서의 승리는 결국 미국 군대들에게 돌아갔다.

1943년 2월 초 과달카날의 안전이 확보된 후 5개월 동안 태평양 전쟁은 소강상태였으며 이는 주로 항공모함 결핍 때문이었다. 그러나 일본은 서태평양 상의 길버트(Gilberts), 마셜(Marshalls), 캐롤라이나(Carolines), 마리아나(Marianas), 그리고 보닌(Bonins) 섬 등에서 저항을 계속했다. 길버트와 마셜 전투는 태평양 전쟁에서 미국 최초의 전면적인 수륙양용 작전이었으며 약 200대의 배들과 108,000명의 군대와 선원들과 해병대와 조종사를 태운 제5함대는 길버트의 두 개의 산호섬에 모여 일본군을 공격했다. 두 개의 산호섬 중 매킨(Makin)에 있는 일본군들은 그렇게 강하지 않아 어렵지 않게 정복되었으나 긴 산호초 선상 퇴적지 뒤에서 일본군들이 강력한 방어자세를 취하고 있는 타라와(Tarawa)는 깨뜨리기 어려운 억센 견과였다. 일본군들은 동굴과 참호 속에서 항복하지 않고 끝까지 싸우다가 장렬한 최후를 마쳤다. 이른바 옥쇄玉碎를 한 것이다. 이 전투에서 일본군들은 4,000명이 죽었고 미군은 1,000명이 목숨을 잃었다. 길버트 전투는 미드웨이 전투보다 규모는 작았지만 인명피해는 미드웨이 전투보다 훨씬 더 많았다. 이어 벌어진 마셜 전투도 처참하기는 마찬가지였다. 1944년

2월 17일 또 다른 병력이 마셜 섬 최서단에 있는 에니웨톡(Eniwetok)으로 이동을 했다. 일본군들은 평소와 같이 마지막 한 사람까지 완강히 저항했다. 그러나 작은 타라와 보다는 훨씬 적은 사상자들이 발생했다. 일본해군은 공군전력이 다른 요새를 방어하기 위해 나뉘어졌기 때문에 미군에 과감히 도전을 못했다.

## 패색敗色이 짙어가는 일본

3년간 태평양을 무대로 싸워온 전쟁은 1944년 10월 필리핀 전투를 끝으로 서서히 그 막을 내리고 있었다. 야마모토 후임으로 제국 합동함대 사령관이 된 도요다 소에무(Toyoda Soemu) 제독은 맥아더(MacArthur)의 필리핀 상륙 위험성을 미리 감지하고 있었다. 만일 미군들이 필리핀을 장악하면 그들은 그 다음으로 일본함대의 북-서 항로를 봉쇄할 수 있을 것이다. 그러면 도요다 제독의 배들은 본토로부터 보급품을 받으러 다도해(archipelago)에 이를 수도 없고 인도 제국으로부터 석유연료도 받을 수 없을 것이다. 이렇게 되면 어느 모로 보거나 일본해군력은 쓸모가 없을 것이다. 그리고 만일 일본해군이 싸울 수 없다면 일본자체는 불운해질 것이다.

그 결과 도요다 제독은 그 자신이 쇼고(Sho Go), 즉 승리작전(Victory Operation)이라 부르는 과격한 전술을 채택했다. 이 작전은 거대한 모험이었다. 그의 함대 파괴의 각오를 하고 도요다 제독은 필리핀의 리이테만(The Leyte Gulf) 어구 근처에 있는 미군들에 임의로 모든 전함들을 쏟아 넣기로 했다. 그렇게 하려면 그는 이미 감소된 해군함정들을 세 부분으로 분리하지 않으면 안 되었다. 처음의 두 함정들은 나선형으로 배치된 미 함정들을 함정에 빠뜨릴 것이다. 일본이 그 위용을 가장 자랑하는 그리고 세계에서 가장 강력한 전함인 무사시(Musashi)와 야마토(Yamato)를 포함한 함대 종렬이 구리타 다케오(Kurita Takeo) 부제독의 지휘 아래 싱가폴(Singapore)을 빠져나가 보르네오(Borneo)를 돌아 민다나오(Mindanao) 해를 통과한 다음 리이테 북쪽으로 선회할 것이다. 그와 동시에 타이완(Taiwan)으로부터 항공모함과 구축함들의 열이 루존(Luzon) 밑의 필리핀을 헤치고 나아가 남쪽으로부터 리이테에 도달할 것이다. 오자와 지사부로(Ozawa Jisaburo) 부제독이 이끄는 다른 두 함대보다 약한 소위 북방함대는 미국함대를 유인하는 미끼로 행동할 것이다. 미국함대를 북쪽으로 유인함으로써 도요다 제독은 미국함대를 분산시켜 대파하기로 작전을 세웠다.

이 전략은 처음에는 잘 되어가는 것처럼 보였다. 미 해군제독 윌리엄 헐시(William E. Halsey)는 이 미끼를 물지 않고 10월 25일 바로 새벽이 지난 후 그 자신의 함대 일부를 북쪽으로 이동시켰으며 이때 오자와 제독은 미국 항공모함 한 척을 격침시켰다. 그와 같은 날 구리타 제독의 함대 종렬은 남쪽으로부터 리이테 바로 오른쪽에 있는 산 버나디노(San Bernardino) 해협을 통과해 나왔다. 그러나 리이테만 전투에서 미국해군 병력의 우수한 숫자와 속도와 힘은 일본함대를 간단히 압도했다. 어뢰와 대포로 여러 번 강타를 한 미국 해군들은 무사시를 갈가리 찢어 놓았다. 그 거대한 전함은 순간적으로 지근탄을 맞고 한쪽으로 기운 채 거대한 물기둥을 내뿜으며 바다 속으로 서서히 자취를 감추었다. 그리고 뒤이어 검은 연기가 물기둥과 함께 높이 솟아올랐다. 일본이 자랑하는 거함 무사시의 운명은 이렇게 처참하게 끝이 났다. 야마토 전함 역시 명중탄을 맞고 격파되어 작동을 하지 못했다. 뒤이어 즈이카쿠(Zuikaku) 항공모함이 가라앉을 때 1,700명의 승무원들은 갑판으로 올라와 그들의 팔을 쳐들고 소리 높이 "반자이(Banzai: 만세)"를 외치며 작별을 고했다. 그리고 거함 무사시와 야마토가 물속으로 침몰할 때 많은 병사들이 물속으로 뛰어들었지만 그들은 이 두 배가 남긴 거대한 물여울 속으로 모두 휩쓸려 들어갔다.

전투는 1944년 10월 25일 일본군들의 퇴각과 함께 황혼 무렵에 끝이 났다. 미 해군도 이 전투에서 많은 피해를 입었다. 그들은 한 척의 고속 항공모함, 두 척의 호위 항공모함, 두 척의 구축함, 한 척의 호위 구축함, 그리고 3,000명의 병사를 잃었다. 그러나 일본군은 총 4척의 항공모함, 세 척의 전투함, 6척의 중량급 순양함, 4척의 경량 순양함, 5척의 구축함을 잃었으며 10,000여 명의 생명을 잃었다. 일본해군은 산산이 분쇄되었으며 더 이상 그 거대한 힘을 발휘할 수 없게 되었다. 그리고 태평양 전쟁의 참패와 함께 일본의 상징인 '떠오르는 태양(The Rising Sun)'의 지배권도 더 이상 확신할 수 없었다.


## 일본의 한국 식민 지배 최후 단계

이 단계는 연합국의 힘에 불가능한 승리를 추구하는 일본인들과 자유와 독립의 새로운 서광의 도래를 기다리며 생존 투쟁을 하는 한국인들의 결사적인 감정에 의해 특징을 이루었다. 한국의 호랑이인 고이소 구니아키(Koiso Kuniaki)와 아베 노부유키(Abe Nobuyuki) 총독은 세 가지 특수한 목표를 추구했다. 즉 (1) 도덕적 훈련을 통한 사상주입 (2) 생산 및 생산력 증가, 그리고 (3) 정부의 기능혁신 및 정부와 국민들 간의 통신 증진 등이었다. 그들의 전반적인 목표는 일본의 전쟁 목적 추구에 한국으로 하여금 더욱 많은 협조를 제공토록 하는 것이었다.

일본인들의 가장 중대한 과업은 한국인들의 정신을 지배하는 것이었다. 정치적 지배를 강화하고 한국인들의 민족주의 부활과 온갖 종류의 소문을 막기 위해 일본인들은 1941년 12월 26일에 제정된 임시 한국인 보안 법령을 엄격히 실시했다. 그들은 비록 대부분의 한국인들은 일본의 전쟁 노력에 정신적으로 물질적으로 협조를 주지만 다른 사람들은 소문과 위험스런 전쟁반대 이야기들을 하고 있다고 불평을 했다. 연합국들의 손에 일본의 절박한 패배의 최후 심판일이 다가오고 있다는 소문들은 전쟁이 일본에 불리하게 돌아가고 있던 1943년 10월 이후 특히 더욱 널리 퍼져갔다.

이때부터 더더욱 많은 한국인들이 사상범, 바람직하지 못한 사람, 또는 반역자들로 체포되어 유죄판결을 받았다. 1940년에서 1944년 6월까지 약 5,600명의 한국인들이 사상범으로 투옥되었으며 중국인들은 물론 다른 많은 한국인들이 연합국을 위한 스파이 혐의로 체포되어 투옥되었다. 군대에서 증가해가는 병력요구 때문에 총독은 선발된 한국 젊은이들을 모집하여 일본제국 군대로 보내는 노력을 촉진했다. 그 결과 1938년 2월 육군 특수지원병 법령이 공포되었으며 이 법령발표로 802,047명의 젊은이들이 지원을 하였으나 이중 17,644명이 선발되어 훈련을 받은 후 1938년 4월에서 1943년 3월 사이에 일본 제국 군대에 입대되었다. 이 법에 의해 약 214,000명의 한국 젊은이들이 신체검사를 받은 후 이 중 25,000명이 1944년에 현역 군복무에 투입되었다. 한편 1943년 7월 해군특수 지원병제도가 도입되었으며 90,000명의 신청자들 중 3,000명이 1944년 해군에 취임되었다.

1943년 6월 도쿄정부가 과학과 의학을 공부하는 학생들을 제외하고 모든 대학생들에게 군복무를 의무화하면서 일본에 있는 6,500명의 한국 대학생들 중 약 5,000명이 일본 육군에 강제로 입대되었다. 징병을 피하여 많은 학생들이 학교로부터 도주를 하여 한국이나 또는 만주로 가 피신을 했다. 그러나 그들은 대부분 붙잡혀 군대 복무를 하지 않으면 안 되었다. 어떤 사람들은 의심할 여지없이 일본에 대한 그들의 충성을 증명하기 위해 군에 입대를 하였으며 또 어떤 이들은 장차 한국이 독립국가가 되었을 때 써먹을 수 있도록 군대훈련을 받고 경험을 얻기 위해 입대하였지만 대다수는 본의 아니게 일본병사가 되었다.

1944년 한국 총인구는 25,133,352명이었으며 한국에 사는 일본인들은 712,583명이었다. 그러나 이 거대한 인구는 도, 시, 및 지방위원회에서 투표권을 가지고 있는 특혜받은 소수인들을 제외하고는 헌법상 진행절차에 참여할 권리가 없었다. 일본제국 국민으로서의 권리를 거부하면서도 일본을 위해 그들의 의무를 다 하도록 요구하는 일본에 한국인들이 커다란 불만을 일으키고 있음을 깨달은 고이소 총독은 이러한 불만을 무마시키기 위해 일본헌법과 선거법들을 한국에 확대하려고 노력을 했다. 그는 또한 몇 사람의 한국인들을 일본 국회 내 귀족원(The House of Peers)에 임명되도록 일본 정부에 제의를 했다. 그러나 1944년 현재까지 단 한 명의 한국인이 귀족원 멤버로 임명되었으며 1944년 일본에서 오직 한 명의 한국인이 그가 거주하고 있는 도쿄 선거구로부터 의회에 선출되었다. 그리고 한국에서 54명의 한국인들이 일본 총독부의 중앙 내밀원에 임명이 되었다. 전 한국인들을 위해서가 아닌 특혜받은 몇몇 한국인들만 겉치레로 한두 일본 정부기관에 임명을 하는 일본의 무마정책은 이제 너무 늦었다. 전쟁에 패해가는 일본은 전쟁 후에도 한국을 계속 지배하기 위해 한국인들의 마음을 달랠 목적으로 갑작스레 이러한 유화정책을 썼을지 모르지만 35년간 일본의 무력통치 밑에서 압제를 받아온 그들은 일본이 그 어떤 부드러운 정책을 구사하더라도 이제는 결코 이를 받아들이지 않을 것이다.

# 26
# 새로운 국면에 접어든
# 유럽전쟁

## 연합군의 대공세 시작

앞서도 언급했듯이 전쟁을 일으킨 후 대부분의 동-서 유럽을 단시간 내에 장악한 독일은 마지막 남은 유럽대국, 러시아를 점령하기 위해 러시아에 대공세를 취하기 시작했다. 1941년 10월 2일 히틀러는 라디오 방송을 통해 "오늘은 최후의, 거대한 그리고 결정적인 전쟁전투가 시작된다."라고 공식적으로 발표를 하였으며 이와 때를 같이하여 독일군들은 모스크바에 태풍작전(Operation Typhoon)이라고 명명된 공격을 시작했다. 독일군들은 볼셰비키들이 운영하는 세 개의 가장 거대한 산업지역들을 단시일 내에 점령하였으며 그들은 추운 겨울이 닥치기 전에 러시아를 점령하기 위해 공격을 서둘렀다. 이날 거의 2 천 대의 탱크들이 러시아 군을 향해 진격했다. 10일 동안 독일군은 모스크바에 이르는 도로로 진군했다. 1941년의 러시아 겨울은 이례적으로 혹독하였으며 섭씨 50도 미만까지 내려가는 추위는 140년 만에 최악이었다. 히틀러는 독일군들은 돌아오는 봄에 러시아에 위대한 승리를 할 것이라고 장담했다. 그러나 독일은 동부전선 전투에서 상당한 숫자의 군대들을 잃었으며 1941년 6월 이후 8개월 동안 202,257명의 독일군이 사망하고, 725,642명이 부상을 입었으며 그리고 112,617명이 추위로 동상에 걸려 전투를 수행할 수가 없었다. 독일군들은 하루 평균 2,000여 명의 목숨을 잃어 러시아에 대한 승리는 거의 불가능했다. 물론 러시아 군들도 막대한 피해를 입었지만 러시아는 독일의 춘계 대공세에 대항할 수 있는 예비군을 충분히 모집할 수 있었을 뿐만 아니라 모스크바 동부에서 새로운 대군을 창설할 수 있었기 때문에 독일의 대공세에 어느 정도 자신을 가지고 있었다.

독일군들이 동부전선과 러시아 공격에 집중하는 사이 연합국 군대들의 유럽본토 공격이 활발해졌으며 미국의 무기지원으로 힘을 얻은 영국은 독일군의 점령지를 연타했다. 1942년 7월 4일은 미국이 독립한 지 166번째가 되는 날이었다. 그날 유럽에서 전쟁이 일어난 이래 맨 처음으로 6대의 미국 항공기들이 홀랜드의 독일 비행장 공습을 위한 한 영국 폭격기 편대에 합세를 했다. 전쟁이 일어난 지 꼭 3년 만이었다.

동부와 서부에서 연합국 군대들과 독일군들의 전투가 치열한 가운데 1942년 8월 7일 독일난민 과학자인 클라우스 푸치(Klaus Fuchs)가 영국 시민이 되어 영국 왕에게 충성서약을 했다. 클라우스는 2차대전 발발전인 1933년에 난민으로 독일로부터 영국으로 왔으며 영국 및 미국 과학자들이 원자폭탄 개발을 연구하고 있을 때 그들 중 한 멤버였다. 열렬한 공산주의자인 클라우스는 그가 독일에서 연구했던 원폭개발 비밀들을 영국 및 미국에 넘겨주었을 뿐만 아니라 원자폭탄 설계에 관한 가장 핵심적인 비밀들을 소련에 넘겨줌으로써 원폭에 관한 서구의 진도를 러시아에 경각시켜 주었다. 독일에 대한 전투가 가장 격렬한 가운데에도 연합국들은 전쟁 전 서로에 대한 그들의 체계에 흠집을 냈던 사상과 목표의 기본적 분열에 여전히 조심을 하고 있었다. 이를테면 소련의 공산주의와 연합국들의 민주주의와의 분열이 바로 그것이었으며 이러한 사상 분열은 독일에 대해 승리를 했을 때처럼 그들의 관계를 다시 지배할 것이다. 이러한 승리가 결코 보증할 수 없는 순간에도 그러한 승리를 확보하기 위한 수단에 그들의 모든 힘을 집중시키지 않으면 안 되었던 마음 들은 전후 시대에 올지도 모를 투쟁을 잘 알고 있었다.


## 연합군의 시실리(Sicily) 및 이탤리(Italy) 침공


만일 북아프리카 전투가 1943년 초기에 매듭지어 질 수 있었다면 그해에 유럽대륙으로 침공하는 것이 가능했을지도 모른다. 그러나 토치(Torch) 작전은 너무 오랫동안 진동이 심해 이를 허락지 않았으며 이때부터 노르망디(Normandy) 침략도 1944년으로 연기되지 않으면 안 되었다. 1943의 잔여기간 동안 무언가가 이루어지지 않으면 안 되었으며 분명한 것은 노르망디 침공을 덜 어렵게 할 수 있는 후방의 액시스(Axis: 독일, 이탈리아, 일본 주축국)를 치지 않으면 안되는 것이었다.

이를 위해 선택된 계획은 시실리를 침략하여 메시나 해협(The Strait of Messina)을 건너 칼라브리아(Calabria)로 가 이탈리아 반도를 접수하는 것이었다. 이 계획은 이탈리아를 액시스에서 분리시켜 패퇴시키려는 처칠의 소중한 목표일 뿐만 아니라 연합국들의 완전한 지중해(The Mediterranean) 장악을 나타내는 것이기도 했다. 시실리 공격 개시일(D-day)은 1943년 10월 10일이었으며 아이젠하워 장군(General Eisenhower)이 그 휘하의 최고 해군, 지상군, 그리고 공군 사령관들과 함께 시실리 공격을 총 지휘했다. 시실리 침공은 노르망디 상륙작전 말고는 유럽전쟁 중 가장 큰 수륙양용 공격이었다. 약 250,000명의 영국 및 미국 군대들이 야음 속에서 동시에 섬에 상륙을 했다. 독일 및 이탈리아의 350,000 시실리 방어군들은 놀라 균형을 잃었다. 패튼 장군(General Patton)이 이끄는 미국의 7군은 시실리의 남서해안에 상륙을 했다. 한 캐나다 사단을 포함한 몽고메리 장군(General Montgomery) 휘하의 영국군 8군은 미군들 우측으로 상륙하여 진격을 했다. 독일 장갑사단과 겔라(Gela) 교두보에서 격렬한 전투를 벌인 후 미 7군은 시실리로 휘몰아친 다음 미국 남북전쟁에서 스톤월 잭슨(Stonewall Jackson)의 도보 기병대들이 행군했던 속도로 빠르게 진군을 했다. 7월 22일 패튼 장군은 팰러모(Palermo)로 승리의 진입을 한 후 노르만 왕들(The Norman Kings)의 옛날 궁전에 사령부를 설치했다. 8월 12일까지 그 큰 섬은 연합국 군대들의 수중에 들어갔다. 그러나 불행히도 약 40,000명의 독일군들은 대부분의 무기와 장비를 가지고 메시나 해협을 건너 도주했다.

이탈리아는 치명적 손상은 입지 않았지만 무솔리니가 끌어들인 전쟁으로 완전히 힘이 빠져 있었다. 7월 25일 연합국 공군들이 로마에 560대의 항공기 폭격을 가한 6일 후, 빅터 엠마뉴엘(Victor Emmanuel) 왕 3세는 용기를 내어 무솔리니에게 사임을 하라고 강요했다. 전쟁은 철저히 패했다고 왕에게 말을 한 바도글리오(Badoglio) 원수는 이제 이탈리아 정부를 이끌었으며 평화를 위해 면밀한 검사를 하기 시작했다. 이탈리아 인들의 협상애호와 협상을 어렵게 만든 연합국들의 무조건 항복 표어 때문에 양측협상은 9월 3일까지 질질 끌었다. 이 협상지연은 무엇이 꾸며지고 있는지 의심을 한 독일인들에게 이탈리아의 보강을 급히 서두르게 하고 제노아(Genoa), 레그혼(Leghorn), 그리고 로마와 같은 주요 지점들을 급습할 많은 시간을 제공했다.

9월 9일 반격에 나선 연합군들은 매우 희생이 컸다. 독일 공군은 새로운 무기인 무선유도 폭탄을 사용하여 수척의 연합군 배들을 무용지물로 만들었다. 그리고 한 기갑부대는 연속적으로 맹렬한 탱크 공격을 벌였다. 그러나 9월 16일까지 교두보가 확보되었으며 독일군들은 북쪽으로 질서 있게 퇴각을 하기 시작했다. 10월 1일 이 작전에 참여했던 미5군은 독일군들이 파괴를 하기 위해 최선을 다했던 나폴리(Naples)로 진입했다. 그리고 클락 장군(General Mark Clark) 휘하의 미5군은 1944년 5월 25일 안지오(Anzio) 주변의 철의 고리로 돌진하였으며 완강한 후위 저항을 물리치고 북쪽으로 전진했다. 독일군들이 새로운 방어선을 향해 후퇴를 하고 있던 1944년 6월 4일 아침까지 연합군들의 대열은 로마에 이르는 모든 도로를 따라 돌진을 하였으며 그날 밤 중으로 미5군은 로마로 들어갔다. 그리고 그들이 전쟁 중 잊혀진 사람이라고 종종 느꼈던 미군들은 마침내 이탈리아에 도착을 했다. 동시에 6월 6일 연합국 군대들이 노르망디 해안에 상륙했다는 뉴스가 도착했다.

## 연합국 수뇌들의 잇단 전후 대책 회담

서부전선에서 승기를 잡은 연합국 대표들은 유럽전쟁에서의 성공적인 전쟁 수행과 전후 세계질서를 바로 잡기 위한 명분으로 이집트의 수도 카이로(Cairo)와 이란의 수도 테헤란(Teheran)에서 연속적으로 두 차례의 중요한 회담을 열었다. 여기에서는 루즈벨트 대통령과 처칠 수상 간에 열린 1940년 9월의 북대서양 회담(North Atlantic Conference), 1941년 8월의 뉴펀들랜드 회담(Newfoundland Conference), 1943년 1월의 카사블랑카 회담(Casablanca Conference), 1943년 8월의 퀘벡 회담(Quebec Conference), 그리고 1943년 8월 뉴욕주 하이드파크에서 열린 하이드파크 회담(Hyde Park Conference) 등은 제외하고 강대국 수뇌들 간의 전후 한국 처리 문제에 관련한 회담만을 소개하기로 하겠다.

첫째가 카이로 회담이다. 1943년 11월 22일에서 26일까지 4일간 루즈벨트와 처칠 그리고 중국의 장개석은 이집트의 수도 카이로에서 국제 정세를 논의하기 위해 회담을 열었으며 이 회담에서 처음으로 한국의 장래 문제가 논의되었다. 이들 3거두(Big Three Leaders)들은 미구(未久: in due course)에 한국이 자주독립이 되어야 한다고 결의를 했다. 그러나 카이로 회담결과를 접한 한국 독립운동가들은 '미구에'라는 표현이 매우 애매하고 불확실하다며 일본이 전쟁에서 패망하는 순간 한국이 독립되어야 한다고 주장을 했다. 그러나 교활하고 즉흥적이고 무책임한 루즈벨트는 한국이 자치정부를 운영하는 데 경험이 없어 일본의 식민통치를 벗어나려면 점진적인 단계를 밟아야 하고 그런 다음 완전한 정부체제를 형성해야 한다며 한국인들을 업신여기고 한국의 독립을 뒤로 미루려는 궤변을 장황하게 늘어놓았다. 이렇게 이치에 맞지 않는 궤변을 발설한 루즈벨트는 코델 헐(Cordell Hull) 미 국무장관에게 일본이 전쟁에서 패망하면 만주와 대만은 중국에 돌아가야 하나 한국은 국제신탁통치(International Trusteeship)하에 두어 미국과 영국, 중국 그리고 한두 나라가 더 참여하여 다스려야 한다며 전쟁이 끝나더라도 한국을 또다시 식민통치하겠다는 시대착오적 제국주의 발상을 꺼내놓았다. 1905년 시어도어 루즈벨트(Theodore Roosevelt) 미국대통령은 포츠머스 회담(Portsmouth Conference)에서 한국을 일본에 희생양으로 바쳐 러-일 전쟁을 종결시켰는데 그로부터 겨우 38년이 지난 지금 시어도어 루즈벨트의 조카인 프랭클린 델라노 루즈벨트(Franklin Delano Roosevelt) 제32대 미국 대통령은 이제는 한국을 한 나라가 아닌 다국적 강대국들의 집단 통치하의 희생물로 삼으려 획책하고 있었다. 루즈벨트는 1941년 8월 14일 영국의 처칠수상과 캐나다의 뉴펀들랜드 섬에서 회담을 한 후 그 스스로 입안한 대서양 헌장에서 그는 강대국에 자치정부를 박탈당한 국가들에 자치정부(Self-government) 회복을 약속했었다. 그러나 지금 그는 그 헌장에서 한 약속을 스스로 배반하고 있는 것이다. 그리고 이 회담에서 처칠과 루즈벨트는 노르망디 상륙작전도 논의를 했다.

카이로 회담이 끝난 2일 뒤인 1943년 11월 28일 이란의 수도 테헤란에서 4일 동안 루즈벨트와 처칠 그리고 스탈린이 회담을 열었으며 주요 토의사항은 유럽에 제2전선을 구축하는 것이었다. 처칠은 1944년 여름 80개 사단의 연합군 병력(약 1,200,000만 명)이 참가하는 대규모 해협횡단 침공계획(Cross-Channel Invasion Plan)을 스탈린에게 밝혔으며 미국의 아이젠하워 장군(General Eisenhower)이 이 침공작전을 총지휘하게 되고 독일군의 거점지인 프랑스 서부해안의 노르망디로 상륙할 것이라고 요약을 했다. 스탈린은 동부전선에서 독일군에 공세를 취함으로써 독일 점령하의 프랑스에 대한 연합군 침공과 보조를 맞추기로 약속을 했다.

이 회담에서는 군사적 문제가 주로 토의되긴 했으나 연합국 수뇌들 간에 벌어진 이전의 어떤 회담에서보다도 정치 분야에 대한 논의가 더 많이 이루어졌다. 스탈린은 1939년 독-소 불가침 조약과 1940년의 러시아-핀란드 조약에 의해 소련이 획득한 지역을 계속 보유해야 한다는 희망을 거듭 피력했다. 독일에 대해서는 그 해결을 놓고 오랫동안 논의가 벌어졌으나 3명의 연합국 수뇌들은 자신들의 생각을 분명히 드러내지 않았다. 폴란드에 대해서는 서방연합국과 소련의 생각이 첨예하게 대립하였으며 전후 폴란드 소유에 흑심을 품고 있는 스탈린은 런던에 있는 폴란드 망명정부를 탐탁지 않게 여기고 있음을 분명히 드러냈다

회담 2일째인 29일 스탈린은 독일 패배 즉시 대일전쟁에 참여하겠다고 루즈벨트와 처칠에게 말을 했으나 그들은 스탈린의 대일 참전 결정에 아무런 의견도 제시하지 못하고 꿀 먹은 벙어리처럼 입만 꾹 다물고 있었다. 그러나 루즈벨트보다 예지가 뛰어난 처칠은 스탈린 앞에서는 그의 대일전 참여 결정에 아무런 말도 안 했지만 그의 이러한 결정은 매우 심각한 결과를 초래할지 모른다고 영국의 최고 사령관들에게 말을 했다. 스탈린의 대일전 참여 결정은 아주 극비로 지켜져야 했던 것으로 테헤란 회담 기록에 마저 그 내용이 빠져 있었다.

그 후 루즈벨트는 테헤란 회담에서 한국의 신탁통치 문제에 관해서도 스탈린과 의논을 하였으며 스탈린도 자신과 같이 한국이 독립되더라도 한국인들이 자치정부를 세워 이를 운영할 능력이 아직 없으므로 한국을 40년간 신탁통치에 맡겨야 한다는 그의 의견에 전적으로 동의를 했다고 말을 했다.

테헤란 회담이 열릴 무렵에는 미국이 태평양 전쟁에서 일본에 압도적인 승리를 거두어 일본의 패퇴가 얼마 남지 않았음에도 루즈벨트는 미국 혼자 막대한 희생을 치루며 다 이겨놓은 전쟁에 스탈린이 대일전에 참여할 필요가 없었음에도 그는 스탈린에게 그의 대일참전 불필요성을 제시하지 못했다.

이뿐만 아니라 미국은 원자폭탄 제조가 완전히 끝나 새로 개발한 B-29 중폭격기가 그 폭탄을 나르도록 준비가 다 되었음에도 얼간이 루즈벨트는 스탈린의 대일참전이 어떠한 결과를 가져올지 하나도 생각지 않고 스탈린의 대일참전 결정을 묵시적으로 받아들였다. 테헤란 회담에서 루즈벨트는 스탈린에게 미국이 원폭을 제조했다는 말은 하지 않았다. 그러나 미국의 원자폭탄이 1945년 8월 일본에 투하될 준비가 완성되어 갈 무렵인 1944년 9월 이 극비계획에 참여했던 데이비드 그린글라스(David Greenglass)라는 나이 어린 한 기술자가 원폭제조 설계의 많은 중요부분을 불과 2백만 불을 받고 러시아인들에게 넘겨줌으로써 스탈린은 이들을 통해 미국의 원폭비밀을 이미 알아냈으며 테헤란 회담이 끝난 3일 후인 12월 3일 15명의 영국 원자과학자들이 미국의 원폭제조 팀과 합류하기 위해 미국으로 갔을 때 이들 가운데는 독일에서 영국으로 망명한 독일 과학자 겸 공산주의자인 클라우스 푸치도 끼어 있었다. 원폭제조에 참여한 소련 스파이 클라우스 푸치로부터 원폭제조에 관한 추가보고를 받은 스탈린은 극비리에 원폭개발에 박차를 가하기 시작했다. 그리고 소련은 그들 스파이들이 미국에 잠입하여 미국으로부터 빼낸 원폭제조 설계를 가지고 원폭을 제조하여 1949년 8월 29일 첫 실험을 함으로써 세계에서 미국 다음으로 두 번째 원폭 보유국이 되었다.

스탈린은 겉으로는 루즈벨트와 함께 앉아 우호적인 얼굴을 하고 회담을 했지만 속으로는 루즈벨트의 마음을 이리저리 탐색해가며 그를 한껏 이용해 미국이 막대한 전비를 쏟아 붓고 수많은 희생자를 내가며 미국 혼자 얻어낸 대일전 승리에 피한방울 흘리지 않고 전쟁에 참여하여 그가 차지하고 싶은 전리戰利를 모두 챙겨가려고 했다. 우둔한 루즈벨트는 스탈린의 이러한 음흉한 속셈을 하나도 알지 못했으며 내부안보에 마저 소홀히 함으로써 스탈린이 미국의 군사기밀을 알아내기 위해 미국 정부 주요부처 곳곳에 비밀리에 처놓은 그물에 속수무책으로 걸려들기만 했다.

# 노르망디(Normandy) 상륙

　연합군이 프랑스 서부의 독일군 요새에 대한 해협횡단 침공을 개시할 적절한 순간을 기다리고 있는 동안 영국공군은 미국공군과 함께 독일을 폭격해 항복시키는 데 필요한 공군작전에 최선을 다하고 있었다. 1942년 5월 30일 독일군의 요새 프랑스의 콜롱(Cologne)에 1,000대의 최초 폭격기 공습이 감행되었다. 1943년 미군들은 전쟁참여 몫을 증가하기 시작했다. 그러나 주로 미8군 공군의 B-17 폭격기에 도움을 받은 영국은 유럽 전쟁 중 가장 파괴적인 공중폭격을 실시했다. 1943년 7월과 8월에 소이탄을 이용한 독일의 햄버그(Hamburg) 시에 대한 일련의 공격으로 시의 반 이상이 완전히 파괴되었고 42,600명이 죽었으며 37,000명이 부상을 입었다.

　그리고 이듬해인 1944년 6월과 7월에 노르망디 상륙작전이 감행되었다. 대륙침공을 위한 계획으로 앞서도 언급했듯이 루즈벨트와 처칠은 북아프리카와 지중해 작전에서 군사재능을 보여 준 아이젠하워 장군을 임명하여 그로 하여금 영국과 미국 두 나라의 모든 침공군들을 지휘케 했다. 1944년 1월 아이크(Ike: 아이젠하워 장군의 애칭)는 런던으로 날아가 합동참모본부로부터 명령을 받았다.

　본래 노르망디 상륙작전(일명 오버로드 작전 - Operation Overlord)은 6월 5일에 감행하기로 계획되었으나 영국해협의 날씨가 험악하고 파도가 심해 그 이튿날인 6월 6일에 실시되었다. 6월 6일 새벽 18,000명의 영국 및 미국 낙하산 병들이 노르망디 지상에 내려 주요 교량들을 점령하고 독일의 통신선들을 파괴했다. 그날 아침 6시 30

분 첫 번째 군대들이 노르망디 해안에 상륙하였으며 미국 군대들이 떼를 이루어 그들 뒤를 따랐다. 연합군들이 상륙을 개시한 지 4시간 뒤인 10시 15분에 이들의 상륙뉴스가 독일에 있는 롬멜(Rommel) 장군에게 들어왔다. 그는 히틀러로부터 밤중까지 침공군들을 무찔러 바다로 쳐넣으라는 지시를 받고 즉시 프랑스로 날아왔다. 그날 밤중까지에는 155,000명의 연합군들이 이미 상륙해 있었다.

대체로 영원히 잊혀지지 않을 6월 6일의 디데이(D-day) 공격은 눈부신 성공이었다. 6월 8일 스탈린은 '오버로드(Overlord)는 우리 모두에게 기쁨의 근원'이라는 내용의 전신을 처칠에게 보냈다. 그리고 그는 1943년 말 테헤란에서 한 동의에 따라 러시아 스스로 하계공세를 개시하겠다고 약속을 했다. 6월 10일 하루 동안 노르망디와 이탈리아와 그리고 레닌그라드(Leningrad) 등 3개 전선에서 치열한 전투가 벌어졌다.

6월 10일 밤까지 325,000명 이상의 연합국 병사들이 노르망디 해안에 상륙을 하였으며 6월 20일 밤까지는 50만의 연합군들이 추가로 상륙했다. 그러나 연합군들의 노르망디 상륙이 반드시 순조로운 건 아니었다. 독일군들의 거센 반격으로 많은 연합군들이 희생되었으며 수 척의 배와 십여 대의 항공기가 독일군의 포에 맞아 침몰되거나 격추되었다. 6월 25일 미군들은 프랑스 교외까지 깊숙히 진격을 했다. 독일 요새 사령관인 칼 빌헬름 장군(General Karl Wilhelm)은 롬멜에게 항복을 하도록 허락해 달라고 호소하였으나 롬멜은 총통(Fuhrer)의 명령에 따라야 한다며 칼 장군에게 끝까지 버티라고 응답을 했다.

노르망디 전투는 7월 24일까지 계속되었다. 그때까지 영국군들은 매우 강인한 싸움을 한 후 프랑스의 카엔(Caen)을 점령하였으며 미군들은 남쪽관문인 생로(Saint-Lo)를 접수했다. 그들의 통신망들이 파괴되고 항공기들이 지상에 좌초되어 보강을 할 수 없는 적들은 놀라 허둥댔다. 개전초기 그들의 당당했던 모습은 이제 그 어디에서도 찾아볼 수가 없었다. 롬멜은 모든 상황이 절망적이라고 생각하였으며 별도의 평화를 위해 아이젠하워와 협상노력을 주선하려 하고 있었다. 이때 다른 고급장교들이 독일정부를 접수하여 연합군에 항복을 하기 위해 1944년 7월 20일 그의 본부에 있는 히틀러를 암살하려고 시도했다. 그러나 히틀러 총통은 용케 살아남았으며 히틀러 암살시도에 관련되었던 수백 명의 다른 사람들이 고문을 받고 죽어갔다. 이들과 함께 전쟁을 패배로 이끈 롬멜의 운명의 날도 가까이 다가오고 있었다. 군대들의 저항에도 불구하고 히틀러의 전쟁 노력은 계속되었다. 그는 새로운 유-보트(U-boat) 같은 비밀병기에 승리를 걸었다. 벨기에와 북부 프랑스에서 발사된 그의 새로운 폭명탄(Buzz-bomb)은 런던에 죽음과 파괴를 확대시켰다. 전쟁에 이기려고 안간힘을 쓰는 히틀러의 마지막 발악이었다.

한편 노르망디 상륙 작전을 성공적으로 수행한 연합군들은 프랑스를 거쳐 벨기에로 진격했다. 하지 장군(General Hodge)의 제1군은 프랑스 북부의 센강(The River Seine)으로 질주하였으며 증오스런 지배자에 대항해 일어섰던 파리(Paris)는 8월 25일에 해방이 되었다. 이보다 4개월 앞서 처칠의 요청으로 찰스 드골 장군(General Charles de Gaulle)이 파리시로 개선하여 프랑스 임시정부의 대통령직을 떠맡았다. 9월 11일 하지의 미 1군은 룩셈브르크(Luxembourg)를 해방시킨 다음 국경을 건너 독일로 진군했다.

동유럽에 전쟁이 격화되어 가면서 이들 지역의 유태인들도 더욱 많이 죽어갔다. 폴란드의 3백만 유태인들이 모두 살해 되었으며 히틀러는 히믈러(Himmler)에게 유태인 문제에 관해 완전한 해결을 수행하도록 명령을 했다. 완전한 해결이란 이들을 완전히 몰살시키는 것을 의미했다. 서부유럽으로부터 매달 할당된 몫의 유태인들이 폴란드에 있는 아우슈비츠 처형실로 계속 추방이 되었다. 거의 1,000명의 유태인들이 매주 프랑스로부터 추방되었으며 1월 30일 이탈리아의 밀란(Millan)으로부터 563명이 그리고 3주일 후 추가로 462명이 아우슈비츠로 보내졌다. 그러나 헝가리와 중부 그리스(Greece)에는 아직도 추방을 기다리는 306,000명의 유태인들이 있었다. 히믈러의 등골이 오싹하는 노트에는 다음과 같이 적혀있었다. '인종싸움-완전한 해결. 복수자들이 우리의 어린이들 에게 복수를 하기 위해 일어나지 않도록 하라.'

유태인 소녀 안네 프랑크(Anne Frank)가 가스실에서 죽어간 것도 이 무렵이었다. 열네 살 난 안네 프랑크는 독일로부터 피신을 해 그녀의 부모와 여동생과 함께 홀랜드에 숨어 있었으며 안네는 유태인으로 태어난 그녀의 슬픈 운명을 그녀의 일기에서 다음과 같이 생생하게 반항적으로 묘사를 했다. '누가 우리들에게 이러한 벌을 주었는가? 누가 우리 유태인들을 다른 모든 민족과 다르게 만들었는가? 누가 이제까지 우리들이 이토록 무시무시하게 고통 받도록 허락했는가?' 그리고 안네는 그녀 자신의 물음에 다음 같이 체념적인 말로 대답을 했다. '현재의 우리들을 만든 것은 바로 하나님이야. 그러나 우리들을 다시 일으켜 세우는 것도 하나님이지.' 이 같이 자신의 운명을 신의 탓으로 돌리며 체념에 찬 일기를 쓴 4개월 후 안네 프랑크와 그녀의 부모는 이웃으로부터 배신을 당하고 추방되었으며 1945년 초 그녀의 동생 마르고(Margot)와 함께 벨젠(Belsen) 수용소에서 죽어갔다. 거의 이와 동시에 안네의 어머니도 아우슈비츠에서 질식사하였고 그녀의 아버지만 살아남았다.


## 포위된 독일

서부전선에서 승리를 한 연합군과 동부전선에서 독일군에 막대한 타격을 입힌 소련의 붉은 군대는 동과 서에서 독일 포위를 압축해가고 있었다. 1944년 6월 28일 소련의 붉은 군대는 보브루이스크(Bobruisk)로 진입하여 16,000명의 독일군을 죽이고 18,000명을 포로로 잡았다. 그리고 다음날인 6월 29일 동부전선에서는 일주일간의 전투에서 130,000명 이상의 독일군이 사망을 하고 66,000명이 포로로 잡혔다. 베를린에서는 독일군 의무단의 25살 된 상사로 철십자 운장(The Iron Cross), 이스트 메달(The East Medal), 그리고 그 외 다수의 고급훈장을 받은 하인즈 벨로(Heinz Bello)가 유태인 사살감시 중 나치주의(Nazism)와 군국주의(Militarism)를 비난했다가 그의 두 친구에 의해 고발되어 기관총탄 세례를 받고 처형되었다.

7월 초 동부전선에서의 독일군 위치는 매우 위태로웠다. 7월 2일 28개 독일군 사단이 포위되어 덫 안에서 싸움을 하다가 40,000명 이상이 전사를 했다. 7월 3일 소련군들은 백러시아(White Russia) 수도인 민스크(Minsk)로 진입했다. 소련군은 150,000명 이상의 독일군들을 포로로 잡았으며 2천 대의 탱크를 포획했다. 동부전선에서 7월 10일 저녁은 독일의 북부군에 대한 소련군의 대공세가 시작된 날이었다. 그리고 7월 18일 연합군들은 카엔(Caen)을 점령하기 위해 대규모 공격을 개시하였으며 이 공격에는 100대의 폭격기들이 출격하여 독일 방어선을 맹타했다.

1944년 8월 21일 연합국 외무장관들은 미래전쟁을 방지하기 위해 고안된 전후집단 안보체제를 설치하기 위해 미국 워싱턴 교외의 덤바튼 오우크스(Dumbarton Oaks)에서 회의를 했다. 그들이 구성한 조직체는 국제연합기구(The United Nations Organization)이며 그 내부 주요기관으로 5개 멤버국인 영국, 소련, 미국, 프랑스 그리고 중국으로 구성된 안전보장이사회(Security Council)를 두며 각 멤버는 그들이 반대하는 제안에 대해 거부권을 행사할 수 있도록 했다(거부권 행사 제의를 한 나라는 소련이었음). 그러나 지금은 그들의 절박한 승리 외에 연합국들 간에 장래 충돌 가능성을 논할 때가 아니었다.

1944년 8월 20일 소련군들은 독일과 함께 싸웠던 루마니아 국경을 파죽지세로 통과해 재시(Jassy)를 점령하였으며 루마니아 왕 마이클(Michael)은 안토네스쿠(Antonescu) 원수를 부카레스트(Bucharest) 왕궁으로 소환하여 그에게 연합군들과 즉시 휴전을 하라고 명령했다. 안토네스쿠는 거절하다가 체포되었다. 이에 놀란 히틀러는 루마니아가 변절할 경우에 대비해 루마니아를 점령하려는 계획을 최근에 준비했었다. 그 계획을 실행할 수 없게 되자 히틀러는 그의 공군부대에 루마니아의 수도 부카레스트를 폭격하라고 명령을 했다.

루마니아를 점령한 일주일 내 105,000명 이상의 독일병사가 죽었으며 같은 숫자의 독일병사들이 포로로 잡혔다. 루마니아는 러시아와 휴전 협정에 조인하였으며 1941년 가을 레닌그라드 주변 포위 작전에 독일군을 도왔던 핀란드 정부도 연합군들과 화친할 준비가 되어있었다. 이제 독일은 동부전선의 남부 및 북부 끝부분에 있는 액시스(Axis)의 두 동반자들을 모두 잃었다. 전쟁 동반자들을 잃고 동-서부 전선에서 인명과 물자에 심대한 타격을 입은 독일은 이제 독안에 든 쥐가 되었다.

1944년 8월 25일 소련군들은 에스토니아(Estonia)의 타투(Tartu)를 점령하여 독일군 요새 방어선을 돌파했다. 같은 날 루마니아는 독일에 선전포고를 했다. 독일 주축(Axis)은 혼란에 빠졌다. 스탈린은 줄어드는 연합국들의 원조를 늘리기 위한 노력으로 영국 및 미국 항공기들이 소련 비행장 활주로를 사용하는 것을 허락하기를 거절했다. 거의 절망에 찬 처칠은 바르샤바(Warsaw)에서 독일군에 대항해 싸우는 지하 반란군들을 원조하기 위해 스탈린에게 소련 비행장 활주로 사용을 호소하였으나 스탈린은 대답하지 않았으며 처칠은 루즈벨트에게 이 문제를 상의하였지만 스탈린 편에 서있는 루즈벨트 역시 처칠의 제의를 거절했다. 이와 같이 바르샤바에 대한 원조를 둘러싸고 영-미 단합은 깨졌으며 영국 혼자 부득이 소련을 대노大怒시킬 조치를 취하지 않으면 안 되게 되었다. 스탈린의 비위를 건드리지 않으려는 루즈벨트의 소심함이 이때 다시 한 번 드러났으며 결국 폴란드의 장래는 연합국들 간에 중요한 논쟁의 원인이 되었다.

연합군과 소련군들이 독일의 포위를 좁혀갈 무렵인 1944년 9월 13일 태평양으로부터 230마일 떨어진 미국의 핸포드(Hanford)에서 최초의 원폭실험이 있었으며 이 원폭실험은 대성공이었다. 전쟁은 이제 막바지에 접어들고 있었다. 영국은 5년 이상, 러시아는 3년 이상, 그리고 미국은 거의 3년간 독일과 전쟁을 해왔다. 너무나 오래 끄는 교전으로 인한 피로가 전군의 사령관들에게 역력히 나타나 있었다. 1944년 10월 9일 모스크바에서 열린 한 회의에서 처칠과 스탈린은 독일에 대한 최후 전쟁 국면에 관해서뿐만 아니라 전쟁에 이긴 후 해방된 유럽에서 그들 두 나라의 위치에 관해서도 회담을 했다. 처칠의 독촉으로 그들 두 사람들은 독일군들이 그들이 점령했던 국가들로부터 붉은 군대에 내몰리고 있으며 소련 연방공화국은 이들 나라들에 대해 장래 어떠한 영향을 끼칠지를 의논했다. 처칠은 루마니아는 러시아의 관심사이고 그리스는 영국이 관여하겠다며 러시아가 루마니에 대해 할 수 있는 것과 같은 방법으로 영국이 그리스에 관해 우선권을 갖게 하도록 희망을 했다. 처칠은 영국이 지도적인 지중해 파워가 되지 않으면 안 된다고 스탈린에게 말을 했으며 그는 그리스에서만 영국을 위한 주요영향을 추구했다. 유고슬라비아에 관해서는 동과 서로 갈라 반반의 영향력을 행사하자고 제의했다. 처칠은 또한 스탈린에게 그는 실레시아(Silesia)와 동 프러시아(East Prussia)의 독일 인구를 중부독일로 이동시키는 것도 마음에 그리고 있다고 말을 했다. 그러면 동 프러시아는 러시아와 전후 폴란드사이로 분리될 수 있으며 실레시아는 러시아가 이미 점령을 하고 합병할 의도를 가지고 있는 1, 2차대전 사이의 폴란드의 동부지역을 위한 보상으로 주자고 말했다.

이어 열린 10월 10일 두 번째 회의에서 처칠은 스탈린에게 서구 동맹국들은 모든 국가가 그들 국민들이 바라는 정부 형태를 갖기를 원하고 있다고 말을 했다. 처칠은 또한 어떠한 사상도 작은 나라들에 강제로 부과해서는 안 되며 앞에 놓여있는 몇 년 동안 그들로 하여금 그들 자신의 행운을 결정케 해야 한다고 확실히 말을 했다. 그는 이어 서부유럽의 모든 나라에는 일단 나치즘(Nazism)이 타도되면 침략적이고 변절적인 공산주의로 대체된다는 우려가 있다고 스탈린에게 말을 했다. 이 말은 특히 음험한 마음을 가진 스탈린에게 일부러 들어보라고 한 말이었다. 처칠과 스탈린이 모스크바에서 회담하는 동안 북부유럽의 미군들은 독일의 서쪽 관문인 독일의 애친(Aachen)시를 포위했다. 10월 13일 모스크바에서 스탈린은 소련은 독일이 패퇴하는 즉시 일본에 대한 전쟁에 참여할 것이라고 처칠에게 간단히 말했다. 10월 14일 두 독일 장군들이 노르망디에서 입은 머리상처로부터 서서히 회복을 하는 롬멜(Rommel) 육군 원수를 그의 집으로 찾아가 히틀러가 개인적으로 전하는 것이라며 자살을 선택하든가 공개재판을 받든가 두 가지 중 하나를 택하라고 롬멜에게 제안했다. 롬멜은 두 장군이 가지고 온 청산칼리를 먹고 그 자리에서 자살을 했다. 1944년 말이 되면서 연합군들은 사실상 전 유럽의 제공권을 장악하였으며 독일중심부 깊숙히 날아가 독일 도시들을 난타해 폐허로 만들었다. 이런 가운데 11월 7일 프랭클린 루즈벨트는 네 번째 임기를 위해 미국 대통령에 당선이 되었다. 네 번째 대통령에 당선된 루즈벨트는 스탈린에게 소련에 대한 원조를 재차 확약했다. 그는 러시아가 독일 패배를 달성시키는 데 계속 중요한 역할을 해야 한다며 미국은 최대량의 보급품을 제공함으로써 계속하여 소련 사회주의 연방공화국을 지원할 것이라는 내용의 지지문을 발표했다.

## 얄타회담(Yalta Conference) 개최 및 이 회담에서 결정된 한국의 운명

1943년 11월의 카이로 회담과 테헤란 회담에 이어 세 번째로 열린 회담이 바로 얄타회담이다. 얄타회담은 1945년 2월 4일에서 11일까지 7일간 우크라이나 공화국의 크림(Crimea) 반도 남부항구 도시인 얄타에서 처칠, 스탈린, 루즈벨트 등 세 수뇌가 개최하였으며 전후 유럽과 아시아의 정치적 문제가 회담의 주 의제였다. 이 회담에서 루즈벨트는 카이로 회담 때처럼 한국을 도마 위에 올려놓고 제2차 세계대전의 희생물로 삼으려고 또다시 획책을 했다.

지난해 11월 네 번째 임기를 수행하기 위해 대통령에 당선된 루즈벨트는 1945년 1월 20일 대통령 취임식 때 몸이 쇠약하여 의회에서 대통령 취임선서를 하지 못하고 백악관에서 제32대 미국 대통령에 취임하는 선서를 하지 않으면 안 되었다. 본래 다리가 불구인 루즈벨트는 지팡이에 의존해 걸음을 걸었으며 백악관에서 대통령 취임 선서를 할 때에도 몸이 쇠약해 측근 보좌관의 부축을 받으며 대법원장 앞에서 선서를 했다.

루즈벨트가 얄타회담에 참석했을 때에는 거의 다 죽어가고 있었다. 그는 몹시 수척했으며 두 눈 밑에는 검은 원이 형성되어 주름이 쪼글쪼글 잡혀있었다. 루즈벨트의 주치의는 루즈벨트가 심한 고혈압증과 출혈성 심장병에 걸려 있다고 진단을 했다. 루즈벨트는 장시간의 여행으로 그의 건강이 더욱 악화될지 몰라 스탈린에게 다른 장소에서 회담을 열기를 희망하였으나 스탈린은 전시 중이기 때문에 그의 나라를 떠날 수 없다고 강경히 버티는 바람에 루즈벨트는 하는 수 없이 그에게 가겠다고 동의를 했다. 루즈벨트는 장시간 여행으로 몸과 마음이 극도로 지쳐있었으며 스탈린은 루즈벨트의 이러한 병약한 상태를 최대한 이용하여 루즈벨트로부터 그가 얻고 싶은 것을 최대한 우려내려고 했다. 루즈벨트는 스탈린이 처놓은 망에 걸려들어 회담 내내 스탈린에게 모든 것을 양보해가며 그가 하자는 대로 순순히 응하기만 했다.

스탈린이 루즈벨트와 처칠에게 마련해 준 별장은 그렇게 호사스럽지도 않았으며 이곳저곳이 파손되어 보기가 흉하고 가구마저 낡은데다 특히 빈대가 들끓어 밤이면 잠을 잘 수가 없었다고 처칠은 후일 그의 회고록에서 술회를 했다. 루즈벨트는 사력을 다해 회담에 임하려고 하였으나 병약한 몸은 어쩔 수가 없었다. 루즈벨트는 한걸음 한걸음 죽음으로 다가가고 있었다. 회담에서 그를 지켜보고 있던 사람들은 그의 입이 딱 벌어져 있었고 한창 토론 중일 때에도 가끔씩 꾸벅꾸벅 졸고 있었다고 술회했다. 루즈벨트는 회담에 관심이 없었고 마지못해 회담에 임하고 있었다. 스탈린은 루즈벨트의 병약함, 소극성, 나약함을 최대한 이용하고 있었다. 스탈린은 옆에 있는 처칠이 방해가 된다고 생각할 때에는 루즈벨트를 별실로 데리고 가 그가 원하는 것에 동의를 하도록 했다. 스탈린의 태도에 기분이 몹시 언짢아진 처칠은 회담에서 소외된 느낌이었으며 이때부터 루즈벨트와 자신이 스탈린이 파놓은 함정에 빠져들어가고 있는 게 아닌가 하고 생각을 하기 시작했다. 냉정을 찾은 처칠은 스탈린에게 끌려다니는 루즈벨트와 달리 스탈린이 세계평화를 유지하는 데 과연 진정한 파트너가 될지도 의심을 하였으며 전쟁이 끝나면 소련이 유럽에서뿐만 아니라 극동에서도 막대한 힘을 행사할 것이라고 예상을 했다. 처칠은 여러 면에서 루즈벨트보다 생각이 뛰어나고 미래를 바라보는 선견지명까지 가지고 있었다. 이러한 생각을 해가며 회담에 임하는 처칠은 스탈린과 루즈벨트와 의견이 맞지 않았으며 루즈벨트와 스탈린은 다함께 이러한 처칠을 완전히 무시를 했다.

루즈벨트와 스탈린은 소련의 대일전 참여에 관해서도 그들끼리만 이야기를 주고받았다. 처칠은 남은 회담 기간 동안 그의 방에서 혼자 시간을 보내며 마음을 앓기만 했다. 루즈벨트는 다 죽어가면서도 한국 문제에 관한 이야기가 나왔다하면 생기를 되찾아 스탈린과 꼬박꼬박 상의를 해가며 스탈린의 말에 귀를 집중시켰다. 루즈벨트는 스탈린에게 유럽전쟁이 끝나는 대로 대일전에 참여해 달라고 거듭 요청을 하였으며 루즈벨트가 미국이 다 이겨놓은 전쟁에 소련을 끌어들인 다음으로 한국에 대해 가장 치명타를 입힌 것은 전쟁이 끝나더라도 한국을 일정기간 동안 신탁통치하에 두자는 제안이었다. 루즈벨트는 영국을 제외하고 소련, 중국, 미국이 한국을 다스려야 한다고 스탈린에게 말을 하였으며 스탈린은 한국을 다스릴 수 있는 절호의 기회가 왔구나 하고 루즈벨트의 한국 신탁통치 제안에 쾌히 동의를 했다.

러시아는 이미 1860년대에 조선에 진출하여 조선을 다스릴 기회를 엿보아 오다 1904년 일어난 러-일 전쟁에서 일본에 패하여 그 꿈을 실현하지 못했는데 소련의 스탈린은 루즈벨트의 뜻하지 않은 제안으로 마침내 러시아의 오랜 숙원을 달성시킬 수 있게 되었다. 1905년 9월 시어도어 루즈벨트가 미국의 포츠머스에서 러-일 전쟁을 중재하였을 때에는 한국을 일본 단독 보호 아래 맡겼으나 그의 친조카인 프랭클린 루즈벨트는 한술 더 떠 한국을 신탁통치 이름으로 3국의 지배 하에 놓으려 하고 있었다.

루즈벨트는 카이로 회담과 테헤란 회담 때와 같이 한국인들을 자치 정부를 가질 수 없는 무능력한 민족으로 취급을 했다. 한국인들은 지난 5천 년 동안 남의 나라에 지배를 받지 않고 자치적으로 나라를 다스린 훌륭한 경험을 가지고 있으며 역사가 기록된 이래 외적으로부터 900번 이상의 침략을 받았음에도 이에 굴하지 않고 그들의 나라를 지켜온 강인한 정신을 가지고 있는 민족이었다. 옛날 한국이 나라를 세워 스스로 이를 다스리고 있을 무렵 유럽민족들은 벌거벗은 채 울창한 나무숲을 전전하며 한창 야만 생활을 하고 있었다. 루즈벨트는 한국과 한국 민족에 대해 전혀 아는 바가 없었으며 단순히 나라가 작고 장기간 동안 일본의 통치를 받아왔기 때문에 한국 민족이 자치정부를 가질 자격이 없는 것으로 생각하고 한국을 또다시 다른 나라의 통치에 맡기려 하고 있었다. 일본이 왜 한국을 다스리게 되었는가? 그것은 전적으로 미국의 농간 때문이었다. 다시 말하지만 1905년 9월 시어도어 루즈벨트는 러-일 전쟁을 평화적으로 끝낸 영웅으로 남기 위해 그가 주선한 협상 제물로 한국을 일본에 간단히 넘겨주었으며 그 후 일본이 한국을 합병할 때에 일본이 한국을 합병하도록 격려를 해준 것도 바로 미국이었다. 이런 면에서 볼 때 미국은 한국을 다스린 일본보다 훨씬 더 악랄했다. 이 모든 것이 미국 때문인데도 루즈벨트는 한국인들이 자치정부를 운영할 능력이 없는 무능력한 민족으로 능멸만 하고 있었다. 한국보다 훨씬 뒤떨어진 후진국들도 그들이 지배국으로부터 독립을 할 때에는 극히 몇 나라를 빼고는 신탁통치 과정을 거치지 않았다. 거듭 말하지만 루즈벨트의 한국 신탁통치 구상은 1941년 8월 처칠과 함께 그가 대서양 헌장에서 밝힌 각 나라의 자치정부 보장 약속에도 정면으로 위배되는 것이었다.

루즈벨트는 2년 전 열렸던 카이로 회담에서는 영국, 미국, 중국 그리고 그 외 한두 나라가 더 참여하여 한국을 다스려야 한다고 말을 했으나 얄타회담에서는 미국의 동맹국인 영국을 빼고 소련, 중국, 미국이 한국을 다스려야 한다고 말을 바꿨다. 루즈벨트가 영국을 빼고 소련을 신탁통치국에 포함시킴으로서 영국 대표로 이 회담에 참석한 처칠은 루즈벨트의 이 같은 위선적 행위에 심한 혐오감과 배신감을 느끼지 않을 수 없었다.

스탈린은 루즈벨트로부터 대일 참전권과 신탁통치 명목으로 한국에 대한 부분적 통치권을 동시에 얻음으로써 뜻밖의 횡재를 손에 넣게 되었다. 이뿐만 아니라 스탈린은 얄타회담을 통해 1904년 러시아가 일본과의 전쟁에 패해 승전국에 대한 전쟁보상으로 일본에 할양했던 남 사할린 섬(South Sakhalin Island)과 쿠릴 열도(Kurile Islands), 외몽고(Outer Mongolia), 그리고 대부분의 만주 땅 등 그가 얻고 싶은 모든 것을 루즈벨트와 처칠로부터 승인을 받아 손에 넣었다. 반면 루즈벨트와 처칠은 별로 얻은 게 없었다. 루즈벨트가 고작 얻어낸 것이라곤 일본제국이 가지고 있던 보잘 것 없는 이권을 인수한다는 것뿐이었다. 또한 이 회담에서 전후 독일 분할과 폴란드 등 동유럽에 대한 포괄적 논의가 있었으나 스탈린의 비타협적이고도 완강한 저항으로 결론을 내지 못했다.

얄타회담은 완전히 소련을 위한 회담이었으며 스탈린의 독무대였다. 이 회담에 참석했던 루즈벨트와 처칠은 스탈린이 얻고자 하는 것을 모두 승인해준 들러리 거수기(擧手機: Rubber Stamp)에 지나지 않았다. 얄타 회담이 끝난 후 미국의 정치 평론가들과 비평가들은 루즈벨트가 다 죽어가는 병약한 몸으로 회담에 임했기 때문에 스탈린에게 모든 것을 양보하며 미국의 모든 이권을 그에게 헐값에 팔아먹었다고 루즈벨트를 신랄히 비판했다. 후세 역사가들은 얄타 회담에서 드러난 것 외에도 다른 많은 비밀이 베일에 가려졌다며 얄타 회담을 얄타 신화(Yalta Myth)라고까지 표현 했다.

얄타 회담을 굴욕적으로 끝낸 루즈벨트는 회담이 열린 지 불과 2개월 후인 1945년 4월 12일 63세의 한창 나이에 뇌출혈로 사망하였으며, 루즈벨트의 뒤를 이어 부통령인 해리 트루먼 (Harry S. Truman)이 제 33대 미국 대통령이, 그리고 제임스 번즈(James F. Byrnes)가 새 국무장관이 되었다. 루즈벨트가 죽었을 때 가장 큰 환호성을 올린 사람들은 단연 일본인들이었다. 그 다음으로 그의 죽음을 환영해야 할 사람들은 한국 국민들이었으나 그들은 침묵만 지켰다. 한국인들은 오히려 루즈벨트를 한국에 독립을 가져다 줄 구세주로 생각을 했으며 그가 한국의 국토를 분열시킬 악의 씨(Evil Seed)를 잉태시켜 놓고 죽었다는 사실을 아는 사람은 아무도 없었다. 그리고 미국 대통령 역사상 루즈벨트(Roosevelt)라는 성을 가진 대통령은 둘밖에 없었는데 이들은 서로 닮은 데가 많았다. 그들은 둘 다 교활하고 간사하고 음험하였으며 한국에 엄청난 해악을 끼치는 등 한국의 운명을 마음껏 가지고 놀다가 죽었다.

루즈벨트의 사망에 이어 2차 대전의 주역들이 하나하나 사라져 갔다. 1945년 4월 28일에는 독일과 함께 연합국에 대항해 싸웠던 이탈리아의 독재자 베니토 무솔리니(Benito Mussolini)가 이탈리안 빨치산(Partisans)들에 의해 총살되었으며, 4월 30일에는 아돌프 히틀러(Adolf Hitler)가 지하벙커에서 그의 젊은 애인 에바 브라운(Eva Braun)과 함께 죽었다. 히틀러는 권총을 그의 입에 넣어 쏘아 자살을 했으며 에바 브라운은 독약을 삼키고 히틀러 옆에 누워 숨을 거두었다. 그리고 소련의 대포알이 히틀러가 죽은 장소 근처에 떨어지는 동안 히틀러와 에바 브라운의 시체는 지하벙커에서 안뜰로 옮겨져 석유세례를 받은 다음 검붉은 화염에 싸였다. 56세의 세기의 살인마 아돌프 히틀러는 죽어 지옥에 마저 가지 못하고 검은 연기에 쌓여 어두운 역사 속으로 영원히 사라져갔다. 1945년 7월에는 2차 대전을 승리로 이끈 주역인 윈스턴 처칠(Winston Churchill)이 선거에 패해 실각을 하였으며 노동당의 클레멘트 애틀리(Clement Attlee)가 영국 수상이 되었다. 이로써 소련의 스탈린을 제외한 세계대전의 주역들이 하나 둘 사려져 가며 새로운 시대가 도래到來하기 시작했다. 그러나 시대와 인물은 바뀌었어도 미국의 한국 목 조르기 획책은 더욱더 악랄해져만 갔다.

# 27
# 유럽 대전 종결 및
# 일본의 항복

## 유럽 대전 종결

5년 이상을 끌어오며 4천 6백만 이상의 병사와 민간인의 목숨을 앗아간 참혹한 유럽전쟁은 체코(Czech)의 수도 프라하(Prague)에서의 전쟁을 끝으로 그 막을 내렸다. 1945년 5월 8일 아침 프라하시에서 소련군과 싸우던 독일군들은 무조건 항복을 하였으며 이 항복을 시발로 유럽의 다른 지역에서 싸우던 독일군들도 연합군에 차례차례 항복을 했다. 전쟁은 연합국의 승리, 더 정확히 말해 소련의 승리로 끝났으며 영국과 미국은 5월 8일을 유럽전승기념일(VE-Day: Victory in Europe Day)로 정하여 그들의 전승을 축하했다. 1945년 7월 16일 아침에는 세계 최초의 원자폭탄이 미국의 뉴멕시코(New Mexico)주의 알라모고도(Alamogordo) 사막지역에서 성공적으로 실험되었다.

그리고 미국의 원폭실험 하루 후인 7월 17일에는 미국의 트루먼과 소련의 스탈린, 영국의 처칠 등 이른바 빅 스리(The Big Three)가 독일의 베를린 교외에 있는 포츠담(Potsdam)에서 전후 처리 문제를 논의하기 위해 8월 2일까지 15일간 회담을 열었다. 미국, 영국, 중국은 포츠담 회담과는 별도로 아시아 태평양 전쟁에서 단말마적 저항을 벌이고 있는 일본에 무조건 항복(Unconditional Surrender)을 요구하였으며 7월 26일 저녁에 트루먼 각료들은 신문에 일본에 무조건 항복을 요구하는 포츠담 선언문(Potsdam Declaration)을 발표했다.

포츠담 선언에서 상기 빅 스리들은 전후 세계의 안정과 평화가 아닌 세계 재분열의 창출과 자국의 이익에만 골몰했다. 회의 참석자들은 독일의 베를린, 빈(Wien), 오스트리아를 네 개 지구로 쪼개어 미국, 영국, 프랑스, 소련의 점령군 총사령관이 관할하도록 결의를 했다. 그러나 스탈린은 미국과 영국, 프랑스가 그의 세력권 안에 있는 발칸 제국(Balkan States)에 간섭하는 것을 단호히 배격했다. 결국 포츠담 회담도 앞서 열린 얄타 회담에서처럼 스탈린의 독무대가 되었다. 새로 미국 대통령이 된 트루먼은 얄타 회담에서 그의 전임자인 프랭클린 루즈벨트가 스탈린에게 약속한 모든 조건들을 인정할 수밖에 없었고, 처칠은 스탈린의 독주에 몹시 불안하였으나 포츠담 회의 도중 국내에서 실시된 선거 에서 그가 몸담고 있던 보수당이 노동당에 패해 런던으로 돌아가지 않으면 안 되었으며, 노동당 출신의 클레멘트 애틀리(Clement Attlee) 새 수상이 처칠 대신 회담에 나왔지만 그 역시 철권 독재자인 스탈린 앞에서는 힘을 발휘하지 못했다. 이 회담에서도 한국에 대한 신탁통치안이 스탈린에 의해 재확인되었지만 회담

참석자 중 누구도 스탈린의 한국에 대한 신탁통치 확인에 이의를 제기하는 사람이 없었다.

　연합국 수뇌들이 소련의 스탈린에게 맥을 못 춘 것처럼 유럽에서 연합군을 총지휘한 아이젠하워도 소련군에 꼼짝을 못했다. 아이젠하워는 1944년 6월 6일 노르망디 상륙작전을 성공적으로 이끌긴 했으나 1945년 4월 11일 동부에서 독일로 쳐들어오는 소련군 최고 사령관에게 그는 베를린 심장부로 진격하지 않겠다고 약속을 함으로써 베를린 점령을 소련군에게 내주었으며, 1945년 4월 30일에도 아이젠하워는 또다시 소련군에 굴복을 했다. 아이젠하워는 소련군 부사령관인 안토노프(Antonov)에게 미군들은 린츠(Linz) 공동구역과 엔즈강(The River Enns)에서 더 이상 오스트리아로 진격하지 않겠다고 약속을 했다. 처칠은 아이젠하워가 안토노프 소련군 부사령관에게 한 약속에 몹시 화를 냈다. 처칠은 공산주의자들이 아드리아 해(Adriatic Ocean) 서부로 진격하는 것을 매우 두려워하였으며 미국의 트루먼에게 즉시 전보를 쳐 미국 군대들에 의한 프라하의 해방과 그로 인한 서부 체코슬로바키아 영토의 많은 부분이 체코슬로바키아의 전후 상황에 전체적인 차이를 가져올 것이며, 그러한 차이는 인근 국가들에도 심각한 영향을 끼칠 것임은 의심의 여지가 없는 바, 만일 서부 동맹국들이 체코슬로바키아 해방에 중대한 역할을 하지 않으면 그 나라는 유고슬라비아와 같은 길을 가게 될 것이라고 경고를 했다. 그러나 트루먼은 군대들의 전술적 배치는 군에게 맡기겠다고 간단히 대답함으로써 처칠을 몹시 실망시켰다. 트루먼은 루즈벨트 밑에서 부통령으로 있을 때 루즈벨트의 그늘에 가려 미국국민들에게 잘 알려지지 않았으며 그가 루즈벨트의 사망으로 대통령에 취임할 때에는 "도 대체 해리 트루먼이 누구야?"라고 묻는 사람들이 많았다. 성격이 내 성적이고 우유부단한 트루먼은 스탈린과 다투기를 꺼려하였으며 전 후 유럽 처리에 관해서도 별 관심이 없었다.

영국으로부터 미국 군대들의 프라하 해방 요구를 건네받은 미국의 마셜 장군(General George C. Marshall)은 아이젠하워에게 그는 개 인적으로 그리고 모든 병참과 전술적, 전략적인 관계를 떠나 순전한 정치적인 목적으로 미국인들의 생명을 위태롭게 하는 것을 싫어한다 고 말을 했다. 마셜은 나약하고 소프트(timid and soft)한 군인이었 다. 마셜은 유럽전쟁에서뿐만 아니라 후일 한국전쟁에서도 38선을 넘 어 북한 깊숙이 진격하려는 맥아더 장군에게 이를 허락치 않았다. 이 때 마셜은 나이가 70이나 되는 노쇠한 국방장관이었으며 맥아더의 한국전쟁 작전 수행에 많은 제동을 걸었다. 마셜은 트루먼, 애치슨, 브래들리(Bradley) 합참의장과 함께 한국전쟁에 매우 미온적이었으며 한국전쟁을 승리로 이끌려는 맥아더를 트루먼이 해임토록 하는 데에 도 결정적 역할을 하였고 한국전쟁을 졸속적으로 끝내기 위해 트루 먼과 애치슨과 함께 휴전을 통모한 것도 바로 마셜이었다.

미국 대통령의 무관심과 군 수뇌부의 뒷걸음질로 프라하는 결국 소련의 붉은 군대에 의해 해방이 되었으며 아드리아 해 북단 반도인 전략 요충지 이스트리아(Istria)는 티토(Tito)의 빨치산들에 의해 해방 이 되었다. 처칠은 이와 같은 상황전개를 막기 위해 아무것도 할 수 있는 게 없었다. 처칠이 트루먼에 전보를 쳐 미국 군대들로 하여금 프 라하를 해방시키게 하라고 촉구했던 같은 날 4월 30일 오후 두 시

반, 소련 붉은 군대의 칸타리야(Kantariya) 상사(sergeant)는 독일 군대들이 아직도 반항하고 있는 라이히슈타크(Reichstag) 건물의 이층으로 올라가 소련의 붉은 기(The Red Banner)를 힘차게 흔들었다. 그리고 이곳으로부터 불과 일 마일밖에 떨어지지 않은 한 벙커에서는 소련군에 대한 모든 반격을 포기한 히틀러와 그의 부관들이 점심을 마쳤으며 그로부터 수분 후에 히틀러는 권총을 그의 입에 넣은 다음 방아쇠를 당겼다.

처칠의 충고대로 미군이 프라하를 해방시키고 티토의 빨치산들이 아드리아 해를 점령치 못하게 한 다음 독일의 심장부인 베를린에 소련의 붉은 군대보다 먼저 발을 들여 놓았다면 유럽의 판도는 완전히 뒤바뀌었을 것이며, 후일 동구 여러 나라들이 소련의 붉은 지붕 밑에 들어가지도 않았을 것이다. 트루먼과 미군 지도자들의 소심과 우유부단함과 정세판단 미숙은 후일 일어난 한국전쟁에서도 그대로 나타나 한국전쟁이 지리멸렬하게 끝이 나는 결과를 가져왔으며 그러한 결과로 한반도는 통일되지 못한 두 개의 나라로 이제까지 남게 되었다.

아이젠하워의 군인답지 않은 얼간이 행위는 여전히 계속되었다. 프라하에서는 5월 7일 체코슬로바키아 저항군들이 독일군들에 대항해 무기를 집어들었으며 바로 그날 세 대의 미군 지프차가 프라하에 도착했다. 미군의 도착과 때를 같이하여 프라하로 진입한 소련군 대부대는 조무래기 미군들에게 아이젠하워가 소련군 총사령관과 합의한 대로 프라하에서 물러가라고 요구를 하였으며, 미군들은 그들의 요구에 아무 말도 못하고 프라하를 철수하여 필센(Pilsen)으로 퇴각했다. 소련군들은 그들이 먼저 점령한 동구 나라들에 미군이 들어오는 것을 철저히 막았으며 이것은 치밀한 스탈린의 의도이기도 했다. 5월 7일 내내 프라하에서 전투가 계속되었으며 이튿날 5월 8일 아침 5시 4분에 프라하 시에 있는 독일군들은 무조건 항복을 했다. 프라하에서의 전투로 하루 동안 2만 명에 가까운 소련군들과 독일군들이 전사를 하였으며 이 마지막 유혈전투로 독일이 일으킨 제2차 세계대전은 마침내 그 막을 내리게 되었다. 결국 유럽에서 일어난 두 번째 세계전쟁은 소련군들의 최후전으로 끝이 났으며, 미국의 루즈벨트가 소련의 스탈린에게 물불 가리지 않고 대준 무기로 끝까지 싸워 이긴 소련군들이 최후의 승리자였다. 그런데도 미국과 영국은 그들의 싸움으로 전쟁이 끝나기라도 한양 5월 8일을 유럽전승기념일로 정해 매년 유럽전쟁 승리를 기념하고 있다.

전쟁을 하면 반드시 이겨야 한다. 그러나 아무리 무기가 우수하더라도 이겨야겠다는 의지가 없으면 전쟁에서 지고 만다. 2차 대전 때 미국은 세계에서 가장 우수한 무기와 세계 최강의 공군력을 가지고 싸웠으나 싸워 이기겠다는 의지가 부족한 데다 미군 지휘관들의 우유부단한 태도 때문에 소련에 승리를 빼앗기고 말았다. 미국이 후일 한국전과 월남전에서 패한 것도 바로 이 때문이다.

# 2 차 세계대전 화보

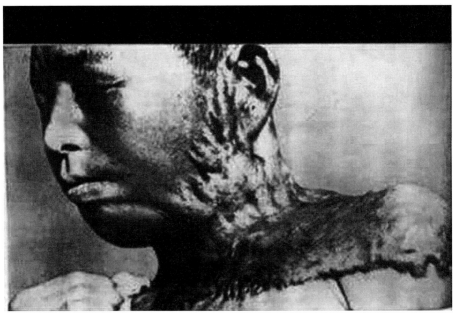

## 일본의 무조건 항복

1945년 7월 26일 미국은 영국 및 중국과 합의한 대로 일본에 무조건 항복을 요구하였으나 일본 총리인 간타로 스즈키 제독(Admiral Kantaro Suzuki)은 일본 정부는 항복에 어떤 중요한 가치를 발견하지 못했으며 전쟁을 성공적으로 끝내기 위해서는 미국의 항복 요구를 완전히 무시하고 결사코 싸우는 것 외에 다른 방법이 없다며 포츠담 선언을 거절했다. 일본의 무조건 항복이 관철되지 않자 트루먼은 최후로 일본에 원폭투하를 결정하였으며 이를 수행하기 위해 1945년 8월 6일 새벽 2시 45분에 원자폭탄을 운반하기 위해 특별히 채택된 B-29 폭격기 "에놀라 게이(Enola Gay)"호가 원폭을 싣고 마리아나 군도의 티니안 섬(Tinian Island)을 이륙하여 5시간 반을 비행한 후 일본 시간으로 아침 8시 15분에 일본의 히로시마 상공에 도착하여 원자폭탄을 투하했다. 에놀라 게이호의 부조종사인 로벗 루이스 대위(Captin Robert A. Lewis)는 거대한 폭발과 함께 번쩍이는 섬광을 목격하였으며, 동료 항공기 승무원들은 루이스 대위가, "야, 큰일 났다. 저 개××가 나가는 것을 보라구(My God, Look at that son-of-bitch go)"라고 외치는 소리를 들었다. 그 찰나 단 몇 초 만에 원자폭탄 폭발로 8만 명의 인구가 사망을 하고 3만 5천 명 이상이 부상을 입었으며, 히로시마(Hiroshima)에 있는 9만 개의 건물 중 6만 2천 개가 완전히 파괴되었다.

히로시마 상공에서 원폭이 폭발한 13일 후에는 만 2천 명 이상이 추가로 사망을 하였으며 방사선으로 병에 걸려 죽은 사람의 숫자는 이후 수 년간 계속되어 1986년에는 원폭으로 인한 총 사망 숫자가

138,890명에 달했다. 미국이 히로시마에 원폭을 투하한 이틀 후인 8월 8일 소련은 루즈벨트의 요청대로 일본에 선전포고를 하였으며 일본에 대한 선전포고와 함께 소련의 대군이 만주 이남으로 물밀듯이 돌진해 내려오기 시작했다. 소련이 대일전에 참가한 다음날인 8월 9일에는 두 번째 원폭이 나가사키(Nagasaki)에 투하되었으며 나가사키 시의 1,650피트 상공에서 폭발한 원자폭탄으로 4만 명 이상의 인구가 목숨을 잃었고 1945년 말까지 5천 명이 더 사망 했으며, 30년 후의 총 사망자 숫자는 48,857명으로 집계되었다.

나가사키에서 두 번째 원폭이 폭발한 그 순간 일본 최고 전쟁지휘위원회는 도쿄에서 긴급회의를 열어 일본의 무조건 항복 수락 여부에 관해 토의를 했다. 위원회는 둘로 똑같이 갈라졌다. 장군 셋은 일본이 항복을 해야 한다고 주장하였으나 다른 장군 셋은 전쟁을 계속하겠다고 버텼다. 외무 대신인 시게노리 도고(Shigenori Togo)는 일본의 항복에 표를 던졌으며 총리 대신인 스즈키 제독(Admiral Suzuki)도 항복 쪽에 손을 들었다. 그러나 전쟁 대신인 아나미 장군(General Anami)은 항복을 하면 안 된다고 강조를 하며 회의 참석자들에게 다음과 같이 말을 했다.

"일본이 전쟁에 졌다고 말하기에는 너무 이르다. 우리는 전황을 우리에 맞게 역전시켜 패배에서 승리를 이끌어 낼 수가 있다. 더욱이 우리 군대는 그들의 해산에 복종치 않을 것이다. 그리고 그들은 항복하는 것을 수치로 알고 허락받지 않았기 때문에, 또한 그들은 항복을 하는 전투원은 중벌을 받는다는 것을 알고 있기 때문에 우리로서는 전쟁을 계속하는 것 외에 달리 대안이 없다."

회의는 반전파와 주전파 간에 서로의 주장이 팽팽히 맞선 가운데 결론 없이 끝났으며 두 번째 회의가 일본 천황의 지하대피소에서 한밤중이 조금 지나 다시 열렸다. 첫 번째로 총리대신 스즈키가 포츠담 선언을 낭독하였으며 그 다음으로 외무대신인 도고가 황제의 지위와 왕권이 존중되는 조건으로 항복 수락을 촉구했다. 스즈키 총리대신은 외무장관인 도고를 지지했다. 그러나 아나미 장군은 그에 반대했다. 회의는 거의 두 시간 가량이나 계속되었다. 그때 히로히토(Hiro-hito) 천황이 천천히 입을 열었다.

"전쟁을 계속하면 일본국민들의 전멸과 모든 인류의 고통의 연장만을 초래할 뿐이다. 일본은 더 이상 전쟁을 수행할 수 있는 능력이 없어 보이며 그 자체의 해안을 방어할 수 있는 능력도 의문시된다." 하고 전쟁불가를 피력했다. 그리고 히로히토는 전쟁 위원회에, "참을 수 없는 것을 참아라 (Bear the unbearable)."라고 말을 함으로써 일본이 무조건 항복을 받아들여야 한다고 한 도고의 제의에 찬성을 했다. 그리고 8월 10일 아침 일찍 포츠담 선언을 공식적으로 수락하겠다는 취지의 메시지가 스위스(Switzerland)와 스웨덴(Sweden) 주재 일본 대사들에게 전달되었으며 그로부터 이 메시지는 또다시 연합국으로 전송이 되었다.

그러나 일본이 연합국에 포츠담 선언 수락 메시지를 보냈음에도 8월 14일 아침에는 8백 대 이상의 미군 폭격기들이 혼슈(Honshu)섬 도처에 있는 일본의 군사시설들에 맹폭을 가했으며, 그날 오후에는 일본의 공식 뉴스 매체가 포츠담 선언을 수락하는 황제의 성명서(Imperial Proclamation)가 곧 발표될 것이라고 해외에 라디오 발표를 했다. 라디오 청취자들에게 알려지지 않은 일본 황제는 그때 이미 그의 성명서를 녹음을 해놓고 발표 시간을 기다리고 있었다. 그런데 그날 저녁 천 명 이상의 일본 군인들이 황제가 녹음한 선언문을 찾아내 그 선언문이 전송되지 못하도록 방지하기 위해 황궁을 습격했다. 그들은 황제호위 사단의 사단장을 암살하는 데 성공하였으나 황제에 충성하는 군대들은 공격자들을 곧 물리쳤다. 그날 밤 항복에 반대는 하지만 반란에 가담하기를 거절한 아나미 장군이 자결했다. 그는 자결을 하며 황제의 성명서를 듣도록 여지를 주기 위해, 그리고 군대의 패배에 대해 속죄하기 위해 죽는다는 말을 남겼다. 그리고 이튿날 8월 15일 정오, 전 일본국민들에게 라디오 앞에 공손한 자세로 서있으라는 한 일본 라디오 아나운서의 짤막한 전달이 있은 다음 그 뒤를 따라 일본국가 음악이 흘러나온 후, 처음으로 황제의 목소리가 라디오를 통해 들려왔다. 녹음 속의 황제의 목소리는 떨렸고 침통해 보였다.

"착하고 충성스런 우리 국민 여러분, 현재의 세계 추세와 오늘 우리의 제국 안에서 행해지고 있는 실제적인 요건들을 깊이 숙고한 끝에 우리들은 예외적인 조치에 의지해 현재의 상황을 해결하기로 결정을 했습니다. 우리의 적은 새롭고 가장 끔찍한 폭탄을 사용하기 시작했으며 헤아릴 수 없이 무서운 피해를 끼치는 그 폭탄의 힘으로 무구한 많은 생명들이 희생되었습니다. 이것이 우리가 우리의 정부에게 우리 제국은 그들의 공동선언서의 조항을 받아들이겠다고 미국과 영국과 중국 정부에 전달을 하라고 명령한 이유였습니다……."

일본 천황이 일본의 무조건 항복을 발표한 후 마닐라에서는 맥아더 장군과 니미츠 제독(Admiral Nimitz)의 참모들이 일본으로부터 공식 항복을 받을 사전준비를 하였으며 한 선발대가 8월 28일 도쿄 근처의 아추기(Atsugi) 비행장으로 날아갔다. 수십 척의 미국 태평양 함대 및 영국 극동함대 소속 전함들이 도쿄만으로 진입을 했다. 1945년 9월 2일 일요일 아침, 맥아더 장군, 일본의 우메즈 장군(General Umezu), 일본외무장관, 그리고 영국, 중국, 러시아, 호주, 캐나다, 뉴질랜드, 네덜란드, 프랑스 대표들이 82년 전 페리제독의 조약이 조인된 장소로부터 몇 마일 떨어져 정박해 있는 미주리(Missouri) 함상에서 일본의 항복 문서에 서명을 했다. 오전 9시 25분에 항복문서 조인 절차가 모두 끝났으며 이와 동시 수백 대의 항공기들이 편대를 이루어 거대한 미주리와 그 호위함들 상공으로 굉음을 내며 떼를 지어 날아갔다. 그리고나 맥아더 장군은 미국국민들에게 라디오 연설을 했다.

"이제 새 시대가 우리들에게 왔습니다. 개전 초기 이래 사람들은 평화를 추구했습니다. 그러나 군사 동맹과 힘의 균형과 국제연맹은 모두 차례로 실패를 하였으며 혹독한 시련에 이르는 길만을 남겨 놓았습니다. 철저한 전쟁파괴가 지금 다른 대안을 섬멸했습니다. 우리는 이제 우리들 최후의 기회를 얻었습니다. 그러나 만일 우리가 보다 위대하고 보다 공정한 체계를 고안해 내지 않는다면 국제적 대결전은 또다시 우리들 가까이에 찾아올 것입니다."

이 단호하고 엄숙한 결말로 일본은 야심적이고 무모한 군국주의자들 파벌에 의해 강요된 전쟁에서 그들의 총체적인 패배를 인정했다.

이로써 유럽과 태평양 지역에서 일어났던 제2차 세계전쟁은 모두 끝이 났다. 이제 남은 것은 이 참혹한 전쟁이 남긴 상처를 하루속히 치유하는 것이었으며 그 중 하나가 패전국이 승전국에게 전쟁배상금을 지불하는 것이었다. 2차 대전 중 가장 많은 피해를 입은 민족은 유태인으로 총 600만 명 이상이 독가스실에서 또는 총살로 목숨을 잃었다. 그리고 전쟁이 끝난 7년 후인 1952년 9월 10일 독일이 이스라엘에 전쟁 보상금을 지불하기 위한 행사가 룩셈부르크(Luxemburg) 시청에서 조촐하게 거행되었다. 30분 간의 침묵의식이 끝난 후 이스라엘(Israel)과 서부 독일(West Germany)은 룩셈부르크 조약(The Luxemburg Treaty)으로 알려진 합의서에 서명을 했다. 이 조약에 의해 서독은 1948년 5월 14일에 건설된 이스라엘(State of Israel)에 30억의 독일 마르크(mark)를 지불하기로 합의를 하였으며, 나치(Nazis)의 손에 물질적 손해로 고통을 받은 유태인들에 대한 보상금으로 유태인 단체들에게 4억 5천만 독일 마르크를 추가로 지급하기로 결정을 했다. 서독이 11개의 유럽나라에 전쟁 배상금 지불에 관한 소위 포괄협정(General Accords)에 서명을 한 후 2차 대전 중 독일의 점령으로부터 고통을 받은 나라들에 돈을 지불하기 시작한 것은 1960년대였다. 1960년 3월 18일 서독은 그리스에 1억 천5백만 마르크를 지불하였으며 7월에는 프랑스에 4억 마르크를, 폴란드에는 1억 마르크를, 러시아와 유고슬라비아에는 각각 750만 마르크와 8백만 마르크를 지불했다. 그리고 독일의 이 거액의 전쟁배상금 지불은 극히 최근인 2011년에 완결되었다.

그러나 패전국인 일본은 서독과 달리 연합국에 항복만 했을 뿐 전쟁보상금을 지불치 않았다. 패전국인 독일이 승전국들에게 전쟁 보상금을 지불한 것은 전쟁의 상처를 치유하기 위한 극히 작은 부분에 지나지 않았으며 아직도 완성되지 못한 실무(Unfinished business)들이 숱하게 남아 있었다. 2차 대전이 남긴 가장 큰 미완성 실무는 인간의 고통이었다. 수백만이 넘는 민족이 육체적으로 정신적으로 영구히 상처를 받았으며 이들은 불구와 아물지 않는 상처로 고통에 신음하다가 죽어갔다. 기아와 핍박과 추방과 대량학살에서 운 좋게 살아남은 사람들도 육체적, 정신적, 심리적 고통을 받기는 마찬가지였다. 이들뿐만 아니라 전쟁에서 사랑하는 남편과 귀중한 아들, 딸들을 잃은 미망인이나 부모들도 마음의 고통을 겪기는 마찬가지였다. 세계대전쟁이 전 인류에 남긴 고통은 그 무엇으로도 치유할 수가 없었다.

## 제2차 세계전쟁이 한국에 끼친 영향

제2차 세계전쟁이 한국에 끼친 영향은 실로 막대했다. 한국은 1945년 8월 15일 일본의 항복과 함께 해방이 되어 독립을 찾긴 했으나 그로부터 5년 후 일어난 한국전쟁으로 또다시 엄청난 피해를 입었다. 수많은 인명을 앗아가고 막대한 재산에 피해를 입힌 한국전쟁은 전적으로 미국 때문에 일어났다. 그리고 2차 대전이 끝난 지 69년이 지난 지금까지도 한국은 여전히 그 전쟁이 남긴 영향에서 벗어나지 못하고 있다. 손바닥만한 크기의 작은 나라 한국은 남과 북으로 갈라져 아직도 총성 없는 전쟁이 남-북 간에 상존하고 있으며 북한은 이제 핵무기까지 만들어 남한을 쑥밭으로 만들기 위한 준비를 모두 마쳤다. 남과 북은 세계최대의 거대한 화약고가 되어 전쟁 위험으로 늘 불안에 싸여있다. 제2차 대전 후 가장 오래고 가장 심각한 영향을 받아온 나라는 이 세계에서 한국 밖에 없다. 그러나 이러한 영향이 앞으로 얼마나 계속될지 아는 사람은 아무도 없다.

# 28
# 한국 독립 및
# 미국의 한국 분할

일본천황이 라디오를 통해 항복문을 발표했던 1945년 8월 15일 한국은 36년간의 긴 일본 통치로부터 드디어 해방을 맞이했다. 미국의 태평양전쟁 승리 덕분에 일본의 압제로부터 나라를 되찾은 한국인들은 환희와 감격에 넘쳐 집에 감추어 두었던 태극기를 들고 나와 소리 높이 만세를 불러가며 거리를 행진했다. 그러나 이러한 해방의 기쁨은 미국과 소련의 한국 점령으로 극히 한 순간에 끝나버리고 말았다. 미국이 히로시마에 원폭을 투하한 이튿날인 8월 8일 소련은 일본에 선전포고를 하였으며, 이와 함께 소련군들은 캄차카 반도(Kamchat-ka Island)에서 일본의 홋카이도(Hokkaido) 바로 북쪽 끝의 구나시미(Kunashimi)까지 뻗어있는 1,350개의 쿠릴 열도(Kurile Islands)를 모두 점령하였다. 같은 날 소련의 장갑차들은 만주로부터 아서 항구(Port Arthur)를 지나 곧바로 한국으로 진격해 들어왔다. 이보다 앞서 제임스 번즈(James F. Byrnes) 미 국무장관은 트루먼 대통령에게 소련의 목표는 전쟁을 원하는 것이 아니라 전쟁으로부터 실과(實果: fruits)를 얻는 것이며, 이와 함께 그들의 힘과 신조를 무한히 팽창시키는 것이라고 설명한 다음, 트루먼에게 소련이 한국으로 남하하는 것을 제지하기 위해서는 원자폭탄을 사용해야 한다고 촉구를 했다. 그러나 소련은 미국이 일본에 두 개의 원폭을 투하하고 그로 인해 일본이 항복을 하였음에도 계속 남하를 했다. 미국이 거둔 승리에 편승하여 피 한 방울 흘리지 않고 어부지리를 얻기 위해서였다.

소련군들은 한국에 들어오자 계속 남진을 하였으며 그들이 한국 어디까지 내려올지 워싱턴에서는 아무도 아는 사람이 없었다. 아니, 트루먼을 위시해 그들이 어떻게, 왜 한국을 침입했는지조차 아는 사람들이 없었다. 그도 그럴 것이 소련의 대일전 참여는 1945년 2월 4일에 열린 얄타회담에서 루즈벨트와 스탈린이 처칠을 따돌리고 단둘이 밀실에 앉아 합의한 사항이기 때문이었다. 이 때문에 미국은 한국에 발을 들여 놓지 않고 있다가 소련에 기선을 빼앗기고 만 것이다. 루즈벨트는 스탈린과의 회담에서 소련의 대일전 참여만 논의했지 한국에서의 분계선 문제는 꺼내지도 않았고 또 설정하지도 않았다. 이렇기 때문에 소련군이 한국 전체를 점령하더라도 미국으로서는 할 말이 없었다. 평화를 눈앞에 두고 갑작스럽게 벌어진 이 긴박한 상황에 미국방부는 몹시 당황을 하였으며 그제서야 한국문제를 가장 급박한 상황으로 바라보게 되었다.

시간은 다급했다. 소련군은 개성까지 와 있었으며 그들이 더 이상 남쪽으로 내려오지 못하도록 속히 남하 저지선을 그어야 했으나 한국의 지리적 사정을 아무것도 모르는 펜타곤(The Pentagon)은 그 선을 어떻게 정해야 할지 알 수가 없었다. 정치 관료들에게 이 문제를 맡기면 입씨름으로 시간만 끌 것 같아 군부가 직접 나서 결정하기로 했다. 8월 11일과 12일 밤에는 관료주의적 입씨름을 줄이기 위해 전쟁초기에 창설된 국무부, 육군부, 해군부로 구성된 3부 조정 위원회(The State-War-Navy Coordinating Committee(SWNCC))가 한국 문제를 다루기 위해 펜타곤에서 긴급회의를 했다. 가급적 많은 반도 땅이 이승만의 손에 들어가기를 염원하는 중국의 장개석과 가까운 한국의 한 민족주의자는 미국 군대들이 지금의 북한 내 중간지점에서 일본의 항복을 받도록 원했다. 그러나 조지아(Georgia) 출신의 이전 로즈 스칼러(Rhodes Scholar)이자 마셜 장군(General Marshall)의 참모인 젊은 대령 딘 러스크(Dean Rusk: 존 에프 케네디(John F. Kennedy) 및 린든 존슨(Lyndon Johnson). 대통령 행정부에서 국무 장관을 지냄)는 한국에 가장 가까운 미 지상군이 600마일 떨어진 오키나와(Okinawa)에 있음을 지적했다. 이때 필라델피아(Philadelphia)에서 가난하게 어린 시절을 보낸 후 하버드(Harvard) 법학대학에서 우수한 성적으로 졸업을 하고 월 스트리트(Wall Street) 금융가에서 재산을 모은 다음 헨리 스팀슨(Henry Stimson) 육군 장관 밑에서 전쟁 부차관으로 근무를 하고 있는 존 매클로이(John J. McCloy)는 러스크 대령과 씨에이치 본스틸(C.H. Bonesteel III) 대령을 한 지도실로 데리고 가 '적합한' 일본군 항복지점을 찾아보자고 말을 했다. 벽에 걸려 있는 지도 한 구석에 조그맣게 표시되어 있는 한국지도를 대강 훑어 본 러스크와 본스틸 대령은 즉각적으로 북위 38도 선에 걸친 190마일 선을 적합한 경계선으로 채택을 했다. 소련군 남진 저지에 급급한 나머지 보잘 것 없는 두 미 육군 대령이 즉흥적으로 그리고 졸속적으로 그어놓은 이 선은 한 나라를 두 나라로, 한 민족을 두 민족으로 영원히 갈라놓은 민족 통한의 분계선이 되었으며, 이 분계선을 가운데 두고 남과 북은 서로 총을 겨누고 피비린내 나는 참혹한 전쟁을 벌였음은 물론 전쟁이 난 지 60년이 넘은 지금까지도 이 지역은 언제 또다시 전쟁이 터질지 모르는 세계에서 가장 위험한 상시 전쟁 재발지역으로 줄곧 남아 있다. 이 모두가 미국 때문임은 두말하면 잔소리다.

기원전(BC) 18년과 57년 사이 한국에는 신라, 백제, 고구려 등 세 나라가 있었는데 기원후 660년경에 신라는 당나라와 제휴하여 고구려와 백제를 정복한 후 676년에 백제와 고구려의 지원을 얻어 당나라 군대들을 신라에서 몰아낸 후 통일국가를 이루었다. 이러한 통일국가는 1945년까지 1269년간 지속되어 오다가 한국민족과는 전혀 관련이 없는 이민족에 의해 아주 간단히 그리고 무참히 둘로 쪼개졌다.

혹자는 이 두 미군대령이 소련군이 한국 전체를 점령하기 전에 선을 그어 놓지 않았다면 한국이 소련 공산주의 치하에 들어갔을 것이라며 남북 분계선을 그어놓은 러스크와 본스틸 두 대령이 잘했다고 할지도 모른다. 그러나 1943년 11월 테헤란 회담에서 스탈린이 루즈벨트와 처칠에게 대일전 참여의사를 밝혔을 때 이를 단호히 배격하고 1945년 2월 루즈벨트가 소련을 대일전에 끌어들이지 않았다면 소련군은 한국에 들어오지 않았을 것이며, 소련군이 대일전에 참가했더라도 미군이 먼저 한국 전체를 점령했다면 한국은 지금처럼 두 나라로 갈라지지 않았을 것이다. 어쨌거나 루즈벨트가 죽기 전에 한국 땅에 잉태시켜 놓은 분단의 씨앗은 마침내 그 결실을 맺게 되었으며 이 쓰디쓴 과일은 아담(Adam)과 이브(Eve)가 하나님이 따먹지 말라는 금단의 열매(The Forbidden Fruit)를 하나님 몰래 따먹음으로써 전 인류를 불행에 빠뜨린 것처럼 전 한국민족을 비애와 고통 속으로 몰아넣었다.

더구나 러스크와 본스틸 두 미군대령이 그어놓은 이 선은 영토 면에서나 경제적인 측면에서나 인구분포 면에서나 조금도 합리적이지 못했다. 그들이 38선을 남북 경계선으로 책정할 당시 38도선 아래 남쪽에는 2천백만의 인구가 살고 있었고 이 인구 중 3분의 2가 농민이었으며, 38도선 위 북쪽에는 9백만이 되는 인구 중 소수의 농민과 상인을 빼고는 대부분 철, 시멘트, 화학 및 비료공장 등에서 일을 하고 있었다. 일본은 한국 통치 때 농토가 부족한 북쪽에 남쪽에서 생산하는 쌀을 분배해 주고 북쪽에서 생산하는 공업제품들을 남쪽에 공급해 주어 남과 북의 경제적 균형을 이루어왔다. 그러나 러스크와 본스틸이 그어놓은 선이 고착화되면 일본이 이룩한 남북 간의 경제적 균형은 더 이상 이루어지지 않을 것이다.

남북 간의 경제적 불균형보다 더욱 중대한 것은 고르지 못한 인구분포였다. 그 당시 한반도에는 총 3천만의 인구가 있었고 그 중 3분의 1도 안 되는 9백만이 38도선 이북에 살고 있었으며, 그 이남에는 38 이북보다 2배 이상 되는 인구가 밀집해 살고 있었다. 남과 북의 인구밀도 면에서도 러스크와 본스틸이 그어놓은 38경계선은 절대적으로 합당치 않으며, 그들이 불가피하게 소련군의 저지선을 마련하지 않으면 안 되었다면 그 선은 38도선이 아닌 북위 40도선에서 이루어졌어야 했다. 더 나아가 소련군의 남진을 저지하기 위해 앞서 말한 두 대령이 한국지도 앞에서 허둥지둥 즉흥적으로 그어놓은 이 선은 소련군으로부터 한국의 영토를 보호하기 위해서가 아니라 그들 자신의 군사전략을 위해 그어놓은 선이므로 한국과 한국 국민과는 아무 관련이 없다. 뒤에서도 언급하겠지만 미국은 한국민족 모르게 자국의 이익을 위해 졸속적으로 그어놓은 이 선을 그들 스스로 제거하여 그들이 범한 역사적 과오를 반드시 바로잡아 놓지 않으면 안 된다. 그러나 워싱턴은 그들의 하급 장교가 면밀한 검토 없이 어림짐작으로 그어놓은 이 선을 '러스크 라인(Rusk Line)'으로 명명까지 해가며 소련군이 이 선에서 멈추기를 원했다.

미 국방부가 한국의 경계선 책정으로 회의를 진행하고 있을 때인 8월 11일과 12일, 소련군 부대들은 뿔뿔이 흩어져 38도선을 넘어 서울에 이르는 간선 도로를 타고 남쪽으로 이동하고 있었다. 이에 위기를 느낀 3부 조정 위원회(SWNCC)는 소련의 스탈린에게 즉각 전신을 보냈으며 놀랍게도 스탈린은 그와 의논도 없이 미국이 일방적으로 정한 38도선을 남북 경계선으로 아무 이의 없이 순순히 받아들였다. 이로써 손바닥만큼 작은 반도국가 한국은 다른 나라 쪼개어 나누어 갖기 좋아하는 미국과 소련에 의해 또다시 두 토막으로 쪼개지게 되었다. 앞서도 언급했지만 제정러시아는 1896년과 1903년에 한국을 38도선을 중심으로 둘로 쪼개어 38이남은 일본이, 38이북은 제정러시아가 지배하겠다고 일본에 제안했다가 두 번 다 일본으로부터 거절당했었다. 그러나 그로부터 100년이 지난 후 미국 덕분에 소련은 마침내 그들이 소원했던 대로 한국의 38도선 이북을 다스리게 되었다.

미군이 전무한 상태에서 스탈린이 마음만 먹었다면 그 혼자 한반도 전체를 얼마든지 통째로 삼킬 수 있었음에도 그가 왜 미국의 제안을 순순히 받아들여 북쪽으로 퇴각했는지 아는 사람은 아무도 없으며 이때의 사건은 얄타 신비(Yalta Myth)처럼 아직도 미스터리로 남아있다. 다만 스탈린은 얄타회담에서 루즈벨트가 제안한 신탁통치에 의한 한국공동 관할 원칙을 지켜 120,540㎢에 달하는 북쪽은 그가 점령을 하고 98,480㎢밖에 안 되는 작은 남쪽 영토는 미국과 중국과 영국의 관할에 맡기기 위해 북쪽으로 올라간 게 아닌가 하고 추측할 수 있는 게 전부다. 그러면 미국은 소련의 남진으로 일촉즉발의 위기에 놓여있던 한국을 구원해준 구제국으로 취급해야 하는가? 그건 아니다. 앞서도 말했지만 만일 미국이 소련보다 먼저 한국에 들어와 한국전체를 점령했다면 그들은 한국을 둘로 갈라놓을 필요가 없었고, 그들이 점령하고 있던 필리핀을 해방시켜 주듯이 그들이 점령하고 있던 한국을 적절한 시기에 독립시켜 주면 한국은 지금처럼 두 쪽으로 갈라지지 않은 단일 민족국가가 되었을 것이다. 그러나 미국은 소련에 기선을 빼앗김으로써 한국을 단일국가로 만들어 줄 수 있는 기회를 놓쳤다. 역사적으로 보면 미국은 국제전쟁이나 분쟁이 있을 때마다 남의 나라에 늘 기선을 빼앗겼다. 세계 1, 2차 대전 때에도 늑장참여를 하여 전쟁의 승리를 소련에 빼앗겼고 일본으로부터도 먼저 침공을 당했으며, 한국의 점령도 소련에 뒤졌을 뿐만 아니라 후일 일어난 한국전쟁 때에도 중공군에게 먼저 기습을 받아 그들에게 졌다.

소련에게 기선을 빼앗긴 미국은 아무 전략적, 정치적 식견이 없는 일개 군 대령이 조급히 설정한 남북 경계선을 고착화 시키려 했다. 더글러스 맥아더 태평양 지역 미군 총사령관은 1945년 8월 15일 발표한 일반명령 제1호에서 소련은 38도선 이북에 있는 일본군으로부터 항복을 접수하고 미국은 38도선 이남에 있는 일본군으로부터 항복을 접수한다고 선언하여 38도선이 남북을 분할하는 경계선임을 공식화했다. 1861년 미국 남북 전쟁 때 어느 미국인이라도 북군과 남군 사이에 선을 그어 미국을 남과 북으로 갈라놓아야 한다고 말을 했다면 미국은 그를 절대 용납하지 않았을 것이며, 그리고 만일 영국이 남군 쪽에 서서 간섭을 했다면 그들의 반응이 어떠했을지는 의심의 여지가 없다. 그럼에도 미국은 한국은 남의 나라이기 때문에 그 결과야 어떻게 되던 그들 임의대로 한국을 둘로 갈라놓았던 것이다. 그리고 후일 트루먼은 38 경계선이 미국이 일방적으로 그어 놓은 선이라고 노골적으로 표명함으로써 미국이 그어 놓은 선이 잘못되었음을 솔직히 시인했다.

# 29
## 미군정 통치 및
## 남·북한 정부 수립

38도선을 남북 경계선으로 발표한 후 맥아더는 오키나와 (Okinawa) 침공을 성공적으로 이끈 존 하지(John R. Hodge) 중장을 선정하여 남한에 점령군 정부를 구성토록 했으며 용감은 하나 요령이 없고 비타협적이며 인종차별적인 하지는 그 휘하의 제24군단 병력 7만 2천 명을 이끌고 소련군이 북한에 진주한 한 달 뒤인 9월 8일 인천에 상륙한 다음 곧바로 남한을 다스리기 시작했다. 일리노이 주 골콘다(Golconda)의 한 농장에서 자라난 하지는 철저하고 단도직입적인 중서부인으로 말단 사병으로 군대 생활을 시작했다. 웨스트 포인트(West Point) 육군사관학교는 나오지 못했지만 그는 군인 중 군인이었으며 사병 때부터 전투에 투철해 장교로 진급하여 마침내 장군으로까지 승진을 했다.

하지는 맥아더가 그를 주한 미군 사령관으로 임명하였을 때 이를 탐탁치 않게 여겼으며 한국에 가고 싶어하지도 않았다. 1945년 8월 말 하지의 24군단이 한국을 향해 출발하기 직전 맥아더는 하지의 부대원들에게 한국인들을 '해방된 민족(Liberated People)'으로 대우하도록 명령하였다.

9월 2일 하지는 일본 오키나와에서 한국 국민들에게 그의 한국도착을 알리는 성명서를 발표하였으며 그의 성명서 내용은 다음과 같다.

한국 국민들에게(To the People of Korea),

미국의 군대들은 일본군의 항복을 접수하고, 그들에게 항복조건을 이행토록 한 다음 한국의 질서 바른 행정과 회복을 확보할 목적을 위해 한국에 곧 도착할 것입니다. 이들 임무는 견고한 보호, 그러나 그의 오랜 민주주의 유산이 운이 적은 사람들을 위한 친절한 감정을 불러일으킨 나라에 의해 인도될 보호와 더불어 수행될 것입니다. 얼마나 잘 그리고 얼마나 신속히 이들 임무가 수행이 되는지는 한국 국민 자신들에게 달려있을 것입니다. 그 주민들 자신 편에서의 경솔하고 분별없는 행위는 불필요한 생명의 손실과 더불어 여러분들의 아름다운 나라를 황폐에서 복구하는 데 지연을 초래할 뿐입니다. 현재의 상황은 여러분들이 그러한 상황을 좋아할 것 같이 되지 않을 수도 있습니다. 그러나 한국의 장래를 위하여 냉정을 유지하십시오. 여러분들의 나라를 내부 투쟁에 의해 산산이 쪼개지도록 하지 마십시오. 여러분들의 힘을 장래를 위한 여러분들 나라의 건설을 지향하는 평화적인 추구에 사용하십시오. 이들 지시에 전적으로 순응하면 한국의 복구가 빠를 것이고 한국인들이 보다 민주적인 지배 아래 다시 한 번 인생을 즐길 수 있는 날을 서두르게 할 것입니다.

존 R. 하지
한국 미국 군대지휘 장군
(1945년 9월 2일)

한국인들에게 이렇게 그의 한국 도착 성명을 발표한 후 하지는 한국에 도착하기 4일 전인 9월 4일 그의 부하장교들에게 "한국은 미국의 적이다. 그러므로 한국인들은 항복 규정과 조항에 복종해야 한다." 라고 말을 하며 그의 부대원들이 한국을 미국의 적으로 취급하도록 명령을 했다. 하지의 말투로 보아 그는 한국과 일본을 구분할 줄 모르는 것 같았으며 그의 임무는 남한에 있는 일본군들을 무장해제 시키고 맥아더가 그에게 말했던 것처럼 한국 국민들을 해방된 민족으로 대우하며 한국에 정부가 수립될 때까지 임시로 한국을 다스리는 것인데도 한국을 미국의 적으로 간주하고 한국으로부터 항복을 받으러 오는 줄로 오인하고 있었다.

하지와 72,000명의 대병력으로 구성된 그의 24군단은 1945년 9월 5일 태풍 속에서 오키나와를 출발하였으며 21대의 함대가 5개의 열을 지어 엄격한 등화관제 속에 3일간 항해를 한 후 1945년 9월 8일 새벽에 인천항에 도착했다. 이 함대선단의 한국 도착은 1854년 매슈 페리 일본원정 함대 사령관(Commodore Mathew Perry)의 '검은 선단(Black Ships)'이 일본에 도착했을 때와 비슷하였으며 하지와 그의 부대원들이 부두에 내리자 일본 경찰과 군대들은 착검한 총을 받들고 도열을 하여 하지와 그의 군대들을 맞이해주었다. 하지는 질서를 지켜가며 그의 도착에 협조와 환영을 해주는 일본인들을 칭찬해 주었으나 그를 환영하기 위해 태극기와 미국 성조기를 들고 부두에 모인 한국인들은 미국 군대들의 상륙작전에 방해가 된다며 부두에서 쫓아내라고 명령을 했다. 하지는 일본인들이 한국인들을 '고양이 혈통을 가진 민족'이라고 표현하는 말을 따라 한국인들을 '고양이 혈통민족'이라고 불렀으며 하지의 이러한 경멸적인 발언은 한국인들을 몹시 격노시켰으며 미국 군대들을 기다렸던 그들의 열망에 찬물을 끼얹었었다.

하지는 유럽전쟁에서 두각을 나타내 소장에서 중장으로 진급된 후 일본 오키나와 침공 작전을 지휘한 장군으로 맥아더 장군으로부터 그의 전투경력을 인정받아 한국 주둔 미군 사령관으로 임명되어 한국에 왔으나 그는 한국 땅에 발을 들여 놓자마자 한국인들을 냉대하고 깔보고 또 업신여겼다. 하지는 한국에 도착한 이튿날부터 군정사령관으로 그의 임무를 시작했다. 이른바 남한에 미국군정 통치가 시작된 것이다.

하지가 인천에 상륙하여 서울로 진주한 이튿날인 9월 9일 하지는 그의 사령부로 정해놓은 반도호텔에서 일본인들과 항복의식(Surrender Ceremony)을 가진 다음 일본총독인 아베 노부유키(Abe Nobuyuki)를 그대로 유임시키고 그 외 모든 일본인 관리들도 계속하여 그들의 임무를 수행하게 될 것이라고 발표를 한 다음, 한국인들에게는 인내를 하라고 촉구했다. 하지의 일본인 계속 유임결정에 몇몇 미국 관리들은 미국 군대의 도착을 환영하고 축하해야 할 사람들은 한국인들이 아닌 일본인들이라고 비꼬며 하지의 이 같은 행위는 일본인들과 미국인들이 한국인들에 대항해 서로 제휴하는 효과를 가져왔다고 비아냥거렸다. 하지를 포함하여 한국에 진주한 미국 군대들도 한국인들보다 일본인들을 더 좋아했다. 그들 중 특히 심한 인종차별자인 하지는 일본인들을 협조적이고 청결하고 규율이 있으며 유순한 민족이라고 높이 평가를 한 반면 한국인들은 고집이 세고 제어하기 어려우며 불결하고 시끄럽게 날뛰는 민족으로 폄훼를 했다. 워싱턴의 미국무부는 하지의 일본 관리들의 유임을 강력히 반대하였으며 뉴욕타임즈도 국무부가 일본인들을 현직에 남겨두기로 한 군대의 명령에 그 어느 부분도 부인하고 있다고 보도를 했다. 이어 미국무부는 9월 14일 도쿄에 있는 맥아더에게 그들의 불찬성을 다음과 같이 전달했다.

"정치적인 이유로 귀하는 총독인 아베, 총독부에 속한 모든 부서의 부서장, 그리고 모든 도지사와 도청의 경찰 총수들을 그들의 직에서 즉시 면직시켜야 하며 더 나아가 그 외 일본인들과 일본에 협력한 한국 관리들도 가급적 속히 제거해야 한다."

맥아더는 이에 앞서 9월 11일 이미 하지에게 모든 일본 관리들을 즉각 해임시키라고 무선으로 전하였으며 이튿날인 9월 12일 하지는 그 역시 그 같은 결정을 하고 한국에 도착했지만 일본인들을 그 직에서 즉각 해임시키면 대혼란이 올 것 같아 그대로 유임시켰다고 맥아더에게 변명을 했다. 한국을 미국의 적으로 간주하고 한국인들에 대해 극단적인 차별과 편견을 가지고 있는 하지는 그의 군정 벽두부터 많은 문제를 야기했으며 이러한 문제야기는 그의 한국 군정 내내 계속되었다. 참고로 하지가 한국인들에게 극단적인 인종차별 정책을 행사하고 있을 때 미국 본토에서는 미국에 사는 한국인들에게 최악의 한국인 경멸정책을 펴고 있었다. 미국사회는 현존하는 인종할당(Racial Quotas)에 의거 한국인들의 미국입국을 금지하였으며 1924년 전에 미국에 온 3천 명의 한국인들의 미국 귀화(歸化: Naturalization) 를 거부하였다. 뉴욕주를 포함하여 15개 주에서는 한국인들이 백인들과 결혼을 하지 못하도록 하였으며 11개 주에서는 한국인들이 땅을 사거나 소유하는 것을 허락하지 않았고 뉴욕시에서는 27개의 직종에 한국인들이 종사하지 못하도록 규정을 했다.

미 점령군들은 남한에 주둔해 있는 일본군들을 무장해제 시키고 일본인들을 남한으로부터 소개시키는 외에 아무런 계획도 없이 무턱대고 한국에 도착했다. 점령군 사령관 하지를 포함해 그의 부대원들은 한국역사와 문화와 풍습과 경제적, 사회적 환경 등을 전혀 알지 못했으며 더구나 한국말을 할 줄 아는 사람은 단 하나도 없었다. 한국에 대해 아무것도 모르고 남한에 진주한 미군들과는 달리 1945년 8월 12일 소련군 제25군을 이끌고 북한에 진주한 이반 치스티아코프 (Ivan Chistiakov) 사령관은 그 자신은 물론 그 휘하의 고위 장교들마저 한국의 역사와 문화와 풍습과 언어를 잘 알고 있었으며 미군정 군사 대표들이 이들과 회담을 할 때에는 한국의 역사와 문화를 칭찬하는 말로 시작을 했다. 한국에 대해 잘 알고 있는 그들의 유연한 회의 진행은 미군정대표들의 "회담이 성공적으로 끝나기를 희망한다."라는 내용의 딱딱하고 의례적인 말투와는 전혀 달랐다.

어떤 나라가 다른 나라를 다스릴 때에는 그 나라에 관한 모든 사정을 철저히 아니 대강이라도 숙지하지 않으면 안 되는데 하지 이하 그의 부하들은 한국에 여행 오듯 아무런 사전 정보와 지식 없이 한국에 왔다. 1854년 미국의 페리 사령관이 일본을 개방시키러 갔을 때 그는 사전에 일본역사와 문화는 물론 심지어 언어까지 철저히 익히고 일본으로 갔던 예를 하지는 전혀 모르는 모양이었다. 한국 국민들은 일본으로부터 해방이 된 지 한 달도 채 안 되어 이토록 무지한 미국 군대들로부터 향후 4년간 지배를 받게 되었으며 독단적이고 융통성이 없고 정략부족인 하지의 군정 실패로 남한은 곧 처참한 동족상잔의 비극을 맞이하게 된다.

하지 중장의 남한 상륙에 이어 10월 16일에는 미주에서 독립운동을 벌이던 이승만 박사가, 11월 23일에는 상해 임시정부 수반이었던 김구 선생이 김규식 등 임정 국무위원들과 환국을 하였으며, 그 뒤를 이어 해외로 망명을 했던 독립인사들이 속속 귀국을 했다. 12월 16일에는 미국무장관 제임스 번즈가 루즈벨트가 얄타회담에서 제의하여 스탈린과 결정한 한국에 대한 신탁통치를 착수하기 위해 소련의 모스크바로 가 소련 대표들과 회담을 열었다. 미국대표들은 네 강대국(Four Powers: 미국, 영국, 소련, 중국)에 의한 한국의 신탁통치와 미국과 소련의 한국 점령으로부터 발생하는 행정적인 문제를 해결할 미소 공동위원회(U.S-Soviet Joint Commission)의 설치를 제안했다. 소련은 미국의 제안에 동의함과 아울러 남북 양쪽에 각각 임시정부를 설치하자고 제의를 하였으며 미국도 소련의 임시정부 수립 제의에 동의를 했다. 한반도에 임시로 두 나라를 세운 다음 결국에는 이 두 나라를 영원히 갈라놓고자 하는 소련의 간계에 미국은 또다시 넘어갔다.

미국과 소련이 모스크바에서 합의한 뉴스가 발표되자 남한국민들은 거세게 반발을 했다. 이승만과 김구는 신탁통치 반대위원회를 결성하여 전국적인 시위 운동을 주도했고, 군중들은 3일 동안 서울거리를 가득 메우며 반탁운동을 전개했다. 36년간에 걸친 일본의 긴 지배로부터 이제 갓 독립을 찾은 한국 국민들이 그들 스스로 나라를 다스려볼 겨를도 없이 세계 강대국이 야합하여 또다시 한국을 그들의 지배하에 둔다는 것은 한국 국민들로서는 도저히 용납 못할 일이었다. 한국 국민은 5천 년의 역사를 가지고 있으며 역사가 기록된 이래 외세로부터 거의 일천 번의 침략을 받으면서도 그들에게 굴하거나 의존치 않고 끄떡없이 그들 스스로 나라를 다스려왔다. 한국 국민들은 노련한 민족이고 짐승 가죽을 입은 북유럽의 조상들이 불로 의식을 거행하고 산림 속에서 떠돌아다니며 미개생활을 하고 있었을 때 한국 국민들은 그들 자신의 정부를 세워 이를 스스로 다스려가며 아름답고 찬란한 문화를 창조했다. 이토록 오랫동안 자주적으로 나라를 다스리며 뛰어난 문화를 일구어 온 우수한 민족을 루즈벨트는 카이로 회담 때 45년간 미국의 식민통치를 받고 있는 필리핀 섬 민족에 비유하며, 한국민족은 교육수준이 낮고, 정치, 경제, 사회적으로도 낙후되어 있어 그들이 독립을 하려면 일정기간의 훈련을 쌓아야 하고, 그들 국가가 국가로서의 완전한 지위를 얻으려면 지방자치로부터 시작해야 한다고 말을 했다. 그러나 한국 국민은 아직 이러한 경로를 거치지 않아 국가를 통치할 능력이 없기 때문에 외국의 신탁통치를 받아야 한다고 루즈벨트는 얼빠진 소리를 하였으며 그 후임자들은 카이로 회담 후 얄타회담에서 죽어가는 자가 정신이 혼미한 상태에서 또다시 아무렇게나 내뱉은 헛소리를 실천하기 위해 법석을 떨고 있었다. 미국의 정치지도자들이 한국민족과 그들 역사에 대해 티끌만큼의 식견만 가지고 있었어도 신탁통치라는 해괴망측한 말은 감히 하지 못했을 것이다. 프랭클린 루즈벨트 행정부에서 국무장관을 지낸 에드워드 스테티니어스(Edward Stettinius)는 1945년 한 국무회의 석상에서 한국에 관한 말이 나오자 그의 부하 직원을 불러 도대체 코리아라는 나라가 어디에 있는지 말해 달라고 물을 정도였다. 한국에 대해 이토록 무지한자들이 탁상머리에 앉아 마음 내키는 대로 한국의 운명을 좌우했으니 그들의 장난에 놀아나는 한국민족들이 어찌 비참해지지 않을 수 있었겠는가?

모스크바에서 미국과 소련 대표들이 처음 만나 한국에 대한 신탁통치를 논의한 이후에도 줄곧 이 문제를 논의하였으나 한국의 신탁통치 반대자들의 끊임없는 항의로 한국에서의 신탁통치 실현은 무위로 끝이 났다. 심지어 남한의 미군정 통치자인 하지도 신탁통치에 반대를 하며 일단의 한국인들에게 신탁통치에 반대하도록 지시를 하는 한편 1945년 12월 30일에는 동경에 있는 맥아더에게 김구의 신탁통치 반대성명서를 보내 이를 신탁통치 회의 당사자들에게 보내라고 촉구를 했다. 이때 신탁통치에 찬성한 자들은 북한과 남한 내 좌익분자들과 일부 공산주의자들뿐이었다.

남한에 대한 미국의 신탁통치 계획은 무위로 끝났지만 소련이 미국에 제안한 한 나라 두 정부 설립은 그대로 실천되고 있었다. 당시 이승만과 김구를 중심으로 한 민족주의자들은 미국과 소련이 한국을 신탁통치하려고 했을 때에는 이에 격렬히 반대를 했음에도 한 나라에 두 정부를 세우기로 한 미국과 소련의 결정에는 왜 반대를 안 했는지 이해할 수가 없다. 1948년 2월 유엔총회에서는 남북한이 공동으로 선거를 실시하여 정부를 세우도록 의결했으나 북한의 선거참가 거부로 유엔의 감시 하에 남한 단독으로 자유선거를 실시한 후 그 해 8월 15일 이승만을 대통령으로 하여 국호를 대한민국(大韓民國: The

Republic of Korea)으로 정해 남한에 민주주의 정부를 세웠다. 북한 도 같은 해 9월 9일 김일성을 내각 수상으로 하여 조선민주주의 인민 공화국(The Democratic People's Republic of Korea)이라는 국호 아래 공산주의 정부를 세웠다. 이로써 한 국토에 이념을 달리하는 두 개 정부가 공존하게 된 것이다. 남한과 북한이 제각기 이념을 달리하는 나라를 설립한 배경은 같지가 않다. 남한은 유엔총회가 결의한 국제적 규정을 준수해가며 그 국민의 자유선거에 의해 정부를 세웠으나 북한은 유엔이 정한 결의를 무시하고 소련의 사주使嗾를 받아 단독으로 소련의 괴뢰정부를 세웠다. 따라서 한국은 국제규정을 준수해가며 그 정부를 세웠기 때문에 국제사회가 인정하는 합법적 정부이지만 북한은 국제규정을 무시하고 단독으로 나라를 세웠기 때문에 국제 사회에서 인정받지 못하는 불법정부였다.

남한의 합법정부와 북한의 불법정부를 대표하는 인물들의 모습도 완전히 달랐다. 남한의 이승만 대통령은 일제 때 미주를 중심으로 독립 투쟁을 벌인 독립투사였지만, 북의 김일성은 만주에서 항일 투쟁을 벌이다가 소련으로 도주해 소련의 앞잡이가 된 인물이었다. 만주에서 반일인민 유격대(Guerrilla)를 조직하여 항일 투쟁을 벌이다가 일본군의 토벌을 피해 소련으로 도망가 소련군에 배속되었던 김일성은 육군 소령이 되어 테렌티 슈티코프(Terenti F. Shtykov) 장군이 이끄는 소련의 제28군 부대를 따라 1945년 9월 초에 한국으로 들어왔다. 약 300명의 빨치산(Partisan)을 거느리고 북으로 온 김일성은 소련군의 옹호를 받아가며 재빨리 그의 권력을 확립하기 시작했다. 그는 국내 공산당 당파 지도자인 현준혁을 암살하고 일제 때 국내에서 활약했던 공산당 그룹을 모두 제거했다. 소련군들은 국내에 잔류해 있던 구 공산당 세력들을 제거해가며 급진적인 개혁을 단행하는 김일성에게 기대를 걸고 그를 지지했다. 1945년 10월 소련군은 평양에서 군중 집회를 열어 김일성을 민족의 영웅이라고 추켜세웠다. 그러나 집회에 참여한 군중들은 김일성이 33세밖에 안 된 젊은이라는 것을 알고는 몹시 놀랐다. 군중집회에 이어 김일성은 4,530명으로 구성된 조선 공산당 북측당 지부 제1서기가 되었으며, 당 지부 제1서기가 된 김일성은 지역 공산당 조직에 박차를 가하기 시작했다. 그러나 김일성은 그의 공산당 조직 확대 과정에서 많은 반대에 부딪혔고 그때마다 그에 반대하는 사람들을 무자비하게 탄압을 하고 살해하였으며, 이때부터 김일성과 소련군의 탄압을 피해 많은 사람들이 남쪽으로 내려오기 시작했다.

새로운 형태의 무서운 공포가 북한을 지배하였으며 북한에서 일어나는 이러한 공포와 탄압은 일제 때의 그것보다 훨씬 더 가혹하고 잔인했다. 그리고 북한 주민에 대한 폭압정치가 출현하면서 북한에 주둔 중인 소련군대도 점점 평판이 나빠지기 시작했다. 김일성은 소련의 지원을 받아 그의 권력을 더욱 강화시켜 갔으며 소련군 수뇌 중에서도 특히 로마넨코(Romanenko) 중장이 그를 더욱 지지하고 협력을 했다. 소련의 도움으로 단시일 내에 북한의 권력을 모두 장악한 김일성은 1946년 1월에는 북한에 마지막 남은 크리스천 민족주의자인 조만식 선생을 체포하여 가택에 연금시켰으며 3월에는 토지개혁을 단행했다. 말이 토지개혁이지 김일성이 단행한 토지개혁은 토지와 재산의 강제 몰수 바로 그것이었다. 김일성은 개인이 재산을 소유하는 것을 엄격히 금했다. 그는 공산주의 창시자 칼 맑스(Karl Marx)가 그의 공산주의 원리에서 묘사한 공산주의 실천과정을 그대로 답습을 했다. 그는 자본주의를 철저히 배격하였으며 자본주의가 낳은 유산계급(有産階級: Bourgeois)을 타도하여 그들이 소유하고 있던 재산을 강제로 빼앗아 무산계급(無産階級: Proletariate)에게 나누어 주거나 국가에 귀속시켰다. 김일성은 4,751명의 지주로부터 땅을 몰수하여 소작인이나 농업 노동자들에게 나누어 주었고 일본인들이 운영하던 공장들을 빼앗아 노동자들이 직접 운영토록 하였으며 그 외 공공기관, 학교, 교회, 불교사원은 물론 일제에 동조했던 반역자들이 소유하고 있던 재산과 땅을 모두 몰수하여 국유화했다. 김일성은 또한 공산당 세포조직인 인민위원회(People's Committee)를 마을마다, 지역마다, 직장마다 설치하여 전 국민을 그의 손아귀에 넣어 다스리기 시작했다.

그의 반대파들을 모두 제거한 후 정치권력을 장악하고 전 사유재산과 산업시설을 국유화시켜놓은 김일성은 군사방면으로 눈을 돌리기 시작했다. 김일성은 1946년 9월 평양에 공화국 보안장교 훈련대대 사령부를 설치한 후 북한의 군사력을 강화시키기 시작했다. 그 해 연말까지는 두 개의 보안군 사단이 창설되었으며 이 두 개 사단은 1948년 2월에 발족한 조선 인민군의 선구가 되었다. 대부분의 보안군은 중국, 만주, 소련에서 돌아온 빨치산들로 구성되었으며 부대 사령관이나 장교들은 김일성과 함께 만주에서 싸웠거나 그와 연계된 사람들이었다. 1946년 말까지 2만여 명의 군대 지원자들이 소련 군사 고문들로부터 군사훈련을 받았다. 1948년 이후 인민군의 숫자는 급속히 늘어났으며, 그들에 대한 사상교육과 전투훈련이 더욱 강화되었다. 1948년 12월 소련군은 김일성의 요청으로 그들이 가지고 온 모든 무기와 2,300명의 군사고문과 기술자들을 북한에 남겨놓고 북한을 철수했다. 소련군의 북한 철수와 동시 북한은 소련으로부터 더욱 많은 무기를 도입하였으며, 이토록 북한의 군사력을 강화시킨 김일성은 소련군의 북한철수와 아울러 남한의 미군 철수를 요구하기 시작했다. 미군이 없는 틈을 타 남한을 침략하기 위해서였다.

한편, 남한의 미군정은 1948년 8월 15일 남한에 정부가 수립되면서 단계적으로 그들의 병력을 철수시켰으나 남한 내 공산 게릴라들의 잇단 폭동사태로 일부 군 병력을 잔류시켜 놓았다가 1949년 6월 29일 500명의 장교로 구성된 군사고문단(Korean Military Advisory Group: KMAG)과 김포공항을 운영할 150명의 공군 병력을 남겨놓고 남한으로부터 모두 철수를 시켰다. 남한의 미군철수를 가장 강력히 주장하고 요구한 미국 관리는 미국무부의 딘 애치슨(Dean G. Acheson) 국무장관이었다. 1949년 5월 9일 애치슨은 남한에서의 미군 철수 이슈(issue)에 주도권을 잡고, "미군 철수는 더 이상 지연되어서는 안 된다. 남한 군대는 남한에 남아있는 미 군사고문단의 도움으로 그 나라를 방어해야 한다."라고 주장하였으며 그리고 그의 주장대로 마침내 남한에서의 미군 철수가 단행되었다.

김일성이 소련군의 지원을 받아 북한을 공산화시킨 후 군사력을 강화시켜 남한을 침략할 준비를 하고 있는 동안 부패한 이승만은 군정 통치자인 하지와 극단적인 대립을 벌여가며 남한의 정치와 사회를 걷잡을 수 없는 혼돈과 무질서로 이끌어 갔다. 해방이 되자 좌익 공산주의 단체를 포함한 각양각색의 정치 단체가 우후죽순처럼 돋아나

국가와 사회를 극도로 혼란시켰으며, 1946년 6월까지 남한에는 정부에 등록된 각종 정치 단체만도 107개나 되었다. 이들은 전국 곳곳에 난립을 하여 각자의 주장을 펴가며 서로 치열한 대립 경쟁을 벌였다. 북한의 김일성이 단시일 내에 정권을 장악해 북한 사회를 안정시킨 것과는 너무나 대조적이었다. 이뿐만 아니라 김일성은 1946년 3월에 이미 토지개혁을 단행하여 북한 주민들로부터 상당한 호응을 얻었으나, 남한의 이승만은 보수파와 친일파 지주들의 반발이 두려워 망설여 오다가 1950년 봄이 되어서야 겨우 토지개혁법을 제정했다.

# 30
# 남한 내 공산주의자들의 준동 및 사회적 대혼란

남한 내에서 공산주의자들이 활동하기 시작한 것은 1919년 3·1운동 때부터였으며 1945년 해방을 전후해 정치적 혼란기에 생겨난 공산주의 단체는 무려 수십 개가 넘었다. 이중 가장 대표적인 좌익 공산주의 단체는 여운형의 인민당(People's Party), 박헌형의 남조선 노동당(Worker's Party of South Korea) 및 조선공산당(Korean Communist Party)을 비롯하여, 김원봉의 조선임시정부(Korean Provisional Government), 조동호의 조선건국동맹(건맹: Korean Independence League), 여운형, 허헌, 박헌영, 이강국이 조직한 조선인민공화국(Korean People' Republic), 한국 민주당(Korean Democratic), 민주주의 민족전선(Democratic National Front), 여운형을 위시해 좌익 공산주의자들이 세운 조선건국 준비위원회(건준), 북한을 모방한 인민위원회(People's Committee: 남한 전국에 결성되었던 건준정부가 인민위원회로 명칭이 바뀜), 적색농민조합(Red Peasant Union), 인민당(People's Party), 백남운의 남조선 신민당(New Democratic Party), 공산청년동맹 Communist Youth League) 등이 남한의 대표적인 공산주의 단체였다. 특히 남한의 쌀 곡창지대인 전라남북도에서는 일제와 부농의 지주들로부터 쌀을 수탈당해온 소작인들과 가난한 농민들이 지역 인민위원회를 중심으로 정부의 토지정책에 불만을 품고 연일 봉기를 일으켰으며 지주를 폭행하고 땅을 빼앗거나 경찰서에 불을 질러가며 격한 농민 운동을 일으켰다. 한편 돈 있는 사람들과 사업가들은 정부 관리들에게 뇌물을 주어 일본인들의 적산敵産이었던 땅과 집과 산업체와 산들을 사들여 하루아침에 벼락부자가 되었다. 공무원들의 이 같은 부정부패 행위와 물가 폭등으로 국가경제가 심각한 위기에 놓여 살기가 어려워진 남한 주민들의 불만은 날로 고조되어 갔다.

국방 면에서는 1946년 1월 미군정이 국방 경비대를 창설하여 미군정하에서 치안을 담당토록 했던 것이 고작이었다. 남한에 정규군이 창설된 것은 1948년 11월 국군조직법이 국회에서 통과된 후로 이때부터 국방 경비대는 국군으로 개칭이 되었다. 정부는 또한 일제에 협력해가며 같은 민족을 박해하여 해를 끼친 민족 반역자와 일제에 빌붙어 부를 쌓은 간상모리배 등 일제의 앞잡이들을 처단하기 위한 반민족행위 처벌법을 제정하여 1948년 9월 22일에 공포를 하였으며 9월 29일에는 국회 내에 이법을 집행하기 위한 반민족 행위 특별조사위원회와 반민족 행위자들을 기소하고 재판할 특별 검찰부와 재판부까지 구성 해놓았으나 각 정부 부처와 경찰간부 및 친일 세력의 방해로 실효를 거두지 못했다. 이 법에 의해 구속 기소된 친일분자들은 이광수와 최남선 등 몇 백여 명에 불과했으며, 이중 실형을 받은 자들은 10명도 안 되었으나 이들마저도 형 집행 정지 등으로 곧 풀려났다. 이때 친일분자로 체포기소되었던 소설가 이광수는 6·25전쟁 때 서울에 남아 있다가 가족을 버리고 자진해 북으로 올라갔다.

일제 잔재들을 처벌하기는커녕 오히려 그들을 정부부처에 기용해 가며 그들로부터 지지를 얻어 정권을 유지한 것은 이승만이 저지른 가장 중대한 정치적 과오의 하나였다. 이승만은 이점에 있어서도 정권을 잡자마자 일제 앞잡이들을 일거에 제거한 북한 김일성과는 사뭇 달랐다. 이뿐만이 아니었다. 남한 내 공산주의자들과 북에서 남파된 간첩들과 공비(共匪: Red Guerrillas)들이 남한 도처에 침투해 폭동과 살인을 저질러 가며 사회를 불안하게 하는데도 이승만은 효과적으로 대처하지 못했다. 공산주의자들과 북한 게릴라들의 준동蠢動으로 남한 사회가 극도로 불안해지기 시작한 것은 1946년 초부터였으며 전 남한 대통령이었던 22살의 김대중이 남한 공산청년 동맹원으로 활약하다가 백남운이 조직한 공산당 단체인 남조선 신민당에 가입하여 목포에서 공산주의 활동을 벌인 것도 바로 이 무렵이었다. 1946년 5월에는 조선공산당(Korean Communist Party) 지도자들인 박낙종, 이관술, 권오직, 박헌영, 송언필, 김창선 등이 조선공산당 본부와 해방일보解放日報가 들어있는 치카사와 인쇄소(Chikasawa Printing Company: 정판사精版社) 건물에서 공산당 활동 자금을 조달하기 위해 일화 300만 엔의 위조지폐를 발행했다가 체포되어 재판을 받고 사형당했으며 이들 중 박낙종은 새정치민주연합의 전라남도 진도출신 박모 국회의원의 할아버지였다.

1946년 10월 1일 대구에서는 조선 공산당 지도자인 박헌영의 지시를 받은 대구지역 좌익 세력들이 노동자 총파업을 일으켰고 대구시에서 발생한 노동자들의 총파업은 경북은 물론 경남 부산 등 전 지역으로 번져 남한 전체가 걷잡을 수 없는 소요사태에 휩싸였다. 1948년 2월에는 경상남도 밀양에서 공산주의에 물든 군대들이 무장봉기를 일으켰으며 4월 3일에는 제주도에서 1,500명의 좌익분자들로 구성된 제주도 인민 유격대원들이 대규모 무장반란을 일으켜 많은 양민을 학살하고 만2천 채 이상의 가옥을 불에 태워 파괴시켰다. 같은 해 10월 19일에는 전라남도 여수에 주둔 중인 한국군 연대 내의 좌익계 군인들이 친일파 제거에 미온적인 정부의 태도에 불만을 품고 무장반란을 일으켜 장교들을 죽이고 여수, 순천 지역을 점령했다. 무장반란 (Mutiny) 장교들 가운데에는 남로당 당원으로 알려진 박정희 소령도 끼어있었으며 박정희는 다른 장교들과 같이 군사재판에 회부되어 사형선고를 받았으나 미군정에 의해 사형을 면했다.

1949년 가을에는 강원도 오대산과 태백산을 타고 내려온 북한 게릴라들이 전라북도와 경상남도 접경에 있는 지리산에까지 침투하여 인근 마을의 양민을 학살하고 식량을 약탈해 남한의 사회불안을 더욱 가중시켰다. 공산주의자들의 잇단 폭동과 무장봉기로 남한 사회는 극도로 불안하였으며 이에 따라 이승만 정부도 몹시 불안정했다. 이보다 앞서 1946년 12월 30일에는 친일파이자 친소파(Pro-Russian)로 신탁통치를 지지했던 송진우가 한현우에 의해 암살되었으며 하지는 신탁통치를 열렬히 반대했던 김구를 송진우 암살의 배우 인물로 꼽고 있었다. 1947년 7월 19일에는 조선인민공화국 지도자인 여운형이 19세의 젊은 우익인

한치근이 쏜 총에 암살되었다. 여운형은 그가 암살되기 2개월 전인 1947년 5월 미국시민자유협회장(Head of the American Civil Liberties Union)인 로져 볼드윈(Roger Baldwin)에게 한국 정부는 매국노들(quislings)과 미국인들에게 아첨을 하는 아첨꾼들(toads)로 가득 차 있다고 말을 함으로써 남한정부와 미군들에게 강한 불만을 나타낸 적이 있었다. 미군정 통치자인 하지는 여운형의 암살 배후인물로 김구와 이승만을 점찍었으며 남한에 좌우합작 연립정부를 구축하려던 그의 의도가 빗나가자 김구와 이승만을 더욱 미워하기 시작했다.

하지는 김구가 상해에서 돌아올 때부터 그를 탐탁치 않게 여겼다. 하지는 상해에서 돌아온 임시정부 그룹은 한 작은 망명그룹에 지나지 않는 정치적 퇴적더미에 불과하고 김구는 스튜요리에 필요한 소금이라고 깔보며 그를 과소평가했다. 김구는 1946년 12월 29일 전국적 파업을 요청하였으며 미군정에서 근무하는 한국인 종업원들도 그의 명령을 받아들이고 한국의 모든 정당들의 해체와 그의 한국임시정부(Korean Provisional Government)를 한국 정부로 즉각 인정하라고 요구를 했다. 1947년 1월 1일 하지는 김구를 그의 집무실로 불러 통렬히 비난한 다음 김구에게 그를 배반하면 죽이겠다고 위협을 했다. 이에 김구는 하지에게 그의 카펫 위에서 자살을 하겠다고 응수를 했다. 김구는 하지와의 다툼으로 그의 체면에 심각한 손상을 입었으며 이후 김구와 임시정부는 하지로부터 잃은 체면을 회복치 못했다.

하지는 이승만과도 사이가 몹시 나빴다. 이승만이 부패하고 고집이 세고 독선적이기 때문이었다. 1946년 2월 14일 김구와 이승만을 포함한 24명의 우익과 여운형을 포함한 4명의 좌익들은 미군정의 하지 장군 및 그의 군정과 교섭을 하기 위한 대표 민주주의 위원회(Representative Democratic Council)를 구성하였으며 하지는 이 단체를 인정하여 28명의 위원 전원에게 자동차와 창덕궁 사용권을 제공하고 매달 3천 원(US $200)을 지불했다. 남한의 부호인 김성수는 1백만 원(US $67,000)을 이 위원회에 기부하였으며 한국 경제기부인 연합회(The Korean Economic Contributor's Association)는 2백만 원을 이 단체에 제공했다. 그러나 이 돈은 대부분 이승만의 주머니로 들어가 미국에 있는 그의 은행 계좌로 흘러 들어갔다. 하지는 이승만의 부패정치 자금과 그의 미국인 패거리들과의 거래와 그가 테러와 암살에 관련된 정보를 많이 가지고 있었다. 하지는 몇 번에 걸쳐 이승만을 체포해 감옥에 넣으려 하였으나 마지막 순간에 가 이승만이 용케 빠져나가는 바람에 실패를 했다.

하지는 이승만과 그의 부인 프란체스카(Francesca)를 '한국의 카포네 갱(Korean Capone Gang)'으로 보았으며 이승만은 하지를 공산주의자로 간주했다. 이승만은 1948년 5월 선거가 끝난 후 맥아더에게 되도록 속히 하지를 해임시키라고 요구를 했다. 하지는 이승만에 대한 다른 많은 정보를 가지고 있었다. 이승만은 미국에 있을 때 한국인들이 거두어 준 독립자금도 착복을 하였으며 상습적인 놀음꾼(inveterate gambler)이었다는 것도 잘 알고 있었다. 미국도 이승만을 허풍쟁이에 그의 태도는 종종 비이성적이고 유치하며 그의 지능도 매우 낮다고 평가를 했다. 이승만은 1945년 10월 한국으로 돌아오기 위해 미국무부에 여권을 신청했을 때 자신을 한국임시정부의 고등판무관(High Commissioner)이라고 허풍을 떨었다가 미국무부가 그의 여권 발급을 보류한 적도 있었다. 미국뿐만 아니라 미국과 가까운 동맹국인 캐나다와 호주와 영국 대표들도 이승만을 위험한 파시스트(Fascist)이고 노쇠한 데다 고집쟁이이며 이기주의적이고 과대망상적(paranoid) 이라고 평했다.

하지는 이승만을 빈틈이 없고 완미하며 음험하고 교활한 마키아벨리안(Machiavellian: 권모술수가)이라고 간주했으며 이승만이 장차 정권을 잡으면 히틀러(Hitler) 같은 독재자가 될 것이라고 내다봤다. 하지는 이승만 외에 한국의 정치를 맡길 다른 인물을 찾아보았으나 여운형은 좌익이고, 김규식은 성품이 온화하고 경험이 많으며 영어실력이 우수한 박식한 학자로 미군정에 협조할 가장 적합한 인물이지만 그를 지지하는 사람들이 별로 없으며, 50년 이상 미국에서 거주한 서재필은 학식은 풍부하나 나이가 많고, 장면은 허약하고 무력하며, 김구는 위험한 인물이기 때문에 마음에는 들지는 않지만 한국 국민들로부터 많은 지지를 받고 있는 이승만을 선택할 수밖에 없었다. 하지뿐만 아니라 미국도 극우파(極右派: The Extreme Right)인 이승만을 지지하는 게 잘못이라고 생각을 하였으며 미국무부 역시 몇 번에 걸쳐 이승만을 제거하려고 하였으나 그를 대신할 적절한 인물이 없어 그를 제거치 못했다.

남한의 정치적 사회적 불안은 1949년 6월 26일 김구 선생의 암살로 절정에 달했다. 1948년 4월 19일 김구와 김규식 등이 38선을 넘어 북한에서 열린 전 조선 정당사회 단체 연석회의 남북 요인 회담에 참석을 하고 돌아온 후 이승만은 김구와 김규식을 북한 공산주의자들에 이용당하는 반역자라고 끊임없이 비난을 했다. 이때 한국 독립당 지도자로 많은 지지자들과 우익단체들을 거느리고 있는 김구는 이승만에 반기를 들을 수 있는 힘이 충분히 있었다. 남한 대통령이 될 야심을 품고 있는 이승만은 김구의 이러한 파워에 마음을 놓을 수가 없었다. 김구의 정치적 이념과 목표는 남북통일을 이루어 통일된 나라 위에서 단독 정부를 수립하는 것으로, 남한만의 단독정부를 수립하려는 이승만과는 그 정책 방향이 근본적으로 맞지를 않았다.

1949년 6월 26일 김구는 그의 집무실인 경교장에서 혼자 책을 읽고 있던 중 서북청년회(Northwest Youth) 회원이라고 자처를 하는 한 육군 포병 소위인 안두희가 쏜 총탄을 맞고 그 자리에서 서거를 했다. 김구를 암살한 안두희는 종신 징역형을 받고 감옥에 투옥 되었으나 겨우 3년을 감옥에서 복역하다가 한국전쟁 도중 풀려나 군에서 복무를 해오다 중령으로 예편을 하였다. 안두희가 군에서 예편한 후 김구 선생을 흠모하는 독립협회 회원들이 안두희를 따라다니며 그의 김구 암살 배후를 끈질기게 추궁하였지만 안두희는 그가 입을 열면 여러 사람이 다친다며 김구 암살배경을 철저히 함구했다. 독립 협회 회원들의 끊임없는 추적에 안두희는 이리저리 거처를 옮겨 다니며 숨어 살다시피 해오다가 불과 몇 년 전에 한 애국청년 택시기사가 휘두른 각목에 얻어맞아 죽었다. 역사는 입을 다물고 있지만 안두희의 김구 선생 암살배후에 누가 있는지 알만한 사람은 모두 알고 있으며 자신의 정적을 자객을 시켜 암살하는 행위는 가장 비겁한 정치가들이 행하는 반인륜적 범죄행위임을 모르는 사람들은 하나도 없었다.

이승만이 실정한 것처럼 하지(Hodge)도 남한 군정에 실패를 했다. 하지는 태평양전쟁 때 일본군과 싸워 혁혁한 전과를 올려 미 군부에서는 인정을 받았지만 한국에서 군정을 실시할 때는 그렇지 못했다. 싸움을 잘하는 장군이 정치까지 잘하는 것이 아니기 때문이었다.

# 31
# 38선에서의 잦은 군사 충돌 및 미군 철수

1949년 9월 9일 김일성은 북한에 그의 정권을 수립하고 난 후 소련 군의 전면철수를 요구하였으며 소련군은 김일성의 요구에 따라 단계적으로 철수를 해오다가 1948년 12월 북한에 남아있던 두 붉은 군대 사단(Red Army Divisions)마저 스탈린의 명령에 따라 모두 철수를 했다. 그리고 한번 철수하고 난 소련군대는 두 번 다시 북한으로 돌아오지 않았다. 소련군의 북한철수와 때를 같이하여 주한미군들도 한국을 철수하려 하였으나 제주도 좌익 폭동사건, 여수 순천 군대 반란사건, 지리산과 태백산을 중심으로 한 북한 게릴라와 남한 내 공비들의 테러행위와 사회교란으로 남한에 주둔해 있는 미군들은 그들의 철수를 연장했다. 미 육군 장관인 로열(Royall)은 미군의 남한 철수연장을 반대했으나 맥아더는 남한의 한국 국회의원선거 1주년 기념일인 1949년 5월 10일까지 미군이 철수해서는 안 된다고 우겨 미군의 철수가 보류되었다. 이때 이승만은 북벌(北伐: Northern Expedition)을 주장하고 있었으며 존 무초(John J. Muccio) 주한 미 대사는 이승만에게 극동(The Far East)에서 미국의 위치를 당혹케 하는 북한에 대한 공격 행위를 해서는 안 된다고 충고를 했다.

1948년 1월 미군정은 남한에서 전라남도를 가장 붉은 도(The Reddest Province)로, 그리고 경상북도와 강원도를 전라남도 다음으로 가장 적화된 위험한 도로 지정을 했다. 왜냐하면 전라남도에서 게릴라 활동이 가장 극심했으며 공비(共匪: The Red Guerrilla)로 불리는 이들 조직화된 게릴라들은 산림이 우거진 지리산을 중심으로 무장테러 활동을 벌이고 있었기 때문이었다. 좌익사상에 깊이 물든 일부 전라도와 경상도 주민들은 북한으로 올라가 평양 정치학원(Pyongyang Political Institute)에서 사상 및 게릴라 훈련을 받고 남한으로 돌아와 현지 주민들을 포섭하여 이들과 함께 게릴라 활동을 펼쳤으며 이들 중에는 현지에서 간첩교육을 받고 간첩이 되어 남한으로 돌아오는 자들도 많이 있었다.

지리산 공비들의 주요 리더(leader)는 유일석이었으며 본명이 윤채욱인 유일석은 일본 게이죠 제국대학(Keijo Imperial University)에서 공부를 한 지식층 공산주의자로 해방 후 서울 대학에서 좌익학생들을 지도했다. 유일석은 여수 반란사건 후 지리산으로 잠입하여 게릴라 활동을 벌이다 1949년 전투에서 사망했다. 1949년 4월 전라도에서 활동했던 게릴라 숫자는 16,257명으로 그들이 벌인 마을습격, 경찰서 공격 및 방화에 의한 민간인 사살건수는 482회였다. 1949년 11월에는 게릴라 숫자가 77,900명으로 대폭 늘어났으며 그들이 저지른 무장습격, 방화, 살인사건, 식량약탈은 무려 1,260회에 달했다. 바로 이러한 공산 게릴라들의 무장 활동 때문에 미군의 남한 철수가 지연되었으며 전라도에서 공산 게릴라들의 활동이 가장 극심했던 곳은 보성, 화순, 순천, 나주, 벌교, 곡성, 함평, 구례, 영광, 고창, 광양, 영암, 고성 등이었다.

전라도 다음으로 공비들의 활동이 극심했던 곳은 경상북도 밀양, 영덕, 영일, 영동, 칠곡, 청도, 선산, 의성, 안동, 여천, 경주, 고령, 금천 등이었으며 태백산 중의 게릴라들은 동북쪽 산악 지역에 있는 봉화군, 영주, 문경에서 가장 활발히 게릴라 활동을 벌였다. 이 지역의 게릴라 지도자인 김달삼은 게릴라들을 6개 대대로 나누어 봉화, 안동, 문경, 경주, 울진 그리고 영덕에 배치하여 마을을 습격해 주민을 죽이고 경찰서에 침입하여 방화를 한 다음 경찰들을 사살토록 했다. 특히 전라남도에서 활약했던 게릴라들은 1949년 말경까지 전라남도 전체를 완전히 장악했으며 이 지역의 게릴라 총 지도자인 최현(본명 최성우)이 한국군에게 사살됨과 아울러 김백일 장군의 지리산 공비 토벌 작전으로 지리산을 거점으로 활동하던 게릴라들이 대부분 섬멸되어 겨우 안정을 찾게 되었다. 1949년 3월 7일에는 제주도 게릴라 폭동 지도자인 김달삼이 80명의 부하들을 데리고 북으로 도주하려다 삼척에 매복해 있던 국군의 공격을 받고 김달삼과 그의 부하 전원이 사살되었으며 남한의 게릴라 지도자 김달삼이 죽자 북한은 수백 명의 노련한 게릴라들을 남한에 침투시켜 전멸상태에 놓여있는 남한 게릴라들을 지원하려 하였으나 국군에게 패하여 뜻을 이루지 못했다.

1949년 초 이승만은 공산주의자들을 전향시키고 재교육을 시키기 위한 보도연맹(保道聯盟: National Guidance Alliance)을 설치하였으며 이 연맹에 가입한 30만 명에 이르는 공산주의자들 가운데에는 남한 전 대통령인 김대중도 끼어 있었다. 보도연맹 가입자들은 과거의 죄를 완전히 인정하고 뉘우치는 자술서를 작성하고 그들의 모든 동료들과 과거 공산주의 활동에 관한 완벽한 정보를 제출해야 했으며 보도연맹은 매주 3천 명의 연맹 가입자들을 전향시켰다고 발표를 했다. 그러나 이들 가입자들 중 많은 수의 비전향 공산주의자들이 사살되었으며 사살 대상자 중에는 김대중도 포함되어 있었으나 그는 미군에 사살되기 직전 그의 이름을 다른 사람의 이름으로 바꿔대는 바람에 가까스로 죽음을 모면했다.

전라도와 경상도 지역과 강원도 일대에서 준동하던 게릴라들이 어느 정도 소탕되면서 주한 미군들은 예정대로 한국을 떠날 준비를 했다. 그러나 이승만은 미군이 없는 공백기에 북한 김일성이 남한을 쳐들어올지 몰라 마음이 불안하였으며 미군의 철수를 더욱 지연시키기 위해 황해도와 철원 일대에서 북한에 군사도발을 일으키기 시작했다. 남한의 이승만이 북에 군사도발을 할 때에는 북한은 아직 전쟁준비가 되지 않은 상태였다. 1949년 전쟁이 일어나지 않은 이유는 간단하며 한국전쟁의 근원을 이해하는 데 필수적이다. 즉 남한은 전쟁을 원했으나 북한과 미국은 전쟁을 원하지 않았으며 그러나 이러한 상황은 미군이 철수하고 난 1년 후 완전히 뒤바뀌었다. 1949년의 국경전투가 1950년 6월 전쟁의 배경이 되었으며 전쟁은 이른 아침시간에 갑자기 시작된 게 아니라 멀리 떨어져 있는 옹진반도(Ongjin Peninsula)에서 시작되어 개성으로 확산이 되었고 거기에서 철원으로 번져 마침내는 동쪽해안에까지 이르렀다. 1950년 6월은 1949년 여름의 축도였다. 다만1949년 여름과 1950년 여름의 차이는 북한은 이제 전쟁준비를 완료해 놓았다는 것이었다. 북한이 한국군으로부터 노획하여 유엔에 제출한 서류에는 거의 모든 사건이 남한의 보안군들에 의해 유발되었음이 나타나 있었다.

이 기간 동안 이승만은 남한군대를 급속히 확장했다. 1949년 6월 새로운 두 개 사단, 즉 수도사단과 8사단을 전시편제로 전환시켰으며 군 병력은 그 해 7월 말까지 총 81,000명이나 되었다. 그리고 8월 말에는 2만이 더 늘어 10만이 되었다. 이때 북한의 병력은 총 95,000이었으며 1950년 6월에는 남한보다 많은 135,000이었다. 1949년 한국군의 주요 지도자들은 1941년 만주 군관학교를 나와 일본의 관동군에서 장교로 근무했던 백선엽 장군 및 그의 동생 백인엽 대령과 양국진, 김석원, 김백일 장군 등이었다. 이중 제1사단장인 김석원 장군은 1930년 후반 만주에 있는 일본 관동군의 '특수 김 지대(Special Kim Detachment)' 지휘관이었으며 샨시 주(Shansi Province)에서의 회전會戰에서 세운 혁혁한 무공으로 히로히토 일본 천황으로부터 무공훈장(The Order of Merit)까지 수여 받은 용감한 장군이었다. 김석원 장군은 1949년 5월 4일 아침 38선을 넘어 공격을 하였으며 4일 동안 계속된 이 공격으로 400명의 북한군과 22명의 남한군 그리고 개성에서 100명 이상의 민간인이 사망을 했다. 남한은 6개 보병중대와 수개 대대를 이 공격에 참여시켰으나 이중 2개 대대는 북으로 집단 탈주를 했다. 김석원 장군이 북한을 공격한 지 한 달 후인 6월 5일에는 국군 제6사단장인 김백일 장군이 옹진에서 전투를 벌였으며 이 옹진

전투는 6월 말까지 계속되었다. 그리고 이때 38선을 따라 다른 지역에서도 남한군과 북한군 사이에 여러 소규모 전투들이 발생했다. 북한 신문들은 이승만이 남한에서 미군을 존속시키기 위한 길을 찾기 위해 전투를 유발시켰다고 비난했다. 북한 역시 1949년 6월 25일 평양에서 열린 조국통일 민주주의 전선(The Democratic Front for the Unification of the Motherland)을 위한 전국적 모임에서 남한으로의 대규모 출정을 격렬히 외쳤다.

1949년 6월 마지막 일요일 새벽에 옹진반도에서 격렬한 전투가 벌어졌다. 6월 26일 일요일에 일어난 이 전투는 국제연합 한국위원회(UNCOK: The United Nations Commission on Korea)에서 옹진에서 격렬한 전투가 벌어지고 있다는 소식을 접한 후 그 대표단을 옹진에 파견했기 때문에 매우 중요했다. 그리고 언코크 대표단은 옹진반도에서 2일을 머문 후 월요일 저녁에 서울에 돌아와 북한 침략자들이 문제를 일으키고 있다고 비난을 하는 보고서를 유엔에 제출했다. 그러나 바로 이 사건 전에 김석원 장군은 언코크 대표 단원들에게 옹진전투 현황에 관해 브리핑을 하는 자리에서, "남북한은 하시라도 본격적인 전쟁에 착수할 수 있다. 남한은 교전상태로 진입하였으며 우리는 1945년 이래 존재해온 38선을 분쇄하여 우리가 잃은 땅, 북한을 복구할 프로그램을 세워야 한다."고 말을 했다. 일 년 뒤 전쟁이 일어난 후 남한정부에서 내무 장관을 지냈던 김효석은 북한으로 도망을 가 이승만은 1949년 7월 15일에 단행할 북벌계획을 세웠으며 이러한 북벌은 김석원이 옹진반도로부터 북을 향해 공격을 하여 첫째는 해주를, 그 다음에는 평양을 점령하는 것으로 되어 있었다고 외신기자들에게 말을 했다.

1949년 8월 1일 남한 군대들은 옹진의 운파산을 점령하였으며 이 운파산은 옹진의 38선 북쪽에 있는 돌출부로 전략상 매우 중요한 곳이었다. 8월 4일 이른 아침시간에 북한군들은 운파산에 대포로 일제사격을 퍼붓고 수백 발의 박격포를 쏘았으며 아침 5시 반에는 6천 명가량의 북한 국경수비대들이 운파산을 점령하고 있는 남한군들에 공격을 가했다. 북한은 남한의 백골白骨부대원들이 8월 4일 운파산으로부터 북을 향해 공격을 했다고 주장을 했다. 어쨌든 운파산은 북쪽지역에 있었고 북한군으로부터 공격을 받은 남한군들은 대패를 하였으며 한국의 신성모 국방부장관도 한국군 18연대 2개 중대가 옹진전투에서 참패했음을 인정했다.

한편, 남한군 지휘관들은 그들의 부하 사병들의 군 사기에 심각한 문제가 있음을 깊이 우려했다. 1948년 11월 대한민국 국군이 창설된 이래 1949년 9월까지 불과 10개월 사이에 무려 5,268명의 병사들이 북으로 도주를 하였으며 이는 매달 300명에서 거의 100명의 병사들이 부대를 탈영해 북으로 도주한 셈이었다. 1949년 10월 14일 또다시 옹진에서 전투가 벌어졌으며 10월 19일에는 전투가 춘천으로 번져갔고 10월 24일에는 USS 킴벌 스미스(USS Kimball Smith) 해군함에서 한국 승무원들이 선상반란을 일으켜 이 배를 북으로 끌고 갔다. 10월 말부터 대량의 중무기들이 소련으로부터 청진으로 들어왔으며 이와 때를 같이해 육중한 탱크부대들이 38선을 향해 천천히 이동하고 있었다.

미국은 이승만에게 북한군들과 자주 전투를 일으키는 김석원 장군을 교체하라고 요구를 하였으며 12월 중순 백인엽 대령이 김석원 장군 대신 옹진지역 사령관으로 임명을 받을 때까지 38선은 조용했다.

백인엽 대령은 옹진지역 사령관으로 발령받을 때 사태를 평온히 하도록 명령을 받았으나 북한군에 뜻밖의 공격을 가해 운파산을 일시적으로 점령을 했다. 북한군은 서둘러 반격을 했으나 그들 대대 중 1개 대대가 남한군의 매복작전에 궤멸되었다. 남한군에 의한 북한군의 심각한 손상으로 당혹한 북한군은 이 지역에서 전투행위를 삼가하였으며 1949년 12월에 일어난 이 전투 이래 옹진일대에서는 1950년 6월 25일까지 전투가 재발하지 않았다.

이보다 앞서 남한군과 북한군이 옹진을 중심으로 한창 전투를 벌이고 있을 때인 1949년 6월 29일 남한에 마지막으로 남아있던 1,500명의 미군병력이 모두 남한에서 철수를 했다. 하지는 남한을 떠날 때 소련군이 북한에서 철수하며 그들이 가지고 왔던 모든 전쟁무기를 북한에 남겨놓고 간 것과는 달리 남한의 이승만이 북한에 공격을 하지 못하도록 하기 위해 그가 한국에 올 때 가지고 왔던 대포와 탱크와 군용기들을 모두 가지고 돌아갔다. 그가 고작 남겨놓은 무기라고는 1만 정의 소총, 50만 발의 소형무기 탄약, 2천 개의 경 바주카포(light bazzokas), 수백 정의 경포(light artitillery)와 박격포, 10대의 공군연습기 등이었으며 소련이 북한에 제공한 탱크 철갑을 관통시키기에 충분한 힘을 가지고 있는 전투기나 탱크나 바주카포는 하나도 남겨 놓지 않았다. 이들 무기 외에 미국은 수백만 불 어치의 의료 보급품을 포함해 2천 대의 지프차와 트럭을 남한에 넘겨주었다. 이 모든 무기는 내부질서를 유지하고 사소한 국경충돌을 진압하기에 충분한 5만 명의 경무장 방어 지상군에게 공급하기에 족한 것이었다. 따라서 이들 무기는 북한의 전면침략을 격퇴시키기에는 턱없이 불충분 했다.

소련군은 북한을 철수할 때 막대한 공격무기를 북한에 남겨 놓았을 뿐만 아니라 3천 명이나 되는 소련군 고문단을 북한에 잔류시켰다. 그러나 미국은 한국군을 재편성하고 그들이 한국군에 양도한 군수품을 사용할 군대들을 훈련시키기 위해 5백 명의 장교로 구성된 한국군사 고문단(The Korean Military Advisory Group: KMAG)을 구성해 남겨 놓았으며 이 군사 고문단은 윌리엄 로버츠 준장(Brigadier General William L. Roberts)이 지휘를 했다. 더욱 충격적인 것은 이 보잘 것 없는 무기들이 한국군에 양도된 후 맥아더는 남한이 북한으로부터 공격을 받더라도 남한을 지원하지 않을 것이라고 언명한 것이었다.

　미국은 여러 정보 루트를 통해 미군이 남한에서 철수하면 북한이 즉각 남침을 할 것이며 남한은 순식간에 북한에 정복될 것이라고 예견을 하였음에도 남한에서 그들의 군대를 모두 철수 시켰다. 38선을 그어 한국을 남-북으로 갈라놓은 미국은 이 선을 넘어 북한이 남한을 쳐들어오더라도 못 본 체하겠다는 태도였다.

　하지는 비록 남한군정에 실패를 하고 떠났지만 그가 한국인들에게 남겨 놓은 좋은 교훈이 하나 있다. 하지는 그의 군정 시 남한에 난립해있는 많은 정당과 정치단체와 사회단체를 보고 다음과 같이 말을 했다. "한국인들은 내가 본 중 가장 정치적인 마음을 가지고 있는 민족들이다. 한국에는 정치를 하겠다는 사람들이 너무 많으며 그들의 모든 행동과 언어와 동작은 모두 정치적이다. 정치를 하겠다는 사람들이 너무 많으면 정치에 혼란만 오며 이런 면에서 볼 때 한국의 정치 장래는 몹시 어둡다."

# 32
# 한국전쟁 발발

    한국전쟁은 1950년 6월에 발생하여 1953년 7월까지 3년간 이어졌다. 이 긴 기간 동안의 전쟁 이야기를 다 쓰는 것은 그리 간단치 않다. 나는 한국군 몇 사단이 어디에서 북한군에 궤멸되고 무슨 부대가 용감히 싸웠다는 식의 이야기는 한국인들이 쓴 책에 잘 나와 있으므로 내가 쓰는 한국전쟁 이야기에는 그런 진부한 내용은 넣지 않을 것이다. 그 대신 나는 한국인들 대부분에 잘 알려져 있지 않은 주요 요점만 소개하여 한국전쟁 이야기를 되도록 간결하게 정리하려 한다. 그리고 미국의 한국 희생시키기는 한국전쟁 전후를 통해 최고조에 달했음도 아울러 부언해 두고자 한다.

## 김일성 남침 직전의 국내외 상황

남한을 침략할 준비를 모두 끝낸 후 하루 속히 남한을 점령하여 남한을 공산화시킬 욕심에 마음이 초조한 김일성은 남한을 공격할 시기가 무르익기만을 기다리고 있었다. 남한의 군사력은 북한에 비해 절대 열세였다. 북한은 13만 5천 명의 병사로 구성된 24개 보병사단과 4개 혼성여단, 그리고 한 개의 탱크여단을 보유하고 있었다. 8만 8천 명으로 구성된 탱크여단에는 5백 대의 소련제 T-34탱크와 T-70탱크가, 그리고 2천3백 명이나 되는 공군은 211대의 소련제 야크(Yak)기와 미그(Mig) 전투기를 가지고 있었으며, 15,270명으로 구성된 해군은 35대의 해군함정을 보유하고 있었다. 이들 병력 외에도 30만 이상의 군대들이 북한의 남한 공격에 대비해 전투훈련을 받고 있었다. 북한의 이 대군들은 1949년 말부터 38선 근처로 서서히 집결을 하고 있었으며 전투준비를 완료한 그들은 이제 김일성으로부터 남한 총공격 명령만을 기다리고 있었다.

이와 함께 김일성의 남침을 부채질하는 분위기가 남한 내외에서 급속히 전개되고 있었다. 남한은 정치적 불안정으로 사회가 어지럽고 경제도 어려웠다. 나라의 부와 미국에서 대주는 돈과 원조물자는 몇몇 정치 권력자들의 손으로 흘러 들어가 일반국민은 최저빈곤에 시달리고 있었으며 공무원들도 썩고 부패하여 정부에 대한 국민들의 불만이 더욱 심화되어 갔다. 이러한 정치적 사회적 혼란을 틈타 한때 수그러들었던 좌익 게릴라들과 공산주의자들이 또다시 나타나 북한이 남한을 침략하면 남한 내에서의 사회 교란과 함께 남침을 한 북한군들과 손을 잡고 남한정부를 타도할 준비를 갖추고 있었다. 대외적으로는 중국의 모택동이 장개석을 무찔러 1949년 10월 1일 중국에 공산당 정부를 수립하였으며 중국 인근에 있는 베트남, 라오스, 캄보디아 등 인도차이나(Indo-China) 국가들도 자국에 공산주의 정부를 세우기 위해 프랑스와 미국과 싸우고 있었다. 이에 자극을 받은 김일성은 1949년 3월에 소련으로 가 스탈린과 비밀리에 군사원조 협약을 맺었으며 김일성은 이때 처음으로 스탈린에게 남한 침략계획을 밝혀 그의 동의를 얻어냈다. 김일성이 스탈린을 찾아갔을 때에는 동유럽 여러 국가들도 스탈린의 손에 하나하나 도미노(Domino) 현상으로 공산화가 되어가고 있을 때였다.

소련의 스탈린이 이토록 세계 여러 나라들을 공산주의로 물들여가며 그의 세력을 넓혀가고 있는 동안 세계 민주주의 주축국인 미국은 그의 민주주의 세력을 오히려 큰 폭으로 축소시키고 있었다. 미국의 트루먼 대통령은 1950년 1월 5일 모택동에게 중국 본토를 빼앗기고 대만으로 가 민주 정부를 세운 장개석에게 미국은 대만에 군사기지를 설치하지 않고 무기도 공급치 않겠다고 선언을 했다. 그 일주일 뒤인 1월 12일 미 국무장관 딘 애치슨(Dean G. Acheson)은 전국 신문기자 클럽(National Press Club)에서, "미국의 극동방어선은 알류샨 열도(Aleutian Islands)에서 일본 그리고 오키나와 필리핀이며, 이들 지역은 필요 시 미국이 군사적으로 방어를 할 것이나 한국과 대만은 이 방어선에서 제외된다. 그리고 미국의 방어선에서 제외된 지역들이 공격을 받으면 공격을 받은 국민들이 맨 먼저 대항하여야 하며 그 다음으로 유엔의 헌장 밑에 있는 전 세계국가의 공약에 따라야 한다."라고 선언을 하였다. 앞서도 말했지만 애치슨은 한국에서의 미군 철수를 가장 강력히 주장했던 인물이었으며 이번에는 한술 더 떠 한국을 미국의 방어선에서까지 제외를 시켰다. 맥아더도 미국의 극동방어선은 태평양의 미드웨이 섬에서 알류샨 열도와 필리핀까지라고 말을 함으로써 애치슨이 설정한 극동방어선을 지지했다. 그러나 애치슨의 이러한 결정에 반박을 하는 정치가들은 미국에 아무도 없었으며 공화당의 조지프 매카시(Joseph R. McCarthy) 상원의원만이 애치슨을 공산주의자라고 비난을 하며 그에게 맹공을 가했을 뿐이었다. 미군의 러스크 대령은 1945년 8월에 소위 '러스크 라인(Rusk Line: 38선)'을 그어 소련군의 남한 점령을 저지했었다. 그러나 그로부터 불과 5년 뒤인 1950년 1월 애치슨 국무장관은 남한을 공산주의자들로부터 보호하는 마지막 보루선인 러스크 라인에서 훨씬 뒤로 물러나 미국의 방어선에서 남한을 제외시키는 '애치슨 라인(Acheson Line)'을 다시 그어 한국이 공산주의자들의 손에 넘어가더라도 미국이 개입치 않겠다는 발언을 함으로써 김일성의 남침 야욕을 더욱 부추겨 주었다.

전쟁준비를 완비해 놓고 남침의 기회만을 엿보던 북한 김일성은 미국의 애치슨이 전국 기자 클럽에서 미국의 방어선에서 한국을 제외시킨다고 선언을 하자 몹시 흥분하였으며 그 즉시 1949년 말에 이어 1950년 늦은 2월에서 3월 초 사이에 소련의 스탈린을 또다시 찾아가 그로부터 무언의 남한 침략 승인을 받아냈다.

스탈린은 소련이 책임이 없는 엄밀한 내란이라고 우길 수 있는 것을 통해 그의 모든 목표가 달성될 수 있어 매우 기뻤다. 스탈린은 김일성에게 남침은 승인했지만 그에게 조언을 해주고 무기는 대주더라도 김일성의 남침에는 분명히 참가하지 않을 것이었다. 그래서 스탈린은 크렘린(Kremlin)을 관련시킬 수 있는 소련 군사 고문단원들의 체포위험을 방지하기 위해 그들에게 전선으로부터 먼 뒤에 주둔하도록 지시를 했다.

후일 후루시쵸프(Khurshchev)는 1949년 말에 김일성은 스탈린으로부터 남한 침략 승인을 받기 위해 모스크바에 도착했다고 말을 했다. 그는 북한 김일성은 대검 끝으로 남한을 찌르겠다고 스탈린에게 말을 하였으며 첫번째 찌름은 남한에 내부 폭발을 야기해 인민들의 힘이 남한을 지배하고 있는 힘을 압도할 것이라고 장담했다. 스탈린은 김일성의 생각에 반대할 수 없었다. 그러나 그는 김일성의 생각을 숙고하고 계산을 해보겠다고 말을 한 후 남한침략의 구체적인 계획을 세워 가지고 그에게 다시 오라고 김일성을 설득했다.

그리고 그 이듬해인 1950년 2월말경 김일성은 6월에 남한을 침략할 계획을 가지고 모스크바로 돌아왔다. 김일성 계획의 결정적 요소는 침략자들을 돕기 위해 집결할 50만 명이나 되는 많은 공산주의자 게릴라들과 비밀 공산당 멤버들이 남한에 있으며 한국군 멤버들을 포함해 수백만의 남한 의용군들이 침략이 개시된 후 북한군들을 응원할 것이라는 신념에 기초한 것처럼 보였다. 김일성의 계획에 따르면 일단 북한군들이 서울을 점령하면 그 나머지는 쉽게 정복될 것이며 이승만 정부는 도망을 하면 국민들로부터 불신을 받을 것이다. 그리고 남한 수도 지배는 남한의 수송과 통신망의 지배를 의미한다고 되어 있었다. 김일성은 이어 남한침략과 점령이 너무 신속히 이루어져 미국도 미쳐 간섭할 시간이 없을 것이라고 그의 계획에서 주장을 했다.

그리고 이 같이 자기 확신에 도취된 김일성은 모든 대내외 조건이 자신의 남침수행에 유리하게 전개되고 있다고 판단한 다음 대남침략 준비에 더욱 박차를 가했다.

애치슨이 미국의 방어선으로부터 한국을 제외시킨다는 선언을 했을 때에는 미국 정부와 국방부가 북한의 김일성이 남침을 서두르고 있다는 사실을 이미 잘 알고 있던 때였다. 1949년 10월에서 1950년 6월 25일 김일성이 남침을 감행할 때까지 미국의 육군 정보부와 남한 정부는 여러 번에 걸쳐 북한의 남한 공격이 임박해 있음을 경고하였으며 미국의 중앙정보부도 남한에서의 미군 철수로 북한이 곧 남한을 공격할 것이라고 미국 정부에 경고를 했다. 1949년 10월과 1950년 2월 하지와 동경에 있는 맥아더 사령부는 북한이 1950년 3월이나 4월에 전쟁을 일으킬 것이라고 북한의 남한 공격 시기까지 예고를 했다. 그리고 1950년 4월 미 공군 정보부는 한걸음 더 나아가 소련이 이미 북한에 남한을 공격하라고 명령을 했다고 발표했다. 1950년 5월 10일 남한의 신성모 국방부 장관도 북한군이 더욱 남쪽으로 이동해 38선 가까이 다가와 있으며 그들의 남한 침략이 임박해 있다고 발표를 했다. 6월 초 미국의 중앙정보부 역시 북한군이 신속하게 국경 근처로 이동하고 있다고 보고했으나 미국의 트루먼 행정부는 이 모든 경고와 보고와 발표에 피상적인 주의만을 기울였을 뿐이었다.

1950년 6월 초 북한군은 38선 근처에 사는 주민들을 소개시킨 후 전투태세를 갖춘 병력을 그 지역에 배치하였으며 6월 22일에는 한국어와 소련어로 작성된 최초 공격명령을 북한의 주력 공격 부대인 1사단과 3사단 등 4개 보병사단에 하달함으로써 북의 김일성은 드디어 그가 그토록 벌러오던 전쟁을 일으키고야 말았다.

## 북한군의 전면 기습 남침

1950년 6월 25일 비오는 일요일 아침 6시경 북한 인민군들은 남한에 대한 전면적인 그리고 전격적 스타일의 침략을 개시했다. 새벽 4시경 남한에 대한 선전포고 역할을 한 중포의 집중포격 후 약 9만 명의 7개 북한군 사단과 150대의 소제 탱크들은 38선을 넘어 남쪽으로 향해 밀어닥쳤다. 그들은 대부분 남쪽으로 50마일 떨어진 서울을 향해 주요도로를 따라 진격하였으며 다른 부대원들은 한반도 동-서해안의 주요 도시들을 공략했다. 소련 군사 고문들에 의해 고안된 공격전략은 치밀하게 짜여져 있었으며 또한 치명적이었다. 경무장에 충분한 훈련을 받지 못한 남한군들은 무시무시한 북한군에 대적이 안 되었다. 따로따로 흩어진 남한군 부대원들의 결연한 그리고 때때로 효과적인 대항에도 불구하고 북한 침략자들은 첫날 15마일가량이나 전진을 했다.

그날 아침 11시 평양 라디오 방송은 북한이 남한으로부터 대규모 침략을 받아 이에 대응하여 대한민국에 선전포고를 하였다고 발표를 했다. 이것은 그들의 침략을 남한에 덮어씌우기 위한 터무니없는 거짓말이었다. 심지어 북한의 공식적인 김일성 전기 작가도 "갑작스런 적의 공격을 받고 즉시 전면적인 반격을 할 수 있는 전쟁은 세계 전쟁 사상 전례가 없었다."며 북한의 선제 공격을 솔직히 시인했다.

북한군 대공세에 한국군 2사단과 7사단이 순식간에 괴멸되었으며 북한군 3사단 9연대는 남한에 공격을 개시한 지 불과 이틀만인 6월 27일에 서울을 점령했다. 남한군들은 미군이 남겨놓은 지뢰도 설치하지 않고 10개 사단을 무장시킬 수 있는 무기를 모두 버리고 뿔뿔이 흩어져 남으로 후퇴를 했다. 이들뿐만 아니라 이승만 대통령과 군 고위 지휘관들도 남으로 후퇴하기에 여념이 없었다.

## 유엔의 최초 반응

소련정부는 한국의 분쟁은 북한에 대한 남한의 한 공격으로 시작된 내전이며 남한의 공격으로 격분한 북한정권이 임의로 모든 군대를 동원하여 정당하게 대응했다고 주장을 했다. 그리고 전쟁이 난 지 며칠이 지나서야 처음으로 소련 신문들은 내면에 한국의 상황을 격하시키는 짤막한 뉴스만 실었을 뿐이었다. 소련에서는 기다려 보자는 태도가 지배적이었다.

그러나 일단 미국과 유엔이 한국전쟁 개입에 완전히 전념하자 크렘린의 정치 선전원들은 행동을 시작하였으며 세계의 눈들에 미국을 난처케 하는 화려한 성명서를 만들었다. 안드레이 그로미코(Andre A. Gromyko) 부 외무부장관에 의해 기안되어 최대 효과를 노리기 위해 미국 독립기념일인 7월 4일에 공개된 원문은 미국의 남북전쟁에서와 같이 한국에서도 반동의 그리고 농업의 남쪽이 진보적이며 공업적인 북쪽을 공격했다고 주장을 했다. 양쪽 내전에서 공격을 격퇴하기 위한 필요에 의해서뿐만 아니라 불법적 남한 정부를 분쇄하고 나라를 통일하기 위해 동기를 부여받은 북부인들은 군사작전을 남쪽영토로 이전하여 인민의 지지를 누리지 못하는 경작자들과 노예소유자들의 군대를 패주시키고 국가통일을 수립할 조건들을 창조했다는 주장을 계속했다.

미국의 남북전쟁에서 북쪽은 노예해방과 국가재통일 측에 있었으며 전쟁에 승리를 하였다는 논리는 이 선전에서 가장 알맞는 것이었다. 러시아인들은 영국이 남부연맹을 도와준 것이 무익했던 것처럼 미국이 남한정부를 도와주더라도 북한인들은 승리를 할 것이라고 주장했다. 러시아 성명서의 궁극적인 요점은 한국전쟁은 내전이기 때문에 유엔이 관여할 업무가 아니라는 것이었다.

한국전쟁을 남한이 일으킨 내전으로 규정하고 이 전쟁을 미국의 남북전쟁과 비교한 그로미코의 교묘한 유추는 터무니없는 것으로 미국과 그 동맹국들은 이를 토의에 붙이지도 않고 간단히 기각시켜 버렸다. 그 대신 미국은 북한이 일으킨 전쟁을 '침략행위(an act of aggression)'로 규정하려고 하였다. 외교적인 표현으로 '침략(aggression)'은 정당한 이유 없는 공격을 뜻하며 한 개의 주권국가가 다른 나라에 대해 일으킨 무력공격을 의미한다. '침략'은 형법에서 일급살인과 동등한 것으로 유엔 헌장(The UN Charter)에 의해 행해질 수 있는 가장 중대한 문책이었다. 유엔 헌장 제7장은 '평화 위협에 관한 대책, 평화의 침해 및 침략행위' 등을 규정하였으며 이 장 제39조는 '유엔 안전보장 이사회는 평화에 대한 위협의 실재, 평화의 침해 또는 침략행위를 결정하며 국제평화와 안전을 유지하거나 회복하기 위해 제41조와 42조에 따라 어떠한 조치를 취할 것인지 권장을 하거나 결정한다'고 정해져 있다.

미국은 이 규정에 따라 유엔이 북한의 침략을 공식적으로 침략행위로 분류하기를 원했을 것이다. 이는 북한정부의 외교적 승인 내지는 소련에 대한 직접적인 비난을 뜻할 수가 있었다. 이러한 의미는 대다수 유엔 회원국들에게는 물론 미국 자체에서도 받아들여지지 않았다. 그래서 미국 정부는 북한을 침략행위보다 한 단계 낮은 범죄행위인 평화의 침해로 규정하여 해결하지 않으면 안 되었다. 유엔은 그럼에도 불구하고 평화의 침해에 관해서도 침략행위에 대한 것과 같은 단호한 조치를 취하도록 유엔헌장에 의해 권한을 위임 받았다.

평화의 침해는 그 용어가 다소 애매하였으며 이 말은 보통 상황 하에서 유엔이 각 나라들의 내부사건에 간섭할 수 있는 권한을 가지고 있지 않은 내전을 포함하는 것에 확대될 수 있었다. 북한 침입 2일 후 트루먼은 가장 드러나게 한국을 '극동의 그리스'라고 언급했다. 그러나 그리스에서 일어난 최근의 분쟁은 누구도 이의를 제기할 수 없는 내전이었다. 유엔은 1946년 12월 그리스 정부가 안전보장이사회에 그리스의 공산 게릴라들이 알바니아(Albania), 유고슬라비아(Yugoslavia), 그리고 불가리아(Bulgaria)로부터 군사원조를 받고 있다고 제소했을 때만 관여를 했다. 안보리는 국경위반 주장만을 조사한 다음 공산 게릴라들의 분쟁을 끝내기 위한 조치를 권고하기 위한 한 위원회를 별도로 설치했다. 위원회는 그리스의 북부 공산주의자 이웃들이 유죄라고 고발하였으며 안보리는 그들에게 중지를 하라고 명령을 했다.

유엔은 1945년 4월 25일 샌프란시스코(San Francisco) 국제 연합회의에서 국제연합헌장으로 탄생되었다. 초대 유엔 사무총장은 노르웨이 외무장관 출신인 트리브 리(Trygve Lie)였으며 그로부터 두 달 후인 6월 26일 조인된 헌장은 10월 24일을 기하여 효력을 발생하기 시작하였다. 그리고 최초로 유엔에 가입한 나라는 총 50개국이었다.

트루먼 행정부는 군사적으로 약한 미국이 그 안보, 특히 북대서양지역 밖에서의 안보를 아직도 유엔에 몹시 의존하고 있었으며 그는 유엔의 효과를 논증하려고 갈망을 했다. 그리고 트루먼은 지금이 바로 유엔이 얼마나 강한 힘이 있는지를 러시아인들에게 보여주기 위한 최상의 시기라고 생각했다. 또한 애치슨이 6개월 전 전국기자 클럽에서 미국의 태평양 방어선에서 제외된 나라들(한국, 대만 등)이 만일 공격을 받으면 먼저 그들 자신의 자력에 의존하여야 하고 그 다음으로 유엔 헌장 밑에 있는 세계 문명국가들의 공약에 의존해야 한다고 발표한 것의 정당성을 그 자신이 입증할 때이기도 했다.

이러한 문제들은 6월 25일이 50개 국가 대표들이 5년 전 만장일치의 갈채에 의해 유엔헌장을 채택했던 샌프란시스코 극장에서 일어난 다섯 번째 회의와 일치함으로서 매우 두드러졌다. 1950년 6월 25일은 유엔의 존립이 위기에 걸린 것처럼 보였다. 국제 연맹(The League of Nations)의 붕괴는 세계2차 대전의 발발을 냉혹하게 유도했던 최후의 장을 열었었다. 그런데 또다시 전후세계 또는 적어도 스탈린의 세력 밑이 아닌 세계의 일부분이 세계 1, 2차 대전 사이에서 배운 교훈으로부터 이익을 얻기 위해 굳게 결의되어 있었다.

그리고 이러한 결의 하에 한국의 위기를 다룰 유엔 안전보장이사회의 최초 긴급회의가 6월 25일 일요일 오후 2시 20분에 개최되었다. 회의는 퀸즈(Queens)의 뉴욕시 자치경계 동쪽으로 2, 3마일 떨어진 롱아일랜드(Long Island) 석세스 호수(Lake Success)의 이전 스페리 자이로스코프(Sperry Gyroscope) 공장에서 열렸다. 안보리의가 열린 곳은 이처럼 황량한 공업지대 주변에서였다. 회의에는 다섯 개 안보리 상임이사국 중 프랑스, 영국, 국민당 중국, 그리고 미국 등 네 나라가 참석을 하였으며 여섯 개의 임시 회원국인 쿠바(Cuba), 에콰도르(Ecuador),

이집트(Egypt), 인도(India), 노르웨이(Norway) 그리고 유고슬라비아의 대표들이 모두 참석을 했다. 미국대표는 안보리에서 거부권(Veto Right)을 행사하는 소련 대표가 불참하여 크게 안심을 했다.

전체적인 긴급 느낌은 한국에서의 교전을 국제평화 유지와 안보를 위태롭게 하는 전면전으로 표명을 한 국제연합 한국위원회(UNCOK: United Nations Commission on Korea)로부터 6월 25일 아침 전송을 받음으로써 상당히 고조되었다. 유엔 자체 참관인들로부터의 이러한 메시지는 만일 그들이 단독으로 미국무부를 통해 전해진 보고에 근거하였다면 그들이 얻지 못했을 것이라는 미국의 주장을 강화했다.

미 대표에 의해 제출된 초안 결의안은 첫째 북한은 즉시 적대행위를 중지하고, 둘째 그들의 무장병력을 38도선 이북으로 철수시키라고 북한당국에 요구하는 것이었다. 그날은 일요일인 데다 회의가 갑작스럽게 열렸기 때문에 몇몇 대표들은 그들 정부로부터 훈령을 받을 수 없어 미국이 내놓은 결의안을 심의하는 데 몇 시간이 걸렸으며 미국의 결의안에 약간의 수정을 가한 결의안이 유고슬라비아가 기권한 가운데 9:0으로 통과된 것은 오후 6시가 조금 안 되어서였다. 소련은 유엔헌장은 비절차 사안에 대한 결의안이 채택되기 위해서는 5개 상임 이사국의 동의투표를 포함하여 7개의 찬성표를 요구하기 때문에 그 두 표가 무효라고 주장했다. 그러나 안전보장 이사회는 소련이 회의에 불참하여 투표치 않은 것은 거부권이 아닌 기권을 구성한다는 원칙을 채택했다.

만일 소련 대표가 회의에 나타났다면 어떤 일이 일어났을까? 두말할 것도 없이 그는 미국의 결의안 채택을 방해했을 것이다. 그러나 유엔 주재 미국대사는 그러한 경우에 대비해 통상 가을에만 열리는 총회의 긴급회의를 요청하기로 준비를 다 해놓고 있었다. 한국으로서는 소련 대표의 회의 불참이 여간 다행스런 게 아니었다.

## 미국의 한국전 개입 결정

미국이 안보리 회의에 제출한 결의안이 통과된 다음날인 6월 26일 월요일, 한국으로부터의 뉴스는 매우 좋지 않았으며 꾸준히 악화되고 있다는 내용이었다. 최후로 펜타곤(Pentagon)이 한국의 상황이 급속도로 악화되어가고 있다는 내용의 전보를 동경에 있는 맥아더로 받은 이른 저녁, 깊은 우려는 마침내 비상경보로 바뀌었다. 맥아더는 북한군 탱크들이 이미 서울 북쪽 교외까지 진입하였으며 이승만 정부는 남쪽을 향해 도주했다고 말했다. 그는 한국군이 탱크도, 전투기도, 훈련도 그리고 싸울 의지마저 결여되어 있기 때문에 남한의 완전한 붕괴가 임박해 있다고 덧붙였다. 존 포스터 덜레스(John Foster Dulles)의 보좌관인 존 앨리슨(John M. Allison)은 화요일 아침 도쿄에서 맥아더를 만났을 때 장군 맥아더가 그토록 풀이 죽고 낙담한 모습을 전에 결코 보지 못했다고 후일 그가 쓴 책에서 술회했다. 맥아더는 그에게 한국전체가 파멸되었으며 미국이 할 수 있는 유일한 것은 미국인들을 한국으로부터 안전하게 대피시키는 것이라고 말을 했다. 딘 애치슨은 이 전보에 관한 소식을 들은 오후 7시 30분경 즉시 트루먼에게 알렸으며 트루먼은 그날 저녁 9시에 긴급회의를 소집했다.

국무부와 국방부 고위관리들은 회의를 한 후 미 공군과 해군에게 38선 이남의 모든 북한군 목표물들을 타격하는 허가와 함께 남한의 지상군들을 위한 엄호와 지원을 제공토록 명령을 하라고 트루먼 대통령에게 건의하기로 결정을 했다. 그들은 이들 병력의 투입은 많은 차이를 가져올 것이라고 믿었다. 그러면 북한군의 침략을 격퇴할 수 있고 국경도 회복될 것이며 그것이 그 당시 미국 정부의 최고 목표였다. 그들은 또한 38선 밑에서 작전을 제한함으로써 소련과 중국 공산주의자들의 있을 수 있는 전쟁참여도 피할 수 있을 것이라고 믿었다. 맥아더의 불길한 보고와 북한이 유엔 결의안을 무시할 것이라는 분명한 함축에 근거하여 트루먼은 국무부와 국방부의 고위 관리들이 그에게 한 제의에 서슴치 않고 그의 강한 어조를 표명했다.

6월 27일, 한국에 미 공군과 해군의 참여를 발표하면서 트루먼은 북한이 적대 행위를 끝내고 38선 이북으로의 북한군 철수를 가져오는 데 유엔에 모든 협조를 제공하도록 모든 회원국들에게 요청한 한국에 관한 안전보장이사회의 결의안을 인용하면서 그의 행동을 정당화시켰다. 회원국들 대다수는 한국을 수호하기 위해 무슨 조치를 취하지 않으면 안 되며 이러한 조치는 반드시 이행되어야 한다는 트루먼 행정부에 동의를 했다. 트루먼과 애치슨은 미국이 만일 유엔을 대표하여 특별히 군사개입을 허락하는 결의안을 제출하면 안보리는 그것을 통과시킬 것이라고 내내 확신을 했다.

애치슨은 6월 26일 회의에서 다음날 아침 이러한 결의안이 안보리에 제출될 것이며 대통령이 정오경 그의 성명서를 신문에 발표할 시간까지는 통과될 것이라고 트루먼을 납득시켰다. 그러나 공교롭게도 안보리 회의는 인도대표가 그의 정부로부터 훈령을 기다리고 있었기 때문에 그날 오후까지 연기되었다. 그의 결정을 밝힐 시간을 이미 발표한 트루먼은 아무도 미국이 유엔의 명령을 고분고분히 따르는 외에 무언가를 하고 있음을 눈치 채지 않도록 바라며 약간의 교묘한 솜씨에 의지하지 않을 수 없었다.

트루먼은 그날 저녁 한 가지 더 지극히 중대한 결정을 했다. 즉 그는 미 공군과 해군의 한국전 투입 문제를 의회 투표에 제출하지 않기로 했다. 그는 결국 선전포고를 하지 않을 것이며 단순히 북한의 남한침략을 속히 끝내도록 하기 위해 미국 비행기와 배들을 파견할 뿐이며 유엔의 간원으로 그렇게 하고 있다고 주장을 할 참이었다. 그이외 백악관 전임자들은 셀 수 없을 정도로 스스로 결단을 내려 분쟁지역을 평화롭게 하기 위해 미국 군대들을 급파했으며 트루먼은 이러한 전례를 따를 뿐이었다.

트루먼의 이치는 아주 간단했다. 그는 단호히 행동을 취하여야 하며 공산주의자들 침략에 용감히 대항하기 위한 결정으로 그의 개인적 신용을 원했다. 실제로 의회토론은 진행을 멈추었다. 상원 공화당 정책 위원회는 월요일 회의를 열어 미국은 가능한 한 많은 전쟁물자로 남한을 도와주어야 하나 전쟁에 직접 관여하지 말아야 하고 그 자신이 또 다른 중대한 전쟁에 끌려 들어가는 모험을 하지 말아야 한다는 내용의 결의를 신문에 발표했다.

6월 25일과 26일 미국 대통령 영빈관인 블레어 하우스(The Blair House)에서 트루먼이 한 주요결정은 6월 27일 화요일까지 단 하나도 공개되지 않았다. 한국으로부터의 보고들이 더욱 실망을 시키고 트루먼 행정부가 어떤 효과적인 조치를 준비하지 않았다는 확실성이 증가하면서 의기소침한 분위기가 월요일의 수도에 널리 퍼져 있었다. 트루먼은 출발이 곤란할 때 대만의 장개석을 포기했던 것처럼 이승만을 버리려는 것처럼 보였다. 트루먼은 6월 27일 화요일 오전 11시 30분이 되어서야 하원 외교문제 위원회 및 군사위원회 그리고 상원 외교위원회의 민주당과 공화당의 고위 멤버들을 포함하여 이 두 당의 14명의 지도 멤버들과 회의를 했다. 트루먼이 그가 결정한 목록을 하나하나 발표해가는 동안 그는 놀라고 만족해하는 입법부 위원들로부터 격려 이외에 아무런 반대를 받지 않았다.

모든 장애물을 일소한 트루먼은 다음으로 한국을 공격한 공산국가를 비난하고 그의 한국전 개입결정을 공표하는 공식 설명서를 발표했다. 이제 커다란 암울의 밤에 이어 무한한 안도와 승인과 그리고 결속이 뒤를 따랐다. 드디어 커다란 일보가 내딛어졌으며 사람들은 누구나 그 커다란 일보가 수반하는 것이 무엇이건 이를 수행할 준비가 되어 있었다. 장기간의 긴장과 좌절과 그리고 양보는 끝이 났으며 행동을 위한 시간이 도달한 것처럼 보였다.

## 유엔의 출전

이제 미국은 무력개입을 약속했다. 그러나 트루먼은 만일 미국이 단독으로 행동하면 소련이나 중국 공산주의자들이 미국과 같은 방법으로 대응하지 않을까 우려를 했다. 그러나 만일 미국이 세계의 의견과 국제 군사력이 미국 측에 있을 가능성을 가지고 유엔을 대표하여 행동을 한다고 주장할 수 있다면 그 두 공산주의 강대국은 아마도 공공연히 한국에 말려들지는 않을 것이다. 그래서 6월 27일 화요일 오후 3시 유엔의 미국대표는 북한의 무력공격을 격퇴하고 국제적인 평화와 이 지역의 안보를 회복하는 데 필요한 협조를 유엔 회원국들이 대한 민국에 제공하기를 요청하는 결의안을 안전보장 이사회에 제출했다.

달리 말해 미국은 역사상 최초로 침략행위를 중지시킬 집단적 무력을 사용하기 위해 국제 평화수호 조직의 결의를 요청하고 있는 것이다. 유엔은 국제연맹이 감히 하지 못했던 것을 할 것이다. 국제연맹은 일본의 만주침략과 이탈리아의 아비시니아(Abyssinia: 에티오피아의 별칭) 침략을 규탄했었으나 이 기구는 그들의 침략을 반대하는 효과적 조치를 취하지 못했다. 국제연맹은 그 결정을 집행할 무력도 없었고 그 멤버들은 미국에만 의존하며 자국의 군대들을 분쟁지역으로 보내려 하지 않았기 때문에 결국 붕괴되었다. 이제 모든 것은 사정이 달랐다. 미국과 유엔은 서로를 보장한 것이다. 트루먼 대통령은 후일 맥아더 장군에게 미국이 한국에서 싸우는 한 가지 이유는 유엔을 그 최초의 거대한 집단 안보 노력으로 끌어들이고 미국의 국가안보 이익에 거대한 가치의 자유세계 연립을 산출해 내는 것이라고 말을 했다. 미국이 유엔을 한국전쟁에 끌어들이려는 이 모든 노력은 6월 25일 소련 대표가 안보리 회의에 불참함으로써 가능했다. 한국전쟁이 발발했을 때 소련의 회의참가 거부 한도는 아직도 한 달 이상이 남아 있었다. 트리브 리(Tryvue Lie) 유엔 사무총장의 개인적인 초청에도 불구하고 이아코프 말리크(Iakov Malik)는 6월 27일의 안전보장 이사회

회의에 참석을 거부했다.(소련 대표는 한국 문제에 적극적인 트리브리 유엔 사무총장을 좋아하지 않았으며 이후 그의 사무총장 연임에도 거부권을 행사했다. 유엔 안전보장이사회 거부권은 자유세계 집단에 열세를 느낀 그로미코가 제안하여 채택되었으며 소련은 향후 50년간 한국전에 관련한 결의안 거부권을 포함하여 총 8번의 거부권을 행사했다. 소련이 6월 25일 안보리 회의에 불참한 이유는 장개석이 중공에 패하였음에도 대만을 계속 유엔 안보리에 유임시켰기 때문이었다. 소련을 중심으로 한 공산 블럭(Bloc)은 유엔에서 미국을 중심으로 한 자유세계 체제가 내놓은 제안에 일일이 거부권을 행사하였으며 소련의 이러한 거부권 남용은 마침내 동-서 진영에 새로운 냉전 시대(The Cold War Era)를 가져왔다.) 일단 그가 회의에 나타나지 않을 것임이 분명하자 미국의 결의안이 통과될 것임은 의심할 나위가 없었다. 문제는 오직 얼마나 많은 대다수가 미국의 결의안에 동의할 것인가였다. 물론 이집트와 인도와 유고슬로비아는 반대투표를 던질 것이지만.

결의안 채택 사실은 적대 행위 발발 책임을 명백하게 북한에 지운 수 개의 언코크 보고들에 의해 강렬히 보강되었다. 그럼에도 불구하고 이집트와 인도 대표들은 그들 정부로부터 특별 지시 없이 한국에 군대를 보내거나 돕도록 그들 국가에 의무를 지우는 이러한 중대 문제에 어느 쪽이든 투표를 할 수가 없다고 느꼈다. 밤 11시 이러한 지시가 드디어 도착할지 모른다는 헛된 희망에 의해 자극된 몇 번의 휴회 뒤 미국대표는 미국이 유엔을 대표하여 행동하고 있다는 트루먼의 주장에 합법성을 부여하기 위해 그날 저녁 결의안이 통과되기를 바랐기 때문에 투표를 주장했다. 11시 45분까지 미국, 영국, 프랑스,

국민당 중국, 쿠바, 에콰도르 그리고 노르웨이가 결의안 통과에 필요한 최저 일곱 개의 화정적인 투표를 던졌다. 유고슬라비아는 반대투표를 던졌으며 이집트와 인도는 기권을 했다. 그러나 2일 후 인도정부는 소급하여 투표를 찬성으로 변경하기로 결정을 했다. 주말까지 59개 유엔 회원국 중 33개국이 결의안 지지를 표명하였으며 나머지 20개국도 결국 승인을 하였으나 겨우 16개국만이 한국에 전투부대를 파견했다.

한국에 군대를 파견한 나라들은 대부분 북대서양 조약기구(NATO: North Atlantic Treat Oranization) 회원국들이었다. 즉 미국, 프랑스, 벨기에, 네덜란드, 그리고 룩셈부르크, 영연방 공화국(The British Commonwealt) 중 호주, 뉴질랜드, 남아연방 공화국, 그리고 영국과 캐나다 등이었다. 3개의 추가 나토(NATO) 국가인 덴마크, 이탈리아, 그리고 노르웨이는 의무부대를 파견하였으며 아이슬란드와 포르투갈은 군대도 의무대도 파견치 않은 두 개의 유일한 나토 국가였다. 아이슬란드는 군대나 해군을 유지하지 않고 있었기 때문에 그리고 포르투갈은 1955년까지 유엔에 가입을 하지 않았기 때문이었다.

한국에 전투부대를 파견한 나머지 6개국 중 1952년 NATO에 가입한 그리스와 터키는 트루먼 정책(The Truman Doctrine)과 마셜 계획(The Marshall Plan)에 의한 원조 수혜자로 미국을 도울 의무를 가지고 있었으며 타일랜드(Thailand)와 필리핀은 미국이 NATO의 태평양판을 구성하기를 간절히 바라고 있었다. 이들의 바람으로 1954년 동남아시아 조약 기국(The Southeast Asia Treaty Organization: SEATO)가 구성되었으며 미국, 영국, 프랑스, 호주, 뉴질랜드, 파키스탄, 필리핀 그리고 타일랜드가 최초 회원국이었다. 이들 나라 중 중대한 내부문제로 고통을 받고 있는 파키스탄만이 한국전쟁에 기여를 하지 않았다. 국제연맹에 의해 배신당하고 버림을 받았던 에티오피아는 유엔지지 제스처로 군대를 파견했다. 콜럼비아(Columbia)는 1개 보병대대를 파견하였으나 이는 미국의 라틴 아메리카(Latin America) 원조 수혜국으로서의 상징적 군대였다. 볼리비아(Bolivia), 코스타리카(Costa Rica), 쿠바(Cuba), 엘살바도르(El Salvador), 그리고 파나마(Panama)도 군대를 보내겠다고 제의하였으나 그들의 노력은 채택되지 않았다.

미국을 빼놓은 이들 유엔 회원국들은 결국 총 약 4만 명의 군대들을 파견하였으며 그들 중 약2만 명은 영연방 공화국 국가들에 속했다. 터키로부터는 6천 명(터키군들은 숫자는 적으나 전쟁 내내 가장 강인한 전투원으로 입증됨)이, 필리핀으로부터는 5천 명이, 그리고 타일랜드로부터는 4천 명이 파견되었다. 다른 파견단들은 실질적이라기보다는 상징적인 기여를 나타냈다. 즉 그들은 대부분 일개 보병대대나 심지어 겨우 일개 보병중대, 한두 대의 해군함정, 또는 작은 전투기병대대, 또는 승무원이 딸린 수송기로 구성되었다.

이들 병력은 한국전쟁에 참여를 할 총 5,720,000명의 미군 병력에 비하면 아주 하찮은 것이었다. 미국은 2,834,000명의 육군, 1,177,000명의 해군, 424,000명의 해병대, 그리고 1,285,000명의 공군대원들을 전쟁에 참가시켰다. 미군이 아닌 다른 나라 군대들은 그들의 적은 숫자에도 불구하고 그들의 역할에 중대성을 부여하는 주요전투에서 때때로 용맹과 끈기를 보여주며 실질적 기여를 했음은 부인할 수가 없었다. 그러나 그들의 존재는 때때로 미국에 축복보다는 더욱 큰 부담이 되는 듯했다. 이는 특히 미국이 거의 모든 책임을 지는 공급품에 관련하여 더욱 그랬다. 이에 관해 매슈 릿지웨이 장군(General Matthew B. Ridgway)은 훗날 다음과 같이 썼다.

"음식과 의복과 종교적 습관에 이르기까지 특수한 모든 선택물 조달은 우리들의 서비스와 보급품 부대원들에게 많은 두통을 일으키게 했다. 무슬림(Muslims)들은 소고기를 원치 않았다. 동양인(Orientals)들은 쌀밥을 더 요구하였으며 유럽피언들(Europeans)들은 빵을 더 원했다. 구두는 터키병사들에게 맞도록 특별히 폭을 넓혀 주문하지 않으면 안 되었다. 타일랜드와 필리핀 병사들에게는 그들 발에 맞도록 특별히 좁고 짧은 구두를 제조해 공급하지 않으면 안 되었다. 네덜란드 병사들은 우유를, 프랑스 병사들은 포도주를 원했다. 캐나다 및 스칸디나비아 병사들만이 미국의 배급량과 의복에 쉽게 적응이 되었다."


## 미국의 지상군 참여

6월 27일 화요일 유엔 안전보장 이사회가 미국이 제출한 결의안을 심의하고 있는 동안 서울이 북한군에 함락되었다. 오후 3시 회의가 개최되고 있을 때 한국군 보병과 미국의 폭격기와 전투기들의 노력에도 불구하고 공산군들의 탱크가 서울시 북쪽 방어선을 침투한 것은 수요일 오전 4시였다. 이후 방어의 최소 목적은 서울시 주요 부분의 남부경계를 구성하는 한강을 건너 가능한 한 많은 사람들과 군수품을 철수시킬 수 있을 때까지 북한군의 진격을 지연시키는 것이었다. 일단 남한군과 그들의 장비가 남쪽 강둑으로 안전하게 이동되고 한강다리가 폭파되면 한강은 비교적 방어할 수 있는 장애물로 역할을 할 것이다. 가장 중요한 것은 북한군들의 거대조직은 남한군들의 화력 아래 그들의 육중한 탱크들을 초라한 뗏목으로 한강을 건너 나르지 않으면 안 되므로 속도가 늦춰질 것이다.

그러나 3차선의 다리와 3개의 철로교각의 폭발작전은 이미 진행되고 있었다. 최후 순간까지 탄약이 폭발되지 않는 것이 한국군의 최후집결을 위해 필수적이었다. 하지만 불운하게도 북한 공산군들의 변두리 내 진입은 민간인들과 한국군 병사들의 미친 듯한 그리고 겁에 질린 대탈주를 유발시켰다. 공포가 한밤중에 전 서울시를 휩쓸었다. 사람들은 그들이 운반할 수 있는 것은 무엇이든 부여잡고 비명을 지르며 한강교에 이르는 어두운 길로 돌진했다. 오전 2시 15분 적의 탱크들이 도시 반대편에서 아직 멀리 떨어져 있음에도 차도 교량이 도보로 걸어가는 수천 명의 피난민들과 수백 명의 군대들을 태운 트럭으로 가득 메워지자 이성을 잃은 한 한국군 장교가 다리 폭파를 명령했다. 명령을 내린 장교가 누구인지는 정확히 입증되지 않았다. 약 800명의 민간인들과 군인들이 다리 폭파로 직접 죽었거나 강으로 뛰어들어 목숨을 잃었다. 도시를 방어하던 대부분의 한국군들은 오도가도 못 하게 되었으며 죽지 않거나 포로로 잡히지 않은 군인들은 그들이 황급히 징발한 보트로 또는 그들이 즉석에서 만든 뗏목을 타고 한강을 건너지 않으면 안 되었다. 그러나 적이 한강에 도착하기 전 중장비를 남쪽 제방으로 운반할 수 있는 방법은 전혀 없었다. 트럭과 탄약과 중무기들을 포함하여 한국군들의 총 보급품과 장비의 3분의 1이 서울에 그대로 남아있었다. 무기를 잃었을 뿐만 아니라 서울이 적의 수중에 떨어졌다. 그것은 전술적으로나 병참 면에서나 그리고 심리적으로나 대재앙이었다.

6월 28일 저녁 공식적인 현황 파악을 위해 전날 맥아더가 한국으로 보낸 그룹을 인솔하고 있는 존 처치 소장(Major General John H. Church)은 서울이 적의 수중에 들어갔다고 보고를 했다. 이때 서울에서 남쪽으로 20마일 떨어져 있는 수원에는 1,000명의 한국군 장교들과 8,000명의 병사들이 집결해 있었으며 여기에서 처치 소장과 한국군 육군참모 총장인 채병덕 장군은 이들 병력으로 구성된 합동본부를 설치했다. 처치 장군은 그의 판단으로는 한국군들은 적어도 당분간 적의 전진을 막을 수 있는 한강 남쪽 제방을 따라 배치되어 있다고 맥아더에게 보고를 했다. 그러나 그는 한국군들은 북한군들을 38선으로 물리칠 수 있는 능력이 전혀 없다고 말을 했다. 만일 그것이 미국의 목표라면 미국의 지상군들은 기적적으로 이를 성취할 수 있을 것이다.

이 보고는 매우 낙담적이고 그 함축이 너무나 중대하였기 때문에 맥아더는 그 자신이 직접 현황을 살펴보기 위해 다음날 수원으로 날아가기로 결정했다. 날씨가 몹시 나쁨에도 불구하고 6월 29일 목요일 그와 4명의 미국신문 특파원들을 포함한 몇몇의 측근자들은 적의 공중 사격을 되풀이하여 받고 있는 수원 비행장으로 맥아더의 비무장 전용기인 바타안(Bataan)을 타고 날아갔다. 장군의 비행기는 겨우 4대의 머스탱 전투기(Mustang Fighter)들에 의해 호위를 받고 있었으며 이중 한 전투기는 수원 바로 못 미쳐에서 바타안을 향해 급강하하는 북한군 전투기인 소련제 야크(Yak) 한대를 가까스로 쫓아내는 데 성공을 했다. 그날의 위험상황에도 불구하고 맥아더는 내내 위엄 있게 행동을 했다.

비록 공항 자체는 미국의 대공포 대대에 의해 보호를 받고 있었지만 맥아더 장군이 방문하는 동안 4대의 러시아 항공기들이 수원을 공격했다. 맥아더를 수행한 미국의 합동신문(Associated Press: AP) 기자에 따르면 한 개의 폭탄이 공항을 명중시켰으며 다른 폭탄은 장군이 의논을 하고 있는 장소로부터 반마일 떨어진 곳에 떨어졌다는 것이다. 지상에 있는 두 대의 미국 수송기들이 기총소사에 의해 손상을 입었으며 대공포대의 한 병사가 부상을 입었다. 이 병사의 부상은 미국군이 한국전쟁 중 입은 최초의 사상 케이스였다.

맥아더를 환영하기 위해 공항 밖에서 기다리고 있는 사람은 눈에 띄도록 평온하고 말쑥한 차림의 이승만이었으며 그 옆에는 존 무초(John Muccio) 미국대사와 몸이 뚱뚱한 채병덕 장군이 서있었다. 이승만 정부가 임시수도를 세운 대전으로부터 수원으로 날아온 그들은 맥아더 일행을 반갑게 맞이해 주었다. 이승만 일행이 타고 온 두 대의 경무장 관측기는 수원으로 비행하는 도중 한 북한 전투기에 의해 발견되었으나 나무 위 높이로 낮게 떠 날아가며 교묘한 비행술을 발휘한 남한 조종사들의 속임수 행동으로 이 북한 전투기는 그들을 쫓지 못했다. 맥아더의 전격적인 한국방문은 미국의 한국 도움이 이루어지고 있음을 뜻하는 것이었기 때문에 이에 자신을 얻은 이승만은 마음이 몹시 평온했다. 게다가 맥아더는 몇 개월 전 그를 방문한 이승만에게 미국본토의 해안을 경계로 하는 나라인 남한을 방어하겠다고 약속을 했었다.

이들은 처치 장군으로부터 간단한 군사 상황 설명을 듣기 위해 공항 주변에 있는 한 작은 국민학교 교사로 갔으며 처치 장군은 그의 브리핑에서 북한 침략 초기 때 남한 군대는 95,000명이 있었으나 이중 겨우 8,000명의 한국군이 그들의 부대와 함께 싸우고 있다고 보고를 했다. 그가 브리핑하는 도중 8,000명의 병사들이 수원으로 오고 있으며 남한 군 장교들은 그날 저녁까지 또 다른 8,000명의 군대가 수원에 도착할 것이라는 내용의 보고를 받았다. 이때 채병덕 사령관은 입을 굳게 다문 채 맥아더와 처치 장군을 번갈아 쳐다보았으나 맥아더는 그에게 시선을 주지 않았다. 그리고 처치 장군의 브리핑이 끝난 후 맥아더 장군은 이승만 대통령에게 채병덕을 해임하라고 언질을 주었다. 맥아더는 뚱뚱하고 미련스럽게 보이는 채병덕이 마음에 들지 않았다. 미국 군대에는 사병이나 장교들도 뚱뚱한 사람이 없으며 몸이 뚱뚱한 장교를 장군에 임명치 않는 전통이 있었다. 이런 일이 있은 후 이승만은 채병덕 장군을 곧 해임하여 일선으로 보냈으며 채병덕은 한 전투에서 북한군과 싸우다가 전사를 했다.

그리고 채병덕 후임으로 육군 참모총장에 임명된 사람은 정일권 육군소장이었다. 맥아더는 도쿄에서도 충분히 받을 수 있는 이러한 브리핑을 위해 목숨을 걸고 한국에 온 것은 아니었다. 그는 처치의 브리핑을 가로 막고 상황파악 임무를 직접 맡은 다음 처치에게 직접 전선으로 가 상황을 살펴보자고 말을 했다. 지프차들의 행렬이 그 뒤를 따르고 있는 한 낡은 검은 세단 뒷좌석에서 그의 옥수수 파이프로

담배를 피우고 있는 맥아더는 한강을 향해 북쪽으로 안내되고 있었다. 한강 남쪽 둑에 도착한 맥아더는 멀지 않은 곳에서 한강으로 날아오는 산발적인 포화와 한강 전선으로 돌아오고 있는 한국군들과 흩어졌던 부대들의 재구성을 목격한 후 한국군들은 북한 공산군들을 38선으로 되물리칠 수 있는 능력이 없다고 결론을 내렸다. 남한군들은 탱크도 없고 중포도 없는 데다 그 짜임새도 엉성했다. 이런 가운데 북한군들의 남한 진격은 신속하였으며 그들의 재빠른 진격은 당장 중지되지 않으면 안 되었다. 미 공군이 다소 도움이 되긴 했으나 충분치가 않았다. 이에는 두 가지 이유가 있었다. 비와 어두운 구름으로 인한 불량한 날씨는 여러 날 동안 지상을 가려 작전을 불가능하게 하였으며 둘째로 미국 비행기들은 한국 지상군들을 방어하는 데 완전히 몰두해 있었기 때문에 시간이 거의 없었다. 북한군들의 진격은 탱크와 중포사용 훈련을 받은 미국의 지상군들이 한강전선을 돌파하기 위한 힘만 구축하면 충분히 저지할 수 있을 것 같았다. 그러나 한국군은 동시에 미 공군의 도움으로 남쪽의 적을 소탕하고 있었기 때문에 이는 전혀 불가능할 수도 있었다. 이런 상황 아래 맥아더가 미군 지상군의 한국전 참여를 권고한 것은 완전히 지당했다.

맥아더는 한국으로부터 도쿄로 돌아온 지 12시간 만인 6월 30일 오후 1시 30분, 그가 관측한 한국에 대한 상황보고와 함께 미지상군 참여를 펜타곤에 직접 건의했다. 그의 메시지 음조는 사무적이었으며 감정이 섞이지 않았지만 힘이 있었다. 극도로 허약한 한국군들의 조건을 간략히 설명한 후 만일 한강이 사수되지 않고 수원이 적에 함락되면 미국 비행기들은 한국중부에서 기지 없이 버려지게 될 것이라고 설명을 했다. 맥아더는 한국군에 관해 다음과 같이 결론지었다.

"한국군은 반작용을 할 능력이 전혀 없으며 추가 돌파의 중대한 위험에 직면해 있다. 만일 적의 진격이 훨씬 더 계속된다면 그것은 남한 함락의 중대한 위협이 될 것이다. 현재의 전선을 유지하기 위한 유일한 확신과 후일 상실한 땅을 되찾는 능력은 미군 지상군을 한국 전투 지역으로 투입함으로서만 가능하다. 만일 미지상군 투입허가를 받으면 미국의 한 연대전투 병력을 극히 중대한 지역의 보강을 위해 즉시 이동시키고 초기 반격을 위해 일본에 있는 군대들로부터 2개 사단을 차출해 증강을 하는 것이 나의 의도다." 한국군 상황을 이렇게 결론지은 맥아더는 한국은 위기상황에 처해있으며 낭비할 시간이 없다고 강력히 주장했다. 그는 일개 연대를 전선에 급파하고 즉각적인 반격을 위해 2개 사단을 한국으로 이동시키기 위한 허가를 받기를 원했다.

## 미군의 전투 개시

6월 30일 금요일 아침, 트루먼 대통령은 펜타곤을 통해 맥아더의 보고를 받은 후 딘 애치슨 국무장관, 루이스 존슨(Louis Johnson) 국방장관, 군사위원회 지도자들, 그리고 합동 참모장들과 또다시 회담을 했다. 이 그룹은 대통령이 새로 임명한 외교관계 국가 안보 고문인 애버럴 해리먼(Averell Harriman)을 처음으로 포함시켰다. 이 회의에 참석한 정부 지도자들은 모두 맥아더에게 그가 요구한 두 개의 미 보병사단을 일본으로부터 한국전선으로 이동시키도록 즉각 허락해야 한다고 트루먼 대통령에게 건의를 했다. 트루먼 대통령은 아무 이의 없이 그들의 제안을 받아들였으며 합동 참모부는 몇 시간 후 맥아더에게 전신으로 도쿄에 주둔해 있는 2개의 미 보병사단을 한국에 급파하라고 명령을 했다. 이로써 미국은 그들 탓으로 일어난 전쟁에 스스로 빠져들고 있었다. 이를테면 소 잃고 외양간 고치는 작업에 돌입한 것이다.

미국이 직면한 즉각적인 딜레마는 한국에 더 많은 군대를 급파하기 위해서 미국 군대를 빚을 빚으로 갚는 식의, 즉 한쪽에서 빼앗아 다른 쪽에 메꾸는 식의 임시 방편수단을 사용하지 않으면 안 되었음이었다. 그러나 군대를 빼앗기는 측은 우선 매우 빈한했다. 1950년 6월 현재 미국의 현역군은 총계 약 591,000명이었으며 이중 약 360,000명이 미국에 주둔해 있었다. 그들 대다수는 군대가 그들에게 직업훈련을 제공하리라는 희망으로 1945년 이후 입대한 10대의 젊은이들이었다. 그리고 나머지 231,000명은 해외에 주둔해 있었으며 그들 중 거의 반이 극동에 배치되어 있었다. 전 세계에 배치되어 있는 10개 전투사단 중 일본에만 4개 사단이 있었으며 이 4개 사단들은 7사단, 24사단, 25보병사단, 그리고 제1기갑부대 등으로 이들 부대들은 일본의 점령과 방어를 책임지는 미8군을 구성하고 있었다. 그러나 이들 사단들은 힘이 부족하였으며 맥아더는 이제 힘이 없는 이들 4개 사단들로부터 2개 사단을 차출하여 한국으로 보내지 않으면 안 되었다. 맥아더는 한국에 보낼 2개 사단 중 우선 윌리엄 딘 소장(Major General William F. Dean)이 이끄는 24사단을 선택하여 한국에 급파하기로 결정을 했다. 그러나 한국에 가 격렬히 싸워야 할 방대한 임무를

떤 병사들은 아무런 예고도 없이, 육체적, 정신적 준비도 없이, 그리고 적절한 전투훈련과 같은 것도 없이 하룻밤 새에 일본에서의 안락한 생활로부터 생과 사를 구분할 수 없는 전쟁터로 뛰어들지 않으면 안 되었다. 그들은 연약했으며 일본 여자 친구들과 많은 맥주와 그들의 구두에 윤을 내주는 하인들에 길들여져 있었다. 대부분 신병인 그들은 한 번도 대포소리를 듣지 못하였으며 그들의 총을 어떻게 분해하고 닦는지 조차 알지 못하는 병사들도 많이 있었다. 전체적으로 미군들의 사기도 처음부터 불량했다. 이와 같이 무경험의 그리고 쇠약한 군대들이 갑자기 한국전쟁에 던져진 것은 1950년 7월 3일이었다.

딘 소장 휘하의 24사단 부대원들은 대전에 배치되었으며 7월 5일에는 찰스 스미스(Charles Brad Smith) 육군 중령이 이끄는 소위 스미스 특수부대(Task Force Smith)가 수원근교의 오산으로 올라가 5천명의 북한군과 최초로 전투를 벌였으나 북한군에 대패하고 말았다. 스미스 특수부대는 406명의 엘리트 장교와 사병으로 구성된 정예부대로 뉴욕경찰 3백 명이면 무찌를 수 있는 북한군을 왜 쳐부수지 못하겠느냐며 북한군을 깔보았다가 참패를 당했다.

훈련이 잘된 북한군들은 용맹스럽고 싸우기 좋아했던 고구려 민족의 후예들이었다. 고구려인들은 북방으로부터 끊임없이 침략해오는 고대 중국인들을 물리쳐온 용감한 민족들로 기원후(A.D.) 612년 고구려 영양왕 때 을지문덕 휘하의 30만 고구려 병사들은 살수(지금은 청천강)에서 수나라의 1백만 대군을 대패시킨 적이 있으며 이들은 바로 남한을 침략한 북한군들의 선조들이었다. 미군들은 전쟁귀신에 붙들린 것처럼 미친 듯이 싸우다가 포로로 잡힌 북한군들이 마약을 복용하고 싸우는 게 아닌가 하고 그들에게 약물검사까지 해보았으나 아무것도 발견치를 못했다.

살아남거나 부상당한 스미스 부대원들은 벼가 우거진 더러운 무논으로 들어가 납작 엎드려 도망을 했다. 그들은 목이 마를 때에는 논에 비료로 사용하는 소똥과 사람의 배설물이 섞인 불결한 물을 꿀꺽꿀꺽 마셨으며 더러운 물을 마신 이들 병사들은 곧 탈수로 설사병을 일으키는 이질에 걸려 더욱 고생을 했다. 그러나 적보다 훨씬 더 지독했던 것은 더위와 장마였다. 한국에 전쟁이 일어났던 해인 1950년은 더위와 장마가 다른 어느 해보다 더욱 극심했다. 비가 오지 않는 날의 온도는 보통 화씨 100도 위로 올라갔으며 대부분 낮은 관목으로 덮인 거친 지형에는 거의 그늘이 없었다. 이러한 더위는 극도의 피로를 수반하여 고통스러울 정도의 심한 갈증을 일으키게 했다. 태양이 부글거리는 더위가 며칠 동안 계속 된 후에는 비가 억수같이 쏟아져 홍수가 졌다. 이러한 비로 먼지투성이의 시골은 진흙바다로 변하였으며 억수에 흠뻑 젖어 저습지를 무거운 걸음으로 통과한 병사들은 그들의 탄약과 무기를 깨끗이 하지 않으면 안 되었다. 비와 습기는 총을 녹슬게 하고 보급품을 부패시켜 쓰지 못하도록 했다. 그것은 또한 지상과 공중으로부터의 시계視界를 떨어뜨렸다. 북한군들은 그러나 기습공격을 하는 데 비와 안개를 잘 이용했지만 이 같은 악천후 때에는 미국 비행기들은 지상군을 위한 근접 전술 지원을 제공할 수가 없었다.

이러한 악조건에서 싸우는 미국 병사들은 그들이 누구를 위해 그리고 왜 싸우는지를 잘 알지 못했다. 그들은 적의와 분노와 충격과 두려움으로 가득 찼다. 많은 어린 병사들은 잔인하게 냉혹한 사람들로 변해갔다. 어떤 병사들은 전투 중 도망을 하거나 그들을 이길 가망이 없는 전쟁터로 보낸 미국 정부를 저주하며 그들의 무기를 던져 버렸다.

그 외 많은 요인들이 그들의 사기를 더욱 약화시켰다. 최초로 한국에 도착한 미국 병사들은 그들의 사기를 꺾는 두 개의 똑같은 광경에 직면했다. 남쪽으로 도주하는 한국군들을 태운 트럭들과 전선으로부터 부상당한 한국군들을 태우고 오는 화물열차들이었다. 이러한 광경을 목격한 풋내기 미국 병사들의 사기는 땅에 떨어졌으며 그들 상사들에 대한 불복종이 만연했다. 이러한 많은 요인들로 인해 싸워 이기겠다는 희망을 버린 병사들은 싸움에서 뒷걸음을 차고 간단히 도주해 버렸다. 지휘장교들이 전선 뒤에서 명령을 발하는 것은 충분치 않았다. 많은 사례로서 장교들은 그들 자신이 앞에서 직접 공격을 이끌지 않거나 또는 모범을 보이고 목표를 정해주지 않으면 그들의 부하들은 공격을 거절했다. 이로 말미암아 전쟁 초기 불균형의 장교들 숫자에 큰 손실이 발생하였으며 당연히 경험이 있는 지도자들이 부족한 부대들은 효과적으로 적에 대항할 수 없는 결과를 가져왔다. 이와 반대로 북한 병사들은 무시무시하고 무자비하였으며 위협적이었다.

설상가상으로 7월 23일 대전 근처 한 야산전투에서 제24사단장인 딘 소장이 북한군에 포로로 잡혔다. 딘 소장은 이날 전투에서 부상당한 병사들을 위해 물을 가지러 산을 내려갔다가 돌아오는 길에 가파른 경사지에서 넘어져 의식을 잃고 쓰러졌다. 그가 얼마 후 의식을 차렸을 때 그는 어깨가 부러지고 심한 타박상을 입었으며 머리에 깊은 상처를 입었음을 발견했다. 길을 잃은 딘 소장은 36일 동안 산속에서 헤매다가 그를 돕는 척했던 두 한국인의 배신과 밀고로 북한군에 전쟁 포로로 잡혀 한국전쟁이 끝날 때까지 3년 이상 동안 북한에 억류되어 있었다. 그는 후일 미국에 돌아와 최고 명예훈장을 받았다.

한국 민간인들의 배신과 밀고 행위는 이뿐만이 아니었다. 남으로 내려가는 피난민 대열 중에는 평복을 입은 북한군들도 많이 섞여있었으며 앞으로 가던 피난민들이 한국군과 미군의 위치를 발견하면 이들은 그들 틈에 섞여있는 북한군들에게 남한군과 미군 위치를 알려주었다.


## 유엔군들의 한국전 참여


유엔 회원국 중 하나인 미국이 그들 군대를 한국전쟁에 참전시킨 뒤를 이어 앞서 말한 16개국들도 그들의 군대를 속속 한국에 파견했다. 7월 7일 유엔 안전보장이사회는 미국으로 하여금 한국에서 유엔군을 지휘할 유엔군 사령관을 임명토록 위임하였으며 이에 따라 7월 8일 트루먼 대통령은 맥아더 장군을 최초 유엔군 사령관으로 임명하여 전 유엔군을 총 지휘토록 했다. 유엔군 사령관으로 임명된 맥아더도 오산에서 격퇴당한 스미스 부대원들처럼 북한군을 깔보았다가 북한군의 공세가 점점 더 격렬해지자 북한군의 전력을 재평가하기 시작했다.

맥아더는 존 포스터 딜레스(John Foster Dulles)에게 "일개 경보병 사단만 남한에 배치하면 당신은 북한군들이 만주국경으로 허둥지둥 도망하는 것을 보게 될 것이다."라고 큰소리를 쳤으나 그 후 며칠 안

가 "북한군을 과소평가해서는 안 된다. 그들은 강인하고 잘 훈련된 병사들이며 일본군의 침투전술과 2차 대전 때의 소련군대들의 탱크 전술을 그대로 구사하고 있다."라고 북한군들을 추켜세웠다. 미군들은 특히 북한군 6사단을 이끌고 전격 기습작전을 펴는 방호산 장군에게 깊은 인상과 충격을 받았다. 방호산 부대는 전쟁 초기 황해도 옹진에서 전투를 벌인 다음 7월 초에 전라도까지 쳐내려와 진주를 거쳐 부산을 위협하기 시작했다.

미군들에게 위협이 되었던 것은 북한군들의 강인한 전투력뿐만 아니라 전쟁 직후 전라남북도와 경상도에서 되살아난 공비들의 측면과 배후에서의 공격이었다. 한국전쟁 당시 전라남북도에는 약 40,000명의 현지 공비들이 있었으며 경상도에는 약 20,000명의 공비들이 출몰해 후방을 교란하고 미군의 작전을 방해했다. 특히 30,000명에 달하는 전라남도 게릴라들은 그들의 마을에 낮에는 대한민국 국기를 게양하고 밤에는 북한기를 내걸며 민간인으로 위장하여 게릴라전을 수행했다. 7월 초 북한에 포로로 잡혀간 딘 소장 대신 미군 제24사단 사단장이 된 존 처치(John H. Church) 장군은 한국전쟁은 유럽전쟁과 완전히 다른 게릴라전 이라고 표현을 하였으며 맥아더 사령부의 찰스 윌러비(General Charles Willoughby) 정보소장도 남한의 게릴라들은 잘 조직되었으며 미군들에게 가장 골치 아픈 존재들이라고 릿지웨이(Ridgway) 장군에게 말을 했다. 전라도는 9월 하순까지 공산주의자들이 완전히 장악을 하고 있었으며 인민위원회를 조직하여 토지개혁을 단행하는 등 완전히 북한식으로 지배를 했다.

이들 게릴라들뿐만 아니라 공산주의로 전향한 정치가들도 많았다.

북한군이 서울에 들어올 때 서울에는 약 60명의 국회의원들이 있었으며 이중 48명이 북에 충성맹세를 했다. 이들 중에는 민주당 국회의원인 김용무, 원세훈, 김상현 등과 김구와 절친했던 조소앙도 끼어있었다. 미군정 때 하지로부터 총애를 받았던 김규식과 안채홍을 비롯해 3·1운동 때 33인의 하나로 존경을 받았던 오세창도 라디오 방송에서 이승만을 비난하며 북에 충성맹세를 했다. 노일환은 인민재판의 인민판사였으며 김규식, 조소앙, 송호성 등은 서울시 인민위원회의 인민위원이 되었다.

김일성은 1950년 2월 그의 남침계획을 가지고 스탈린을 만났을 때 일단 북한군대가 남한을 침략하면 50만 명의 남한 게릴라들이 무장폭동을 일으켜 후방을 교란하고 남한 국민들이 이승만에 대항해 궐기할 것이라고 했다. 이러한 그의 예상은 남한 게릴라들의 준동과 일부 전라도 및 경상도 주민들의 북한 동조 행위 및 남한 정치 인사들의 공산주의 전향으로 어느 정도 사실화되었다.

맥아더는 미군과 북한군들 간에 벌어진 최초 교전에서 실망스런 보고를 받자마자 승리에 필요한 병력수를 급속히 확대했다. 7월 7일 그는 미8군의 4개 사단 중 3만 명의 군대를 그에게 지체 없이 보내 달라고 펜타곤에 요청했다. 그는 3만 명의 추가병력 뿐만 아니라 최대로 강한 한 개의 보병사단, 일개 공수여단, 그리고 한 개의 기갑 부대가 속히 필요하다고 말을 했다. 이틀 후 맥아더는 적어도 부산 근교 지역을 사수할 4개 사단과 한 개의 해병대 사단 외에 적의 전선 뒤에서 반격을 가할 또 다른 4개 사단이 필요하다고 말을 하며 그의 병력 요구를 배가시켰다. 그의 요구를 정당화하고 이제까지 미군들의 빈약한 전투 솜씨를 변명하기 위해 맥아더는 북한군들의 인상적인 전투

수행은 그들이 소련과 중공으로부터 직접 도움을 받고 있음을 암시하고 있다고 주장했다.

7월 10일 맥아더의 혼비백산케 하는 요구가 워싱턴에 접수된 지 2일 후 콜린스(Collins) 및 호이트 반덴버그(Hoyt Vandenberg) 두 장군은 도쿄로 서둘러 떠났다. 국가안보를 유지하고 세계 다른 지역의 공약을 이행하는 한편 극동군 사령관을 만족시킬 수 있는 근사점에 도달하기 위해서는 워싱턴은 예비군 부대와 국민 방위군에 크게 의존하지 않으면 안 되었다. 그리고 의회는 이들 추가군대를 무장시키고 유지시킬 수 있는 거액의 지출을 정식으로 허가해야 했다. 이러한 중대한 절차를 밟기 전에 워싱턴은 우선 맥아더와 정면대결을 하지 않을 수 없었다.

5성장군의 감동적인 논리는 두 4성장군 사절들을 압도했다. 콜린스와 반덴버그는 워싱턴으로 돌아오자마자 트루먼에게 맥아더가 처한 불가피한 상황을 받아들이라고 조언했다. 그 며칠 뒤인 7월 19일 트루먼 대통령은 전국에 라디오와 텔레비전 방송을 통해 국민 방위군과 예비군 부대들의 동원이 즉시 시작될 것이며 이에 따른 무장병력 숫자는 거의 250,000명에 달할 것이라고 발표를 했다. 이러한 병력확장에 지불을 하기 위해 트루먼은 의회에 현재의 군사 예산에 추가로 11조 불을 충당해 달라고 의회에 요청하였으며 의회는 트루먼의 요구에 즉시 동의를 했다.

그의 뜻을 이룬 맥아더는 7월 말 8군 예하의 4개 사단 중 3개 사단을 일본으로부터 한국으로 이동시켰으며 나머지 사단은 다른 사단들을 보강하느라 그 병력이 크게 격감되었다. 맥아더는 연약해진 8군부대 사령관인 워커 중장(Lieutenant General Walton H. Walker)을 한국에서 싸우는 유엔 지상군들의 사령관에 임명하여 그로 하여금 미군을 포함한 전 유엔군을 총 지휘케 했다. 하나의 소화전처럼 형성된 강인한 텍사스(Texas) 토박이인 워커는 타고난 무사였다. 그는 2차 대전 시 불독(bulldog) 별명을 가진 패튼(Patton) 장군 밑에서 싸웠으며 패튼만큼 기운차고 완강했다. 패튼은 그를 닮은 워커장군을 '가장 강인한 나의 개새끼(My toughest son of a bitch)'라고 불렀다.

7월 중순까지 북한군들은 소름끼칠 정도의 한국군과 미군들의 희생에도 불구하고 꾸준히 그들의 전진을 계속했다. 워커 장군은 한국의 가장 끝 남동 구석에 있는 대략 4천 평방킬로미터의 한 지역을 부산 교두보라고 부르는 요새로 전환하기로 결정을 했다. 그리고 그가 설정한 부산 교두보는 어떤 대가를 치르더라도 반드시 사수하지 않으면 안 되었다. 왜냐하면 이 교두보가 무너지면 한국은 북한군의 손에 완전히 넘어갈 것이기 때문이었다. 부산 교두보를 중심으로 한 남동 바다는 미 해군이 완전히 장악하고 있었기 때문에 적의 공격으로부터 안전했다. 80마일의 긴 서쪽 전선을 따라 구불구불 흐르는 낙동강은 해자垓字 역할을 하였으며 50마일의 긴 북쪽 전선을 따라 솟아 있는 울퉁불퉁한 산 고지는 미군과 한국군에 의해 차지되어 요새화되고 있었다. 4변형의 도로, 철도, 그리고 통신망은 부산을 물샐 틈 없는 방어지역으로 연결하고 있었으며 전선을 따라 어떤 분쟁지점에도 병사와 보급품의 유연하고 신속한 이동을 안전하게 했다.

7월 말 워커 장군은 일단 최후로 미군 및 한국군들이 부산 교두보로 밀리면 더 이상의 후퇴도 없고, 철수도 없으며, 전선의 재조정도 없을 것이라고 위협과 경고를 섞어 그의 가장 능란한 스타일로 발표를 했다. 그는 "더 이상의 던 커크(Dun Kirk: 2차 대전 초기인 1940년 5월 영국과 프랑스 군이 프랑스 항구도시 던 커크에 교두보를 설치했다가 독일군의 대공세를 받고 후퇴한 사건)도 없고 더 이상의 바타안 (Bataan: 바타안은 필리핀 반도로 태평양 전쟁이 한창 중인 1942년 1월 맥아더가 일본군의 수륙양용 공격을 받고 퇴각한 사건)도 없을 것이며 부산으로의 후퇴는 역사상 가장 끔찍한 도살장의 하나가 될 것이다. 나는 여러분들이 우리가 이 전선을 꼭 사수해야 하며 그러면 우리는 승리를 하리라는 것을 이해해주기를 바란다."고 부산 교두보 사수의 중대성을 강조했다. 8월 4일 워커는 낙동강 상의 최후 교량파괴를 명령했으며 8군과 한국군들은 포위공격을 위한 자세를 취했다.

주요 문제는 워커는 병사가 너무 적어 적과 접하고 있는 130마일의 긴 전선을 따라 적절히 밀집된 지속적 방어선을 설치할 수 없는 것이었다. 그 결과 그의 전략은 가장 위험이 예상되는 여러 지점에 그가 할 수 있는 한 최선을 다해 병사와 포대를 배치시키는 것이며 북한군 공격에 충분히 응수하기 위해 재빨리 증원부대를 이동시키는 것이었다. 8월 1일에서 9월 15일 6주 동안 병사들은 처음에는 한 장소에서 그리고 그 다음 다른 장소에서 불을 끄기 위해 끊임없이 돌진을 했다. 비록 이 책략은 아주 간단해 보였지만 부산 교두보 방어는 전체 전쟁 중 가장 지옥 같고 소모적이며 가장 모험적이고 또한 가장 희생이 컸다.

또한 이 6주는 세계전쟁의 최대 위험시기 이기도 했다. 워싱턴은 대부분의 미군들이 한반도 끝에서 봉쇄되어 있는 동안 모스크바가 미군을 절멸시키거나 적어도 그들을 한국에서 완전히 몰아내기 위해 개입을 할 결정적 기회를 고려하고 있지 않을까 우려를 했다. 만일 러시아인들이 이러한 계획을 수행하려 한다면 미국은 소련에 대해 예방적인 핵무기 공격을 가하는 외에 다른 선택이 없었다.

북한군들은 끊임없이 그리고 맹렬히 부산 교도부를 공격했다. 그러나 그들은 8월 초부터 그들의 유리한 위치를 잃어갔다. 그들은 북으로부터의 병참선이 길어짐에 따라 제때 보급품을 받지 못하는 데다 운송 도중 또는 적의 후방까지 가까스로 다달은 얼마 안 되는 보급품마저도 미군의 공습으로 남아나지 않았다. 보급품 부족뿐만 아니라 북한군들은 이제 수적으로도 열세였으며 무기도 탱크도 아군을 능가하지 못했다. 최초 부산 교두보는 약 92,000명의 병사들이 방어를 하였으며 이중 47,000(3개 보병사단 및 1개 해병여단)이 미군이고 한국군은 총5개 사단 병력 45,000이었다. 미군과 한국군보다 훨씬 많은 사상자를 낸 북한군은 70,000명으로 줄었으며 이들 가운데 수천 명은 총으로 위협받고 강제징집된 훈련받지 않은 남한의용군들이었다. 8월 말까지는 92,000명의 남한군을 포함하여 미군, 유엔군, 그리고 한국군들로 구성된 연합군들은 거의 180,000명이나 되었다. 그러나 92,000명의 남한 병력 중 전투훈련이 부족한 상당수는 건축과, 교량과 도로보수, 그리고 다른 필수적인 서비스를 위한 근로대로 차출 되었다. 맥아더는 남한군의 훈련과 장비를 보충하기 위해 많은 노력을 하였으며 이승만은 7월 14일 이들을 그의 지휘 아래 두었다. 미제2보병사단이 미국 타코마(Tacoma)로부터 도착하였으며 오키나와, 하와이, 그리고 푸에르토리코(Puerto Rico)로부터 연대 병력들이 파견되었다. 8월 28일 홍콩으로부터 도착한 2,000명의 영국 및 스코틀랜드 여단은 미국 이외에 유엔 회원국으로부터의 최초 파견단이었다.

8월 말까지 미군들은 500대 이상의 중형 및 대형 탱크들을 가지고 있었으며 이 숫자는 북한군들이 전투에 배치시킬 수 있는 탱크의 5배나 되는 위력적인 것이었다. 미군은 또한 포화력에서도 북한군을 압도적으로 능가했다. 이러한 우수한 무기와 화력을 가지고 미군, 유엔군 그리고 한국군들은 필사적으로 부산 교두보를 돌파하려는 북한군들을 저지하기 위해 사력을 다했다. 북한군들은 미 공군의 B-29 폭격기들의 융탄폭격과 미군 전투기들의 빗발치는 공중공격에도 불구하고 부산 교두보 돌파를 위해 단말마적인 발악을 했다. 특히 최초의 불운에도 불구하고 전열을 가다듬어 북한군 남진에 지연작전을 펴온 남한군들은 낙동강 전투와 부산 교두보 사수에 상당한 그리고 명예로운 역할을 하였으며 북한군들에게도 많은 인적 손실을 입혔다. 이토록 워커 장군이 부산 교도부 사수에 전력을 다하고 있을 때인 9월 초 맥아더는 한국전쟁 진로를 완전히 바꾸어 놓을 거대한 수륙양용 작전준비를 위해 부산에서 싸우는 해병대들을 모두 빼내갔다. 그리고 마침내 전세는 역전되기 시작했다.


## 인천상륙작전 및 서울 탈환

맥아더는 인천항 상륙작전을 은밀히 그리고 치밀하게 계획해 왔으며 그의 군대들이 일단 인천항에 상륙하면 전 남한을 연결하는 수송망 중심지인 인천으로부터 불과 수 마일 떨어진 서울로 밀고 들어갈 것이다. 서울의 주요통로를 닫아 놓으면 부산 교두부에 완전히 집중되어 있는 북한군들에 이르는 보급품들은 현저히 감소될 것이며 막힌 수송로를 재개하기 위한 노력으로 북한 공산군들은 남동전선 사수를 위해 가능한 모든 부대를 필요로 하였기 때문에, 그리고 미군들이 그들의 후방에서 인천침공과 같은 어려운 작전을 시도하거나 하리라고는 전혀 믿지 않았기 때문에, 그들이 허술하게 수비를 하고 있는 서울로 남쪽에 있는 군대들을 급히 보내지 않으면 안 될 것이다 .맥아더가 서울을 획득한 즉시 그의 군대들은 부산으로 몰아칠 것이며 이와 동시에 워커 장군의 8군은 부산 교두보를 돌파하여 서울을 향해 진격할 것이다. 그러면 분열되어 오도 가도 못하는 북한군들은 저항할 수도 전진할 수도 없어 맥아더 군들의 난타와 워커의 모루(anvil) 사이에서 분쇄될 것이다.

맥아더는 인천에서의 강타가 충분히 대규모라면 기껏하여 몇 주 내에 전쟁을 반드시 유리하게 끝낼 수 있을 것이라고 단언했다. 이와 같은 대담한 조처가 없으면 부산 교두보 전투가 교착상태에 빠져 전쟁은 무한정 지연될 것이다. 또한 시베리아로부터의 사나운 북극 추위가 여름 더위보다 더욱 많은 인명을 빼앗아 갈 것이므로 겨울이 시작되기 전에 교착상태를 타개하는 것은 절대로 필수적이었다.

맥아더의 인천상륙 계획은 그 개념에서 초보적이었으나 그 섬세함에는 매우 대담했다. 모든 육군사관학교 초보생들도 적을 포위할 측면 공격과 함께 적의 뒤에서 그들의 보급선을 끊어 놓기 위한 공격은 가장 믿을 수 있는 전략의 하나라는 것을 잘 알고 있었다. 그리고 제2차 세계대전에서 일련의 전례 없는 육-해-공군의 노르망디 합동상륙 작전은 가장 어려운 모든 침공유형에서 미국 군대들에게 커다란 전문 지식을 제공해 주었다.

한 가지 문제는 인천 앞바다의 조수차가 심한 것이었다. 인천의 가장 두드러진 특색은 조수가 6시간 동안의 짧은 기간 안에 최고최저가 32피트까지 차이가 나는 세계에서 가장 거친 조수에 속해 맥아더의 인천상륙작전을 어렵게 했다. 조수가 높을 때는 침공군들을 태운 배들이 섬과 방파제를 지나 항구의 미로항로를 통과해 내항으로 들어갈 수 있을 것이다. 그러나 조수가 낮을 때는 내항 접근은 광대하고 질벅질벅하는 개펄로 방해를 받을 것이다. 그리고 이러한 개펄 위에서는 아무리 가벼운 배라도 해변에 떠밀려와 꼼짝 못하는 고래처럼 6시간 동안 진창에 빠져 오노가도 못할 것이다.

맥아더의 계획은 맨 먼저 일개 해병대대로 하여금 월미도를 돌격케 하는 것이었다. 이들 해병들은 이른 아침 조수가 높을 때 상륙을 하여 육지에 그들의 진지를 재빨리 구축하기로 되어있었다. 이와 동시에 해병대 1개 사단이 인천시 바로 남쪽으로 상륙한 다음 빙 돌아 후미로 접근하는 것이며 거기에서 그들은 서울에 이르는 고속도로와 철도를 손에 넣을 수 있을 것이다. 그리고 일단 상륙이 시작되면 대편대의 전투폭격기들이 인천동쪽 상공을 완전히 가득 채워 북한군들이 항구로 이동하는 것을 저지할 것이다. 2~3일 후 일단 맥아더가 인천을 확보하면 일개 보병사단이 상륙을 할 것이며 그러면 합동 병력이 서울을 향해 진격할 것이다.

그러나 미국의 합동참모 본부는 맥아더가 그의 계획을 실천하는 것을 단념하도록 전력을 다했다. 그들은 조수의 차가 인천 상륙을 극도로 어렵게 할 것이며 월미도에 있는 적의 모든 포대가 파괴되지 않으면 인천상륙은 실행불가능 할 것이라고 지적했다. 더욱이 모든 외부 해협은 빽빽하게 지뢰가 설치되어 있을지도 모른다. 지뢰나 포화에 의해 파괴된 배는 좁은 해협을 가로막고 탈출을 방해할 수 있을 것이다. 이러한 몇 가지 이유로 합동 참모본부는 맥아더의 상륙 계획에 반대를 하였으나 맥아더는 합동 참모부와의 다툼에서 승리를 하였으며 그의 다툼은 인천침공 그 자체처럼 힘이 들었다.

인천 상륙작전은 9월 13일 해군 포격으로 시작되었다. 그날 10척의 유엔군 군함들은 대낮에 그리고 꽤나 낮은 조수 속에서 월미도에 접근했다. 월미도에 숨겨져 있는 적의 포대들이 응사에 의해 그 위치가 드러나자 미해군 대포는 적의 대포에 조준을 맞추어 그들을 완전히 파괴시켰다.

D-day 일주일전 맥아더는 거의 70,000명이나 되는 침공병력을 소집했다. X군단으로 지명된 이 병력은 주로 제1미국해병대 사단과 제7미국 보병사단으로 구성되었다. 이 중 7사단은 약 8,600명의 한국인 신병을 통합시킨 사단으로 카투사(KATUSA: Korean Augmentation to the United States Army)라고 부르는 이들 한국군들은 각각 미국병사와 짝을 이루어 2인조가 되었다. 그리고 이들 병력을 태운 260척의 수송선과 6개의 유엔국으로부터의 호위선이 인천을 향해 출범하자마자 사나운 케지아(Kezia) 태풍이 불어 닥쳤다. 그러나 모든 사람들에게 한동안 공포를 일으켰던 이 태풍은 침공항로로부터 서서히 방향을 바꿨다.

미 해병대대가 9월 15일 금요일 아침 6시 30분에 월미도에 상륙하기 전 월미도는 공군의 폭격과 해군의 포격으로 초토화되었으며 벙커에 남아 있던 250명의 북한군 방어자들은 지옥에서 깨어난 것처럼 어리벙벙해 있었다. 한 시간 반 만에 월미도는 아무런 위험 없이 미군의 손에 들어왔다. 상륙을 감행한 해병대는 단 한 명도 사망하지 않았으며 17명만이 부상을 입었다.

두 번째 해병대 물결이 오후 5시 30분에 상륙을 했다. 그들은 밤중까지 항구를 장악하였으며 이튿날 새벽까지는 전 인천시를 손에 넣었다. 그러나 북한군들의 저항도 만만치 않았다. 미 해병대들은 9월 17일 김포공항을 차지하였으며 9월 22일이 되어서야 한강을 건너 서울로 진입할 수 있었다. 맥아더는 북한군들이 서울시로부터 9월 25일까지 추방되어야 한다고 강경히 주장을 했다. 왜냐하면 그는 전쟁 시작 바로 3개월 만에 수도 탈환을 발표할 수 있는 심리적 이점을 원했기 때문이었다. 제7보병사단의 도움에도 불구하고 적이 맹렬히 그리고 자멸적 끈기로 서울을 사수하고 있었기 때문에 해병대들은 그 기간에 맞출 수가 없었다. 그러나 맥아더는 단념하지 않았다. 그는 비록 마지막 장애물이 일소되지 않고 최후의 저항을 하고 있는 부대들이 3일 후에 근절되었음에도 9월 25일 서울 함락을 발표했다. 그리고 한국군들은 9월 28일 서울을 탈환했다. 한국군의 서울 탈환은 북한군이 서울을 점령한 지 꼭 3개월 하루 만이었다.

돌연한 공포와 우왕좌왕이 북한군들 내부에 번지기 시작하였으며 많은 부대들이 와해되고 그들의 저항능력이 뚝 떨어졌다. 북한군들은 전투지역을 이탈하여 북으로 탈주하기 시작했다. 25,000에서 40,000이나 되는 북한군들이 미군과 유엔군, 그리고 한국군이 쳐놓은 함정을 가까스로 빠져나가 대부분 민간인들로 위장하여 산줄기를 타고 북으로 도주했다.

9월 29일 맥아더 장군은 이승만 정부를 파괴되고 불에 타버린 서울로 수복하기 위해 감동적인 의식을 거행했다. 그러나 트루먼 행정부는 서구신문들이 이승만 군대들이 잔인하다고 강력히 비난을 했기 때문에 이승만과 가까이 연결되어 있음을 피하려고 했다. 하지만 9월 28일 밤 대전 탈환 후 이승만의 인기는 곧 상승했다. 왜냐하면 해방 군들은 거기에서 공산군들이 대전시를 장악하고 있던 마지막 며칠 동안 북한 비밀 경찰에 의해 처형된 수천 명의 남한 민간인과 40명의 미국병사 및 17명의 한국 군인들의 시체를 발견했기 때문이었다. 이 때까지 한국에 파견되어 있는 외신기자들은 북한군들의 만행은 전혀 알지 못하고 남한군들이 공산주의자들을 죽이는 것만을 보고 그들이 잔인하다고 비난을 했었다.

맥아더의 담대한 인천 상륙작전은 거의 그의 모든 동료 장군들의 의심과 반대와 경고에도 불구하고 성공을 했다. 그의 아연케하는 승리 후, 감히 맥아더에게 도전하거나 그의 지도력을 억제하려는 사람들은 아무도 없었다. 인천 상륙은 그 작전의 입안자와 사령관을 미국의 국가영웅이 되게 했다. 이제 맥아더를 가로막고 있는 것은 아무것도 없었으며 미군과 유엔군들과 한국군들은 반공정부 밑에서 한국을 통일하기 위한 노력으로 38선을 넘으려 하고 있었다.

## 통일 한국을 향하여

만일 감성이 아닌 이성이 미국 정부 정책을 결정했다면 한국전쟁은 서울 탈환 후 곧바로 끝날 수 있었을 것이다. 북한군들은 남한으로부터 쫓겨갔으며 이승만 정부는 38선 밑 전 지역에 대해 그 힘을 완전히 복구했다. 이제 미국과 유엔은 그들이 1950년 6월에 선언했던 목표를 달성했다. 그러나 미국은 이승만의 강력한 북진통일 주장에 의해 남과 북을 그의 지배하에 통일시키기로 결정했다. 하지만 미국의 남-북 통일 노력은 실패하였으며 이 실패이야기는 한국전쟁사에 절정을 이루는 부분이다.

연합군의 인천상륙과 함께 북한군은 전투력을 상실했다. 9월 말 맥아더는 유엔에 북한군의 중추가 파괴되었으며 뿔뿔이 흩어진 북한군들은 청산되고 있거나 군사장비를 버리고 북으로 쫓겨가고 있다고 보고를 했다. 그리고 10월에는 북한군 전투원의 반 이상이 남한에서 함정에 빠져있으며 수천 명이 38선 북쪽에서 필사적인 싸움을 하다가 죽었다고 보고를 했다. 9월 말 이래 북한군들은 하루 평균 약 3,000명씩 포로로 잡혔다. 북한군은 단연코 반격을 가할 형세가 아니었으며 그들은 비록 필사적인 시도를 하더라도 성공할 찬스는 전혀 없었다.

그러나 미 합참은 북한 정권이 최근 125,000명 가량의 남자들을 모집해 훈련을 시키고 있다는 정보를 가지고 있었다. 합참은 김일성이 새로운 공세를 위해 이 많은 군대들을 사용하지 않을까 두려워했다. 10월 15일 맥아더는 웨이크 섬(The Wake Island)에서 트루먼과 한국전쟁에 관해 회의를 했을 때 트루먼에게 침공을 계속하여 전 북한을 점령하는 데에는 아무런 위험이 없다고 말을했다. 설령 북한이 전력을 증강하더라도 이는 공세를 위한 게 아니라 체면을 유지하기 위한 방어역할을 하는 데에만 사용될 것이라고 맥아더는 트루먼에게 역설했다. 이제는 한국군도 크게 확장되었고 많이 강화되었다. 그리고 앞으로도 한국군들은 남한의 방어를 위해 매년 수백만 불 이상의 군사

원조를 미국으로부터 계속 받을 것임은 의심의 여지가 없었다. 이제 북한은 두 번 다시 남한보다 6월의 조기침략 성공을 가능케 하는 군사적 우위를 갖지 못할 것이다.

미국은 공산주의 유화정책을 끝내기 위해 그리고 유엔과 집단안보의 효력을 증명해 보이기 위해 세계가 보는 앞에서 그 신용을 복구하려고 한국으로 간 것이다. 이 모든 목표는 9월 말까지 성취를 하였다. 더욱이 비록 소련은 빈틈없이 그들의 불간섭 자세를 유지했지만 실제적으로 모든 비공산주의 국가들은 북한의 남한 침략은 크렘린에 의해 선동되고 명령받았음을 확신하고 있었다. 소련은 본래 일단 한국을 점령하면 한국에 4개 강대국 신탁통치가 설립되는 것을 절대로 허락지 않을 심산이었다. 그러면 한국은 틀림없이 또 다른 소련의 위성국이 되었을 것이다. 그러나 소련은 그들의 의도가 실현되지 않자 북한이 남한을 침략하도록 선동하고 명령을 했다. 미국의 목표는 소련이 한국에 관여치 못하도록 가능한 한 최선을 다하는 것이었다. 소련이 사주한 북한 침략 실패로 소련과 국제 공산주의 단체들은 위신을 잃었다. 부자연스런 소련의 무관심과 전투의 흐름이 인천상륙 후 바뀌었을 때 그 위성국에 원조를 해주지 않음으로써 스탈린은 서방국들과 직접적인 군사대결을 두려워하고 있음을 보여주었다. 결국 이 모든 사실은 서방국가들이 커다란 승리의 선전을 하도록 해주었다.

미국은 공산주의 패권을 확장하려는 더 이상의 시도를 용납지 않고 효과적으로 저지하겠다는 의지를 단호하게 입증했다. 위험하리만치 준비가 되어있지 않은 미국은 거의 관심이 없어 보이는 한국과 같은 한 지역을 방어하기 위해 총출동을 했다. 미국은 한때 한국을 주체스런 나라로 여기고 만일 한국이 존재치 않았다면 가장 행복했을 것이라고 느끼기도 했었다.

크렘린은 미국의 결단에 오직 한 개의 결론은 이끌어 낼 수가 있었다. 즉 이제 미국은 그 군대들의 재무장과 확장을 위해 급격한 계획에 착수하였으며 그 나라는 세계 어디에서도 공산주의자들 침략에 대대적으로 그리고 아무 망설임 없이 응수할 준비가 되어있다는 점이었다. 스탈린은 그의 제국 팽창 정책이 다 끝났음을 이해하지 않으면 안 되었다. 이 변화된 상황에서 그 이전의 상태로의 귀환은 남한을 아주 안전한 상태로 놓아둘 것이다. 김일성은 북한만으로는 남한을 점령할 수 없음을 인정했을 것이며 스탈린은 또다시 북한군을 그의 대리전 수행자로 이용할 수 없음을 깨달았을 것이다. 그가 만일 정말로 남한을 정복하려고 결심했다면 그는 그 과업을 성취하기 위해 소련군들을 남한으로 들여보냈을 것이다. 그러나 스탈린은 소련의 그같은 움직임은 미국 군대들에 의해 저지될 것이 확실하고 그로 말미암아 분쟁은 불가피하게 3차 대전으로 확대될 것이 분명했기 때문에 이를 실천하지 못했다. 적어도 스탈린이 세계전쟁을 일으킬 준비를 할 때까지는 남한은 안전할 것이다.

미군의 인천상륙과 부산 교두보 돌파와 이에 따른 2중의 눈부신 성공은 트루먼 행정부의 궁극적 목표를 남한의 구출로부터 북한의 파괴로 그리고 반공정부 아래 한국의 통일을 이룩하는 것으로 전환토록 유도했다. 이러한 목표를 달성하기 위해서는 계속 전쟁을 하지 않으면 안 되었다. 이 때문에 미국의 지속적인 전쟁을 중지시키기 위해 일부 비둘기파들은 정치적인 해결방안을 제시하였으나 대부분의 미국 지도자들은 이 방안에 동의를 하지 않았다.

미국이 정한 목표는 방어적이었으나 그 실제 목표는 징벌적이었다. 북한은 살인미수에 해당하는 국제적 범죄를 저질렀기 때문에 북한은 처벌을 받아야 하고 이러한 범죄를 다시 저지를 수 없도록 적절한 조치를 취하지 않으면 안 되었다. 소련도 더욱 적절히 북한의 손실에 대해 처벌을 받아야 했다.

이는 실제로는 전쟁이 협상에 의해 끝날 수 없음을 의미하는 것이었다. 왜냐하면 북한 정부의 무조건 항복에 의한 군사적 승리와 같은 것은 소련으로 하여금 그 위성국을 강제로 단념케 할 수 있었기 때문이었다. 미국은 그 자체를 평화애호 국가로 나타내기 위해서는 협상이 개방되어 있음을 선언하여야 했지만 실제로 워싱턴은 이승만 아래 한국을 통일시키는 외에 그 어느 것에도 해결할 의사가 없었다. 그러나 소련은 그 위성국인 북한을 포기하지 않을 것이며 미국이 내놓는 제안에도 쉽게 동의하지는 않을 것이다. 미국은 군사적으로 그 목표를 달성하려고 노력하는 한편 유엔의 후원 아래 자유롭고 전형적인 기초 위에서 한국 통일을 위해 그 모든 외교적 수단을 이용하여야 하나 소련이 한국 통일이외에 다른 조건을 내놓아 분쟁을 중재하려는 노력도 앞질러 막지 않으면 안 되었다. 하여간 대부분의 미국 지도자들은 "역사는 공산주의자들과의 협상이 그의 반발처럼 효과가 없음을 증명하였으며 오로지 힘의 사용만이 공산주의자들이 받아들일 수 있는 해결에 도달할 수 있다."라고 언급한 펜타곤의 찰스 볼테 장군(General Charles L. Bolte)에 동의를 했다. 그리고 미국은 최종적으로 무력을 사용하여 한국에 통일을 가져오기로 한 결정을 재확인 했다.

## 중국의 전쟁 참여 움직임

맥아더 장군은 처음부터 북한을 침공하기로 계획을 세웠다. 1950년 7월 중순 그는 로튼 콜린스 장군(General J. Lawton Collins)에게 그의 목표는 북한군들을 단순히 남한으로부터 격퇴하는 것이 아니라 그들의 완전한 파괴라고 말을 했다. 그는 38선을 넘어 퇴각하는 북한군들을 쫓아 그리고 필요하다면 궁극적인 한국통일 목표를 가지고 전 북한을 점령하는 것이라고도 했다. 아이젠하워 장군도 북한군들은 확실하게 패배되어야 하고 38선 뒤로 후퇴해 또 다른 공격을 위한 병력을 증강하도록 허가 되어서는 안 된다고 동의를 했다. 이는 미군들이 38선을 넘을 필요가 있을지도 모름을 암시했다. 이는 유엔의 경찰행위 의지를 위반하는 것도 아니고 소련을 전쟁에 끌어들이려는 것도 아닐 것이다.

이에 대해 중국신문은 미국의 대중과 의회는 물론 남한정부가 한국 통일을 위해 서두르고 있다고 경고를 하였으며 그러나 북한군들이 남한의 완전한 독립과 통일에 실패하여 38선으로 쫓겨 갔음에도 미국이 그들을 추적하는 것은 소련이나 중국 공산주의 국가와 주요한 무력 충돌 위험을 초래할 수 있다고 경고를 했다. 그러나 개전초기인 7월 내내 북경정부나 그 신문들은 중국은 한국에 개입을 고려하고 있다고 표현하지 않았다. 한국에서의 미군 증강은 북한군들이 남한으로부터 추방되리라는 개연성을 신호하는 것이었다. 그러나 중국 공산주의자들은 미국, 유엔, 그리고 한국군들의 승리의 전망과 이전 상태로의 복구를 침착하게 지켜보고 있는 것 같았다.

8월 초 유엔에서는 38선을 넘어 북한군들을 추적하여 반공정부 밑에 한국 통일을 수행하기 위한 가능성에 대해 많은 비공식 논의가 있었다. 북경은 인도의 매개를 통해 이러한 의논들을 알고 있었을 것이다. 이때 중국 공산주의 지도자들은 미국의 후원을 받고 있는 대만의 국민당 정부로부터 중국 남쪽이 공격을 받고 북쪽 만주는 미국으로부터 공격받지 않을까 두려워하기 시작했다. 북한을 잃지 않기로 그러나 공공연한 소련군 개입으로 일어날 위험을 무릅쓰지 않기로 결정한 러시아인들은 북경의 그러한 두려움을 악화시킴으로써 그들이 할 수 있는 것을 다했다.

8월 17일 소련 부수상 뱌체슬라프 몰로토프(Vycheslav Molotov)는 만일 유엔군들이 38선을 넘어 전면공격을 감행하면 중국 공산주의자들은 소련의 군사장비를 제공받은 150,000명의 군대들을 만주로부터 한국으로 파견하겠다고 명시한 협정을 모택동과 맺었다. 이보다 앞서 8월 11일 런던 주재 미 대사는 중국에 있는 영국 무관이 중국 북부에서 전쟁준비를 암시하는 다수의 정보를 보고했다고 애치슨에게 알려주었다. 소련과 중국이 군사조약을 체결한 같은 날인 8월 17일 유엔의 미국 수석대표인 워렌 오스틴(Warren R. Austin)이 미국은 반공정부 밑에 한국을 통일시키는 것만으로 만족할 것이라고 유엔 안보리 앞에서 연설을 하였을 때 위기가 닥쳤다. 그로부터 3일 후 북경정부는 오스틴의 연설에 직접적인 응답으로 중대한 발표를 했다. 8월 20일 주은래는 "한국은 중국의 이웃이다. 중국인들은 한국 문제 해결에 관해 염려하지 않을 수 없다. 그 문제는 평화적으로 해결되지 않으면 안 되며 또 평화적으로 해결될 수 있다."고 하는 전보를 유엔에 보냈다. 이는 중화인민공화국은 협상에 의한 해결을 원하며 물론 이러한 평화적 해결은 북한의 보존을 의미했다. 이틀 후 소련의 이아코프 말리크 유엔 대표는 한국전쟁 계속은 불가피하게 전쟁확대로 이어질 것이며 그러한 책임은 미국과 유엔안보리 대표들에게 있을 것이라고 안전보장이사회에 경고를 했다. 이것은 분명한 협박이었다. 만일 미국이 그들의 한국통일 목표를 추구하면 공산주의자들은 군사적 개입을 하겠다는 것이었다. 그러나 워싱턴은 그러한 위협을 중대하게 받아들이지 않았다. 이 시점에서 8월 27일 한 미군 비행기가 잘못으로 압록강 바로 북쪽에 있는 한 만주 비행장에 맹폭을 가함으로써 중국 공산당 정부의 두려움을 한층 더 심화시켰다. 8월 31일 유엔 주재 미 대사 오스틴은 미국 비행기가 아마도 실수로 만주 비행장을 폭격을 했을 것이라고 유엔 안보리에서 인정을 했다. 만일 유엔 위원회가 중국 공산주의자들의 비난을 확인하면 미국은 손상에 지불을 하고 그 사고에 책임이 있는 비행사를 견책할 것이다. 트루먼은 9월 1일 저녁 전국 라디오 방송을 통해 만일 북경이 한국에 개입을 하면 그는 곧 그의 행동에 후회를 하게 될 것이라고 경고를 했다. 트루먼은 미국과 유엔 연합군은 중국을 공격할 의도를 전혀 가지고 있지 않다고 중국 공산주의자들을 안심시켰으며 그는 만일 러시아가 중국을 한국전쟁으로 꾀어들이거나 강요하면 소련은 더 많은 중국 영토를 강탈하기 위해 싸움을 이용할 것이라고 주장했다.

## 38선 돌파

　미군, 유엔군, 그리고 한국군들의 인천상륙 성공은 만일 소련이 개입하지 않으면 아마도 북한군 잔류자들을 분쇄하고 이승만 아래 한국을 통일시킬 수 있음을 나타냈다. 그리고 대다수 미국인들은 38선에서 유엔이 진격을 멈추는 것은 공산주의자들을 달래는 것뿐이라고 생각했다. 9월 초 트루먼 행정부는 중국 공산주의자들에게 만주를 공격할 의도가 없음을 나타냄으로써 중국이 한국전 개입을 단념하도록 하기 위한 노력을 계속했다. 이는 미국이 중국 인민공화국의 유엔 가입을 허락하는 도량 넓은 의사표시를 함으로써 그에게 좋은 신뢰를 보여줄 수 있는 계기가 될지도 모른다.

　9월 27일, 맥아더가 이승만 정부를 서울로 환도시키기 2일 전 미 합참은 맥아더에게 38선을 넘어 북한을 완전히 섬멸하라고 명령을 했다. 그러나 합참은 유엔이 통일을 요청하는 새 결의안을 통과시킬 때까지 한국 통일에 관한 성명은 하지 않기로 했다. 더 나아가 어느 경우에도 맥아더의 지상군들이 중국이나 소련 국경을 넘지 못하도록 또한 한국 내에서 그의 지상군 작전지원에 그의 공군과 해군을 만주나 소련 국경을 공격하는 데 사용하지 말도록 했다.

　9월 30일 주은래는 그의 연설에서 다음과 같이 선언했다. "중국인들은 열렬히 평화를 애호하나 그들은 평화를 수호하기 위하여 침략전쟁을 반대하는 데 결코 두려워하지 않았으며 또한 두려워하지 않을 것이다. 중국인들은 외국 침략을 절대로 용납하지 않을 뿐더러 그들의 이웃이 제국주의자들에 의해 잔인하게 침략을 받는 것을 무기력하게 보는 것도 용납하지 않을 것이다." 그러나 워싱턴은 중국은 기껏해야 북한에 다소의 상징적인 도움을 제공할지 모른다며 주은래의 경고를 간단히 기각했다.

그리고 다음날인 10월 1일 첫 번째 한국군들이 38선을 넘었으며 맥아더는 평양에 무조건 항복을 요구하는 최후통첩을 방송했다. 그러나 평양이나 모스크바 어느 쪽으로부터도 응답이 없었다. 주은래는 10월 2일 한밤중에 패니카(K. M. Panikkar) 인도대사를 외무부로 호출하여 만일 미군들이 38선을 건너면 중국은 북한 방어에 참여할 군대들을 압록강 너머로 보낼 것이라고 패니카 대사에게 알려주었다. 그러나 한국군만 38선을 넘으면 중국은 개입치 않을 것이라고 말을 했다.

패니카는 즉시 뉴델리(New Delhi)에 주은래와의 회담 결과를 보고 하였으며 거기로부터 이 메시지는 영국으로 그런 다음 워싱턴으로 전해졌다. 애치슨 국무장관은 이 소식을 듣고 아침 5시 30분에 잠을 깼으나 그는 주은래의 경고를 전전긍긍하는 패니카의 단순한 허풍이라고 무시했다. 사실 인도대사는 중국 공산주의자들의 선전 성명서들에 지나치게 과장을 한다는 평판을 받고 있었다. 애치슨은 주은래가 유엔 총회 투표에 곧 붙여질 8개 강국 결의안 지지로부터 미국의 동맹국들을 놀래어 쫓아버리기 위한 시도로 패니카에게 그러한 설명을 했다고 주장했다. 유엔도 그러한 공갈에 굴복하지 않을 것이라고 말을 했다. 이외에도 워싱턴은 중국 인민공화국이 그 결과에 중요한 영향을 끼칠 규모로 한국에 개입하거나 개입할 수 없다고 믿었다. 따라서 그 행위가 미국과 유엔의 보복을 가져오고 중국이 전혀 준비가 되어있지 않은 주요전쟁에 중국이 끌려가고 있다는 두려움으로 북경은 아마도 전혀 개입하지 않을 것이다.

　10월 7일 오후 5시가 조금 지나 미제1기병대 사단의 정찰대들이 미군들로서는 처음으로 개성 가까이에 있는 38선을 넘었다. 그때는 뉴욕 시간으로 9월 7일 아주 이른 아침이었다. 그날 오후 유엔 총회는 한국 통일을 요청하는 8개국 결의안을 기권 7에 찬성47 반대5로 통과시켰다. 소련과 그 위성국들은 결의안에 반대투표를 했으나 러시아인들은 북한에 군대를 보내거나 최후 통첩을 발표하지 않았다. 10월 9일 아침 미8군은 개성근처 38선을 지나 북한으로 진격하기 시작했다. 맥아더의 계획은 평양 북쪽에서 멀리 떨어져 있지 않은 한반도의 좁은 연결부를 지나 포위를 시행하는 것이었다. 미8군은 서쪽 해안 주요 수송로로 이동해 도중에 있는 북한 수도를 점령하고 동부 해안의 원산항에서 상륙을 한 후 X군단은 흥남과 내륙 북쪽으로 전진을 하는 것이었다. 한국군들은 미군들이 중장비를 이끌고 도로를 따라 작전을 하는 것보다 더욱 쉽게 기동을 할 수 있는 중앙 산악지대의 두 미군 및 유엔군 사이에서 군사행동을 취하기로 되어 있었다. 미국 및 유엔군의 공군 지원을 받는 한국군만이 함정을 피해 달아나는 북한군을 추적하고 더 먼 북쪽으로 전진을 하도록 했다.

　1950년 10월 15일 한국전쟁 각본의 두 주역인 트루먼과 맥아더는 웨이크 섬에서 향후 한국전쟁 전개에 관해 의논을 했다. 인천상륙 성공으로 자만에 찬 맥아더는 돌아오는 선거에 정치적 이점을 얻으려는 트루먼을 경멸했다. 그는 일부러 타이도 매지 않고 그의 셔츠 깃의 단추도 끄른 채였다. 그리고 그는 모자도 비딱하게 쓰고 심지어 그의 최고 사령관에게 경례도 하지 않았다. 그것은 그저 모두 가식적인 태도였다. 정말로 중요한 것은 맥아더는 그 회의를 정치적인 묘기로 무시했기 때문에 그는 트루먼이 극동상황의 미묘함에 관해 그에게 준 매우 중대한 충고를 진지하게 받아들이기를 거부한 것이었다.

웨이크의 주요 회담 진행 중 트루먼은 맥아더에게 중국이나 소련의 한국개입 가능성을 얼마로 보느냐고 직접 물었다. 트루먼의 질문에 장군은 "아주 조금."이라고 짧게 대답한 다음, "그들이 개입한 첫째 또는 둘째 달이 결정적이 될 것이다. 그러나 우리는 더 이상 그들의 개입을 두려워하지 않는다. 우리는 더 이상 손에 모자를 들고 서있지 않을 것이다. 중국은 만주에 300,000명의 군대를 가지고 있다. 아마도 이들 중 10만 내지 125,000명가량이 압록강을 따라 널리 분포되어 있으며 고작 50,000~60,000명만이 압록강을 건널 수 있을 것이다. 그들은 공군력도 없다. 이제 우리는 한국에 우리 공군을 위한 기지가 있으므로 만일 중국인들이 평양으로 내려오면 거기에는 가장 큰 살육이 있을 것이다."라고 트루먼에게 말했다. 이 모든 정보는 맥아더의 정보참모인 찰스 윌러비(Charles A. Willoughby) 소장이 제공한 것이며 그는 처음에는 약 5만 명의 중공군이 북한과 중국의 압록강 국경에 주둔해 있다고 맥아더에게 보고를 하였다. 윌러비는 그러나 10월 14일에는 38개의 중공군 사단이 만주에 있다고 보고를 하였으며 미군이 38선을 넘으면 한국전에 개입하겠다는 중국 정부의 발표는 외교적인 공갈에 지나지 않을 것이라며 중공군의 한국전 개입은 있을 것 같지 않다고 말했다. 윌러비의 정보는 곧 사실이 아님이 판명되었으며 그의 그릇된 정보로 미군은 중공군에게 이내 대패를 하고 만다. 윌러비는 중공군에 대한 과소평가 정보뿐만 아니라 7월에 북한군이 남침을 할 때에도 북한군 전력을 경시하는 정보를 제공했다가 북한군과 최초로 접전을 한 미군들에게 참패를 안겨주었다. 트루먼과 맥아더의 웨이크 회담 중 가장 중요한 것은 이들 사이가 심각하게 벌어지기 시작한 점이었다.

트루먼과 그의 웨이크 섬 대표들은 한국전쟁이 곧 유쾌한 결말로 이르게 되리라는 낙관에 차 워싱턴으로 돌아왔다. 그들은 날이 감에 따라 중공군의 한국개입이 더욱더 있을 것 같지 않다고 믿었다. 그러한 믿음은 10월 중순 중공군들이 티베트(Tibet)로 이동하기 시작했다는 보고에 의해 강화되었다. 중국이 만일 한국개입을 목전에 두고 있었다면 중국은 확실히 티베트 침략에 착수하는 운동을 선택하지 않았을 것이다.

맥아더는 1941년 일본이 필리핀을 공격하지 않을 것이라고 확신했을 때와 같이 중공군들도 대규모로 한국에 개입치 않으리라는 확신감으로 웨이크 섬으로부터 도쿄로 돌아왔다.

10월 17일 웨이크 회담 2일 후 자신에 찬 맥아더는 그가 설정한 미군과 유엔군들의 저지선을 넘어 작전을 수행토록 하였으며 이중 몇몇 부대들은 60마일 가량이나 북쪽으로 깊숙히 들어갔다. 저지선 변경은 미군들이 만주에 많은 전력을 공급하는 수력발전 시스템 중 극히 중대한 부분인 창진과 부전 저수지 모든 주변에서 작전을 하는 것을 의미했다.

2일 후 북한군들로부터 별로 저항을 받지 않은 영국군들은 김일성과 그의 정부에 의해 최후 순간에 버림을 받은 평양을 점령했다. 그리고 이튿날인 10월 20일 백선엽 장군이 이끄는 한국군 제1사단이 평양에 입성을 하였으며 25일에는 이승만 대통령이 평양을 방문하여 평양 시민들로부터 열렬한 환영을 받으며 한국군들의 평양 함락을 축하했다. 그러나 이때 김일성을 체포치 못한 것이 대실책이었다. 10월 1일 새벽 187 미 공수 연대가 김일성을 체포하기 위해 수도로부터 만주에 이르는 고속도로를 따라 평양 북쪽으로 30마일 떨어진 곳에 낙하산을 타고 내렸으나 김일성 일당이 북쪽으로 도주하는 바람에 북한정권 우두머리들을 도중에서 체포하는 데 실패를 했다.

맥아더가 그의 작전반경을 북쪽 깊숙이까지 넓힌 것과 거의 때를 같이하여 10월 14일 중공군 병력은 극비리에 압록강을 건너기 시작했다. 그들이 일격을 가할 준비를 하고 있을 때인 10월 24일 북한에는 거의 200,000만 명의 중공군들이 이미 와 있었으며 이 숫자는 맥아더가 50,000~60,000명만이 한국에 개입할 것이라고 트루먼에게 보고했던 숫자의 4배나 되었다. 맥아더가 예측했던 대로 가장 거대한 대량학살이 곧 닥쳐올 것이다.


## 북경의 한국전 개입 결정

중국 인민공화국은 왜 한국전에 개입을 하였으며 그의 최소 목표는 무엇인가? 그것은 두말할 것도 없이 북한 공산국을 보호하는 것이며 6월 25일 기준으로 북한 크기의 약간 반이 넘는, 즉 청주-흥남 전 지역에 국한되는 줄어든 영토를 유지하는 것이었다. 또한 북경은 북한

이 만주와 남한 사이에서 완충지대로 계속 실존하기를 원했다. 만일 이러한 완충지대가 없어지면 중국은 미국의 직접적인 위협 아래 놓이게 될 것이다.

이런 면에서 미국과 유엔이 북한을 점령하여 한국을 모두 통일 시키려는 의도는 중공의 개입을 불가피하게 했다. 소련도 중국도 통일된 반공 한국의 창조를 허락할 수가 없었다. 소련의 직접 개입은 엄청난 위험을 초래할지 모르기 때문에 러시아가 중국에 대주는 대포와 탱크와 항공기, 그리고 그 외 다른 군사장비로 러시아 대신 중국이 전투를 하게 하지 않으면 안되었다. 스탈린은 또한 한국에서 소련이 미국과 전쟁을 하는 것이 두려워서가 아니라 오히려 한국은 실제로 소련에 중요하지 않기 때문에 한국 개입을 거절한 소련에보다도 중국에 훨씬 더 많은 위험을 제기할 것이라고 중국인들을 설득시켰음에 틀림없었다.

한국 통일전망은 별문제로 하고 미국의 만주 침략은 중국에 더욱 직접적인 위협을 내포했다. 11월 한 남한 장군은 한국군들은 가능한 한 속히 북한 북쪽으로부터 만주에 공급되는 모든 전력을 끊어 놓을 것이라고 말을 했다. 이는 북한이 1948년 5월 남한선거 직후 남쪽에 전력공급을 갑자기 중단했기 때문에 그럴 듯한 위협이었다. 아마도 이러한 위협만으로는 중국의 한국 개입을 촉진시키지는 못했을 것이다. 그러나 확실히 다른 요소가 있었다. 대부분의 북한 저수지와 수력 발전소가 청주와 홍남 경계선 북쪽에 위치해 있는 사실 역시 중국의 한국 개입을 야기했을 것이다.

역설적인 것은 비록 중국 공산주의자들이 미국과 유엔군들의 임박한 만주 침략을 두려워했기 때문에 한국개입을 하지 않았더라도 그들은 확실히 그들의 개입결정 결과로 만주에 대한 미국과 유엔의 공습을 두려워했을 것이다. 이러한 두려움은 완전히 타당했으며 진짜였다. 그리고 그러한 두려움의 결과로 북경은 만주시의 민간인들을 소개시켰으며 수 개의 주요 만주 공장들을 내몽고로 이전시켰다. 이는 지극히 중요했다. 왜냐하면 만일 북경이 그들의 개입은 순수하게 침략의 위험에 의해 동기가 되었다고 세계를 설득시킬 수 있으면 그들은 실제의 그리고 직접적인 위험에 대항해 방어적으로 행동한 것이 되기 때문이었다. 그리고 이러한 북경의 전략은 꽤 효과가 있었다.

만일 중국이 미군과 유엔군들을 공격해야 한다면 중국은 공격효과를 최대화하고 중국 영토에 대한 보복 위험을 최소화하는 조건 밑에서 그렇게 하기를 원했다. 따라서 북경은 선전포고를 하지 않고 중공군들의 한국 출현 책임도 부인하기로 결정했다. 그리고 북경은 이 모든 책임을 회피하기 위해 그 군대들이 정부의 허락을 받고 그들의 북한 동지들을 돕기 위해 자발적으로 한국전에 개입했다고 변명할 것이었다. 중공군들은 미군과 유엔군들이 한국의 최북단 지역으로 침투하기 전까지는 그들을 공격하지 않기로 했다. 그러나 중공군들은 미군과 유엔군들이 그들이 설정한 선을 침투했기 때문에 그들에게 공격을 가하기 시작했다.

우연히도 유엔의 날인 10월 24일 맥아더는 그의 부하 장군들에게 전속력을 다해 그리고 그들의 병력을 최대한으로 활용하여 북으로 진격하라고 명령을 했다. 소련과 접경을 하고 있는 북동쪽의 함경남북도와 만주와 국경을 이루고 있는 지역에는 오직 한국군만이 작전을 수행하기로 되어 있었으나 맥아더는 이들 지역으로 미군과 유엔군의 진격을 명령했다. 미 합참은 맥아더의 명령에 강력한 항의를 나타냈지만 맥아더는 한국군들은 압록강을 따라 먼 북쪽으로 점령하기에는 숫자가 부족하고 또한 대부분의 한국 부대들은 그들이 경험 있고 의지할 수 있는 장교들에 의해 인솔된 미군과 유엔군들과 통합될 때에만 효과를 나타낸다고 응답을 했다. 그는 또한 소련과 경계를 이루고 있는 북동주들로 미군과 유엔군들의 진격을 지시하지 않았으며 그 대신 한국군 사단 중 최고의 사단을 보냈다고 말을 했다. 그리고 실제로 10월 하순 오직 한국군들만 압록강에 도달을 했다.

몇몇 맑스(Marx) 경향의 역사가들은 맥아더가 중국 공산주의자들의 개입을 유발시키기 위한 희망으로 미군들을 압록강으로 보내기로 결정했다고 시사했다. 이는 가장 그럴듯하게 보이지만 그러나 맥아더는 그의 결정을 정확히 정반대의 논리에 바탕을 두었다. 그의 유일한 직접 목표는 북한정복을 완료하는 것이었으며 그 목표달성에 누구도 간섭하는 것을 원치 않았다.

미8군이 북한군들의 감소해가는 저항을 받아가며 평양으로부터 계속 북으로 전진하고 있을 때 많은 미국 병사들은 전쟁이 본질적으로 끝이 나 그들은 거기로부터 점령 임무에 착수하게 될 것이라고 믿었다. 육중한 무기와 심지어 그들을 내리 누르는 철모를 버리는 병사들도 많이 있었다. 왜냐하면 그들은 이러한 거추장스러운 것들이 더 이상 필요치 않다고 느꼈기 때문이었다. 이는 다시 말해 그들의 군기가 느슨해져가고 있음을 뜻하는 것이었다.

제24미군사단이 서쪽 해안도로로 전진해 올라가고 있는 동안 그

우측면에 있던 한국군들은 압록강을 향해 북동방향으로 밀고 올라갔다. 중공군들이 그들의 공격을 개시한 것은 취약성이 있는 이들 한국군들을 향해서였다. 10월 25일 중공군들은 압록강 남쪽으로 약 40마일 떨어져 있는 북진에 있던 한국군 1개 대대를 전멸시켰다. 다음날 증강된 한 한국 정찰소대가 압록강변의 초산읍에 도착했으나 북한군 제복을 입은 중공군들에 의해 매복습격 당하여 즉시 전원 몰살되었다. 10월 26일과 29일 사이에 수적으로 훨씬 열세인 한국군 6사단은 온정과 휘천읍 근처 지역에서 무시무시한 타격을 입었으며 그 다음 며칠간 바로 북쪽에 있던 한국군 8사단 역시 강타를 당했다. 전멸되지 않은 한국군 부대들은 혼란에 빠져 도주를 했다. 11월 1일 오후까지 한국군들은 더 이상 효과적인 저항을 할 능력이 없었다. 그들의 붕괴로 미8군의 우측측면이 적에게 노출되었으며 중공군의 후미공격 위협을 야기했다.

10월 29일 바로 최근에 워싱턴은 8군이 중공군들의 실질적인 북한 전투 참여 보고를 접수치 못했다는 통지를 받았으며 그 후 며칠 동안 미국무부는 비미군 유엔 병력이 미국 물자공급 서비스에 너무 의존하고 있어 이러한 부담을 완화시키기 위해 그들을 본국으로 보낼 계획을 신중히 검토하고 있었다. 그러나 11월 1일 워싱턴은 대규모의 중공군 개입을 기정사실로 받아들였다. 그럼에도 맥아더는 한국에 있는 중공군의 힘을 여전히 낮게 평가하고 있었다. 11월 2일 그는 비록 중국은 생각할 수 있는 바대로 북한에 있는 중공군들을 보강하는 데 사용할 수 있는 거대한 병력을 만주에 가지고 있지만 북경은 이제까지 총 16,500명 가량의 군대만을 보냈다고 미 합참에 보고했다. 실제로 한국에 온 중공군 병사들의 숫자는 이미 10배가 훨씬 넘는데도 맥아더는 그들의 실제 숫자보다 10배나 낮게 과소평가를 했다. 미국이 한국전에서 중국에 졌다면 이는 전적으로 적에 대한 불확실한 정보와 그들의 압도적인 군사력을 얕잡아본 맥아더 때문일 것이다.

이 단계에서 가장 중대한 문제는 맥아더의 정찰대들이 압록강 바로 건너에 있는 200,000명의 중공군 동향을 하나도 파악치 못한 것이었다. 경무장을 한 중공군들은 대부분 야간에 도보로 이동을 하였으며 낮 동안은 이 거대한 숫자의 병사들을 쉽게 덮어 가릴 수 있는 산악지대 속에 숨어 있었다. 그리고 그들은 낮이건 밤이건 어떤 불도 켜지 말라는 엄격한 명령을 받고 있었다. 그들은 이와 같이 미국과 유엔군들이 의지하고 있는 공중정찰에 의한 탐지를 완전히 피했다.

중공군 최초의 한국군 공격 성공은 북경이 중공군은 상대방을 놀라게 하는 무시무시한 장점을 가지고 있었기 때문에 많은 숫자의 군대들을 한국에 투입할 필요가 없었음을 암시했다. 더 나아가 한국군 부대들은 뿔뿔이 흩어져 있어 지형상 보강하기가 어려웠기 때문에 유엔군 지휘관들은 한국군들이 입은 손상은 비교적 적은 숫자의 중공군에 의해서였다고 결론을 내렸다.

미군과 중공군 사이의 첫 전투는 11월 1일 오후 늦게 어둠이 지면서 시작되었다. 온정과 휘천 주변의 공포에 찬 한국군들을 돌파한 중공군들은 우측과 배후로부터 8군에 타격을 가하기 위해 남서쪽으로 달려들었다. 오후 5시경 자부심에 차 운산읍을 점령하고 있는 미8군 소속의 기병연대는 중공군들의 요란한 나팔소리와 날카로운 소리를 내는 호각소리와 그리고 꽹과리 난타 소리로 혼합된 불쾌한 음조에 의해 소스라쳐 놀랐다. 어두움을 타고 들려오는 이러한 불쾌한 소리는 마치 지옥에서 들려오는 악마소리 같았으며 중공군은 상대방에 공포를 일으키게 할 목적으로 공격 때마다 정기적으로 이러한 시끄러운 소리를 내 상대방을 놀라게 하고 그들의 신경을 혼비백산케 했다. 그리고는 이내 여기저기에서 빗발치듯한 총탄을 퍼부었다. 수천 명의 중공군들이 운산읍과 그 부근에 있는 미군들의 위치를 향해 떼지어 몰려왔다. 박격포와 수류탄과 소총과 기관총과 그리고 총검으로 공격을 한 그들은 미군 부대를 포위하고 다른 부대들이 놀라 달아나도록 했다. 2일간의 치열한 싸움 끝에 8군 기병대 병사들 중 거의 반이 사망을 하였으며 그 연대는 탱크와 대포를 포함하여 많은 장비를 잃었다.

북한 동부 영역에서 창진 저수지로 접근해 가던 한국군들은 10월 27일 중공군들에 의해 포화세례를 받았다. 한국군들은 철수를 한 후 방금 원산을 떠난 미 해병 연대의 도착을 일주일간 기다렸다. 미 해병들은 즉시 중공군들과 진흥리 남쪽에서 5일간(11월 3일~7일)의 격렬한 전투 끝에 중공군 사단을 강타하여 많은 사상자를 내게 하였으며 강타당한 중공군 사단은 나머지 병력을 이끌고 북쪽으로 도주했다.

11월 2일이 되어서야 그의 병력이 강력한 새로운 적과 부닥치고 있음을 최후로 인정한 워커 장군은 청천강의 안전한 지대로 후퇴를 하라고 명령했다. 북한 정복을 바로 눈앞에 두고 중공군으로부터 새로운 위협을 받고 있는 사실을 마지못해 받아들인 맥아더는 워커가 중공군 병력을 지나치게 과장하고 있다고 생각을 했다. 그러나 불과 2

일내 맥아더는 보다 많은 충분한 증거가 발견되었음을 느꼈다. 그는 중국인들이 거대한 병력을 한국으로 끌어들이고 있다고 믿었다. 이러한 병력 이동을 중지시키기 위해 그는 만주의 안동시를 김일성이 그의 정부를 이동시킨 북한의 신의주시와 연결하는 압록강 쌍다리 중 북한 측 끝 부분을 폭파하도록 명령을 했다. 그리고 맥아더는 합참에 90대의 B-29 폭격기들이 3시간 내 일본기지에서 이륙을 하도록 계획을 세웠다고 보고를 했다.

위험한 것은 폭탄들 중 어떤 폭탄이 만주 쪽 강에 우연히 투하될지 모르며 만일 그렇게 되면 중국이 이미 취하고 있는 행동보다 더욱 격렬한 조치를 취하도록 중국을 유발시킬 수 있다는 것이었다. 영국은 미국이 만일 중국을 전면전으로 밀어 붙이면 런던은 유엔의 지휘로부터 그 군대를 철수시키겠다고 워싱턴에 분명히 밝혔다. 군사적 지원을 잃는 가망성보다 영국의 정신적 지원을 잃는 가망은 트루먼 행정부를 몹시 놀라게 하였으며 이러한 영국의 위협은 때마침 중국과의 전쟁을 피하기 위해 고심하고 있던 트루먼이 중국으로 전쟁을 확대하지 않도록 중대한 결정을 내리게 했다.

그러나 트루먼은 미국 군대를 보호하는 데 즉시 필요하다면 맥아더의 전략을 승인은 하나 그렇지 않으면 그 임무는 취소되어야 한다고 말을 했다. 트루먼의 조건부 승인에도 불구하고 미 합참은 B-29이륙 불과 1시간 전에 상황을 더욱 평가할 때까지 폭격을 연기시키라고 맥아더에게 명령을 했다.

"거대한 규모의 군대들과 군사장비들이 만주로부터 압록강 다리를 건너 쇄도하고 있다. 이러한 움직임은 내 지휘 아래 적의 궁극적 파괴를 위험스럽게 할 뿐만 아니라 또한 위협을 하고 있다. 그런데도 합참은 내 지휘를 한정시키고 있다. 나는 이 문제가 즉시 대통령이 유의하도록 하지 않으면 안 된다고 믿는다."

합참의 명령에 맥아더는 이렇게 반박하였으며 그의 이러한 반박은 분명 항명이었다. 그러나 트루먼은 이러한 건방진 태도 때문에 맥아더를 해임시키지는 않았다. 그 대신 그는 폭격을 허락했다. 결국 맥아더는 야전군 사령관이었으며 그의 전문적인 판단으로 만일 많은 부분의 미군들이 결정적인 파멸 위험에 놓여있다면 워싱턴이 맥아더를 그 상황을 달리 평가할 수 있는 사령관으로 교체하지 않는 한 거기에는 다른 선택이 없었다. 결국 합참은 맥아더에게 트루먼의 승인을 전달했다. 이후 맥아더와 우유부단한 합참과 워싱턴 간의 대립은 더욱더 심화되어 갔다.

맥아더는 그 시점에서 확실히 해임되어야 했다. 왜냐하면 맥아더의 궁극적인 목표는 중국과 전쟁을 해서라도 북한을 전멸시켜 이승만 밑에서 통일 한국을 구축하는 것이었으나 그의 불굴의 그리고 이상할 정도의 결심은 중국과의 전쟁을 피하려는 미행정부와 정면으로 대치되는 것이었기 때문이었다.


## 전혀 새로운 전쟁

11월 중순까지 미8군은 서부한국에 있는 청천강을 따라 안전한 위치로 후퇴를 했다. 그곳은 참호를 파고 영구적인 경계를 설치하기에 매우 좋은 장소였다. 그러나 맥아더는 신속하고 완전한 한국통일과 전쟁을 조기에 끝낼 새로운 공세를 취하기로 한 결정에는 조금도 흔들림이 없었다. 새로운 공격준비로 맥아더는 미군과 유엔군 선들 사이에 있는 지역에 2주일간의 긴 공중폭격을 시작했다. 그는 모든 압록강 교량의 한국 측 끝부분을 파괴함으로써 중국이 더 이상의 군대를 한국으로 보내지 못하도록 그리고 이미 한국에 와있는 병사들에게 물자공급을 하지 못하도록 하려고 했다. 만주로부터 북한을 봉쇄해온 그의 비행기들이 북쪽 황무지에 은신해 있는 적군들에게 맹폭을 가하면 미군, 유엔군, 그리고 한국들이 거의 저항을 받지 않고 압록강으로 진군하는 데 고작해야 10일이 걸릴 것이다. 이 작전에 맥아더는 그의 지휘 안에 있는 이용가능한 모든 폭격기들을 할당하였으며 그들의 승무원들이 극도로 지칠 때까지 휴식 없이 임무를 수행하도록 명령을 했다.

압록강 철교들의 중국 측 끝부분 폭파를 피하기 위해 극도의 대책을 세우지 않으면 안 되었기 때문에 맥아더 항공기들은 150마일에 걸쳐있는 국경을 따라 세워진 12개의 주요 교량들 중 겨우 4개만을 무용지물로 만드는 데 성공을 했다. 남아있는 다리 위로 그리고 서둘러 설치한 부교위로 중국은 맥아더 군대들을 위태롭게 하는 그리고 궁극적인 파괴를 가져올 수 있는 병사들과 군사 장비를 여러 번으로 나누어 계속하여 압록강 너머로 쏟아 넣었다. 11월 말경 미국과 유엔군들이 전쟁 종결 공세를 준비하고 있을 때 중공은 한국에 300,000에서 340,000명의 군대를 가지고 있었으며 그들 대부분은 중부 산악지대에서 안전하게 몸을 감추고 있었다. 이와 함께 대략 65,000명의 북한군들이 재편성되어 재무장을 하고 있었다. 그런데도 맥아더의 정찰대들도 그의 폭격기들도 이들 대군을 발견해 내지 못했다. 11월 한 달 동안 북한에 쏟아부은 수천 톤의 폭탄들은 공산군들을 완전히 못 맞힌 것 같았다.

다양한 출처로부터 정보를 입수한 미군사정보국은 북경은 한국에 200,000명의 군대를 가지고 있다고 주장하는 보고서를 제출했다. 그러나 맥아더는 이 숫자를 믿으려 하지 않았다. 11월 17일 그는 무초 대사에게 중공 정부는 30,000명이 안 되는 25,000명 가량의 군대를 한국에 보냈음이 확실하며 그들은 몰래 은밀한 수단을 써 그 이상의 군대를 도저히 보낼 수 없을 것이라고 주장했다. 이 모든 그릇된 정보는 월러비 정보참모가 맥아더에게 제공한 것임은 의심의 여지가 없었다. 1주일 후 유엔 지휘하의 공세가 시작될 무렵 맥아더 사령부는 중공군의 숫자가 많아졌다고 평가를 하였으나 그 숫자마저도 정확지 못했으며 중공군 병력은 고작 40,000에서 80,000명 가량이고 북한군 병력은 83,000명이라고 추정했다.

비록 맥아더가 그의 임의대로 정확한 숫자를 가지고 있고 그들 숫자를 믿기로 선택했다 할지라도 그는 여전히 자신에 넘쳐있었을 것이다. 중공군과 북한군들에 비해 미군, 유엔군, 그리고 한국군들의 숫자는 대략 440,000명 범위였으며 그 반 가량이 비전투원인 군무, 수송 및 물품공급 병들이었다. 그러니까 실제 전투원들은 고작 200,000명이 조금 넘는 셈이었다. 이와 같이 북한에 있는 공산군 전투병들은 그들 적의 숫자를 훨씬 능가함에도 미군들은 중공군들의 전투능력을 얕잡아 보았으며 공산군들의 수적인 우세는 우수한 미국의 기갑부대와 대포와 그리고 공군력에 의해 상쇄될 것이라고 단언했다.

실제로 중공군들은 무시무시한 적이었다. 중국 병사들은 여러 가지 고통으로 많은 상처를 입었다. 그러나 그들은 비가 오나 눈이 오나 추우나 더우나 그 어떤 악조건 속에서도 야외에서 생활하는데 그리고 소량의 음식으로 생존하는 데 매우 익숙해 있었다. 그들은 게릴라전 훈련을 받았으며 이 방면의 전투에 경험이 풍부했다. 그리고 그들은 숨는 데에, 임시변통 마련에 능숙했으며 얇은 운동화를 신고 눈에 쌓인 가파른 산악지대를 도보로 교묘히 이동하는 데에도 숙달했다. 그들은 또한 일본인들만큼 사악하고 극악무도한 미제국주의자들에 대항해 그들의 조국을 지키는 데에도 철저한 사상교육을 받은 군인들이었다.

맥아더의 전투계획은 그가 10월에 추구했던 계획의 연장이었다. 8군의 몇몇 부대들은 서부 해안을 따라 북쪽으로 전진하였으며 다른 부대들은 동북 방향 내륙으로 이동을 했다. 한국군들은 중부산맥 근처 지역 및 소련국경과 가장 인접한 함경북도와 함경남도를 책임지기로 했다. X군단은 동부해안으로부터 북동쪽으로 이동하여 압록강 근처에 있는 8군을 만나 거대한 함정을 완료한 후 거기에서 적을 포위해 괴멸시킬 것이다. 그동안 미국 및 유엔군 비행기들은 통일한국을 위해 가장 안전 가능한 북쪽 경계를 규정하기 위해 압록강을 건너는 중공군들의 이동을 계속 막을 것이다.

맥아더는 최악의 겨울 날씨가 닥쳐오기 전에 이 작전을 완료하는 것이 긴급하다고 생각했다. 왜냐하면 비록 미군, 유엔군, 그리고 한국군들이 일단 압록강에 도달하면 모든 다리의 한국 쪽 끄트머리를 최후로 폭파할 수는 있어도 얕은 강위의 결빙은 다리의 역할을 대신할 수 있었기 때문이다. 미군과 유엔군과 그리고 한국군들은 그때까지 중공군들이 얼음으로 증강군들을 보내지 못하도록 하기 위해 강을 따라 튼튼한 방어선을 구축해 놓지 않으면 안 될 것이다. 또 다른 추가 동기는 유엔군 사령부 군대들은 북한 겨울의 시베리아 추위 속에서 싸우는데, 의복도 장비도 그리고 훈련도 적절히 받지 못했기 때문이다.

한편, 영국 정부는 특히 전쟁확대 가능성에 대해 몹시 우려를 하였으며 유엔의 약속 하에 만주와 소련국경의 한국 쪽에 비무장지대 설치를 러시아인들에게 보증하자고 강력히 주장했다. 영국은 또한 미국과 유엔국들이 일단 적이 패하면 그들의 군대를 한국에서 철수시키기로 약속해 놓고도 그들 군대들을 압록강으로 계속 전진토록 하는 데에 강력한 반대를 표명했다. 그러나 이러한 제안들은 트루먼 행정부에 호소력이 없었다.

맥아더의 대규모 공세가 시작되기 전인 11월 23일은 미국의 추수감사절이었다. 이날 맥아더는 그의 전용기를 타고 압록강 강변을 둘러본 후 인근에서 작전을 벌이고 있는 한 미군부대에 착륙하여 부대원들과 함께 칠면조 고기를 비롯하여 푸짐한 추수감사절 전통음식을 즐긴 다음 병사들에게 다가오는 크리스마스를 고향에 가 보내게 하겠다고 자신 있게 말을 했다.

이튿날 맥아더는 압록강 경주를 위해 출발 신호탄을 발사할 신안주로 날아갔다. 중국이 더 이상 개입치 않아 전쟁이 2주일 안으로 끝날 것이라고 선언을 한 그의 메시지는 군대들의 사기를 진작시키기 위함을 의미했으나 그 효과는 바로 앞에 놓여 있는 거대한 악전고투를 위해 준비가 되어있지 않은 그의 군대를 전투에 보내지 않으면 안 되는 것이었다. 크리스마스 때까지 집으로 갈 것이라고 믿고 있었던 미군 및 유엔군들은 결국 북쪽을 향하여 출발을 하지 않으면 안 되었다.

3일 전 미군 제7사단 17연대의 한 작은 파견대가 동쪽지역 혜산진에 있는 압록강에 도달했다. 그들은 일찍이 그 강에 도착한 유일한 미군들이었다. 8군은 불길한 전조 없이 서쪽으로 전진하기 시작했다. 25일 오후까지 몇몇 부대들은 적으로부터 미미한 저항을 받아가며 8마일이나 멀리 전진을 했다. 그러나 어두움이 덮치자마자 중공군들은 8군 우측측면에 있는 덕천 근처의 한국군 2군단에 일격을 가했다. 훈련도 충분히 받지 못하고 서툰 지휘를 받은 대부분의 한국군 사단들은 적에 압도되어 즉시 붕괴돼 무질서하게 산산조각이 났다. 11월 27일까지 200,000명의 중공군들과 그의 8군 사이에는 미국이 뽐내는 장갑차, 대포, 그리고 공군력의 우세에도 불구하고 효과적인 장벽이 거의 없었으며 미군과 유엔군들은 심각한 문제에 놓여있음이 워커 장군에 분명해 지기 시작했다. 같은 날 거대한 중공군들이 동쪽 구역 창진 저수지 근처에 있는 미 해병들과 보병에 공격을 가했다. 그리고 11월 27일 맥아더는 대규모의 중공군들이 북한에 투입되어 그들의 힘을 강화하고 있음을 처음으로 시인하였으며 "우리는 전혀 새로운 전쟁에 직면해 있다."고 선언을 했다.

비록 미국은 국내와 국외에서 신속히 그리고 대량의 무력증강을 시작했지만 한국에 있는 맥아더 군대들은 그 어떤 부대보다 대부분 잘 훈련받은 현역 사단들로 구성되어 있었다. 그러한 군대들의 파괴는 가장 중대한 국제적 반사와 함께 분명히 대참사가 될 것이다. 만일 미군들이 한국에서 멸망하면 그 다음 소련인들은 미국이 대체 병사들을 훈련시키고 대체 장비를 갖출 수 있기 전에 서유럽과 일본을 침략할 기회를 아주 잘 포착할지도 모른다.

12월 첫째 주 동안 워싱턴은 한국에 있는 미군과 유엔군들의 멸망은 정말로 가능하다고 생각을 하였으며 또한 이점을 가장 두려워하고 있었다. 그 결과 그들 군대의 안전이 미국의 군사정책을 결정하는 데 최고의 초점이 되었다. 깊은 숙고 끝에 워싱턴이 채택한 전략은 8군을 서울과 인천 근교의 방어선으로 철수시키는 것이며 그런 다음에는 중공군들이 38선 밑으로 후퇴하는 미군을 추적하지 않으리라고 희망하는 것이었다. X군단은 흥남근처 방어지대로 철수하며 그곳으로부터 서울에 있는 8군을 보강하기 위해 해로로 수송될 수 있도록 했다. 만일 중공군들이 서울-인천 교두보를 포위한다면 8군은 부산으로 후퇴하여 거기에서 새로운 방어선을 설치할 수 있을 것이다. 또한 만일 한국에서 그들의 위치를 유지하는 것이 불가능하면 미군과 유엔군들은 인천 교두보로부터 즉시 일본으로 철수할 수 있을 것이다.

1950년 12월 초부터 1951년 1월 중순까지 중공군을 저지하는 노력이 희망이 없어 보였기 때문에 미군, 유엔군, 그리고 한국군들을 가능한 한 빨리 그리고 사상자를 최소화하여 안전한 교두보 피난처로 철수시키는 것이 미국의 최우선 군사전략이었다. 중공군들이 미군과 유엔군들의 대피로에 격렬한 공세를 취할 수 있을 때인 12월 초에 최악의 전투가 벌어졌다. 그러나 일단 미군과 유엔군들이 중공군들의 함정을 그럭저럭 돌파하고 난 다음 기계화된 미군과 유엔군들이 공산군들보다 훨씬 더 빠르게 이동을 함으로써 비교적 지연행동에 교전할 필요가 거의 없었으므로 전투는 차츰 소멸해갔다.

서부지역 전선을 따라 미8군은 11월 28일 전면적인 후퇴를 시작했다. 한국군의 붕괴로 북쪽과 동쪽으로부터 맹렬한 중공군들의 공격에 노출되었던 우측 측면에서는 미제2사단이 서부해안에 가까이 있던 8군 사단들이 남쪽으로 이동하고 있는 동안 공산군들의 전진을 가로막는 임무를 수행했다. 11월 29일 2사단은 후퇴를 시작하라는 명령을 받았다. 다음날 오후 2사단은 적으로부터 불시의 매복공격을 받아 3,000명 이상의 사상자 피해를 입었으며 대부분의 장비를 잃었다. 흩어진 나머지 병력만이 가까스로 안전지대에 도착을 했다. 그러나 대부분의 8군은 빠른 속도로 후퇴를 하는 바람에 거의 손상을 입지 않고 남쪽으로 나아갈 수 있었다. 8군은 12월 5일 평양을 철수하여 38선을 향해 경주하듯 그들의 철수를 가속화했다.

동쪽에 있는 X군단 지역의 사태는 훨씬 더 참혹했다. 창진 저수지로부터 미 제1해병대 사단의 후퇴는 중공군 무리들의 혹심한 공격을 뚫고 전투를 하면서, 그리고 영하 30도 이하의 혹독한 '동장군(冬將軍: Winter General)'과 싸워가면서, 나폴레옹이 1812년 러시아를 침공했다가 추워 싸우지 못하고 모스크바로부터 후퇴했을 때처럼 행해졌다.

11월 27일 10,000여 명의 해병대원들은 창진 저수지 서쪽으로부터 북서쪽에 이르는 어두움과 눈으로 뒤덮인 좁은 길을 따라 전진을 시작했다. 그들은 중앙 산맥을 통과해 무평리 교차점에 이른 다음 거기로부터 압록강 근처에 있는 8군과 합세할 수 있었다. 그날 저녁 해병대들은 30,000명의 중공군들에 의해 공격을 받았다. 추가 해병대들은 창진 저수지로부터 홍남 교두보로 되돌아가는 오직 한 개의 도로를 따라 한 줄로 나아갔다. 그러나 약 50,000명의 중공군들은 그 도로를 따라 주요 지점을 위압하는 자세를 취하고 있었으며 또 다른 40,000명은 저수지 근처에 있었다.

저수지 서쪽에 있는 해병들은 12월 1일 깊이 얼어붙은 구불구불한 산길을 따라 적과 싸워가면서 나아가기 시작했다. 12월 3일 하가루에 이른 그들은 거기에서 중공군으로부터 강타당했던 7사단의 3개 대대 생존자들과 우연히 조우를 했다. 2,500명의 대대 병력 중 하가루에 도착한 병사들은 겨우 1,000명밖에 안 되었으며 그들 중 385명만이 몸을 쓸 수가 있었다. 그들이 대탈주를 하는 동안 700명 이상의 해병대원들이 사망하고 3,500명이 부상을 입었으며 수백 명이 심한 동상에 걸려 있었다. 한편 중공군들은 해병대 지상군들과의 싸움에서 약 15,000명이 그리고 또 다른 10,000명이 해병대 자체의 공중엄호에 의해 사망을 했다.

트루먼과 그의 조언자들은 미군과 유엔군들이 그들의 교두보에 도착 즉시 그리고 그 방어선이 견딜 수 있는지 없는지를 보고 기다릴 필요 없이 그들 모두를 한국으로부터 철수시킬 가능성을 신중히 고려했다. 그러나 그러한 방침은 거부되었다. 미국은 한국으로부터 손을 뗄 수 있을 뿐만 아니라 남한을 그들의 참담한 운명에 내버려 둘 수 있었지만 그러나 이와 같이 비열하고 불명예스러운 행위는 미국의 모든 동맹국들을 위태롭게 하고 아마도 결국에는 전 아시아를 공산주의자들 지배에 건네주게 될 것이다. 중국 국민당정부가 대만에서 피난정부를 세운 것과 똑같이 한국 남쪽 해안 밖에 있는 제주도에서 이승만 정부를 세우도록 하자는 이야기도 있었다. 그러나 그 아이디어 역시 최후 수단으로서의 여지만 남겨놓고 거절되었다.

한 가지만은 분명해 보였다. 이제 미국은 한국을 군사적 수단으로 통일시키겠다는 목표는 단호히 포기하지 않으면 안 될 것이다. 현 상태로 보아 미국과 유엔은 그 최대 군사적 목표를 이전의 상태로 복구하는 데 재정의하여야 할 것이다. 미국과 유엔은 정치적 수단에 의한 한국통일을 계속 주창하면서 제한된 목적을 위해 제한된 전력과 제한된 전략으로 싸울 것이다.

트루먼의 제한전 방침은 그러나 맥아더에게는 아주 질색이었다. 11월 30일 그는 합참에 중공군들은 유엔군들의 완전한 섬멸과 전 한국 확보를 그들의 목표로 삼고 있다고 알려주었다. 다시 말해 중국 인민공화국은 미국과 유엔을 한국으로부터 밀어내는 제한적인 목표를 위해 제한전쟁은 하지 않을 것이라는 말이다.

맥아더는 대규모의 지상군 증강과 무제한의 만주 폭격 허락을 원했다. 그는 그의 군대들이 75,000명의 미군과 유엔군들에 의해 보강되고 워싱턴이 장개석에게 50,000에서 60,000명의 자유 중국 군대를 한국에 보내도록 허락하기를 원했다. 맥아더는 만일 워싱턴이 그러한 요구들을 허락할 준비가 되어있지 않고 그리고 중국 공산군들이 38선에서 그들의 전진을 멈추려 하지 않는다면 미국은 당장 한국을 버려야 한다고 느꼈다. 미 합참은 맥아더에게 그가 이미 가지고 있는 군대들로 그럭저럭 해나가라고 통고를 했다. 중국 국민당 정부로부터의 그들 군대 한국 파견에 대해 합참은 만일 장개석이 한국에 군대를 보내면 그들보다 훨씬 능률적이며 가치가 있는 영국군들은 떠날 것이라며 맥아더의 제안에 반대를 했다.

맥아더는 합참이 그의 요구를 승인하지 않은 데 대해 격노했다. 그러나 그럼에도 불구하고 합참은 맥아더에게 한국 교두보를 사수하라고 명령했다. 그는 워싱턴에 대한 불만뿐만 아니라 이 중대한 때에 미국의 동맹국들이 과감히 행동하지 않고 제한만 하려 한다며 그들을 책망했다. 맥아더는 미국과 유엔이 한국전쟁에서 지면 그것은 그의 잘못이 아니라고 역사에 분명히 기록되기를 원했다.

트루먼은 맥아더의 패배주의적이고 책임전가적인 허튼 소리에 너무나 진저리가 나 12월 5일 그는 미군장교들과 외교관들에게 금후부터는 외교정책에 관한 모든 공개성명서 발표는 국무부를 거쳐 하라고 명령했다. 이는 맥아더가 워싱턴과 국무부를 무시하고 미국의 동맹국들을 공개적으로 비난했기 때문이었다.

이보다 앞서 맥아더가 미군, 유엔군, 그리고 한국군들이 '전혀 새로운 전쟁'에 돌입했다고 선언을 한 3일 후인 11월 30일 맥아더는 그의 기자회견에서 중국에 핵무기 사용 가능성을 처음으로 시사하였으며 그 사용을 진지하게 고려해 왔다고 기자들에게 말했다. 그러나 핵무기는 무시무시한 무기이기 때문에 그는 그것이 사용되는 것을 보고 싶지 않다고 말을 덧붙였다. 트루먼은 핵무기 사용을 진지하게 고려해 왔지만 적의 태도에 달려있는 것 같은 묘한 뉘앙스를 풍겼다.

트루먼의 11월 30일 기자회견 보도는 영국의회를 발칵 뒤집어 놓았으며 백 명의 의회의원들(그 중 많은 의원들은 클레멘트 애틀리

(Clement Attlee) 수상의 노동당 출신임)은 영국군들을 포함하여 다른 유엔군들을 지휘하고 있는 맥아더가 핵무기의 사용권을 가지고 있을지 모른다는 생각에 아연실색했다고 언명하는 편지에 서명을 하여 애틀리 수상에게 전달했다. 핵무기 사용은 확실히 워싱턴의 손에 달려 있지만 그들은 영국을 세계전쟁에 끌어넣을지도 모르는 결정에 거부권을 가져야 한다고 항의를 했다.

애틀리 수상은 즉시 트루먼에게 당장 워싱턴으로 날아가기를 원한다고 말을 했다. 트루먼은 즉석에서 애틀리의 제안을 수락한 다음 12월 4일 월요일에서 금요일까지 회의를 열기로 동의를 했다. 주요 주제는 한국전쟁에 관해서뿐만 아니라 영국과 미국 간의 현안관계에 관해서였다.

트루먼과 애틀리 간의 전체적인 회담 분위기는 온화하였으나 둘은 다소 긴장해 있었다. 애틀리는 미국은 한국에 대한 영국의 전적인 지원을 계속 받을 것이라고 트루먼을 안심시킨 다음 그는 미국인들처럼 영국인들도 전쟁이 끝나기를 열망하고 있다고 트루먼에게 말을 했다. 그는 이어 영국국민들은 중국과의 전면전을 몹시 피하려 하고 있다며 이전 상태로의 회복에 근거한 휴전을 받아드릴 용의가 있다고 덧붙였다. 애틀리가 영국 평계를 대며 중국과의 전쟁을 피하려는 이유는 북경과 우호관계를 맺기를 원했기 때문에, 중국이 차지하고 있는 홍콩의 안전을 염려했기 때문에, 그리고 중국과의 무역을 보호하고 발전시키기를 원했기 때문이었다. 이 같이 영국이 중국과의 전쟁을 피하려는 이유는 순전히 자기나라 잇속 때문이었으며 맥아더가 유엔국들이 이기적이고 근시안적이라고 비난한 것은 바로 이 같은 영국을 향해서였다.

애틀리는 계속하여 중국 인민공화국을 두둔하는 발언을 했다. 그는 1943년 11월 영국의 처칠 수상, 미국의 루즈벨트 대통령, 그리고 중국 국민당 당수 장개석이 이집트의 카이로에서 선언한 대로 대만은 중국에 돌려주어야 한다고 주장했다. 그러나 트루먼과 함께 자리를 했던 애치슨은 미국의 관점으로는 중국의 합법적 정부가 이미 대만을 차지하고 있다고 반박했다. 애틀리는 이때까지 중국은 소련을 진짜 적으로 그리고 미국을 진정한 친구로 여기고 있다고 생각해온 그의 오래된 이론을 완전히 포기했다. 애틀리는 그의 낡은 이론을 버리기는 했지만 중국이 대만을 차지해야 한다는 입장에는 변함이 없었다. 그러나 트루먼은 미국의 국내정책은 그에게 장개석과 절교를 하라고 허락지도 않았고 중국이 대만을 차지하거나 그의 유엔 좌석을 허가하지도 않았다고 실토를 했다.

그러나 애틀리와 트루먼은 중국과의 전면전을 피할 필요에 대해서는 완전한 합의를 보았다. 그 때문에 애틀리는 유엔의 다른 모든 동맹국과 함께 중국 영토에 대한 그 어떤 조치를 취하는 것을 단호히 반대하였으며 중국 비행기를 추적하여 만주 상공 안으로 들어가는 것을 승인하는 것도 거절했다. 이와 같이 애틀리는 미군의 작전 반경을 완전히 제한시켜 놓았다. 애틀리 수상의 극단적인 전쟁 억제 행위와 함께 유엔의 일원으로 한국전에 참가한 영국군들도 한국군들이 일으키는 모든 행동을 일일히 본국에 보고했다. 아니 보고를 한 게 아니라 차라리 고자질을 했다는 게 더 정확한 표현일 것 같다. 영국군들은 한국군들이 반항하는 적을 사살하고 공산주의 혐의자들을 총살하는 등 전쟁터에서 흔히 일어날 수 있는 사소한 이 모든 사건들을 죄다 영국 정부에 일러바쳤다. 그러나 그들은 북한군들이 죄 없는 많은 양민들을 처형하여 길에 버리고 우물에 처넣은 행위에 대해서는 입을 다물었다. 영국군들의 이러한 편파적인 행위는 그들이 한국에 누구를 위하여 싸우러 왔는지 분간 못할 정도였다. 뒤에도 나오지만 1951년 4월 트루먼이 맥아더를 유엔군 사령관 직에서 해임시킬 때 트루먼에게 맥아더를 해임하라고 적극적으로 종용한 사람의 하나도 바로 영국의 애틀리 수상이었다.

원자폭탄 사용에 관해서는 트루먼은 미군과 유엔군들의 파멸을 막는 다른 방법이 있다면 원폭을 사용할 의도는 없다고 애틀리에게 분명히 했다. 영국수상은 트루먼이 맨 먼저 영국 정부와 상의 없이 핵공격을 허락지 않겠다는 조건으로 트루먼의 원폭 사용 방침을 마지못해 받아들였다.

공화당원들은 트루먼이 애틀리에게 미국의 원폭사용에 거부권을 주었다고 비아냥거렸다. 영국은 원자폭탄 사용 전이라도 유엔군 사령부로부터 그 자신을 분리시킬 수 있는 선택과 미국이 영국의 후원 없이는 원자폭탄을 사용 못하도록 해놓았기 때문에 미국은 한국에 있는 미군과 유엔군들의 완전파괴를 방지하는 데 외에는 원폭을 사용할 수 없게 되었다.

1950년 12월 중순 이후부터 한국전쟁 방향은 미국과 중국 인민공화국이 명예롭게 교전을 중지할 수 있는 타협점을 모색하기 위한 필요에 의해 완전히 조절되었다. 양측은 당연히 상호위신을 높이고 그들의 도움을 받는 한국의 안전을 보증할 조건에서 전쟁을 끝내기를 원했다. 그러므로 양측은 이제 협상위치를 강화시키기 위한 방향으로 군사적 그리고 외교적 공세를 펴나갔다. 극단적 해결 논점은 더 이상 없었다. 미국과 유엔은 무력으로 한국을 통일시킬 수 없음을 인정하였으며 가장 마음 내키지는 않지만 북한정권이 계속 존속하는 것도 용인하지 않을 수 없었다. 한편 중국 공산주의자들도 그들은 미국과 유엔을 한국으로부터 쫓아낼 수 없음을 인정했다. 양측이 가장 희망하는 것은 미미한 이득으로 이전 상태에 가까운 균형을 유지하는 것이었다. 결국 반공주의자들은 공산주의자들보다 소폭으로 조금 강함을 증명하였으며 최후의 휴전협정에서 약간의 유리한 조건을 확보할 수 있다고 예상했다.

중공군들의 미군 및 유엔군들의 절박한 파괴 위협은 12월 8일까지 완화되었다. 그러나 소련이 부추기는 세계전쟁의 불길한 위협이 그 어느 때보다 커져가고 있는 것 같았다. 이에 대비하기 위해 미국은 그 무력 규모를 배로 늘렸으며 미 합참은 추가로 18개의 지상군 사단과 400척의 주요 해군전함 및 95개의 공군비행 연대를 트루먼 정부에 요구했다. 그러나 미국의 이러한 군사력 증강은 한국을 목표로 하는 것이 아니라 서부유럽을 방어하는 데에 배치하기 위함이었다. 애틀리는 트루먼과의 회담에서 미국이 곧 나토(NATO) 사령부에 상당한 숫자의 미군을 배당하고 그러한 군대들을 유럽에 주둔시켜야 한다고 트루먼에게 강조하였으며 트루먼은 애틀리에게 그렇게 하겠다고 동의를 했다. 그러니까 애틀리는 트루먼의 관심을 한국으로부터 유럽으로 돌려놓는 데 성공을 한 것이다. 러시아 인들은 그들의 괴뢰군인 중공군들을 자유국가들을 상대로 싸우는 전투에 던져 넣었으며 그들은 그들이 원하는 것을 얻기 위해 전 세계를 전면전, 즉 3차 대전 직전으로 밀어붙이려 하고 있었다. 이와 같은 전 세계 비상사태에 대비해 트루먼은 계속하여 군사력을 증가시켰으며 미국은 되도록 신속히 그 군대를 350만으로 증가시키기로 했다.

문제의 중점은 반공유럽과 반공아시아 중 미국의 안보와 복리에 어느 쪽이 더 중요한가였다. 맥아더 장군과 죠셉 매카시(Joseph McCarthy) 및 로벗 태프트(Robert Taft) 상원위원들에게 그들의 충성을 부여한 공화당원들은 거대한 미래발전은 아시아에 있을 것이며 아시아에서의 미국의 영향력은 결국 유럽과 미국의 관계 속박보다 훨씬 더 가치가 있을 것이라고 느꼈다. 그들이 보기에는 유럽은 죄 많은 구세계이고 그들의 방식에 굳어있으며 미국의 제안에 따르지도 않고 미국의 도움에 고마워 하지도 않는 지역이었다.

한편 공화당의 극단론자들은 트루먼 행정부가 맥아더에게 치명적인 제약을 과하고 유럽에 대규모의 미군들을 파견하기로 결정한데 대해 대단히 격노했다. 그들은 이 모든 이면에는 맥아더의 전쟁 확대와 한국에 병력 증강을 한사코 반대해온 가장 음험한 알랑쇠 애치슨이 있음에 틀림없다고 믿었다. 맥아더의 해임을 트루먼에게 제안한 사람도 애치슨이고 보면 전적으로 맥아더를 후원하는 공화당 위원들이 그에 대해 벌이는 소동은 충분히 이해할 만했다. 공산주의자들이 중국의 지배를 획득하도록 책동해온 애치슨은 한국에서 미국의 군사력에 정신적 패배를 가할 기회를 그들에게 주고 있었으며 애치슨의 이 같은 음모에 대해 그의 해임을 요구하는 아우성이 고조에 달해 있었다.

# 릿지웨이 장군(General Matthew Ridgway)의 새로운 유엔군 지휘

한국의 상황은 점차 안정되어 갔다. 트루먼이 전국 비상사태를 선포한 1950년 12월 15일, 8군은 공산군들이 38선에 도착하면 거기에서 멈추기를 희망하면서 38선 밑으로 후퇴를 했다. 11월 25일 이후 3주 동안 워커 장군 군대들은 약 13,000의 사상자 피해를 입었다. 이는 지극히 통탄할만한 손실이었다. 그러나 미국의 안보를 위험케 할 만한 것은 아니었다. 군대들의 사기는 8군이 서울-인천 방어선으로 계속 후퇴를 하면서 가장 심각한 문제가 되었다. 왜냐하면 미군들은 중공군들의 개입과 그들의 압도적인 우세로 기가 죽어있었기 때문이다.

북한 동부지역에서는 흥남철수가 크리스마스 전날에 완성되었다. 연속 2주에 걸쳐 비행대와 함대들이 어마어마한 숫자의 민간인들과 엄청난 양의 군사장비를 안전하게 수송했다. 105,000명의 미군과 남한군들, 기타 군 인사와 직원, 그리고 17,000대 이상의 차량들 및 수십만 톤의 공급품들이 남한의 안전지대로 옮겨졌다. 채 운반하지 못하고 뒤에 남겨져 있는 막대한 양의 비축품을 적에게 주지 않기 위해 미 공병단의 폭파전문가들은 최후의 미국 배가 출발하자마자 흥남항 일대를 완전히 폭파하여 모든 비축품들을 잿더미로 만들었다.

12월 말경 한국에서 미군과 유엔군들에 대한 맥아더의 전술적 통제를 감소시키는 비운들이 워싱턴에 제공되었다. 이는 실제로 맥아더를 그의 사령관직에서 해임시키는 것과 조금도 다를 바가 없었다. 12월 23일에는 2차 대전 영웅인 조지 패튼과 똑같이 스피드광으로 소문난 워커 장군이 그가 타고 있던 지프차가 한 한국군이 모는 트럭을 들이받아 즉석에서 사망을 했다. 워커 장군 사망즉시 작전 및 행정담당 육군 부참모장으로 워싱턴에 주재했던 그리고 2차 세계대전시 뛰어난 낙하산 부대 사령관이었던 리지웨이 장군은 현재 X군단에 통합된 8군 사령관으로 즉시 워커를 대신하라는 명령을 받았다. 이와 같이 리지웨이는 한국에 있는 전 미군 및 유엔군들과 한국군들의 총지휘를 맡게 되었다. 고대 스토아학파답게 모든 덕목을 지닌 사람으로 고도의 지능과 교양을 겸비한 리지웨이는 워싱턴과 맥아더로부터 지지와 신임을 받고 있었기 때문에 8군 사령관직에 가장 이상적인, 선택된 사람이었다. 미국의 최고사령관인 트루먼 대통령은 실제로 이미 수개월 전에 워커 대신으로 릿지웨이를 8군 사령관으로 내정하여 대기시켜 놓았다. 맥아더가 리지웨이를 얼마나 신임했는지는 12월 26일 도쿄에 도착한 그에게, "매트(Mattew의 애칭), 8군은 이제 자네 것이네. 자네가 최상이라고 생각하는 것을 실천해보게."라고 말한데서 잘 나타나 있었다. 새 사령관은 미국과 유엔이 한국으로부터 철수하지 않도록 또한 미국과 유엔의 교섭 위치를 강화시키는 적절한 전술로 그의 군대들이 공산군들에게 패배를 입힐 수 있도록 할 자신을 가지고 있었다.

릿지웨이가 한국에 도착했을 때 그의 군대들은 바로 38선 밑의 한 전선을 지키고 있었다. 수주일 동안 공산군들의 활동은 거의 없었다. 그러나 특히 주은래가 12월 22일 중공군들은 미군과 유엔군들을 한국으로부터 밀어낼 것이라고 호언장담한 이래 중공군들의 주요공세가 언제 시작될지 예상할 수가 없었다. 그러나 마침내 이러한 공세는 중공군들이 거대한 병력으로 몇 개의 한국군 사단들을 급습한 새해

전야에 시작되었다. 중공군들은 공세를 취할 때에는 거의 언제나 만만한 한국군 부대부터 강타를 했다. 한국군 부대들이 적의 공격을 받고 공포에 차 붕괴되었을 때 8군은 릿지웨이가 오직 두 개의 부교로 남쪽 제방을 연결하는 서울근교 한강 북쪽에 준비해 놓은 강력한 방어지점으로 후퇴하지 않을 수 없었다.

1951년 1월 4일 릿지웨이는 그의 군대들이 그 지점마저 사수할 능력이 없음을 깨닫고 서울과 극히 중대한 보급기지인 인천을 철수하기로 결정을 했다. 한강 북쪽둑 옹색한 교두보에 빽빽이 차 있는 10만여 명의 유엔군과 한국군들은 그들의 무거운 장비와 함께 임시로 가설된 부교를 건널 준비를 하고 있었다. 그러나 무엇보다도 공포에 차 허둥대는 수만 명의 피난민들이 다리를 가득 메워 유엔군들의 후퇴를 막지 않을지 몰라 가장 우려가 되었다.

미군 헌병들이 다리로 몰려드는 피난민들을 총으로 위협하여 제지하는 동안 8군은 거대한 탱크들을 포함하여 거의 모든 군대들과 장비를 안전하게 부교위로 도하시켰다. 거대한 장비와 탱크들이 도하하는 동안 그들의 무게로 다리들이 강한 한강의 조류 속으로 깊이 잠겨 위태로웠다.

공산군들의 보급로가 지나치게 길게 뻗어있었기 때문에 다음날까지 그들의 공세는 그 탄력을 잃은 것처럼 보였다. 한강을 건넌 8군은 서울에서 남쪽으로 약 40마일, 그리고 1950년 7월 5일 스미스 특수부대가 북한군들과 최초로 접전했던 오산 밑 몇 마일 지점에 있는 평택에 안전한 방어선을 구축했다. 8군은 11월 25일 그가 유지했던 전진지점으로부터 275마일을 후퇴함으로써 미군 역사상 가장 긴 후퇴를 수행하게 되었다. 전쟁 잔여기간 동안 미군, 유엔군, 그리고 한국 군들은 평택으로부터 더 이상 남쪽으로 밀려나지 않았다. 그리고 릿 지웨이 장군의 8군이 1월 4일 남으로 후퇴했을 때 이승만 정부도 서울을 철수하였으며 미군과 이승만이 서울을 철수한 이날을 가리켜 1·4후퇴라고 부르게 되었다.

릿지웨이가 최우선으로 정한 목표는 그의 부하들에게 자신감과 전투정신을 회복시켜 주는 것이었다. 그는 기초부터 시작했다. 전 전선에서 들은 불평에 대한 응답으로 그는 그의 보급 부대원들 에게 더욱 좋은 음식을 제공하고, 그러한 음식이 충분히 있음을 확인하고, 그리고 그러한 음식이 더운 상태에서 제공되는지를 감시하라고 명령했다. 그는 그의 부하들이 혹독한 한국 겨울날씨를 위해 따뜻한 의복을 받고 있는지는 물론, 심지어 그들이 집에 편지를 쓸 때 충분한 문구를 공급받고 있는지도 확실히 했다. 이뿐만 아니라 릿지웨이는 육군 이동외과 병원(The Mobile Army Surgical Hospitals: MASH)을 개설할 조치를 취했다. 이러한 이동외과 병원은 야전에서 그 어떤 군대도 일찍이 가져보지 못한 훌륭한 의료 및 외과수술 간이병원이었으며 미국에서 아주 오랫동안 텔레비전을 통해 방영된 인기 드라마, 매시(MASH)도 릿지웨이 장군이 설치한 육군 야전병원을 배경으로 각색되었다.

그의 부하들에게 신뢰감과 자신감을 제공하는 것이 릿지웨이의 지휘철학에 중심을 이루었다. 그는 만일 그의 군대들이 전체적인 군대 효과와 타당함, 그리고 그들의 역할과 복지에 신뢰를 할 수 있게 하면 그들은 더 잘 싸울 것이라고 느꼈다. 그 때문에 그는 그의 군대들에 대한 급진적인 총 점검에 착수했다. 그는 패배주의에 젖어 있거나 무능하다고 의심이 되는 장교들을 다른 장교들과 과감히 교체했다. 그는 정찰과 정보수집 개선에 역점을 두어 그의 군대들이 저 먼 북쪽에서 적의 함정에 걸린 것과 같은 함정으로 더 이상 보내지지 않을 것이라는 자신을 가질 수 있게 했다. 릿지웨이는 또한 상호조정과 상호협조와 그리고 상호전달을 강조했다. 그리고 그는 그의 부하들을 적의 움직임에 따라 최대의 유연성과 능률을 발휘하도록 집중적으로 훈련을 시켰다. 1월 17일 맥아더는 미 합참 동료들에게 다음과 같은 전문을 보냈다. "8군은 이제 훌륭한 진용을 갖추었으며 릿지웨이의 지도 아래 나날이 개선되고 있다. 전반적으로 볼 때 8군은 대대적인 적의 공격을 호되게 응징할 준비가 되어있다."

릿지웨이는 싸울 준비를 했다. 회복을 찾은 그의 군대들은 최서부지역을 책임지고 있는 8군과 함께 반도를 가로질러 뻗어있는 구부러진 선을 따라 X군단은 중부에, 그리고 한국군들은 동쪽해안을 따라 산악지대에 잘 배치되어 있었다. 1월 15일 릿지웨이는 '이리 사냥개' 작전을 개시했다. 그러나 더 먼 동쪽 X군단 반대편에 배치돼있던 거대한 적군들은 치열한 반격을 가하였으며 X군단은 그 다음날 피비린내 나는 전투에서 원주시를 잃었다. 공산군들이 보다 유리한 전술적 위치로 퇴각함으로써 대부분의 전선을 따라 적군들 사이에 틈이 생겼다.

1월 25일 미군과 유엔군, 그리고 한국군들은 2개월 만에 처음으로 공세를 계속했다. 그들은 서쪽지역의 한강을 향해 북진하면서 '번개 작전'을 시작했다. 최초 8군은 거의 저항을 받지 않고 앞으로 전진했으나 6일 후 중공군의 저항은 상당히 강화되었다. 격렬한 박격포와 포화는 유엔군들의 전진을 몹시 더디게 하였으며 이러한 지연은 2월 9일 서쪽해안의 중공군들이 갑자기 공격을 늦추고 철수할 때까지 계속되었다.

공산군들은 인천으로부터 철수시킨 그들의 병력을 2월 11일과 12일 밤 횡성근처 X군단 전방에 있던 취약한 한국군들을 향해 또다시 쏟아부었다. 2월 19일 미군과 유엔군들은 횡성을 포기하고 원주로 철수했다. 그러나 전체적으로 보아 릿지웨이의 훈련은 성과를 거두었다. 11월 하순 큰 타격을 입은 이래 재건을 해온 미 제2사단을 포함하여 미군과 유엔군들은 용감히 그리고 훌륭히 싸웠다.

2월 18일까지 공산군의 공세는 대부분의 에너지를 다써버렸다. 릿지웨이는 즉시 주도권을 잡고 중공군들이 가장 의기소침해 있는 동안 공격을 하라고 X군단에 명령을 했다. 그들은 음식과 탄약 공급을 받지 못해 얼어붙은 시골로 다니며 먹을 것을 찾아 다녔으나 음식을 징발할 수가 없었다. 이뿐만 아니라 심한 동상과 유행성 발진티푸스에 걸려 고통을 받고 있는 그들은 미군과 유엔 지상군과 공중공격에 의해 심한 상처를 입고 접전선으로부터 황급히 철수하는 바람에 상당한 양의 장비를 포기하지 않을 수 없었다.

릿지웨이는 적의 추격 작전을 '사살작전'이라고 이름을 붙였다. 그의 근본적 목표는 작전암호명에서 공언했듯이 가능한 한 많은 공산군들을 죽이는 것이었다. 그러나 사살작전 진행에 공산군들의 화력보다 더욱 심각한 장애가 되었던 것은 불순한 산중날씨였다. 이른 봄 해빙과 함께 억수같이 내린 비로 산악지대에 있는 개울에 갑자기 물이 불어나 지상에서 전진을 더디게 하였으며 지상군들은 산중에 깔려있는 짙은 안개와 뿌연 운무가 시계를 방해해 공중지원도 받을 수가 없었다. 중공군들은 지연작전을 폈으나 2월 28일까지 한강 남쪽에서의 적의 모든 저항은 붕괴되었다.

오직 한강의 홍수만이 미군과 유엔군들의 전진을 지연시켰으며 3월 8일 릿지웨이는 '빠른 돌진 작전'을 다시 개시했다. 전쟁이 일어난 이래 가장 강력한 집중포화로 공산군들을 두드려 부순 다음 서쪽의 8군은 서울근처 한강을 건너 3월 14일 밤 거의 폐허가 된 서울시를 점령했다. 중부전선에 있는 X군단은 주요 접합점과 춘천에 있는 적의 병참부를 향해 북쪽으로 밀고 나아갔으며 진격 도중 중공군에게 수만 명의 사상자 피해를 입었다.

## 맥아더 해임

1951년 1월 릿지웨이 장군이 전투의 흐름을 바꾸어 놓기 위해 준비를 하는 동안 워싱턴은 한국에 대한 평화협상 대가로 유엔자리나 대만을 중국에 주지 않기로 하기 위한 확고한 조치를 취하고 있었다. 그달 중순 중국 공산주의 정부는 7개국(중국 인민공화국, 소련, 미국, 영국, 프랑스, 인도 및 이집트) 회의가 한국으로부터의 모든 외국군 철수, 중국 인민공화국의 유엔 좌석 수용, 그리고 대만의 운명 등을 논의하기 위해 소집되는 대로 임시휴전에 동의하겠다고 유엔에 통고했다. 일단 이러한 문제들이 만족스럽게 해결되면 한국전쟁 휴전은 영구적이 될 것이며 문제 해결을 위한 세부사항이 협상될 수 있었다.

당연히 미국은 이 제의를 즉석에서 거부했다.

　1월 19일 미 하원은 거의 만장일치 구두투표로 유엔이 중공의 한국 개입을 방어행동으로 봐주기보다는 침략행위로 비난하기를 요구하는 결의안을 채택했다. 4일 후 상원도 91대0의 투표에 의해 하원이 채택했던 결의안과 비슷한 결의안을 통과시켰다. 이러한 조치들을 취한 이유는 중국 인민공화국이 공식적으로 침략자로 낙인찍히면 중공은 평화 애호국가들로 구성되어 있는 유엔 집단에 입장허가를 받을 수가 없기 때문이었다. 비록 어떤 나라도 공동발기 후원의 위험을 떠맡으려 하지 않았지만 미국은 망설이지 않고 유엔총회 첫 위원회에 중국 인민공화국을 침략자로 비난하고 한국으로부터 그의 군대들의 즉각 철수를 요구하는 결의안 초안을 제출했다.

　중국 공산주의자들은 29일 만일 유엔이 그들을 침략자로 고발하면 그들은 한국의 협상평화를 위한 모든 장래 초청을 거절하겠다고 유엔에 경고를 했다. 그럼에도 불구하고 2월 1일 유엔 총회는 9개국의 기권과 37대7의 투표로 미국의 결의안을 채택했다.

　한국에서 릿지웨이 군대들이 전진을 하고 있는 동안 뒤에서는 외교적 해결방안이 모색되고 있었다. 3월 15일 서울 재탈환과 함께 트루먼은 북경과 해결을 볼 새로운 시도에 형편이 알맞은 때라고 느꼈다. 이제 미국과 유엔은 38선을 넘어 북쪽으로 공산군들을 추적할 위치를 곧 맞이하게 될 것이다. 그러나 그들의 군대들은 38선을 넘어 하찮은 전술적 공격은 할 수 있지만, 만일 북경이 새로운 협상 요청을 거부하지 않으면 그들은 대거 북한으로 들어가서는 안 되었다. 결과야 어떻든 트루먼은 어떻게 해서라도 미국 유권자들에게 극도로 인기가 없는 한국전쟁을 하루속히 끝내고 싶어했다.

맥아더는 트루먼 대통령에게 그는 한국 통일을 위한 그의 임무달성에 못 미치는 그 어떤 전쟁종결도 반대한다고 말을 했다. 그러나 애치슨은 이번에도 한국을 통일시키는 것은 그의 임무가 아니라고 맥아더에게 반박했다. 맥아더는 그 스스로 행동을 취하기로 결심을 하고 3월 24일 만일 중공군들이 한국에서 그들의 군대를 즉시 철수시키지 않고 한국의 통일을 허락하지 않으면 강제로 중국을 무릎 꿇게 하겠다고 협박하는 최후통첩을 발표했다. 이 목적을 위해 맥아더는 24시간 연속 적의 공급선에 대대적인 공중 및 함포사격을 가하였으며 병참선의 전방에 있는 중공군들은 미군의 집중적인 공습으로 모든 필수품들이 부족하여 더 이상 효과적으로 싸움을 하는 데 필요한 힘과 탄약이 없었다. 미군과 유엔군들은 그 상황을 최대한으로 이용했다.

맥아더는 한걸음 더 나아가 북한의 양쪽해안 위 끝에 수륙양용 상륙 및 공수부대를 동시에 투하시켜 거대한 함정을 파놓는 대규모 작전을 전개하겠다고 했다. 그러면 중공군들은 곧 아사하거나 항복을 할 것이며 음식과 탄약이 없는 그들은 희망을 잃게 될 것이라고 덧붙였다.

트루먼은 맥아더 장군이 전면적인 전쟁을 감행할 준비를 하고 있으며 마침내는 세계전쟁을 유발시키려 하고 있다고 비난했다. 맥아더는 3월 24일 그의 성명서를 발표했을 때 해임을 각오하고 있었으며 해임이 되더라도 아무것도 잃을 게 없다고 생각했다. 군인으로서 뛰어난 경력을 가진 그는 현역임무로부터 은퇴도 가까워 오고 있었다(미국의 5성 장군은 법에 의해 일생동안 부르면 응할 수 있는 대기상태에 있지만). 트루먼은 맥아더의 3월 24일 성명서를 읽은 후 되도록 속히 맥아더 장군을 해임하기로 결정했다. 그러나 중국과 해결을 위한 그의 새로운 시도가 아직 계류 중이었기 때문에 맥아더를 해임하지 않았다.

트루먼은 무엇보다도 정치적인 이유로 맥아더를 해임시키기를 원했다. 그러나 합참은 그를 보다 온건한 사령관으로 대체시키기 위한, 그들 나름대로의 긴급한 군사적인 이유를 가지고 있었다. 그들은 공산주의자들이 강력한 새로운 공세를 위해 북한에서 무력을 증강하고 있음을 알고 있었다. 그리고 그들은 그동안 전쟁의 가장 큰 위기로 증명될지도 모르는 것에 맥아더가 사려 깊게 대응을 하리라고 기대할 수가 없었다.

맥아더 자신도 다가올 공세를 잘 알고 있었다. 3월 7일 이미 그는 공산주의자들이 춘계 대군사작전을 준비하고 있다고 발표를 하였으며 그는 그 절박한 일격에 최후로 미국과 유엔 동맹국들이 그가 성을 내고 있는 제한을 제거하기를 희망했다. 3월 초까지 공산주의자들과 유엔 동맹국들은 다 같이 릿지웨이 장군 군대들이 다시 한 번 38선을 넘을 충분한 위치에 있을 것임을 확인했다. 공산주의자들은 미국과 유엔은 처음 38선을 넘을 때보다 더욱 단호히 한국을 무력으로 통일시키기 위한 시도를 할 것이라고 내다봤다.

그에 따라 한국군 제1군단이 3월 27일 최초로 동쪽해안 근처의 북한으로 진입하였으며 그로부터 4일 후 최초의 미군들이 서울 북쪽의 38선을 넘었다. 4월 5일 릿지웨이는 '울퉁불퉁 작전'을 시작하였으며 그 작전 목표는 38선 뒤로 대략 20마일 지점에 지형상으로 바람직한 선을 구축하는 것이었다.

한편 맥아더의 운명은 한발한발 다가오고 있었다. 트루먼이 맥아더 해임을 의논했던 네 사람들, 즉 딘 애치슨 국무장관, 애버럴 해리만 (Averell Harriman) 국가안보 보좌관, 조지 마셜(George Marshall) 국방장관, 그리고 오마 브래들리(Omar Bradley) 합참의장은 4월 11일 회의를 다시 열어 맥아더를 그의 모든 지휘권으로부터 해임하는데 의심의 여지나 유보가 없다고 트루먼에게 말했다. 그리고 그들은 맥아더 후임자 문제를 의논했다. 마셜과 브래들리, 그리고 콜린스 (General J. Lawton Collins: 육군참모장)는 릿지웨이를 맥아더 대신 동맹국 최고사령관, 극동군 최고사령관 , 그리고 유엔군 총 사령관으로 추천하기로 결정을 했다. 트루먼은 이들의 결정을 기뻐했다. 그리고 밴 플리트 중장(Lietenant General James A. Van Fleet)이 8군 사령관으로 릿지웨이의 뒤를 이을 것이다.

그로부터 몇 분 내에 백악관 발표문이 도쿄시간으로 4월 11일 오후 도쿄에 도착했다. 그리고 3시 반에 다시 한 번 뉴스 속보로 맥아더 해임이 방영되었다. 이때 맥아더는 집에서 미국으로부터 온 손님들을 점심에 초대하고 있었다. 그러나 그의 보좌관 중 한사람이 사령부에서 뉴스 방송을 듣고 즉시 장군 집으로 전화를 했다. 진(Jean) 맥아더 부인은 전화를 받고나서 그녀 앞에 벼락이 떨어진 것처럼 깜짝 놀랐다. 맥아더 부인이 그녀의 남편에게 말을 했을 때, 맥아더는 아주 침착하게 그 뉴스를 받아들였다.

4월 11일 저녁 트루먼은 전국에 라디오와 텔레비전을 통한 방송연설에서 그가 왜 맥아더를 해임했는지 설명을 했다. 이해하기 어려운 그의 연설은 효과가 없었다. 트루먼은 그의 연설에서 미국의 한국 연루는 세계 전쟁을 방지하는 것이라고 했다. 그러나 맥아더 장군이 그 정책에 동의를 하지 않았기 때문에 해임을 했다고 침착하게 말을 했다. 그것은 사실이었다. 그러나 미국 역사상 가장 위대한 장군 중의 장군의 면직을 미국 국민들에게 정당화시키기에는 설득력이 부족했다.

트루먼에 대한 미국 국민들의 격노는 거칠고 요란했다. 전국의 많은 도시에서 트루먼 대통령의 형상을 만들어 불에 태우거나 목을 매달았다. 그리고 미국의 성조기를 깃대에서 반으로 내려 걸었다. 미국의 온 국민들이 슬픔을 당했다는 표시였다. 트루먼이 맥아더 해임을 발표한 최초 12일간 백악관이 접수한 27,363통의 편지와 전문 중 95퍼센트 이상이 트루먼을 격렬히 비난했다. 그 후 백악관에 접수된 60,000개의 메시지도 20대1의 비율로 맥아더를 지지하였으며 그 후부터 백악관의 우편물실은 메시지 숫자 세기를 중단했다. 전국적으로 실시한 여론조사에서 역시 67퍼센트가 맥아더를 옹호한 반면 겨우 29퍼센트만이 대통령을 방어하고 있음이 드러났다.

1937년 이래 처음으로 맥아더가 미국으로 돌아오자 미국은 히스테리에 걸린 것 같은 열광에 빠졌다. 4월 17일 샌프란시스코에서 열광적인 환영을 받은 후 맥아더 장군은 상-하 양원합동 회의에서 연설을 하기 위해 워싱턴으로 향했다. 맥아더가 4월 19일 하원실로 입장했을 때 몇몇 민주당 의원을 빼놓고는 회의에 참석한 거의 모든 의회위원들과 방문객들은 자리에서 일어나 맥아더에게 열렬한 박수갈채를 보냈다.

맥아더는 미국의 태평양 방어선에 관한 감시를 포함해 전반적인 극동 상황을 평가하는 데 그의 연설의 반을 할애했다. 그 다음 그는 한국의 통일을 위해 총력을 다해야 함을 거듭 강조했다. 그는 "전쟁에는 승리를 대신할 만한 것이 없습니다. 다양한 이유를 대며 붉은 중국을 달래려는 사람들도 있습니다. 그들은 분명한 역사적 교훈에 눈이 멀어있습니다. 왜냐하면 역사는 양보와 달램은 새롭고 잔혹한 전쟁만을 초래한다고 명백히 가르치고 있기 때문입니다." 이렇게 그의 연설을 종결지은 다음 맥아더 장군은 눈에 이슬을 머금고 다음과 같은 유명한 말을 남기며 그의 25년간의 군대인생을 마쳤다. "본인은 이제 본인의 군대인생을 모두 끝내려 합니다. 그러나 노병은 죽지 않고 사라질 뿐입니다.(An old soldier never dies, but he just fades away)"

34분간에 걸린 맥아더의 연설은 우레와 같은 박수갈채에 의해 30번이나 중단되었다. 맥아더가 연설 도중 대부분의 의회의원들도 맥아더의 연설에 감동되어 눈물을 흘리며 그의 떠남을 슬퍼했다. 하버드(Harvard), 옥스퍼드(Oxford) 그리고 독일의 하이델베르크(Heidelberg)에서 교육을 받은 미주리(Missouri) 출신의 듀이 쇼트(Dewey Short) 의원은 "감동에 젖어 우리는 오늘 신이 말하는 소리를 들었다. 신은 신성하였으며 그 목소리는 분명 신의 목소리였다."고 맥아더의 연설을 신의 목소리에 비유하며 그를 극찬했다.

다음날 맥아더는 뉴욕시 역사상 가장 호화스럽고 그리고 가장 열광적인 환영을 받았다. 그의 화려한 행렬이 배터리(Battery)로부터 성 패트릭 대성당(St. Patrick's Cathedral)을 되돌아오는 19마일 길을 행진하는 데 무려 7시간 이상이 걸렸으며 맥아더는 무개차에서 양쪽 길가에 늘어서 있는 수많은 환호군중에 손을 흔들며 줄곧 서있었다. 뉴욕시 인구의 거의 반인 750만 명의 시민들이 박해받은 영웅에게 경의를 표하기 위해 뉴욕시로 몰려들었다. 이는 1945년 2차 대전 승리의 영웅인 아이젠하워를 환영하기 위해 모여든 숫자보다 두 배나 많은 것이었다. 어떤 사람들은 맥아더를 향해 성호를 그었으며 길가에서 졸도하는 사람들도 적지 않았다. 뉴욕시는 높은 빌딩 위에서 그리고 거리에서 사람들이 던지는 가지각색의 환영카드와 신문들로 장식되어 앞을 볼 수가 없었다. 뉴욕시 위생 부서는 맥아더의 환영행렬이 끝난 후 수거한 물건들이 3,249톤에 달했다고 보고를 했다.

맥아더 해임으로 트루먼의 인기는 곤두박질하였으며 그의 인기 하락으로 대통령 선거에 재도전하는 것도 포기했다. 그 누구보다도 맥아더의 해임에 의해 가장 큰 심적 타격을 받은 사람은 남한의 이승만 대통령이었다. 그는 한국을 통일시켜 주기를 기대했던 위대한 영웅을 잃음으로써 멸공으로 남북통일을 성취하려던 그의 꿈이 요원해졌기 때문이었다.

## 교착 상태

1951년 4월 중순 전선은 매우 유동적이었다. 그 당시 전투는 주로 소위 '철의 삼각지대'로 알려진 기슭 북쪽으로 미군과 유엔군들이 조금씩 조금씩 전진하고 있던 반도중앙에 집중되어 있었다. 철의 삼각지대는 북쪽 꼭대기에 있는 평강읍, 남서쪽 부분 모서리에 있는 철원, 그리고 남동쪽 끝에 있는 금화 사이로 뻗어있는 가파른 언덕에 의해 모든 방면이 보호받고 있는 약50평방마일 수준 지역에 걸쳐 있었다.

공산군들이 육중하게 요새화된 철의 삼각지대를 사수하고 있는 한 그들은 이 지대를 동쪽 또는 서쪽 전선 지역으로 대량의 군대들을 급파할 수 있는 안전지대로 사용할 수가 있었다. 더욱이 철의 삼각지대와 만주 사이에 있는 도로와 철도 연결에 의해 이들 군대들은 충분한 공급을 받을 수가 있었다.

미군과 유엔군들의 전진 진보는 지휘권 전환으로 속도가 늦춰지지 않았다. 밴 플리트 장군은 4월 14일 8군의 전술 지휘권을 떠맡았다. 그러나 릿지웨이 장군은 아직도 도쿄로부터 전쟁 진로를 지시하는 데 매우 적극적인 역할을 하고 있었다. 4월 중순 8군이 북쪽으로 이동했을 때 8군은 비교적 이렇다 할 저항에 부딪치지 않았다. 왜냐하면 중공군들은 그들이 오랫동안 예기해왔던 공세를 위해 더 먼 북쪽에서 거대한 군대들과 장비를 축적하고 있는 동안 단순한 지연 전투만을 벌였기 때문이었다. 중공군들이 준비하고 있는 공세는 전체 전쟁 중 가장 강렬한 공세로 온 전력을 기울인 이 시도는 유엔군들에게 기절을 시키는 패배를 가해 미국이 공산주의자들에게 결정적으로 유리한 조건을 받아들이도록 하는 것이었다.

이때 한국에 있는 중공군들도 그들의 지휘권을 바꿨다. 그들의 모험을 확실히 성공시키기 위해 북경은 경험이 풍부한 팽덕회 장군을 중국 인민지원군 총 지휘자로 임명했다. 북한의 최고 사령부와 같이 팽덕회도 평양 주재 소련 대사인 테렌티 스티코프(Terenty Shtykov) 장군 밑에 있는 러시아 군사 막료들로부터 명령과 지침을 받았다. 그들이 춘계 대공세를 개시할 준비를 할 때까지 북한에는 총 700,000명의 중공군들이 있었다. 이들 숫자에 비해 미군과 유엔군 그리고 한국군의 지상군 병력은 대략 420,000만이었으며 그들 중 약230,000명이 전선에 배치되어 있었다.

공산군들은 8군이 철의 삼각지대 앞 서쪽귀퉁이에 막 도달하고 있을 때 일격을 가했다. 4월 22일 둥근 보름달빛 아래 지옥이 해방된 것과 같은 대혼란이 일어났다. 공산군들은 의외의 강렬한 집중포화로 유엔군들을 난타한 후 서쪽으로 3분의 2 전선을 따라 서울에 이르는 접근로로 대부분의 병력을 찔러 넣었다. 특히 이 도로는 춘천, 의정부, 그리고 개성을 통과하는 도로였으며 이들 도로는 북한군들이 10개월 전 남침을 시작할 때 진격을 했던 도로들이었다. 최초에 유엔군들은 그들의 맹공격을 성공적으로 막아 냈으나 공격중심에서 서툰 지휘를 받고 있던 한국군들은 즉시 무너졌다.

공산군들은 스탈린을 위한 5월 1일 노동절 선물로 서울을 점령할 것을 권고받고 있었다. 잠시 동안 그들은 성공할 가망이 있을 것 같이 보였다. 이것은 분명히 맥아더의 전쟁종료 공세를 그들 자신이 개작했음을 나타내고 있었다. 그들은 그들이 가지고 있는 모든 것을 이 공세에 투여했다. 미군과 유엔군들이 그들의 화력으로 소름끼칠 만큼의 사상자를 냈음에도 이루 헤아릴 수 없는 병력 물결이 집요하게 파도처럼 밀려왔다. 이에 압도된 밴 플리트는 보다 나은 방어선 구축을 위해 그의 군대들을 뒤로 이동시켰다. 미군과 유엔군들이 뒤로 물러남으로써 그들의 공급선이 길어져 결국 그들은 붕괴될 것이다. 더나아가 밴 플리트는 싸움에서 그의 군대들을 아끼기를 원했다. 그는 그 대신 적을 쳐부수는데 대포와 공군력 사용을 선호했다. 그의 전략은 효과를 발생했다. 유엔군들은 전선을 따라 약 35마일 되는 지점까지 뒤로 물러났으며 이 과정에서 약 7,000명의 사상자가 발생했다.

한편 중공군들은 약70,000명이 사망하고 부상을 입었다. 이 공세로 4월 30일까지 공산군들은 기진맥진 하였으며 그들의 공세도 희미해져 갔다. 그들은 기껏 38선 남쪽으로 유엔군들을 밀어냈을 뿐이었다. 그러나 동쪽 산악지대에 있는 한국군들은 북한군 공격에 견고히 대항하여 38선 바로 위를 그들의 수중에 넣었다. 유엔군들은 서울 바로 위에서 중공군들을 정지시켰으며 한강 북쪽에서 유리한 위치를 확보했다. 더욱이 임진강을 사수하고 있던 영국군과 벨기에군들로 구성된 4,000명의 영국군 제29여단은 4월 22일 최초 야간 공세에서 11,000명의 중공군들을 사살 또는 부상시켜 미군과 유엔군 및 한국군들의 사기를 크게 진작시켜 놓았다. 겁을 먹은 중공군들은 전력을 다하였으나 유엔군들은 그들의 미친 듯한 돌격을 잘 뚫고 나아갔다. 중공군들은 그 공세에서뿐만 아니라 심리적 우세에서도 큰 타격을 입었다. 대부분의 중공군들이 그들의 공세 중 유엔군들이 잃었던 물적자산을 그들에게 빼앗기지 않기 위해 불충분한 소수부대만 남겨놓고 패배에서 재기하기 위해 약10마일 가량 뒤로 후퇴함으로써 전선은 2주일 동안 비교적 조용했다. 미 해병대는 5월 7일까지 중공군과 싸우며 춘천으로 들어갔으며 이와 동시에 다른 주요한 접합점인 의정부가 미군 제1기병사단에 함락되었다.

8군은 그러나 북쪽으로 전진하는 데 그 에너지를 확장하지 않았다. 미정보국은 공산군들이 4월 공세에 그들 병력의 겨우 반만을 투입했다고 보고를 했기 때문이었다. 이에 따라 밴 플리트는 그의 군대들에게 그들의 위치를 난공불락으로 하는 데 전념하라고 명령했다.

비록 유엔군들은 공산군들에게 재도전하기 위한 준비를 잘 해놓고 있었지만 워싱턴은 중공군들은 두 번째 단계의 춘계 공세에서는 실패를 하지 않으리라고 미리 겁을 내고 있었다. 워싱턴이 중공군들의 두 번째 춘계공세를 우려하고 있을 무렵 영국은 그의 가장 완강한 정책 중 하나를 번복했다. 애틀리 영국 수상은 만일 중국 비행기들이 만주로부터 미군과 유엔군들에게 공격을 가하면 영국 정부는 만주 비행장에 대한 미군의 보복공격에 찬성하겠다고 워싱턴을 납득시켰다.

마침내 예측했던 지상군 공세가 육중한 집중포화와 함께 5월 15일과 16일 밤에 시작되었다. 공산군들은 이번에는 38선 바로 위 동해안 가까이 있는 산악지대를 가장 집중적으로 강타했다. 이 전방지역에는 완전히 한국군 병력이 배치되어 있었다. 공산군들은 미군과 유엔군의 증원 병력이 도착하기 전에 한국군들을 섬멸시키려고 개획했음이 분명했다.

그러나 그들의 공세는 완전한 실패였다. 비록 중공군들은 팔팔한 20개 사단 병력을 포함하여 300,000만의 대군으로 공격에 착수했지만 그들은 거의 성과를 얻지 못했으며 미군과 유엔군들에게 경미한 사상자만을 입혔을 뿐이었다. 동쪽에 있던 한국군들은 무너졌으나 그 틈으로 쇄도한 중공군들은 미 해병대와 춘천 북동쪽의 한국군들의 부동의 장벽에 부딪쳤다. 한국군들은 또한 서울을 향한 중공군들의 양동작전을 좌절시킴으로써 그들의 명예를 회복했다.

5월 18일 공산군들의 공세가 그 여세를 완전히 잃기 전임에도 밴 플리트는 그의 군대들에게 반격을 명령했다. 서쪽지구에 있는 8군은 남-북이 갈라지기 전에 서울에 많은 물과 전기를 공급했던 춘천 저수지를 안전하게 하는 길을 따라 의정부를 통과해 철의 삼각지대 남동쪽 모서리에 있는 금화로 이동했다. 동쪽해안에 있던 한국군들은 간성에 도착했다. 그러나 그들의 전진은 억수처럼 쏟아지는 비로 도로와 계곡이 파괴되고 범람하여 지연이 되었다.

5월 30일까지 미군과 유엔군들은 대부분의 전선을 따라 그들이 4월 중순에 점령했던 38 북쪽 선으로 돌아왔다. 릿지웨이는 지속적인 공산주의 추적을 당연시하고 '향 타기 작전' 계획을 세워 합참에 제출하였으며 합참은 릿지웨이의 이 작전계획을 마지못해 승인했다. 이 작전의 주목적은 가능한 한 많은 부분의 철의 삼각지대를 적으로부터 뺏는 것이었다. 6월 11일 철원과 금화는 미군과 유엔군들에게 함락되었지만 평강은 적에게 양도되었다. 이후 철원과 금화는 잘 유지되어 있다가 휴전성립과 함께 남측에 속하게 되었다.

공산군들의 두 번째 공세가 실패하고 미군과 유엔군들이 전세의 우위를 점하자 트루먼 행정부는 공산군들을 더 이상 추적치 않고 지금이 전쟁을 끝낼 상서로운 때라고 느끼고 중국과 휴전을 맺을 준비를 하기 시작했다. 중공군들은 그들의 춘계공세에서 200,000명의 병력을 잃었다. 게다가 미국과 유엔은 중국 공군이 유엔의 공군력에 대항할 만큼 충분히 강력해지기 전에 휴전을 매듭짓는 것이 긴급했다. 더욱이 미국 국민들은 이미 거의 75,000명의 미국 병사들의 목숨을 앗아간 좌절감을 일으키는 전쟁에 대해 그들의 인내심을 신속히 잃어가고 있었다.

미국은 모든 정치적 의논은 뒤로 미루고 우선 적대행위를 끝내는 것 외에 그 어떤 문제도 다루지 않는 협상을 열기를 원했다. 16개국으로 된 유엔 안전보장이사회는 5월 2일 회의를 열어 미국이 본질적으로 전쟁 이전 상태로의 회복을 계속 추구할 것임을 재확인했다. 워싱턴은 정치적 협상을 통해 통일되고 독립된 민주주의 한국을 창설하겠다는 원대한 목표에 말뿐인 호의를 보였다.

트루먼 행정부는 천진난만하게도 중국 공산주의자들이 군사적 필요의 압력 아래 현명하게 행동을 하고 이 합리적인 조건들을 받아들이기를 희망했다. 미국과 유엔은 38선 바로 위에서 전진을 멈춤으로써 그들은 억제와 완화정책을 증명하고 있었으며 공산주의자들도 이 훌륭한 모범을 따라 주기를 희망했다.

이에 따른 진전이 외교전선에서 재빨리 나타나기 시작했다. 협상초기의 주요장애는 어느 쪽도 평화회담을 위한 열망을 발표하고 싶어하지 않음이었다. 왜냐하면 약점 때문에 화평을 청한 것처럼 보일 것이기 때문이었다. 이는 적에게 선전이점을 제공하고 전쟁 종결에 동의하는 대가로 양보를 요구하도록 적을 격려할 것이다. 양쪽은 무엇보다 각자의 체면을 유지하는 것이 중요했다.

이 모든 점을 감안한 워싱턴은 한국의 공산군 총사령관 앞으로 보내는 메시지를 기안하여 릿지웨이에게 보내 그 자신의 이름으로 6월 30일 도쿄로부터 그것을 공개적으로 방송을 하라고 지시를 했다. 릿지웨이가 방송으로 발표한 메시지는 다음과 같이 간단했다. "귀하는 적대중지를 규정하는 휴전과 이러한 휴전을 위한 적절한 보증과 함께 한국에서의 모든 무력행위를 의논하기 위한 회의를 희망하고 있을지도 모른다."

그리고 7월 2일 공산주의자들은 북한 인민군 사령관인 김일성과 중국 의용군 총사령관인 팽덕회 장군에 의해 서명된 응답을 발표했다. 그들은 회담을 시작하는 것이 바람직하며 양측 대표들이 38선 바로 밑에 있는 개성에서 회의를 열 것을 제안했다. 그때 개성은 38선 사이에 있는 완충지대(no man's land)였기 때문에 릿지웨이는 그들의 제의를 수용할 수 있음을 발견하고 그 다음날 답변을 보냈다. 그런 다음 1951년 7월 8일 공산주의자들과 미국과 한국군 연합 장교들이 개성에서 만났으며 2일 후 수석대표들이 처음으로 마주 앉았다.

공산주의자 측 대표단은 북한 인민군 참모총장이자 수석대표인 남일 중장, 이상초 소장, 그리고 장평상 소장으로 구성되었으며 텡화 중공군 부사령관과 중국군 참모장에 정치위원인 시팽이 중공군을 대표했다. 유엔군 측 대표단은 수석대표 터너 조이 미 해군 부제독(Vice Admiral Charles Turner Joy)을 비롯해 한국 측 대표인 백선엽 장군 등 5명으로 이루어졌다.

조이 제독은 대표단 중앙에서 테이블 건너편에 있는 남일과 마주보고 앉았으며 조이 제독 오른쪽에 앉아있는 백선엽 장군은 북한의 이상초와 대면하고 있었다. 악수를 하거나 어떤 형태의 구두인사 말도 건네지 않은 양쪽 대표들의 첫 번째 회의는 냉랭하기만 했다. 10명의 대표들은 테이블 건너쪽 상대방을 뚫어져라 바라보고만 있었으며 오직 수석대표들만 발언을 했다. 회의는 한국어, 영어, 그리고 중국어로 번갈아 통역되어 진행되었다.

그의 최초 진술에서 조이 제독은 그의 회의참석 조건을 토의에 붙였다. 그는 회담 도중에도 싸움은 계속될 것이라고 전제한 다음 의제 항목에 휴전선 설정과 전쟁 포로들의 교환 및 휴전자체가 이행되고 보증될 수 있는 방법을 포함시키자고 제의했다. 남일은 회의 의제에 외국군 철수를 넣자고 했으나 유엔군 측은 외국군 철수는 정치적인 문제로 군사대표들 간에 열리고 있는 휴전회담 범위 내에는 해당되지 않는다며 남일의 제안에 즉각 반대를 했다. 회담의제로 보아 휴전은 금세 성립될 것 같았으나 휴전선 설정과 특히 포로 교환 문제로 1953년 7월 27일 휴전이 조인될 때까지 회담은 무려 2년 이상을 끌었으며 이 동안 공산군들과 유엔군들은 서로 휴전 회담의 우위를 점하기 위해 치열한 전투를 벌였다. 미군과 유엔군들은 펀치볼, 비탄, 피의 능선, 루크성, 돼지갈비살 언덕(Pork Chop Hill), 국회의사당, 백악관 언덕, 그리고 도요새 사냥꾼 능선 등의 이름을 붙인 작전을 계속 수행했다. 이 싸움은 특별히 손에 넣은 것에 비해 어마어마한 희생을 가져왔다. 미군들에게만 63,000명의 사상자들이 발생하였으며 공산군들의 손실은 이보다 몇 배나 더 가혹했다.


## 소모 및 신경전

휴전협상은 끝없이 그리고 상대방을 격분시키는 체면 세우기와 심리적인 유리한 입장을 위해 승강이를 벌이는 것으로 특징지어 졌다. 서로에게 압력을 가하기도 하고 때로는 회담을 중지하겠다고 위협을 하였으며 실제로 이러한 위협은 여러 차례 이행이 되었다. 양측은 회담을 중지시킬 때마다 혐의를 뒷받침할 사건들을 날조하여 회담결렬 책임을 상대방에 전가시켰다.

1951년 7월 개성에서 회담이 시작되었을 때 공산주의자들이 맨 처음 요구한 것 중의 하나는 모든 외국군들의 한국 철수였다. 앞서도 말했지만 유엔 파견단은 한국에서의 외국군 철수는 협상자들의 권한 밖에 있는 정치적인 문제라고 일축을 했었다.

7월 27일 협상자들은 남한과 북한 사이의 경계선 결정 문제를 토의하기 시작했다. 미국은 새 경계는 휴전협정이 조인될 때 양측 군대 사이에 있는 접촉선이어야 한다고 주장했다. 미국 대표들은 38선을 끼고 있는 지형은 그 선을 방어하기 어렵게 하기 때문이라고 그 이유를 설명했다. 공산주의자들은 격노했다. 그들은 38선을 고집하였으며 미국과 유엔이 이전 상태로의 복귀를 받아들이겠다고 말했기 때문에 협상에 동의했다고 우겼다. 미국대표는 북한에 대한 미군 및 유엔군의 공중공격 종결 답례로 약간의 영토는 포기할 수 있을지 모른다고 맞섰다. 8월 4일 중무장을 한 한 작은 그룹의 중국군 병사들이 회의가 열리고 있는 중립구역을 침범한 후 유엔대표단을 위협했다. 릿지웨이는 즉시 회담을 중지시켰으며 공산군 대표로부터 이러한 사건이 다시는 일어나지 않게 하겠다는 확인을 받은 후 곧 회담을 재개했다. 8월 10일 후 그들은 38선 문제에 대한 타협에 응할 용의가 있음을 점차로 나타냈다. 8월 19일과 8월 22일 공산주의자들은 유엔군들이 개성중립회의 지대를 침범했다고 우기며 회담을 갑자기 중지했다.

8월 말 릿지웨이는 휴전협정이 추가 군사행동을 막기 전에 가능한 한 가장 강력한 방어위치를 획득하도록 그의 군대들에게 철의 삼각지대 동쪽에 새로운 공격을 시작하라고 명령을 했다. 1952년 8월에서 10월까지 휴전협상이 중지된 동안 동해안으로부터 약 20마일 떨어진 펀치볼로 명명된 깊은 계곡에 우뚝 솟아있는 구릉지대를 점령하기 위한 가장 격렬한 싸움이 벌어졌다. 미 해병들은 펀치볼 자체를 장악하기 위해 집중을 한 반면 미군 제2사단은 서쪽 가까이에 있는 두 개 구역의 구릉지대를 확보하기 위해 전투를 했다. 그 지역을 획득하는 데 2사단은 3,700명의 사상자를 냈으며 피의 능선에서는 27,000명이 희생되었다. 그리고 10월 15일까지 이 모든 목표물들이 미군의 수중으로 들어왔다. 전선을 따라 이와 비슷한 다수의 지점들이 미군과 유엔군들의 손에 들어왔으며 그들은 그들이 확보해 놓은 이 선에서 경계선이 책정되고 남한이 장차 이 선을 안전하게 지키기를 희망했다. 이 지점들을 획득하는 데 무수한 희생이 뒤따랐다. 8월과 10월 사이 반공군들은 약60,000명의 사상자들의 손실을 입었으며 이중 22,000명이 미국군 병사들이었다. 밴 플리트 장군은 공산군 측에서는 대략 234,000명의 사상자들이 발생했을 것으로 평가했다.

릿지웨이는 개성은 사실상 공산주의자들 지대 안에 있었기 때문에 미군과 유엔군 협상자들은 개성으로 돌아가지 않을 것이라고 단언했다. 그는 공산주의자들이 더 이상의 계략을 쓸 수 없도록 안전한 중립지대에서만 협상을 재개하겠다고 발표했다. 길고도 신랄한 논쟁 끝에 10월 7일 공산주의자들은 이번에는 개성에서 동쪽으로 5마일 떨어진 판문점 마을에서 회담을 재개하자고 제안을 했다. 릿지웨이는 그들의 제안에 동의를 하였으며 예비회담 2주일 후 수석대표들이 8월 22일 이후 처음으로 10월 25일 회담을 재개했다.

회의 재개 1주일이 안 되어 공산군 대표들은 주요한 양보를 했다. 그들은 38선 고집을 포기하고 남-북간의 새로운 경계선은 대략 현재의 접촉선을 따라 책정되어야 한다는데 동의를 했다. 그러나 그들은 38선 고집을 포기하는 대신 유엔군 대표들에게 더 많은 것들을 요구했다. 즉 현재 논쟁 중인 개성장악을 인정할 뿐만 아니라 유엔군들이 '비탄과 피의 능선'을 포함하여 철의 삼각지대와 펀치볼 지역 등 그들이 점유하고 있는 모든 것들을 포기할 것을 요구했다. 그리고 거기로부터 새로운 경계선을 책정하자고 주장했다. 그들의 이런 제안은 터무니없는 것으로 명백히 받아들일 수 없는 것들이었다.

그런데 11월 6일 공산군 대표들은 놀라울 정도의 극적인 제안을 했다. 만일 미국과 유엔이 현재의 실제적인 접선을 영구적 경계선으로 하자는 그들의 제안을 즉시 받아들이면 그들도 현재 접선을 영구적인 경계선으로 수용하겠다고 제의를 했다. 그것은 비록 북한에 대한 미군과 유엔군의 공중 및 해군의 군사행동은 계속되더라도 지상에서는 사실상의 휴전이 즉시 발효됨을 뜻하는 것이었으며 이 휴전은 휴전협정이 조인될 때까지 계속될 것이다. 이는 또한 미군과 유엔군들이 현 위치에서 더 이상 북쪽으로 진격하지 못하도록 하기 위한 방지책이기도 했다. 릿지웨이는 휴전은 공산주의자들이 남아있는 회의 주제 중 합리적인 조건에 합의할 동기 중 많은 부분을 제거하고 현재의 선은 개성을 공산주의자들에게 내줄 것이기 때문에 그들이 내놓은 제안을 즉시 거절했다. 릿지웨이는 개성에 관해 무언가 강박관념을 가지고 있었으며 이로 인해 그는 이러한 사소한 지점은 양보해야 한다고 생각하는 합참과 격한 논쟁을 벌이지 않으면 안 되었다. 릿지웨이가 개성을 적에게 주지 않으려하는 데에는 몇 가지 이유가 있었다. 기원후 10세기부터 1392년 고려왕조 말엽까지 송악으로 불렸던 개성은 한국의 오랜 수도로 이와 같이 개성은 고색이 짙고 향수어린 도읍지로서의 명성을 가지고 있는 데다 그 위치가 38선 남쪽에 있는 개성은 서울로 들어오는 주요 관문의 하나로 공산주의자들은 중립을 침해하기 위해서만 개성을 점유하려 했기 때문이었다. 공산주의자들이 의도적으로 중립지대인 개성을 침해한 것은 두말할 필요도 없이 개성을 그들의 손아귀에 넣기 위한 계략이었음에도 미 합참은 지금 그들의 계략에 넘어가 개성을 그들에게 양보하려 하고 있었다.

개성을 적에게 주지 않으려는 릿지웨이의 완고함은 개성을 적에게 내주고서라도 전쟁을 하루속히 끝내려는 합참을 격분시켰으며 결국 릿지웨이는 하는 수 없이 합참에 굴복하여 개성을 적에게 양보함으로서 개성은 오늘날 북한의 일부분이 되었다. 11월 27일 양측 수석대표들은 만일 30일 이내에 모든 잔여의제 항목에 대한 완전한 합의가 이루어지지 않으면 경계선은 더 이상 구속력이 없을 것이라는 데에 합의를 했다.

미군과 유엔군 그리고 한국군들이 이 기간 동안 활동을 하지 않은 것은 아니었다. 11월 12일 릿지웨이는 강원도 태백산맥과 전라남도 지리산 일대에서 작전을 펴가며 유엔군들의 후방과 공급선을 공격하여 괴롭히고 있는 남한의 공산 게릴라들을 제거하기 위한 '생쥐 잡이 작전'을 벌였다. 1952년 1월까지 계속된 이 작전은 20,000명 이상의 게릴라들과 산적들을 사살하거나 생포하는 데 성공을 했다.

12월 27일 최종기한이 합의 없이 지나갔다. 이는 주로 협상에서 표면화된 전쟁 포로 문제 때문이었으며 이 문제를 해결하는 데 또다시 2년 반 이상이 걸렸다. 1951년 여름 개성에서 협상이 막 시작되려 하고 있을 때 미국은 전쟁 중 생포된 거의 100,000만 명이나 되는 북한군 포로 전원을 돌려보내지 않기로 결정을 했다. 왜냐하면 그들을 북으로 돌려보내면 북한은 이들 전쟁 포로들을 가지고 다시 새로운 군대를 조직할 수 있기 때문이었다. 그러나 1951년 7월 3일, 딘 러스크(Dean Rusk) 미 국무장관은 미국 동맹국들에게 미국은 일대 일의 원칙에 따라 전쟁 포로들을 교환하기를 희망하고 있다고 알려주었다. 공산군들은 약10,000명의 전쟁 포로들을 유지하고 있었기 때문에 그들은 미국이 잡고 있는 포로들 중 꼭 10,000명만을 돌려받게 될 것이다. 공산주의자들과 유엔군 사령부는 포로교환 목록을 교환하기로 동의하였으며 12월 18일 유엔이 제출한 목록에 따르면 유엔군 사령부는 총132,474명의 포로들을 수용하고 있으며 그들 중 대략 95,000명이 북한군들이었고 20,700명이 중공군들이었다. 그리고 이들 중 16,200명은 북한군에 합세한 남한 출신 공산주의자들이 있었다. 유엔군 사령부는 북한군들의 총구에 의해 협박을 받고 강제 징집된 38,000명의 반공 남한인들을 보호하고 있었으나 그들은 민간인 피억류자들로 재분류 되었다. 또 다른 6,000명의 공산군 전쟁 포로들은 죽었거나 탈출을 했음이 밝혀졌다.

공산주의자들은 미군과 유엔군들이 잡은 포로들의 10분의1도 안되는 포로들을 억류하고 있었다. 북한은 그들이 억류하고 있는 포로는 총11,559명으로 이중 대략 7,100명이 남한군들이고 3,200명이 미국인들이며 1,200명이 영국과 다른 유엔군들의 군대들이라고 보고를 했다. 그러나 미국과 유엔은 공산주의자들이 발표한 포로 숫자를 믿지 않았다. 왜냐하면 그들은 되도록 적은 숫자의 포로들을 많은 숫자의 포로들과 교환하려고 그들이 억류하고 있는 포로들 숫자를 부자연스럽게 축소했기 때문이었다. 유엔군 사령부는 집으로 가기를 희망한다고 명백히 밝힌 포로들만을 본국으로 송환하고 공산정권 밑에서의 생활로 돌아가기를 원치 않는 포로들은 모두 휴전협정 조인 후 석방시켜 정치적 난민수용소로 보낼 것이라고 말을 했다. 북한군 포로들은 남한에 남아 있을 수 있고 중공군 포로들은 대만으로 수송될 것이다. 그러나 유엔군 사령부의 이 같은 결정에 공산주의자들은 격노에 차 제정신을 잃었다.

공산주의자들은 몇 가지 격렬하고도 필사적인 방법으로 포로교환 문제 도전에 대응했다. 우선 첫째로 그들은 그들이 수용하고 있는 포로들에게 공산주의 사상을 집중적으로 주입하여 그들을 쇠뇌시킴으로써 그들이 전쟁이 끝날 때 본국 송환을 거절하도록 했다. 둘째는, 그들은 친공, 반공주의자 포로들이 극단적인 군사파벌을 조성하고 있는 유엔군 사령부의 전쟁 포로수용소 안에서 폭력적인 무질서 운동을 전개하도록 했다. 현저한 숫자의 훈련받은 공산주의자 간부들이 스스로 미군과 유엔군 그리고 한국군에 포로로 잡혀 그들 자신이 포로수용소 내에서 파괴적인 행동을 지시할 수 있도록 또한 쇠뇌와 협박을 통해 반공주의자들을 공산주의자들로 전향시키려고 시도를 했다.

그들은 또한 포로들이 평양과 북경으로부터 지시를 받을 수 있는 라디오들을 수용소 안으로 용케 몰래 들여보냈다. 그들은 수용소 밖에서 메시지들이 북으로 전달되는지를 감시할 지방인들과의 연락망도 구축을 했다. 부산 근해에 있는 가장 큰 거제도 수용소에서 그들은 그들이 축조한 거대한 병기 공장에서 임시대용 무기를 만들었다.

그러나 손수 만든 무기임에도 그것들은 매우 효과적인 무기들이었다. 그리고나 그들은 표면적으로 수용소 내의 비인도적인 조건에 항의하기 위한 구실 아래 폭력적으로 폭동을 일으켜 의도적으로 대혼란을 야기함으로써 서방국가 보도진들의 관심을 총 집중시켰다. 한편 공산주의 보도기관들은 거제 수용소는 나치(Nazi) 포로수용소와 같다고 매도를 하여가며 이와 대조적으로 북한과 중국 수용소들은 휴양지 같다고 허풍을 쳤다.

1952년 2월에 시작하여 그해 말까지 계속된 거제도 불안은 때때로 전면적인 폭동으로 폭발을 했다. 2월 18일 최초의 주요폭동이 일어났을 때 미군들이 폭동을 진압하기 위해 수용소 내로 파견되었다. 이때 77명의 포로들이 사살되고 140명이 부상을 입었으며 1명의 미군병사가 살해되고 38명의 미군들이 역시 부상을 입었다. 5월에 포로들의 폭동이 절정에 달했다. 5월 7일 포로들은 거제도 수용소 지휘관인 미육군소장 프란씨스 도드(Brigadier Francis T.Dodd)를 체포했다. 3일 후 그를 죽이겠다고 위협하면서 그들은 미국과 유엔은 전쟁 포로들을 비인도적으로 대우하고 포로들에게 강제로 본국으로 송환되기를 원치 않는다고 말하도록 했다는 내용의 진술서를 미군장군으로부터 받아냈다. 미국과 유엔의 최고 사령부는 포로수용소 지휘관의 자백을 부인하며 수주일 동안 포로들의 문제를 평화적으로 해결하려고 시도하였으나 그들의 폭동이 계속되어 6월 10일 공산주의자들의 조직을 분쇄하기 위해 1개연대의 미국 낙하산 병들과 1개 탱크분대를 거제도로 급파했다. 두 시간 반 동안의 전투에서 31명의 포로들과 1명의 미군이 죽었으며 이보다 더 많은 사람들이 부상을 입었다. 미군과 유엔군들은 700정의 가짜총, 3,000개의 투창, 1,000개의 화염병, 수백 개의 북한기, 그리고 4,500개의 대검을 발견했다. 공산주의 포로 무기고에서 미군과 유엔군들은 3,000개의 투창, 1,000개의 화염병, 그리고 4,500개의 칼을 발견했다. 이 사건 직후 중공군 포로들과 남한 민간인들의 피수용자들이 거제도로부터 딴 수용소로 이송되었지만 포로들의 소동은 12월까지 계속되었다.

판문점 회담은 전쟁 포로 교환문제가 해결되지 않아 난항을 거듭했다. 1952년 5월 7일 수용소 지휘관이 거제에서 체포되던 날 트루먼 대통령은 그의 공개 성명서에서 미국은 포로문제에 관해 절대적으로 단호하며 전쟁 포로들의 강제 송환은 있을 수 없을 뿐만 아니라 미국은 학살자로 그리고 노예로 이용될 인간들을 공산주의자들에게 넘겨주면서까지 휴전을 사지는 않겠다고 공언했다.

북한군 침략의 2주기가 다가오면서 미국은 교착상태를 타개하고 전쟁을 종식시키기로 굳게 결심을 했다. 맥아더를 그토록 성가시게 했던 제한들 중 하나를 제거함으로써 미국은 공산주의자들에게 전례 없는 압력을 가하기로 결정을 했다. 1950년 11월 6일 압록강 교량들의 북한 측 끝부분을 폭파하는 허가를 맥아더에게 주었던 합참의 명령은 압록강 교량의 북한 측 끄트머리 폭격은 압록강 상의 댐이나 발전소 폭파를 허가하는 것은 아니라고 신중히 명기했었다. 이는 압록강 교량들의 북한 측 끝부분은 폭파하되 압록강 상의 댐이나 발전소는 폭파하지 말라는 뜻이었다. 1952년 6월 워싱턴은 이제 그 제한을 제거하기로 결정했다. 주목표는 압록강 상의 수이호 저수지 건너편에 있는 수풍댐의 거대한 발전소였다. 그러나 압록강 만주 측에 있는 북쪽 끝 댐 자체는 폭파시키지 않을 것이다. 목표는 북한 측에 있는 전력생산 발전소였다. 추가로 압록강으로부터 약간 떨어져 있는 북한 내 4개 발전소가 동시에 타격될 것이다.

6월 23일 250대 이상의 미국 및 유엔군 비행기들이 수이호 발전소를 공격했으며 또 다른 250대의 폭격기들이 다른 네 개의 발전 및 배수공장을 파괴했다. 그리고 다음날 같은 목표물들에 대한 공습이 이어졌다. 그러나 이러한 공격들은 판문점에서의 협상에 뚜렷한 영향을 가져오지 못했다. 실제로 공산주의자들은 어떠한 반응도 전혀 나타내지 않았다. 그 결과 미국과 유엔은 조금 더 압력을 늘리기로 결정했다. 7월 11일 1,200대의 미국 및 유엔 전투폭격기와 급강하 폭격기들은 하루 종일 1,400톤의 폭탄과 23,000갤런의 네이팜탄을 평양에 투하했다. 그들 폭격기들은 공장, 창고, 철도구내, 군대막사 및 공항에 집중을 하였으나 이와 아울러 부득이 많은 민간인들이 희생되었다.

공산주의자들은 그래도 전쟁 포로 문제에 대해 양보하기를 거부했다. 평양 폭격 후 미국과 유엔은 만일 공산주의자들이 전쟁 연장을 계속 고집한다면 더욱 격렬한 공습이 뒤따를 것이라고 경고했다. 그리고 7월 중순 이후 계속하여 미국 및 유엔 비행기들은 약80개의 북한 산업시설과 수송 중심지들을 강타했다. 이들 공습이 판문점에서 성과를 맺지 못하자 워싱턴은 8월 29일 평양을 또다시 타격하기로 결정했다. 이는 한국과 일본에 머물러 있는 항공모함 비행기들이 대거 참여한 전쟁 중 가장 거대한 공중공격이었다. 그러나 이 폭격 역시 아무것도 달성하지를 못했다.

이때 공산주의자들이 타협하지 않은 이유는 미국과 유엔이 북한군들에 의해 군대복무를 강요받았던 38,000명의 남한 반공 민간인들을 석방하기 시작했기 때문이었다. 그들 중 약 27,000명은 8월 중에 석방되었으며 나머지는 그 다음 달에 자유를 찾았다.

이때 임시수도 부산에서 대통령 선거가 거행되었다. 이승만 대통령의 4년 임기는 1952년 8월에 끝나기로 되어 있었으나 이승만은 그의 재선을 위해 국회의원 투표에 의해 대통령을 선출하기로 되어 있는 헌법규정을 고쳐 소위 발췌개헌에 의해 두 번째 대통령에 당선되었다. 미국과 유엔은 8월 5일 부당하게 조작된 선거에 의해 이승만이 대통령이 당선된 것에 매우 당혹했다. 이때 이승만은 대부분의 그의 입법부 의원들에게도 그 어느 때보다 훨씬 인기가 없었다. 한국인들은 그들에게 대통령을 뽑을 기회가 주어지면 그를 대통령으로 선출할 것임을 확신한 이승만은 헌법을 고쳐 일반 투표로 대통령을 선출케 하라고 국회에 명령했다. 국회가 그의 명령을 거절하자 이승만은 부산을 포함하여 경상남도 및 전라남북도에 계엄령을 선포하고 국회의원 12명에게 공산주의자들과 결탁했다는 혐의를 씌워 그들을 체포케 했다. 국회의원들은 거의 절대다수로 헌법을 대통령 직선제로 바꾸었으며 이승만은 그의 통상적인 위협 방법으로 두 번째 대통령이 되었다.

8월 말까지 전쟁은 군사적, 정치적 곤경에 빠져 들었다. 8월 14일 김일성은 평양에서 의기소침한 음성으로 전쟁이 교착상태에 있음을 시인하는 연설을 했다. 그는 미국인들이 승리자가 아니고 북한인들이 패자가 아닌 조건이라면 휴전을 받아들일 용의가 있다고 말을 했다. 그럼에도 회담은 무기한 중단되었다.

미국도 대통령이 바뀌었다. 1952년 3월 29일 재선출마를 거절하겠다고 발표한 트루먼 대통령은 1952년 11월 선거에 나오지 않았으며 그 대신 공화당의 드와이트 디 아이젠하워(Dwight D. Eisenhower)가 민주당 대통령 후보인 애들레이 스티븐슨(Adlai Stevenson)을 압도적으로 누르고 제34대 미국 대통령에 당선되었다. 대통령에 당선된 약 한 달 후인 12월 2일 아이젠하워는 비밀리에 한국을 방문하여 전선을 돌아본 후 모든 주요 지휘관들과 회의를 했다. 그는 전쟁을 확대시키는 중대한 모험을 무릅쓰지 않고는 완전하고 명확한 승리를 가져오기가 어렵다는 것을 시인했다. 틀림없이 그는 트루먼처럼 소련을 상대로 한 세계전쟁은 말할 것도 없이 중국 공산주의자들과의 주요 전쟁도 원치를 않았다. 아이젠하워는 세계전쟁을 촉진시키지 않을 무언가가 이루어져야 함을 잘 알고 있었다. 그는 서울을 떠날 때 변화가 없는 전선에서 영원히 멈추어 있을 수도 없고 눈에 보이는 결과도 없이 미군 사상자들을 계속해서 받아들일 수 없다고 결론지었다. 그는 또한 조그만 언덕에서의 조그만 공격으로 이 전쟁을 끝내지 못할 것이라고 느꼈다. 그는 현 상태에서 휴전을 성립시켜 하루속히 전쟁을 끝내고만 싶어 했다. 1944년 6월 노르망디 상륙작전에서 성공한 것 외에 유럽본토에서 소련군과 감히 대결하지 못했던 것처럼 한국전쟁에서도 아이젠하워는 과감하지 못하고 여전히 소극적이었다. 아이젠하워는 트루먼과 같이 이 전쟁이 누구 때문에 일어났는지 전혀 깨닫지 못하고 책임회피에만 급급해 하는 것 같았다.

아이젠하워가 대통령직을 맡은 후 한국에 관련하여 취한 최초의 조치 가운데 하나는 밴 플리트 장군을 8군 사령에서 교체한 것이었다. 밴 플리트는 좁은 산허리에서 끊임없이 반복되는 소모전에 견딜 수 없는 답답함을 느꼈으며 적어도 공산군들을 반도의 좁은 돌출부에 있는 평양과 원산 위까지 확실히 물리칠 수 있는 전면 공세를 펼칠 허락을 갈망했다. 아이젠하워는 북으로 진격을 못해 좌절감에 쌓여있는 밴 플리트를 4성장군으로 진급시켜 본국으로 부른 다음 그를 예편시켰다. 1953년 2월 11일 작전 및 행정 담당인 육군 부참모장 맥스웰 테일러 중장(Lieutenant General Maxwell D. Taylor)이 8군의 지휘를 떠맡았다.

1952년 말까지 판문점 협상자들은 전쟁포로 문제에 관해 더 이상의 진전을 하지 못했으며 군사 교착상태도 계속되었다. 1953년 1월 공산군들은 철의 삼각지대를 따라 대치하고 있는 유엔군들을 그들의 위치로부터 축출하기로 단호히 노력했으나 그들의 시도는 실패를 했다. 증강된 미군과 유엔군 및 한국군들은 군무 및 공급부대와 남한의 준군사 보안부대들을 포함하여 이제 그 숫자가 268,000명에 달했다. 12개 한국군 사단들과 8개의 미군 및 유엔군 사단의 300,000명이상의 전투원들이 전선을 따라 또는 전선 가까이에 배치되어 있었다. 이때까지 공산주의자들은 한국에 총 거의 100만 명의 병사들을 가지고 있었으며 그들 중 반 이상이 전선에 있거나 전선 바로 뒤에 있었다. 공산군들은 수적으로 유엔군에 우세했지만 미군과 유엔군들의 화력과 공군력에는 절대 열세였다.

1953년 1월 9일을 시작으로 유엔 사령부는 트루먼이 대통령직을 떠나기 전에 공산주의자들로부터 양보를 얻어내기 위해 사력을 다한 시도로 보이는 공격을 감행했다. 그날 밤 수백 대의 B-29 폭격기들이 평양 북쪽 40마일의 서쪽 해안에 있는 신안주 근처 철도와 도로 교량들을 폭파했다. 신안주에는 만주로부터 3개의 주요 철도선이 모이는 곳이며 수개의 중요한 도로들도 만주와 연결되어 있었다. 그 지역에 있는 총11개의 교량들이 복구할 수 없도록 파괴되면 중국으로부터 보급품을 운반하는 거대한 교통망이 즉시 정체될 것이며 그러면 미군과 유엔군 폭격기들은 급강하하여 진퇴양난에 처해있는 보급품 운반차량들을 일거에 파괴할 수가 있었다. 적의 공급에 이토록 치명적인 손실을 입힘으로써 유엔 사령부는 드디어 공산주의자들을 전쟁 포로 문제에서 손을 들게 하고 휴전을 매듭지을 수 있게 할 수 있을 것이다.

신안주 교량공격은 5일 동안 중지 없이 계속되었다. 미군 및 유엔군 비행기들은 이 작전 동안 총 2,292번의 출격을 하여 모든 다리들을 파괴하는 데 성공을 했다. 그러나 공산군들은 늘 그랬던 것처럼 일주일 이내 부교들을 적소에 설치하여 야음을 틈타 부교를 건너 공급품을 나르고 있었다. 거대한 노동대들이 즉시 부교가설에 착수하였으며 이를 통해 충분한 공급품들이 전방에 있는 중공군들에 분배되었다.

그런데 바로 이때 휴전에 영향을 끼칠 한 가지 중대한 사건이 발생했다. 1953년 3월 6일 아침 소련의 타스(Tass) 통신은 73세의 스탈린이 수일 전 뇌졸중에 걸려 고통받다가 그날 저녁 급사했다고 보도를 했다. 이로써 2차 대전 주역 중 마지막 인물로 김일성에게 남한을 침략하도록 뒤에서 조종했던 특급전범이 마침내 이 세상에서 사라졌다. 스탈린의 급사로 가장 심대한 타격을 입은 인물은 단연 김일성이었다. 김일성은 그에게 무기를 대주며 남침을 지도했던 위대한 지도자를 잃었으며 앞으로는 소련으로부터 스탈린이 대준 만큼의 무기지원도 기대할 수 없게 되었다.

하지만 스탈린 사후에도 포로교환 문제와 휴전선 책정문제로 판문점 회담은 입씨름과 통렬한 비난으로 앞으로 나아가지를 못했다. 이에 따라 워싱턴은 많은 민간인들의 생명에 위해를 가하지 않기 위해 이제까지 보류해왔던 전술을 사용함으로써 공산주의자들에게 더욱 압력을 가하기로 결정했다. 3월 13일부터 16일까지 연속 3일간 미국 및 유엔군 폭격기들은 북한의 주요 관개댐들 중 두 개를 공격했다. 첫째 번 공격목표로 선택된 두 개의 댐은 평양 북쪽에서 20마일 가량 떨어진 곳에 있었다. 댐 폭격 시기를 이때로 맞춘 이유는 댐 폭파로 인한 홍수가 도로들과 선로를 휩쓸어 갈 뿐만 아니라 수확 전 많은 농작물들을 파괴할 수 있었기 때문이었다. 공습은 상당한 효과가 있었다. 이전의 그 어떤 폭격시도보다 수송에 더욱 큰 파괴를 입혔으며 만일 미군들이 더 많은 댐을 파괴하면 북한은 광범위한 기근에 직면하게 될 것이다. 그리고 실제로 미군은 그 후 몇 주에 걸쳐 3개의 댐을 더욱 파괴했다. 미국은 공산주의자들이 그가 최후로 내놓은 제의를 거절하고 그들 자신의 건설적인 제안을 내놓지 않으면 최후로 원자폭탄을 사용하기로 고려하고 있었다.

1953년 봄까지 미국은 소련보다 더욱 무시무시한 핵 우위를 점하고 있었다. 1952년 10월 31일 미국인들은 히로시마에 투하한 융합폭탄형보다 몇 배나 강한 수소 용해 폭탄을 성공적으로 시험했다. 그러나 러시아인들은 아직 수소폭탄을 가지고 있지 못했다. 미국은 1,100개의 융합폭탄무기고를 가지고 있었으며 그들 중 대부분이 해외기지에 배치돼있어 명령만 떨어지면 불과 몇 시간 내에 소련이나 중공에 투하될 준비가 되어있었다. 미국 군사정보국은 소련은 실전에 배치할 수 있는 원자폭탄을 보유하고 있지 않다고 보고했다. 소련은 미국이 원폭을 개발한 몇 년 뒤인 1949년 8월 소련 스파이들이 미국으로부터 훔쳐낸 원폭 설계도를 가지고 겨우 원폭을 개발했을 뿐이었다.

1953년 5월 아이젠하워는 북한의 목표물들에 대해 원폭을 사용할 의지를 완벽하게 갖추어 놓고 있었다. 실제로 아이젠하워는 미국의 무기고에 있는 다른 무기들처럼 간단히 원폭 사용을 고려하고 있었다. 그러나 그것은 세계전쟁을 일으키겠다는 것은 아니었다. 아이젠하워 대통령은 오직 최후의 호소로서만 한국 밖으로 전쟁을 확대하기로 결정을 했다.

1953년 6월 8일 윌리엄 해리슨 장군(General William Harrison)과 북한의 남일 중장은 전쟁 포로 처리의 복잡함을 자세히 설명하는 참고약정에 서명을 했다. 이외에 다른 주요문제들은 해결되지 않은 채로 남아 있었다. 이제 최종전선의 상세한 지도와 양측에 설치될 비무장지대만 정전이 발효되기 전에 해결되지 않으면 안 되었다.

경계는 대부분의 구간을 따라 38선 북쪽으로 이어질 것이다. 남한은 38선위도 북쪽의 2,350평방마일을 차지한 반면 북한은 겨우 38선 남쪽의 850평방마일을 얻었다. 소름끼치는 3년간의 전쟁은 이와 같이 남한을 위해 고작 1,500평방마일의 순이익을 산출해 주었을 뿐이었다.


## 최후의 위기

참고약정 조인은 1951년 춘계공세 이래 가장 격렬한 공산군들의 공격을 유발시켰다. 1953년 6월 10일에 시작된 공산군들의 공격은 철의 삼각지대와 펀치볼 사이에 있는 금성 주변의 중요한 지형을 지키고 있는 한국군들에 집중되었다. 약1주일 동안 고조에 달했던 이 싸움은 여느 때와 같이 양측에 많은 희생자를 냈으나 공산군들은 금성을 차지하지 못했다. 이 싸움으로 한국군들은 7,300명이 사망을 하고 공산군들은 6,600명의 사상자를 냈으나 유엔군들의 지원을 받은 한국군들은 끝까지 금성을 사수했다.

이때 이변이 일어났다. 전쟁이 막 끝날 것처럼 보이고 있던 바로 그때 전쟁을 연장하거나 확장시킬 것 같은 중대위기가 나타났다. 1951년 7월 휴전회담이 시작된 이래 이승만은 가장 강력한 용어로 그는 그의 정부 밑에서 한국통일에 못 미치는 어떠한 해결, 특히 중공군들을 북한에 남아있도록 하는 해결에 변함없이 반대한다고 워싱턴에 여러 차례 통고했다. 그는 끊임없이 질질 끄는 휴전회담에 미국이 인내를 잃고 공산주의자들을 북한 밖으로 내몰기 위한 시도를 재개할 것이라는 희망을 결코 단념하지 않았다. 그러나 그러한 꿈과 희망들은 1953년 4월 협상자들이 타협에 접근하기 시작했을 때 갑자기 위험에 빠진 것처럼 보였다. 4월 24일 판문점 회담이 6개월간의 공백기간 끝에 막 재개되기 직전, 워싱턴의 남한 대사는 아이젠하워에게 만일 미국이 중공군들을 압록강 남쪽에 남아있도록 허가하는 휴전협정에 동의하면 이승만은 한국군들을 유엔군 사령부로부터 탈퇴시켜 계속 싸워 단독으로라도 한국을 통일시킬 준비를 하고 있다고 말했다. 이승만은 그의 모험을 지지할 의향이 없는 모든 유엔국들은 그들의 군대들을 즉각 한국으로부터 이동시키라고 요구했다.

그 아이디어는 아무리 줄잡아 말하더라도 공상적임에 불과했다. 그러나 이승만은 실제로 터무니없는 그의 계획을 수행해 보려고 필사적이었다. 미국은 당연히 비현실적이며 비타협적인 이승만의 태도를 허락하지 않고 더 나아가 미국과 유엔이 3년간의 끔찍한 희생 속에서 얻어 놓은 이익을 무효화시킬 결심까지 했다. 따라서 워싱턴은 긴급사태 대책을 공식화하기 시작하였으며 그들 계획 중 '상비군'이라고 암호명까지 붙인 가장 극단적인 계획은 미군들에게 이승만과 미국의 한국전쟁 해결정책에 반대하는 군인 및 민간인 지도자들을 체포하여 구금시키라고 명령하는 것이었다. 만일 한국군이 미국 장군들로부터의 명령을 받기를 거절하면 미국의 전쟁물자 제공은 중단될 것이며 필요할 경우 무력에 의해 진압이 되고 미군 지휘관들은 유엔의 이름으로 군사정부를 선포하는 것 등이었다.

5월 말 워싱턴이 판문점에 최후의 전쟁 포로 문제를 막 제출하려고 했을 때 워싱턴은 릿지웨이 후임으로 극동군 총사령관 및 유엔군 총사령관에 임명된 클락 장군(General Mark W. Clark)에게 이승만을 협조토록 유도하는 아주 관대한 제의를 그에게 하라고 지시를 했다. 클락이 워싱턴으로부터 허락받은 몇 개의 약속 중 중요한 것은 다음과 같다.

1. 휴전협정 조인 즉시 한국에 군대를 파견한 16개 유엔 회원국들은 만일 공산주의자들이 휴전협정을 위반하면 이들 국가는 모두 남한을 방어할 군대들을 다시 보내겠다고 선언하는 공동 성명서를 발표한다.(한국전쟁에 참여한 나라들은 1952년 1월 소위 16개국 선언이라고 하는 협정에 이미 찬성을 하였음)

2. 미국은 1개 해병여단을 비롯하여 한국군 병력을 20개 사단으로 늘리고 공군 및 해군력을 증강하도록 지원한다. 그러나 한국이 장래 언제라도 이렇게 증강된 군사력으로 북측에 먼저 침략행위를 일으키면 미국은 한국을 포기한다.

3. 미국은 앞으로 2~3년간 남한의 국가재건과 경제적 복구에 10억 불을 제공한다.

4. 휴전협정 조인 후 뒤따를 정치회의에서 미국은 북한으로부터 중공군 철수를 보장하기 위해 그리고 이승만 정부 밑에서 전 한반도의 통일을 가져오기 위해 모든 노력을 다할 것이다.

이승만은 워싱턴의 제의에 그의 의견을 말하지 않았다. 그리고 1953년 5월 25일 이후 한국 대표들은 판문점 회의참가를 거부했다. 이는 통일 없는 휴전에 반대하는 이승만의 무언의 항의였다. 그러나 워싱턴의 제의는 여전히 유효하였으며 이승만은 클락과 상의 없이 어떤 조치도 취하지 않겠다고 약속을 했다. 6월 초 이승만은 5월 30일자로 된 아이젠하워의 편지에 응답하였으며 편지에서 그는 절박한 휴전협정은 한국에 대한 사형선고를 뜻하는 것이라고 항의를 했다. 미국 대통령은 미국은 모든 평화적 수단에 의해 한국통일을 달성시키기 위한 노력을 포기하지 않겠다고 이승만 대통령을 납득시켰다. 그는 또한 만족할 만한 휴전협정이 조인되면 남한과 상호방위조약을 협상할 준비도 해놓았다고 이승만에게 말을 했다.

이 모든 것은 그가 만일 과감한 조치를 취하지 않으면 통일과 자주와 그리고 민주적인 한국을 실현하려는 그의 평생 동안의 꿈을 생전에 보지 못하리라고 우려를 한 78세의 이승만에게는 아직도 충분치 않았다. 그가 신으로부터 부여받은, 구세주적인 임무로 간주하고 있는 것에 실패할 운명임을 믿기를 거부한 감리교 신자인 이승만은 휴전협정의 모든 개별조항이 작성되어 양측에 의해 이미 조인된 6월 중순 필사적인 조치를 취했다. 그는 유엔 사령부 포로수용소의 한국군 경비원들에게 정치적 망명을 요구한 35,000명의 북한 반공포로들을 석방시키기 시작하라고 명령을 했다. 6월 18일 새벽 약 25,000명의 포로들이 석방되었으며 또 다른 2,000명이 그다음날 밤에 석방되었다. 석방된 포로들은 한국 정부가 미리 짜놓은 대로 언제, 어디로 가 그들의 교도소 복장을 불태우고, 어디에 가 민간인 복장을 얻어, 어디로 가 숨을 것인지를 익히 알고 있었다.

유엔군 사령부와 한국에 군대들을 보낸 모든 유엔 회원국들은 어안이 벙벙했다. 대부분의 관리들은 공산주의자들이 이제 협상을 포기하고 한국으로부터 유엔군들을 몰아내기 위한 전면공세를 취하지 않을까 두려워하고 있었다. 워싱턴은 공산주의자들이 이러한 전면공세를 펼쳤을 때 중국본토에 핵무기 공격을 하기로 했던 계획을 포기했다. 그들이 애써 성취한 결과에 찬물을 끼얹은 이승만의 행위가 괘씸스러워서였다. 클락 장군은 공산군 사령관들에게 편지를 써 이승만의 전쟁 포로 석방에 공식적으로 사과를 하고 그가 포로석방 행위에 연루되었음을 부인했다. 예상했던 대로 공산주의자들은 6월 20일 휴전회담을 중단했다. 그러나 그들은 일단 미국이 이승만을 제어하고 있음을 보여주면 협상 테이블로 돌아오겠다고 말을 함으로써 대화의 문을 열어놓았다. 이와 동시에 공산군들은 3년 전 남침을 감행했던 하루 전인 6월 24일 가장 강력한 공세를 폈으나 이는 어디까지나 그날을 기념하기 위한 선전용 공세처럼 보였다. 워싱턴은 이승만이 협조를 하겠다고 약속할 마지막 기회를 그에게 주기로 결정하였으며 만일 그가 거절을 하면 그를 대통령직에서 강제로 제거시키기로 했다. 워싱턴은 극동문제 담당인 월터 로버트슨(Walter Robertson) 미 국무차관을 한국으로 급히 보내 이승만과 담판을 짓도록 했다. 결과에 따라 이승만 자신은 물론 남한 전체가 최대의 위기를 맞이할 수도 있었다. 로버트슨은 북한남침 3년째인 6월 25일 서울에 도착하여 고집이 센 늙은이에게 독설을 퍼붓고, 감언이설로 꾀기도 하고, 추켜세우기도 하고, 설득과 안심을 시키고 그리고 적절히 협박을 해가면서 2주일을 보냈다. 로버트슨은 만일 이승만이 계속하여 협조를 하지 않으면 미국과 유엔은 공산주의자들과 간단한 휴전협정을 맺은 후 그들의 군대를 즉시 한국으로부터 모두 철수시키겠다고 위협을 했다. 실제로 클락 장군은 미국이 이러한 협박을 수행할 준비를 하고 있음을 이승만이 믿도록 하는 조치를 취하라고 워싱턴으로부터 지시를 받았다.

공산주의자들은 클락 장군의 사과와 아이젠하워 대통령의 성명서를 침묵으로 받아들였다. 그러나 로버트슨이 이승만을 설득시키기 위해 최선을 다하고 있는 동안 공산주의자들은 미국이 이승만을 억제시키는 데 실패한 데 대해 눈에 띄는 복수를 가했다. 7월 6일 야간에 중공군들은 미국이 봄에 막대한 희생을 치러가며 방어를 했던 '돼지 갈비살 언덕'의 미군들 위치를 공격했다. 4일간의 유혈 전투 끝에 공산주의자들은 마침내 미제7사단을 언덕으로부터 영원히 격퇴시켰다.

미군들은 휴전회담이 시작된 이래 공중공격 이외에 적에게 선제공격을 감행하지 않았으며 38선 위로 전진하지 말라는 명령을 받은 일선 부대들은 38선 밑으로 전진하지 말라는 명령을 받지 않은 공산군들의 공격에 방어만을 하고 그들의 현위치를 피동적으로 고수하다가 번번이 공산군들의 기습공격을 받곤 했다.

7월 8일 공산주의자들은 이승만의 방해 행위 이래 중지되었던 정전회담을 재개할 용의가 있다고 유엔 사령부에 알렸다. 그리고 7월 10일 회담은 다시 재개되었다. 전날인 7월 9일 이승만은 드디어 기가 꺾였으며 로버트슨에게 휴전 회담 체결을 방해하지 않고 휴전회담 조건을 수용하겠다고 약속하는 편지를 로버트슨에게 주었다. 그는 또한 남아있는 모든 반공포로들을 인도가 주관하는 중립국송환 위원회에 넘겨주겠다고 동의하였으나 그 어느 한국인도 휴전협정에 조인하는 것을 허락하지 않겠다고 로버트슨에게 말을 했다. 그러나 겉으로는 중립을 지키는 체했지만 속으로는 공산주의자들, 특히 중국 공산주의자들 편을 드는 인도는 중립국송환 위원회에 넘겨진 반공포로들을 모두 중국과 북한으로 돌려보냈다.

한국전쟁의 마지막 전투가 7월 13일 야간에 시작되었다. 중공군들은 철의 삼각지 남동쪽 구석 금화 근처에 있는 한국군 정예 부대인 수도사단에 3개 사단을 투입하여 격렬한 전투를 벌였다. 주저지선에 생긴 틈은 중공군들이 다른 한국군 사단들의 측면을 공격할 수 있도록 하였으며 중공군들은 7월 20일까지 한국군들을 금성강 남쪽제방의 새로운 선으로 가차 없이 밀어냈다. 그러나 여느 때처럼 중공군들의 병력 강점은 미군 및 유엔군들의 우수한 화력에 의해 압도되었다. 그러나 화력만으로는 적의 공격을 쳐부술 수가 없었다. 한국전쟁 중 이 마지막 전투로 1,400명 이상의 유엔군이 희생되었으며 그중 대부분은 한국군들이었다. 중공군 측 사상자들은 이보다 더욱 많았다. 그들은 휴전 전 한 치의 땅이라도 더 빼앗기 위해 금화를 공격했으나 뜻을 이루지 못했다. 하지만 중공군들의 공격은 이승만에게 한 가지 교훈을 남겨주었다. 이승만이 만일 휴전 후 남한 단독으로 북쪽을 침략할 계획을 아직도 간직하고 있고 이를 실천하려 한다면 남한군들은 미국의 지원이 없이는 공산주의자들에게 대항할 수 없음을 보여줌으로써 이승만에게 호된 교훈을 선사했다.

## 임시 휴전으로 끝난 한국전쟁

7월 27일 판문점 협상자들은 모든 점에서 최후합의에 도달했다. 전투는 윌리엄 해리슨(William K. Harrison) 장군과 북측대표 남일이 휴전협정에 조인 후 12시간 내에 끝내기로 했다. 양측은 그다음 현 위치로부터 2킬로미터 뒤로 철수하여 비무장 지대를 설치하기로 합의를 했다. 물론 이승만의 결정에 의해 한국 측 대표는 휴전협정서에 서명을 하지 않았다.

전선은 20일 이후 비교적 조용하였으며 이 사이에 두 개 대표단 참모장교들은 휴전선 위치와 비무장지대 구분선을 도표로 만들 수가 있었으며 이러한 임무는 7월 23일에 완료되었다. 그로부터 4일 후인 1953년 7월 27일 정확히 오전 10시 1분에 미국의 해리슨 장군과 북한의 남일 장군은 휴전조인을 위해 공산군들이 임시로 지어놓은 목제 휴전협정 사무소에 있는 별개의 테이블에 각각 자리를 잡고 앉았다. 그들이 영어, 중국어 그리고 한국어로 된 협정서의 원본과 복사본에 서명을 하는 데에는 11분이 걸렸다. 휴전협정 조인이 끝나자마자 해리슨과 남일은 서로 한마디 말도 없이 각각 조인실을 떠났다. 휴전협정 조인서 사본은 즉시 미국, 유엔, 북한, 그리고 중공군 사령관들이 서명을 하도록 보내졌으며 유엔군 사령관인 클락 장군, 김일성, 그리고 팽덕회가 각각 휴전협정 조인서에 서명을 할 것이다. 그날 밤 10시 북한군들이 남한을 침략한 후 3년 1개월 그리고 2일 만에 휴전은 발효되었다. 한국전쟁은 드디어 끝이 났다. 그러나 아직도 냉전 끝은 어디에도 보이지 않았다. 제2차 세계대전은 나치주의와 일본의 군국주의에 근절을 가져왔다. 그러나 한국전쟁은 이러한 만족한 결과를 하나도 산출해 내지 못했다. 강대국들에 의해 또다시 갈라진 남-북한 사이에는 오로지 어두운 전쟁의 그림자만 길게 드리워져 있을 뿐이었다.

한국전쟁은 통일은 말할 것도 없이 그 외 아무것도 해결해 놓은 게 없다. 그 전쟁은 첫째로 자유진영과 공산진영 간에 극단적 긴장과 반목을 조장시켰을 뿐만 아니라 막대한 인명 피해와 천문학적 숫자의 재산피해를 발생시켰다. 한국전쟁 전에는 미국과 공산주의 중국은 단순한 적대관계였으나 전쟁 후 그 둘은 피맺힌 원한 속에 고정되어 서로 죽여야 할 철천지원수가 되었다. 이 점에 대해서는 남한과 북한도 마찬가지였다.

전쟁 중 한국에서 사망하고 부상당한 사람들은 약 400만 명이 되며 그중 반 이상이 민간인들이었다. 미국은 전체 전쟁에서 139,272명의 사상자 피해를 입었으나 동상과 달리 손상을 입은 사람들은 이에 포함되지 않았다. 이중 24,965명이 죽고 101,368명이 부상을 입었으며, 그리고 12,939명이 실종되어 사망한 것으로 추정되었다. 남한은 272,975명의 사상자를 냈으며 이 중 46,812명이 사망을 하고 159,727명이 부상을 당했으며 66,436명이 실종되어 사망한 것으로 추정되었다. 다른 유엔국들은 14,103명을 잃었다. 이 중 2,597명이 죽고 9,581명이 부상을 입었으며 1,925명이 실종되었다. 한편 북한은 620,264명의 사상자 피해를 입었다. 이 중 214,899명이 죽었으며 부상자는 303,685명이고 101,680명이 실종되었다. 중국은 909,607명의 손실을 입었으며 이 중 401,401명이 사망하고 486,995명이 부상을 입었으며 21,211명이 실종되었다. 따라서 양측의 총 사상자 수는 1,965,000명이며 남-북한 합쳐 총 200만 명 이상의 민간인들이 죽었거나 부상을 당했다. 이 막대한 인명피해 외에 남한과 실제로 북한 전체가 파괴되어 이를 복구하는 데에는 수십 년이 걸릴 것이다.

전쟁 포로 교환은 1953년 8월 5일에 시작하여 9월 6일에 완료되었다. 그러나 여기에 그 구체적인 숫자는 나열하지 않는 대신 335명의 한국군 포로들과 23명의 미국인, 그리고 1명의 영국인 포로가 그들의 본국으로 돌아가기를 거절했음을 밝히고 싶다. 민주주의에 염증을 느꼈는지 또는 공산주의자들의 감언이설에 넘어갔는지는 몰라도 중국으로 가기를 선택했던 23명의 미국인들은 중국에서 유흥과 쾌락에 도취되어 있다가 수년 후 미국으로 돌아왔다. 여자와 술은 많지만 그래도 자유세계가 그리웠던 모양이다.

한국전쟁은 미국 단독만으로도 능히 이길 수 있는 전쟁이었다. 그러나 미국은 중국의 군사력을 무시하고 전쟁에 소극적이었기 때문에 결국 중국에 패했다. 미국은 그들이 그어 놓은 38선을 없애고 남과 북을 통일시키려 하지 않고 1945년 8월 남하하는 소련군들을 저지하기 위해 임시로 그리고 졸속적으로 그어 놓은 이 선을 고착화시키고 기정사실화하는 데에만 연연했다. 미국이 한국과 국제사회의 승인도 없이 그들의 전략만을 위해 즉흥적으로 그어 놓은 이 선은 엄연히 불법인데도 말이다.

한국전쟁은 전적으로 미국 때문에 일어났으며 그들이 이 전쟁에 진 것은 순전히 자업자득이다. 미국도 한국전쟁에서 공산군들에게 패했음을 솔직히 시인했다. 미국은 1846년 멕시코와의 전쟁에서, 1898년 스페인 전쟁에서, 그리고 1945년 일본과의 태평양 전쟁에서도 패한 적이 없었다. 미국은 유럽에서 일어난 세계 1, 2차 대전에도 참여했지만 이 양 대전에서의 승리는 연합국의 것이지 미국 단독의 승리는 아니었다. 그렇게 무패를 자랑하던 미국은 유엔 회원국들로부터 지원을 받아가며 우수한 무기와 세계최강을 자랑하는 어마어마한 공군력과 해군력을 총동원했음에도 북한과 중국의 두 나라 공산군들을 무찌르지 못했다.

# 한국전쟁 화보

아메리카 제국의 희생양 코리아

아메리카 제국의 희생양 코리아

# 跋文 발문

역사적으로 보나 현실적으로 보나 미국과 한국은 본래부터 악연으로 맺어진 사이 같기만 하다. 본문에서도 밝혔지만 미국은 1882년 5월 22일 무력을 앞세워 한국과 강제로 불평등 조약을 체결한 후 낮은 관세와 치외법권을 포함하여 한국으로부터 많은 이권을 챙겨갔다. 그러나 미국은 한국과 조약을 맺어 상업적 이득은 많이 얻어 갔지만 한국이 어려운 입장에 처해 있을 때 하나도 도와주지를 않았다. 도와주기는커녕 오히려 그들의 목적을 달성키 위해 한국을 이용하거나 희생만 시켜왔다.

1905년 9월 시어도어 루즈벨트 미국 대통령은 그가 주관하는 러-일 전쟁 협상에서 러-일 전쟁과는 아무 관련이 없는 한국을 협상의 제물로 삼아 그의 목표를 달성했다. 루즈벨트는 러-일 전쟁에서 승리한 일본이 러시아에 막대한 전쟁 배상금을 요구하자 일본이 배상금 요구를 철회하는 조건으로 한국을 일본에 주었으며 미국이 차지하고 있는 필리핀을 일본이 건드리지 않도록 하는 대가로 한국을 일본의 보호국으로 양도했다. 이를테면 루즈벨트는 한국을 하나의 나라로 보지 않고 한 개의 상업거래 물품으로 취급하여 일본과 물물교환을 했던 것이다. 루즈벨트는 미개한 한국민족은 자치 능력이 없다는 편견에 사로잡혀 있었으며 한국인 스스로 할 수 없는 것을 다른 나라가 대신 하는 것은 너무나 당연하다는 이상 논리에 빠져 있었다. 한마디로 그는 심한 편견에 잡혀있는 철저한 반한, 친일 대통령이었다.

그 후 5년이 지난 1910년 8월 미국으로부터 한국보호를 위임 받은 일본이 한국을 합병할 때에도 미국은 일본의 한국합병을 격려하고 이를 묵시적으로 허락했다. 미국은 한국과 우호통상을 맺은 나라임에도 일본이 한국을 무력으로 다스려가며 한국인들에게 저지르는 간악한 행위들을 수수방관만 하고 있었다.

이후로도 미국의 친일, 반한 행위는 계속되었다. 1차 대전 당시인 1918년 1월 미국의 윌슨 대통령은 유럽 평화안으로 소위 '14개 항목(The Fourteen Points)'을 발표하였으며 이 14개 항목 중 가장 중요한 항목은 '민족 자결 원칙(Principle of Self-determination)'이었다. 즉 식민지 하에 있는 약소국들은 민족자결권이 있으며 그들의 결정에 따라 그들을 지배하는 식민국들로부터 독립을 해야 한다는 내용이었다. 윌슨의 민족자결 원칙에 따라 유럽에 있는 대부분의 작은 나라들이 즉각 독립을 하였으나 한국은 일본 식민통치로부터 독립을 찾지 못했다. 윌슨이 내놓은 민족자결 원칙은 유럽에만 적용되었기 때문이었다. 그러나 월슨의 민족자결 원칙에 고무받은 한국인들은 1919년 3월 1일 전국적으로 대대적인 독립을 벌였으나 미국을 포함한 세계 강대국들은 한국인들의 독립열기를 본체만체 했다.

미국의 한국 희생 행위는 2차 대전 때 극에 달했다. 1943년 11월 프랭클린 루즈벨트 미국 대통령, 영국의 처칠 수상, 그리고 중국의 장개석이 이집트의 수도 카이로에서 전후처리 문제에 관해 회의를 했을 때 프랭클린 루즈벨트는 시어도어 루즈벨트처럼 한국민족은 자치적으로 나라를 다스릴 능력이 없다며 전쟁이 끝나 일본으로부터 해방이 되더라도 그들 스스로 나라를 다스릴 능력이 있을 때까지 일정기간 동안 위임 통치를 받아야 한다고 말을 했다. 그는 이란의 테헤란에서 소련의 스탈린 및 영국의 처칠과 함께 가진 회담에서도 똑같은 말을 하며 한국 국민들에게 독립을 주려 하지 않았다.

루즈벨트가 한국 국민들에게 가장 큰 불행을 안겨준 결정적 계기는 1945년 2월 소련의 크리미아 반도 얄타에서 스탈린과 처칠과 함께 개최한 얄타회담에서였다. 루즈벨트는 이 회담에서 미국이 다 이겨놓은 태평양 전쟁에 소련을 끌어들여 한국을 점령케 하는 등 스탈린이 원하는 것을 모두 그에게 주었다. 그 결과 1945년 8월 한국은 드디어 두 쪽으로 갈라졌다. 미국은 루즈벨트의 허락을 받고 대일본전에 참여하기 위해 한국에 발을 들여놓은 소련군이 한국을 점령치 못하도록 하기 위해 서둘러 38선을 그어 이 선을 중심으로 북쪽은 소련이 다스리도록 하고 남쪽은 미국이 점령하여 하지 장군으로 하여금 군정통치를 하게 했다.

4년간에 걸친 하지의 군정통치는 소련군의 성공적인 북한 통치와 달리 완전히 실패하였으며 한국에 전쟁의 불씨만을 남겨놓고 그리고 남한에 혼란과 무질서만 야기해 놓은 채 1949년 6월에 남한을 떠났다. 미국은 하지의 남한철수와 동시에 남한을 버렸다. 미국은 남한을 몹시 성가신 나라로 여겼으며 미국의 모 정치가는 미국 정부는 한국이 그저 존재만 하지 않았다면 아마도 가장 행복했을 것이라고 서슴없이 말하기도 했다.

1950년 1월 12일 딘 애치슨 미 국무장관은 전국 기자 클럽에서 공산주의국가들과 대치하고 있는 한국과 대만을 미국의 극동방어선에서 제외시킨다고 발언함으로써 남한을 침략할 준비를 완성해 놓은 김일성이 1950년 6월 25일 한국전쟁을 일으키도록 직접적인 원인제공을 했다. 교활하고 음험한 애치슨은 전쟁 중에도 미국이 한국전쟁에 병력을 증강시키는 데에 반대를 하였으며 맥아더의 해임에도 깊이 관여를 했다. 미국이 한국전쟁 중 얼마나 소극적이었고 하루속히 이 전쟁으로부터 발을 빼기 위해 어떻게 한국을 또다시 분단시켜 놓았는지는 앞에서 상세히 설명을 했다.

이상에서 보다시피 한국은 오래 전부터 미국으로부터 철저히 농락당하고 희생될 대로 희생되어 온 나라다. 미국은 이후로도 줄곧 군사적으로, 경제적으로, 남한에 강압정책을 구사해 왔다. 1961년 아이젠하워 다음으로 대통령이 된 케네디(John F. Kennedy)는 한국에서 미국 군대를 모두 철수시키려고 하였으나 1963년 11월 22일 암살을 당해 그 뜻을 이루지 못했다. 케네디의 죽음으로 부통령에서 대통령이 된 존슨(Lyndon B. Johnson)도 그가 확대시킨 월남전에 한국에 주둔중인 미군 병력을 철수시켜 투입하려 하였으나 1965년 10월 한국이 군대를 월남전에 파병시킴으로써 한국에서의 미군 철수를 이행하지 못했다. 1969년 존슨 다음으로 대통령이 된 리챠드 닉슨(Richard M. Nixon)은 1972년 2월 21일 중국을 방문하기 전인 1971년 초에 박정희 대통령의 격렬한 반대에도 불구하고 62,000명의 한국 주둔 미군 중 미7사단 병력 2만 명을 대거 철수시켜 한국의 안보를 위태롭게 했다.

닉슨이 중국방문 전 한국에서 미군을 대폭 철수시킨 것은 중국 모택동과의 회담을 성사시키기 위한 아부성 제스처(gesture)였으며, 닉슨은 박정희 대통령에게는 한마디 언급도 없이 갑자기 중국의 모택동과 밀회를 했다. 닉슨이 모택동과의 회담을 성사시키기 위해 한국에서 미군을 철수시킨 행위는 1905년 포츠머스 회담 때 시어도어 루즈벨트가 그가 주관하는 회담을 성사시키기 위해 한국을 일본의 보호 밑에 둔 거나 다름없으며 한국 정부 몰래 북한과 절친한 모택동과 만난 행위는 1945년 얄타회담 때 프랭클린 루즈벨트가 스탈린과 밀담을 한 것과 똑같았다. 미국은 한국과 적대적인 국가와 정치적인 회담을 하거나 흥정을 할 때에는 으레 한국을 희생양으로 삼았다. 박정희 대통령은 닉슨의 한국주둔 미군병력 철수 행위와 그의 중국 접근 정책을 그와 인터뷰를 하는 기자들에게 다음과 같이 말을 했다.

"이것은 북한이 남한을 재침하더라도 미국은 한국을 구제해주지 않겠다는 메시지다. 도대체 우리는 얼마나 오랫동안 미국을 신뢰할 수 있는가?"

더구나 닉슨이 한국에서 미군을 철수시킬 무렵에는 북한이 소위 4대 군사노선, 즉 전인민의 무장화, 전국토의 요새화, 전군의 간부화,

그리고 전군의 무기 현대화를 외치며 남한 재침준비에 광분하고 있어 남북간의 긴장이 한창 고조되어 있을 때였다. 그러나 2만 명이나 되는 많은 병력을 일거에 아무 예고 없이 철수시켜 한국의 안보를 위협했던 닉슨은 1973년 대통령에 재당선 되었으나 민주당 도청사건으로 일어난 이른바 워터 게이트(Water Gate)사건으로 탄핵을 받고 1974년 8월 8일 대통령직에서 불명예스럽게 사퇴를 했다.

닉슨의 사임으로 부통령에서 대통령이 된 포드(Gerald R. Ford)도 미국의 대한對韓 안보정책에 매우 미온적이었다. 그는 1976년 8월 18일 판문점 공동경비구역 내 유엔군 측 초소부근에서 전방을 가리고 있는 미루나무 가지치기 작업을 감독하던 두 미군장교(Arthur Bonifas 대위 및 Mark Barret 중위)가 북한군들에 의해 도끼로 맞아 죽었음에도 북에 대해 단호한 응징을 가하지 않고 항공기와 항공모함을 동원하여 북한을 위협하기 위한 무력시위만 벌였을 뿐이었다. 북한군이 미국 군인을 대낮에 도끼로 살해하여 미국에 정면으로 무력도발을 일으켰음에도 포드는 한반도에서의 전쟁 재발이 두려워 북한에 대해 군사적인 보복을 가하지 못했다.

그 누구보다 6·25 전쟁 이후 남한에 가장 적대적이었던 인물은 조지아(Georgia)주의 일개 땅콩농장 주인에서 일약 대통령이 된 제임스 카터(James Earl Carter)였다. 매사에 무분별하고 정세 판단에 어두우며 친북적이고 극단적인 반한 감정을 가지고 있는 카터는 1975년 1월에 대통령 후보로 나온 첫날부터 남한에 배치되어 있는 700개의 핵탄두(실제로는 683개의 핵탄두 (Nuclear Warhead)가 전북 군산에 있는 미 공군기지에 배치되어 있었음)와 모든 지상군과 공군을 한국으로부터 철수시키겠다고 공약을 했다. 1977년 대통령이 된 카터는 그의 공약을 실천하기 위해 1978년 말부터 시작하여 1980년 6월까지 일차로 15,000명의 미군 병력을 철수시키고 한국에 있는 핵무기도 미군이 철수할 때 모두 제거시키기로 계획을 수립했다. 그러나 한국에 있는 미군 사령부 참모장인 존 싱글러브(John Singlaub) 소장과 다른 고위 장성들은 1949년 6월 미군의 남한철수 후 김일성이 일으킨 한국전쟁을 상기시키며 만일 미 지상군이 카터가 계획한 대로 남한에서 철수되면 곧 전쟁이 일어날 것이라고 미국 정부에 경고를 했다. 카터의 미군 철수계획을 지지하는 상원의원도 단 한 명이 없었으며 심지어 카터의 보좌관들까지도 그의 철군 계획에 반대를 했다.

카터가 미 의회와 그의 행정부와 군 수뇌들로부터의 격렬한 반대에도 불구하고 그 단독으로 미군의 철수를 밀어붙이고 있을 때 270대의 탱크와 100대의 병력 수송용 장갑차가 비무장지대에서 북쪽으로 불과 50마일 밖에 떨어져 있는 한 계곡에 집결되어 있는 것이 미 군 사정보부에 의해 새로이 포착되었다. 1977년 7월에는 미군 헬리콥터 한 대가 비무장지대에서 북한군의 포격에 맞아 추락하여 3명의 승무원이 죽고 한 명이 포로로 잡혔으나 카터는 헬리콥터 조종사가 실수를 했다며 북한군이 미군 헬리콥터를 쏘아 떨어뜨린 것을 대수롭지 않게 여기고 있었다. 카터는 이렇게 끊임없이 북한이 군사도발을 감행하고 또다시 남한을 침략하려고 준비를 하고 있는데도 그의 미군 철수계획을 끝까지 강행하려 하고 있었다.

한편 닉슨의 2만 병력 철수에 이어 카터의 전 미군 철군 계획에 충격을 받고 미국에 대한 신뢰에 의문을 던진 박정희 대통령은 미국의 지원 없이 자력으로 북한의 침략에 대처할 수 있는 자주국방 태세를 갖추기 시작했다. 그 첫째가 북한의 4대 군사 노선에 대응하기 위해 1968년 4월 1일에 창설된 향토예비군의 강화이고, 둘째가 전쟁무기 자체 생산이며, 셋째가 핵무기를 제조하는 것이었다. 박 대통령의 한국 정부는 핵무기 제조를 실천하기 위해 닉슨이 한국에서 미군을 철수시킨 1972년에 프랑스로부터 핵 물질 재처리 장비와 기술을 도입하여 프랑스의 핵 기술진과 함께 작업을 하기 시작했으며, 1973년에는 미국과 캐나다로부터 핵과 화학과 핵 기술에 대한 전문가들을 초빙하여 한국의 핵 프로그램에 참여시키는 한편, 해외로부터 핵무기 제조에 필요한 물질과 장비를 사들여오기 시작했다. 1974년에는 한국과 프랑스의 합작사가 1년에 20킬로그램의 핵분열 플로토니움(Plutonium)을 생산할 수 있는 공장기술 설계를 제작하였으며 이는 미국이 히로시마에 투하한 원자폭탄의 폭발력과 맞먹는 두 개의 핵무기를 충분히 제조할 수 있는 것이었다. 한국은 핵무기 개발을 위한 이 모든 진행을 극비리에 수행하고 있었으나 1974년 11월 주한 미 대사관이 한국의 비밀 핵 프로그램을 알아내어 워싱턴에 보냄으로써 미국은 한국이 원폭 제조를 진행하고 있음을 처음으로 알게 되었다.

워싱턴의 한 정보연구소는 한국은 제한적인 핵무기와 10년 이내에 핵 운반 능력을 개발할 수 있을 것이라고 결론을 내렸다. 헨리 키신저(Henry Kissinger) 미 국무장관은 한국의 핵무기 제조 소식을 듣고 한국이 자체적으로 핵무기를 제조하려는 것은 미국의 안보공약에 대한 한국 정부의 신뢰저하 때문이며 미국에 대한 군사력 의존을 줄이기 위함이라고 지적을 했다. 그러나 미국 정부는 한국이 핵무기를 개발치 못하도록 즉각 금지 조치를 취하기 시작했다. 1978년 카터는 그 스스로 직접 나서 프랑스 수상인 지스카르 데스탱(Valery Giscard d'Estaing)을 종용해가며 한국이 핵무기 개발을 하지 못하도록 방해를 했다. 이때는 한국의 국방개발원이 95퍼센트의 핵무기 개발을 완료해 놓고 1981년 초반에 원폭을 생산하여 그 해 국군의 날에 원자폭탄을 세계에 보여주려고 계획을 하고 있었다.

한국의 박정희 대통령이 카터의 미군 철군과 그의 핵무기 제조방해로 카터와의 사이가 악화일로에 있을 때인 1979년 6월 29일 저녁 카터는 동경에서 열린 G-7 정상회담에 참석을 한 후 한국에 도착하여 그 즉시로 중부전선에 배치되어 있는 미 제2사단 사령부로 가 거기에서 하룻밤을 보내고 난 다음, 박정희 대통령과 회담을 했다. 박 대통령은 45분간에 걸쳐 카터의 미군 철수의 부당성을 강조하는 연설을 하였으며 카터는 박 대통령에게 연설을 조금만 더 길게 하면 한국으로부터 군대를 모두 철수시키겠다고 위협을 했다. 카터는 엉뚱하게 한국의 인권문제를 끄집어냈으며 한국이 경제적으로 북한보다 크게 앞서 있는데 군사적으로 왜 북한에 필적을 하지 못하는지 이유를 대라고 박 대통령을 몰아 붙였다. 박 대통령과 카터는 서로 팽팽히 맞섰으며 회의에 참석했던 리차드 홀브르크(Richard Holbrooke) 미 국무차관보는 양측의 미팅은 협정조인 동맹국 간에 일찍이 없었던 혹독한 회의(terrible meeting)였다고 후일 술회를 했다. 카터는 박 대통령을 통렬히 비난하며 주변의 모든 반대에도 불구하고 미군을 철수시키겠다고 계속하여 협박을 하였으며 미군 철수에 반대하는 그의 보좌관들도 그에 대항해 공모를 하고 있다고 비난을 했다. 카터는 박정희 대통령에게 군사비를 늘리고 한국의 인권을 개선하라고 요구하여 가며 종교를 믿지 않는 박 대통령에게 예수 그리스도를 알라고도 말을 했다.

박 대통령은 군사비 증가와 인권개선을 요구하는 카터에 동의를 하였으며 카터가 한국을 다녀간 지 3주일 후인 7월 20일 미국의 백악관은 미군 전투병력 철수를 1981년까지 중단했다가 카터가 두 번째 대통령 임기를 시작할 때 다시 시작할 것이라고 발표를 했다. 그러나 다행이도 카터는 1980년 11월에 재선에 도전했다가 공화당 출신의 로널드 레이건(Ronald W. Reagan)에게 큰 표차로 패배를 한 후, 쓰디쓴 고배를 마시며 조지아 주에 있는 그의 땅콩농장으로 돌아가는 바람에 그가 벼르고 별렀던 한국에서의 전면적인 미군 철수를 실현시키지 못했다. 카터는 그러나 그의 임기 동안 총 4만 명의 미군병력 중 약 3천 명의 병력을 감소시켰으며 군산 비행장에 비축시켜놓았던 핵무기도 683개에서 250개로 줄여 놓았다. 카터 후임으로 1981년 2월에 제 40대 미국 대통령에 취임한 레이건은 취임 초기부터 한국에서 미군을 철수시키지 않겠다고 분명히 밝히는 한편 오히려 한국의 미군 병력을 3만 7천에서 4만 3천 명으로 증강시켜가며 미국이 보유중인 F-16 최신예 전투기를 한국에 제공하는 등 한국의 안보를 크게 강화시켰다.

레이건 대통령을 제외한 거의 모든 근세 미국 대통령들은 한국에 많은 위해를 끼쳤다. 그 중 한국에 가장 큰 위해를 가져온 두 루즈벨트, 트루먼, 닉슨, 카터, 그리고 애치슨 국무장관과 같은자들은 한국을 배신하고 희생시켜온 가장 악질적인 인물들이다. 특히나 철저한 반한, 친북주의자인 카터는 미국 정부의 밀사로 북에 넘나들은 공을 인정받아 노벨평화상까지 움켜쥐었으며 그는 그의 재임기간 동안 미국의 국력을 가장 약화시켜 놓은 인물이기도 했다. 카터 다음으로 미국의 힘을 약화시켜 놓은 미국의 지도자는 현재의 오바마 대통령이다. 1945년 4월 유엔이 창설된 이래 미국은 유엔 회원국의 하나로 그리고 유엔 안전보장이사회 상임이사국으로 세계분쟁 지역에 뛰어들어 세계평화와 국제질서 유지에 크게 기여해왔으나 이제는 그 힘이 떨어져 세계경찰 국가로서의 역할을 하지 못하고 있다. 이제 미국은 전적으로 유명무실한 유엔에 의지하여 모든 국제문제를 해결하려 하고 있어 미국을 성원하고 의지했던 여러 나라들로부터 많은 신망을 잃었다. 세계도처에서 일어나는 각종 분쟁과 테러사건 대책에 소극적이고 회피적인 오바마는 엉거주춤한 자세로 늘 말만 앞세웠으며 이러한 결단력 없고 우유부단한 태도로 그는 '무결단의 왕(King of Indecision)'이라는 수치스런 별명까지 얻게 되었다.

오바마는 군사적으로 해결해야 할 일들을 늘 외교적인 협상에 의존해 해결하려고 했다. 그러나 그는 외교적인 방법에마저도 매번 실패를 했다. 미국의 약세는 상대적으로 러시아의 강대를 가져왔다. 금세기 최고 철인인 러시아의 블라디미르 푸틴(Vladimir Putin)은 오바마의 허약한 지도력으로 더욱 돋보였으며 우크라이나 영토인 크리미아 반도 점령을 시작으로 우크라이나 본토를 침공하는 등 패권 장악을 위해 거침없는 행보를 보이는데도 오바마는 푸틴의 이러한 침략 팽창 정책에 별 효과도 없는 경제 제재만을 가하였을 뿐이었다. 더 나아가 푸틴은 핵무기 사용도 불사하겠다고 으름장을 놓고 있지만 오바마는 푸틴의 군사 강경정책에 묵묵부답이었다. 오바마가 푸틴에 꼼짝 못하는 것은 2차 대전 때 프랭클린 루즈벨트가 소련의 스탈린에게 쩔쩔맸을 때와 아주 똑같았다.

오바마는 아시아 지역에서도 그의 허약함을 보여주었다. 그 하나로 오바마는 북한의 핵무기 개발과 끊임없는 미사일 발사에 효과적으로 대처하지 못하고 있을 뿐만 아니라 날로 더해가는 중국의 군사력 증강에도 방관만하고 있다. 오바마는 태평양 지역에서 약화된 힘을 만회하기 위해 미국, 일본, 그리고 한국을 통합하여 집단 안보 체제를 구축하려 하였으나 뜻을 이루지 못했다. 미국은 과거에 그 어느 나라의 지원 없이도 광대한 태평양을 그 단독으로 지켜왔다. 그러나 미국은 이제 그 힘을 잃었다. 이럴 때 당장 남한과 북한 간에 전쟁이 일어나면 패배주의자에 가까운 오바마가 이 전쟁을 어떻게 처리할지는 이 자리에서 굳이 부언할 필요조차 없다.

군사적인 면에서뿐만 아니라 경제적인 면에서 특히 외교정책 면에서도 미국은 거의 모든 힘과 영향력을 잃었으며 이와 함께 19세기 이후부터 누려오던 세계 최강의 지위도 서서히 러시아에 빼앗기고 있다. 지도자들을 잘못 만났기 때문이었다. 강력한 지도자들을 둔 나라는 부강해지지만 미국의 오바마 같이 연약하고 무기력한 인물이 국가의 우두머리가 되면 그 나라는 힘없는 국가가 되고 만다.

미국의 약세와 함께 수세기 동안 오만과 독선과 힘으로 세계를 지배해 오던 아메리카 제국도 쇠망할 날이 얼마 남지 않았다. 해질 날이 없었던 대영제국을 비롯해 한때 세계를 주름잡았던 다른 모든 제국들이 몰락한 지는 이미 오래다. 미제국이라고 예외일 수는 없다. 프랑스 최고의 석학 자크 아탈리(Jacque Atalie)는 미국은 향후 20년 동안 패권적 지위를 누리겠지만 그 이후에는 몰락할 것이라고 예언했다. 수십 년간 군사적으로, 경제적으로 미국에 거의 전적으로 의존해 왔던 한국은 미국과의 동맹관계가 무한하지 않을 것임을 염두에 두고 이제부터라도 20년 후 미국의 몰락에 미리 대비하지 않으면 안 될 것이다.

앞서도 지적했듯이 미국 정부로부터 가장 많은 어려움을 겪었던 고 박정희 대통령은 그의 재임 시 일관성 없는 미국의 대한정책에 회의를 느끼며 다음과 같은 질문을 던진 적이 있다.

"도대체 우리는 얼마나 오랫동안 미국을 신뢰할 수 있는가?"

미제국으로부터 오랫동안 지배되고 희생되어 온 한국인들은 박정희 대통령의 이 물음에 이제 답변을 할 때가 된 것 같다.

## 이 책을 쓰는 데 참고한 문헌

1. The Growth of the America Republic by Samuel Elliot Morision

2. Imperialist Japan by Michael Montgomery

3. The Japanese Seizure of Korea by Hilary Conroy

4. Empires on the Pacific by Robert Smith Thompson

5. The First and Second World War by Martin Gilbert

6. The First War We lost by Bevin Alexander

7. Drawing the Line by Richard Whelan

# 저자에 관해

이 책의 저자는 1942년 한국의 경기도 용인군에서 출생했다. 1963년 중앙대학교 영어영문학과2년 수료 후 군복무를 마치고 국내와 해외에서 직장생활을 하다가 1987년에서 1989년까지 호주 북부 준주(Northern Territory)의 수도 다윈(Darwin)에 있는 북부 준주 대학교(NTU: Northern Territory University)에서 영문학을 공부하였으며, 1989년 8월에 가족과 함께 캐나다로 왔다. 캐나다에 와 소규모 사업을 운영하다가 1996년에서 1997년 2년간 밴쿠버지역 초급 대학(Vancouver Community College) 에서 영어와 캐나다 역사 및 정치를 공부하였으며, 1996년에 공인통·번역사 자격을 취득한 후 캐나다 브리티쉬 콜럼비아(British Columbia) 주 통역 및 번역 협회(The Society of Translators and Interpreters of British Columbia) 회원 및 캐나다 번역사, 술어사 및 통역사 협회(Canadian Translators, Terminologists and Interpreters Council) 회원이 되었다. 1997년에서 1999년 2년간 Vancouver Community College에서 또다시 법률보조원 과정(Legal Assistant Course)을 이수한 다음 2003년과 2004년에 UBC 대학(University of British Columbia)에서 인문학(Humanities)을 공

부했다. 그 후 번역 및 통역 사업에 종사를 하였으며2006년에서2008
년까지 밴쿠버에서 발행하는 한국 신문인 〈플러스 뉴스(The Plus
News)〉의 신문사 주필로 근무를 하였다. 본인은 나이가 70이 넘었지
만 지금도 계속 책을 읽고 공부를 하며 글을 쓰고 있다. 2012년도에
는 본인 자신의 자서전인 '절망을 딛고 서서'라는 제목으로 책을 써
한국서점에 내놓았으며 2013년도에는 영어로 'A Hellish Paradise'라
는 책을 썼다. 그리고 '이병규 저널'이라는 주보를 발행하여가며 자유
기고가로도 활동을 하고 있다. 끝으로 저자의 난필원고를 끝까지 타
이핑해주고 교정해준 이동현 씨의 커다란 노고에 깊은 감사를 전해마
지 않는다.

2014년 11월
이병규